经济管理实验实训系列教材

社会科学数据处理软件应用

Data Processing Software Application for the Social Sciences

吴永波　张彩虹　编著

西南财经大学出版社
Southwestern University of Finance & Economics Press

经济管理实验实训系列教材
编 委 会

主　任：杨继瑞　郑旭煦

副主任：曾庆均　靳俊喜　罗勇（常务）

委　员（排名不分先后）：

　　　　冯仁德　曾晓松　母小曼　梁　云　毛跃一

　　　　王　宁　叶　勇　田双全　陈永丽　李大鹏

　　　　骆东奇　周昌祥　邹　璇

总 序

高等教育的任务是培养具有创新精神和实践能力的高级专门人才。"实践出真知"，实践是检验真理的唯一标准，也是知识的重要源泉。大学生的知识、能力、素养不仅来源于书本理论与老师的言传身教，更来源于实践感悟、体验与提升。大学教育的各种实践教学环节对于培养学生的实践能力和创新能力尤其重要，实践对于大学生成长至为关键。

随着我国高等教育从精英教育向大众化教育的转变，客观上要求高校更加重视培养学生的实践能力。以往，各高校主要通过让学生到企事业单位和政府机关实习的方式训练学生的实践能力。但随着高校不断扩招，传统的实践教学模式受到学生人数多、岗位少、成本高等多重因素的影响，越来越无法满足实践教学的需要，学生的实践能力培养越来越得不到保障。针对这一矛盾，各高校开始探索通过校内实验教学和校内实训的方式来缓解上述矛盾，而实验教学也逐步成为人才培养中不可替代的途径和手段。目前，大多数高校已经普遍认识到实验教学的重要性，认为理论教学和实验教学是培养学生能力和素质的两种同等重要的手段，二者相辅相承、相得益彰。

相对于理工类实验教学而言，经济管理类专业实验教学起步较晚，发展滞后。在实验课程体系、教学内容（实验项目）、教学方法、教学手段、实验教材等诸多方面，经济管理实验教学都尚在探索之中。要充分发挥实验教学在经济管理类专业人才培养中的作用，更需要深化实验教学研究和推进改革，加强实验教学基本建设的任务更加紧迫。

重庆工商大学作为具有鲜明财经特色的高水平多科性大学，高度重视并积极探索经济管理实验教学建设与改革的路径。学校经济管理实验教学中心于2006年被评为"重庆市高校市级实验教学示范中心"，2007年被确定为"国家级实验教学示范中心建设单位"。经过多年的努力，我校经济管理实验教学改革取得了一系列成果，按照能力导向构建了包括学科基础实验课程、专业基础实验课程、专业综合实验课程、学科综合实验（实训）课程和创新创业课程等五大层次的实验课程体系，真正体现了"实验教学与理论教学并重、实验教学相对独立"的实验教学理念；并且建立了形式多样、过程为重、学生为中心、能力为本位的实验教学方法和考核评价体系。努力做到实验教学与理论教学结合、模拟与实战结合、教学与科研结合、专业教育与创业教育结合、学校与企业结合、第一课堂与第二课堂结合，创新了开放互动的经济管理实验教学模式。

  为进一步加强实验教学建设、展示我校实验教学改革成果，学校经济管理实验教学指导委员会统筹部署和安排，计划陆续出版"经济管理实验教学系列教材"。本套丛书力求体现以下几个特点：一是系统性，该系列教材将涵盖经济学、管理学等大多数学科专业的"五大层次"实验课程体系，有力支撑分层次、模块化的经济管理实验教学体系；二是综合性，该系列教材将原来分散到若干门理论课程的课内实验项目整合成一门独立实验课程，尽量做到知识的优化组合和综合应用；三是实用性，该系列教材所体现的课程实验项目经过反复推敲和遴选，尽量做到仿真，甚至全真。

  感谢该系列教材的撰写者。该系列教材的作者普遍具有丰富的实验教学经验和专业实践经历，个别作者甚至是来自行业和企业的实务专家。希望读者能从中受益。

  毋庸讳言，编写经济管理实验教材是一项具有挑战性的开拓与尝试，加之实践本身还在不断地丰富与发展，因此本系列实验教材可能会存在一些不足甚至错误，恳请同行和读者批评指正。我们希望本套系列教材能够推动我国经济管理实验教学的发展，能对培养具有创新精神和实践能力的高级专门人才尽一份绵薄之力！

重庆工商大学校长、教授、博士生导师

杨继瑞

2011 年 5 月 10 日

前　言

　　本书由笔者近十年来有关社会研究方法和统计应用课程的发展、在学生不断鼓励下修改编撰而成。自 2004 年以来，已在社会学、社会工作、劳动与社会保障、公共事业管理等专业的本科生和研究生教学中使用。该书稿因其实用性和操作性强而被众多学生保留收藏。

　　对社会科学领域进行定性和定量研究的能力是当代人文社会科学领域大学本科生和研究生必备的基本技能。本书以社会科学研究的数据收集、录入、整理以及统计分析的数据处理流程为主线，借助 Excel、SPSS、EpiData 等软件，结合作者长期从事社会科学研究的教学经验和心得体会，力图从初学者的角度，在实践和操作性的层面强化读者社会科学研究技能。为了满足部分读者的需求，本书各章都设计了延伸阅读材料，作为深入了解数据处理知识的切入点。

　　本书是针对社会科学研究数据处理的，通过本书的学习，必然会提高读者处理办公室实务的能力。

　　本书分十章，其中张彩虹撰写了第一、二和四章，吴永波撰写了第三、五、六、七、八、九、十章。主编吴永波对全书结构进行了设计和审稿，副主编张彩虹对全书进行了统稿。本书由编委会委员叶勇副教授主审并给予了许多宝贵的指导，重庆工商大学经济管理实验教学中心的领导与老师对本书的编写给予了大力支持，在此表示诚挚的感谢！

　　由于我们水平有限，时间仓促，对不少问题的分析研究难免有疏漏，敬请广大读者提出宝贵意见。

编者

2011 年 9 月

目 录

第一章 概论 ……………………………………………………………… (1)
 第一节 社会科学研究数据处理的环节 …………………………… (1)
 第二节 数据处理软件 ……………………………………………… (4)

第二章 数据处理前必须完成的工作 …………………………………… (8)
 第一节 制作社会科学研究进度图 ………………………………… (8)
 第二节 问卷设计 …………………………………………………… (11)
 第三节 对调查结果进行编码 ……………………………………… (16)
 第四节 确定抽样方法 ……………………………………………… (22)
 第五节 确定抽样数目 ……………………………………………… (36)

第三章 调查研究数据录入 ……………………………………………… (40)
 第一节 Excel 数据录入模板设置 ………………………………… (40)
 第二节 制作 SPSS 数据输入模板 ………………………………… (47)
 第三节 制作 EpiData 数据录入模板 ……………………………… (54)

第四章 录入后数据的校验及转换 ……………………………………… (81)
 第一节 录入数据误差的产生 ……………………………………… (81)
 第二节 录入数据误差的处理 ……………………………………… (83)
 第三节 Excel 录入后数据的校验 ………………………………… (88)
 第四节 EpiData 录入后数据的校验 ……………………………… (94)
 第五节 SPSS 录入后数据的检验 ………………………………… (103)
 第六节 不同数据库间的数据转换 ………………………………… (111)

第五章 调查研究数据的整理 …………………………………………… (123)

1

第一节　不同数据类型的转换 …………………………………………………（123）
　　第二节　对录入数据进行运算生成新变量 ……………………………………（129）
　　第三节　原始数据的分类汇总 …………………………………………………（134）
　　第四节　两个数据库文件的合并 ………………………………………………（136）

第六章　调查研究数据的描述统计 ………………………………………………（143）
　　第一节　Excel 的集中趋势测量 ………………………………………………（143）
　　第二节　Excel 的离散趋势测量 ………………………………………………（149）
　　第三节　Excel 的数据分布形态测量 …………………………………………（158）
　　第四节　Excel 的一般描述统计方法 …………………………………………（161）
　　第五节　SPSS 进行描述统计 …………………………………………………（163）

第七章　频数分析 …………………………………………………………………（171）
　　第一节　频数分析概述 …………………………………………………………（171）
　　第二节　Excel 单选题的频数分析 ……………………………………………（172）
　　第三节　Excel 数值型填空题的频数分析 ……………………………………（179）
　　第四节　Excel 多选题的频数分析 ……………………………………………（184）
　　第五节　SPSS 频数分析 ………………………………………………………（188）
　　第六节　SPSS 多选题的频数分析 ……………………………………………（192）
　　第七节　频数分布表排序与美化编辑 …………………………………………（196）
　　第八节　绘制频数分布统计图 …………………………………………………（203）

第八章　交叉分析 …………………………………………………………………（210）
　　第一节　两变量的交叉分析 ……………………………………………………（211）
　　第二节　三变量的交叉分析 ……………………………………………………（216）
　　第三节　多选题的交叉分析 ……………………………………………………（220）
　　第四节　交叉分析的卡方独立性检验 …………………………………………（224）
　　第五节　两个离散变量间的相关性检验 ………………………………………（237）

第九章 均值差异检验 ……………………………………………………（248）
第一节 假设检验概述 ……………………………………………（248）
第二节 假设统计前提条件考察 …………………………………（253）
第三节 单一总体平均值检验 ……………………………………（259）
第四节 两总体平均值检验 ………………………………………（267）

第十章 方差分析 …………………………………………………………（280）
第一节 两样本的方差分析——方差同质性检验 ………………（280）
第二节 单因素方差分析概述 ……………………………………（285）
第三节 单因素方差分析/多总体的均值检验 …………………（287）

参考文献 …………………………………………………………………（301）

第一章 概论

第一节 社会科学研究数据处理的环节

一、确定研究的问题与目的

我们对社会科学的实证研究主要是为了某种兴趣、验证某种想法，或者验证复杂的理论，因此，你对某个研究题目很感兴趣，认为很有研究的价值，首先要确定你的研究目的：是解释性的研究，还是描述性的研究，或者是具有探索性的研究，这个工作很有必要，直接影响到你研究方法的选取。具体程序是逆向操作：首先是搜集内部记录及各种有关二次数据，并与相关人员讨论可能出现的问题；其次是访问外部对此问题有丰富经验或学识的人士，包括赞成和反对的意见，从而取得其对此问题的看法与可能解决的方案。

二、决定研究设计

1. 探索性研究：发掘初步见解，并提供后续研究资料；
2. 结论性研究：帮助决策者选择合适的解决方案。

三、确定数据类型，决定搜集数据的方法

（一）研究数据分类

1. 按照测量的层次分类

社会科学的研究数据按照测量的层次主要有不连续型数据和连续型数据，前者包括定类数据和定序数据，如性别、班级、宗教信仰、最喜欢的课程等，从运算上将只能作"="运算，或作">"、"<"运算，不能作"±"、"×"、"÷"运算。后者包括定序数据和定比数据，是连续变量中的某一特定值，均可看做夹在某两个数字之间，但又不能非常正确地指出它到底为多少，如成绩、年龄、收入、长度等，从运算不但能作"="、">"、"<"运算，还能作"±"、"×"、"÷"运算。

需要注意的是，在社会科学领域，由于得到严格意义上的连续数据很不容易，在实际的数据处理时，我们往往把定序数据当做定比数据来灵活处理。

2. 按照来源分类

社会科学的研究数据按照来源的不同，还可分为一手数据和二手数据。

（二）依据数据类型确定搜集和处理数据的方法

1. 搜集数据的方法

不同数据类型决定了不同的数据收集和处理方法。比如，一手数据为研究直接收集的数据，需要通过直接观察、实验和问卷访谈等方式收集数据；二手数据从政府发布的各种

社会调查中获得。

2. 处理数据方法

不连续数据由于测量层次低，适用的统计方法较少，主要是频数分析，可以求众数或频数，不能求均值、标准差、中位数，推论统计上可做卡方独立性检验。

连续型数据的测量层次较高，适用的数据处理方法相应增多，可以进行描述统计，比如频数、均值、标准差、最大值、最小值、中位数等。还可以进行许多推论统计，比如卡方检验；Z检验：双样本平均数检验；F检验：双样本方差分析；T检验：双样本均值检验。

总的说来，数据分析方法的选择如表1.1，用以作为选择统计分析的一般指导。主要是以因变量为主线结合自变量种类和因变量类别进行划分，避免因为因变量和自变量区分不清带来的麻烦。

表1.1　　　　　　　　　　　数据分析方法选择汇总表

因变量数	自变量类别	因变量类别	方法
一个	没有自变量（一个总体）	连续数据	单样本T检验
		连续数据	单样本中位数检验
		两类型数据	二项检验
		不连续数据	卡方优度拟合
	一个自变量两个水平（独立分组）	连续数据	两独立样本T检验
		定序数据 连续数据	Wilcoxon - Mann Whitney 检验
		不连续数据	卡方检验
	一个自变量两个以上水平（独立分组）	连续数据	Fisher 精确检验
		定序数据 连续数据	单因素方差分析 Kruskal Wallis 检验
		不连续数据	卡方检验
	一个自变量两个水平（独立/匹配分组）	连续数据	成对T检验
		次序或尺度	Wilcoxon 符号秩检验
		不连续数据	McNemar 检验
	一个自变量两个以上水平（独立/匹配分组）	连续数据	单因素重复测量方差分析
		定序数据 连续数据	Friedman 检验
		不连续数据	重复测量逻辑回归
	两个以上自变量（独立分组）	连续数据	因子方差分析
		不连续数据	因子逻辑回归

表 1.1

因变量数	自变量类别	因变量类别	方法
一个	一个尺度自变量	连续数据	相关分析
			简单线形回归
		定序数据 连续数据	非参数相关分析
		分类	简单逻辑回归
	一个或多个尺度自变量或 一个或多个分类自变量	连续数据	多重回归
			方差分析
		不连续数据	多重逻辑回归
			判别分析
两个以上	一个自变量两个以上水平（独立分组）	连续数据	单因素多元方差分析
	两个或两个以上自变量	连续数据	多元多重线性回归
两个以上的两个集	没有自变量	连续数据	典型相关分析
两个以上	没有自变量	连续数据	因子分析

四、研究对象的抽样处理

想要研究调查的所有对象，由一些具有某种共同性的基本单位（群体）所组成，这就是我们所说的总体，有时候是一群人，有时候是一群事物，约定俗成用 N（大写）来表示。我们不可能、也没有必要对所有对象进行调查（这样就是普查），只能对其中的一部分研究，以此来推论整体的情况。为了达到这一目的，就需要确定抽取单位——基本单位，即总体中个别元素，要根据抽样调查的目的来决定。可以是一个人，也可以是班级、家庭、学校。抽样的结果就是代表总体的研究样本，是总体的一个部分，由数个数值所组成，用字母 n（小写）表示样本大小。

确定样本从以下几个方面展开：①决定研究样本的对象。②决定样本数。③决定抽样的方法。除非是普查，抽样调查总会存在误差的，即总体与样本之间的差异，比如白天进行电话调查，就会漏掉很大一部分人。对某些特殊的样本，不可能知道抽样误差，因为总体均值是未知的。但是，对于抽样误差的大小可以有概率说明。尽管抽样误差不可避免，但却是可以控制的。选择合适的抽样方法是控制这类误差的一个重要的方法。④决定访谈人员的数量和构成。

五、撰写计划书

确定抽样处理之后就是要撰写研究计划和方案，确定社会科学研究的进度图表，主要的方式是利用 Excel 绘制甘特图。

六、搜集数据

根据调查方案从客观调查对象取得实际统计数据,是分析数据的前提。
1. 培训访谈人员;
2. 监察访谈人员是否工作到位(是否实地;是否作假);
3. 处理突发事件。

七、录入、分析及解释数据

收集数据后的工作就是进行数据的录入,首先是对调查的结果数字编码,制作录入模板,控制数据录入的错误率;然后培训录入员;再进行实际录入工作;最后对数据进行整理,检查和修改错误数据。

分析数据是对统计调查所得的原始数据进行汇总、加工,使之系统化、条理化,目的是简化和表示一组数据。推理数据则是以条理化的数据为基础,运用科学的分析方法,探讨如何从一组数据的总体中(总体,population),以某一抽取过程(抽样,sampling)抽出部分数据(样本,sample),来研究如何利用这一部分数据去估计、检验或预测数据总体的某些未知的特性值,通过定量分析和定性分析相结合,对事物的本质和规律作出说明,达到反映和监督社会经济发展的目的。

八、提出报告

最后是提出报告,将数据处理的结果呈现出来。

延伸阅读

几个统计学名词

统计学(statistics):又叫统计方法(statistical method),数学的一个分支,用以搜集、整理、分析数据,进而推导分析结果的科学方法。

分类:应用统计学(非统计专业);数理统计学(统计专业或者注重计量的极少数院系)。

观察值:观测一个问题所记录下来的结果,比如为求某班某科的学习成绩的平均数,各个学生该科的成绩分数即为观察值。

参数(parameters):总体的数值性叙述值,即用来描述总体某一特性的数字,如总体均值(μ)。

总体标准差(σ)[注:通常对总体信息不知道,所以需用样本所获得的数据(统计值)来推论总体的参数值]。

统计量(statistic):相对于参数,又称估计值(estimate),是样本的数值性叙述值,也就是用来描述样本某一特性的数字。如样本均值($\bar{x}$)、样本标准差(s^2或S^2)等。

第二节　数据处理软件

在众多的数据处理软件中,SPSS、SAS、STATA是目前世界上最流行的三大通用统计软件。国外大学在开设统计课时,往往同时开设这三个软件的辅导课及使用咨询,其教学网站上也提供大量使用案例,并有邮件组提供培训与讨论。事实上,三大统计软件各有独特之处。另外，Excel 和 EpiData 也是社会科学数据处理的工具。

一、SPSS（Statistical Package for Social Science）

SPSS 中文名称是社会科学统计软件包，是 SPSS 公司出品的通用型统计软件。在众多的统计软件中，是目前世界上最流行的。

（一）优缺点

SPSS 的显见优势在于用户界面友好，操作简单，菜单式操作可以实现绝大部分统计分析功能，特别适合具有初级统计知识的用户使用。当然它也为高级用户提供编写、执行程序的窗口。

如果用户熟悉 SPSS 基本的程序语句规则，可以在很大程度上提高 SPSS 的使用灵活性和便捷性。在处理包含几十、几百个变量的调查问卷时，修改程序比菜单操作更有效率。在进行反复进行探索性分析——例如 EFA（探索性因子分析）时，也非常适用。在进行多项选择题的统计时，SPSS 需要生成临时变量，这种变量在 SPSS 重启之后便会消失，只有保存在程序文件中才能随时调用。在进行方差分析时，如果没有事后检验就无法获得最终发现，但一些事后检验只能通过修改程序语句才能实现。

该软件极为易学易用，统计功能比 Excel 强大；不足之处是统计结果难以看懂。

（二）SPSS 界面

SPSS 打开后界面是一个典型的 Windows 软件界面，有菜单栏、工具栏，工具栏下方是数据栏，数据栏下方则是数据管理窗口的主界面。SPSS 安装后第一次打开时会出现一个导航对话框，单击右下方的 Cancer 按钮，即可进入上面的主界面（图 1.1）。

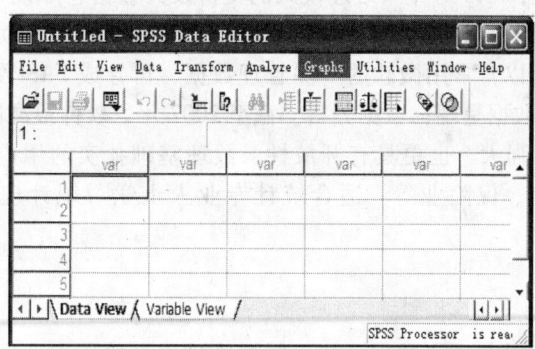

图 1.1 SPSS 数据窗口

1. 数据窗口（Data View）界面

该界面和 Excel 极为相似，由若干行和列组成二维表格界面，每行对应一条记录，每列则对应一个变量。由于现在我们没有输入任何数据，所以行、列的标号都是灰色的，而第一行第一列的单元格边框为深色，表明该数据单元格为当前单元格。

2. 变量窗口（Variable View）界面

变量窗口主要是对数据格式进行定义的窗口，包括变量名、变量类型、数据长度、数据小数点、变量标签、变量值标签、缺失值、数据窗口的栏宽、对齐方式和测量层次。见图 1.2。

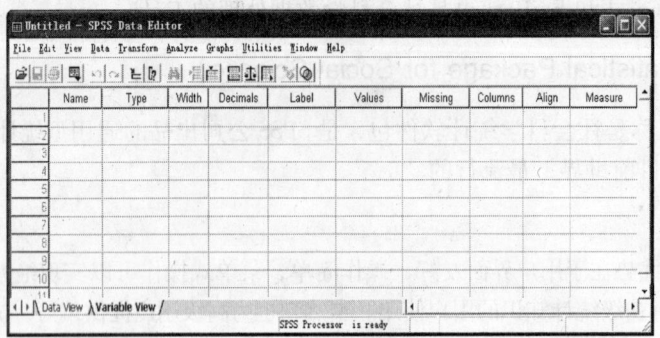

图 1.2　SPSS 变量窗口

二、SAS（Statistical Analysis System）

SAS 是由美国北卡罗来纳州州立大学 1966 年开发的统计分析软件。1976 年 SAS 软件研究所（SAS Institute Inc.）成立，开始进行 SAS 系统的维护、开发、销售和培训工作。期间经历了许多版本，并经过多年来的完善和发展，SAS 系统在国际上已被誉为统计分析的标准软件，在各个领域得到广泛应用。

SAS 是一个模块化、集成化的大型应用软件系统。它由数十个专用模块构成，功能包括数据访问、数据储存及管理、应用开发、图形处理、数据分析、报告编制、运筹学方法、计量经济学与预测等等。SAS 系统基本上可以分为四大部分：SAS 数据库部分；SAS 分析核心；SAS 开发呈现工具；SAS 对分布处理模式的支持及其数据仓库设计。SAS 系统主要完成以数据为中心的四大任务：数据访问；数据管理（SAS 的数据管理功能并不很出色，但是数据分析能力强大，所以常常用微软的产品管理数据，再导成 SAS 数据格式，要注意与其他软件的配套使用）；数据呈现；数据分析。截至 2007 年，软件最高版本为 SAS 9.2。

SAS 的功能相对更强大，也更具有开放性，数理基础扎实的用户使用比较多，比如银行业、零售业、教育业、保险业等。适合统计专业人士学习统计理论，操作困难，需要编程。

三、STATA

STATA 是一套提供其使用者数据分析、数据管理以及绘制专业图表的完整及整合性统计软件。它提供了传统的统计分析方法外，还包含了新近出现的一些回归和模型的方法，如 Cox 比例风险回归，指数与 Weibull 回归，多类结果与有序结果的 logistic 回归，Poisson 回归、负二项回归及广义负二项回归，随机效应模型、线性混合模型等。新版本的 STATA 采用最具亲和力的窗口接口，使用者自行建立程序时，软件能提供具有直接命令式的语法。STATA 目前在国内并不多见，医药研究界是使用较集中的行业之一。

在三大专业统计软件中，STATA 占用空间最小，运算速度最快，操作也比较灵活，在一些专业人士中很受青睐。但到目前为止，STATA 仍然坚持命令行操作，这对已经熟悉了视窗操作系统的用户来说很不方便。所以，对需要经常使用成型的统计功能的用户来说，SPSS 是最佳的统计工具。

四、Excel

Microsoft Excel 是微软公司的办公软件 Microsoft Office 的组件之一，它可以进行各种数据的处理、统计分析和辅助决策操作，广泛应用于管理、统计财经、金融等众多领域。

Excel 易学好懂，适合巩固统计知识；图表功能强大，便于研究报告的撰写。

五、EpiData 录入软件

EpiData 是一个免费的数据录入和数据管理绿色软件。由丹麦欧登塞（Odense, Denmark）的一个非营利组织（The EpiData Association）开发的。程序设计者为 Jens M. Lauritsen、Michael Bruus 和 Mark Myatt。

该软件目前有多种语言版本，如丹麦语、中文、挪威语、荷兰语、意大利语、法语、西班牙语、俄语、英语等。

EpiData 基于 Epi Info 6 的 DOS 版本，不过工作界面友好，采用 Windows 类似界面。理论上，该软件对录入的记录数没有限制。而实际应用中，EpiData 3.0 记录数最好不要超过 200 000 ~ 300 000。整个录入界面不能超过 999 行。对数值或字符串编码进行解释的文字长度最多 80 个字符，编码长度最多为 30 个字符。

第二章 数据处理前必须完成的工作

我们在确定了研究的议题后,进入实际的研究工作,首先要进行文献研究,收集整理资料,确定研究的对象,以及研究和抽样的方法;然后设计问卷和预试修订;接下来进行实际的问卷调查;调查结果出来后进行编码录入;接着开始分析数据;最后撰写调研报告。这是一般的研究流程。本章主要详解实际的电脑操作技能,其他一概从略。

第一节 制作社会科学研究进度图

一、问题的提出

社会科学研究跨度较大,涉及的内容较为复杂,很容易陷入盲目应付之中,没有计划性和目的性。这需要我们通过制作研究时间进度图来控制和监控研究的进度,以便研究有序地进行。那么应如何制作社会科学研究时间进度图呢?

二、解决方案

利用 Excel 强大的图表功能制作社会科学研究时间进度图。

三、操作步骤

(一) 制订研究工作时间进度表

1. 按照图 2.1 所示,输入 A 列、B 列和第 1 行的数据。
2. 斜线表头的制作:单击左键选中 A1 单元格,然后单击右键,调出右键快捷菜单,点击"设置单元格格式",进入"单元格格式"对话框,选中"边框"选项卡,单击右斜线边框,如图 2.2 所示。

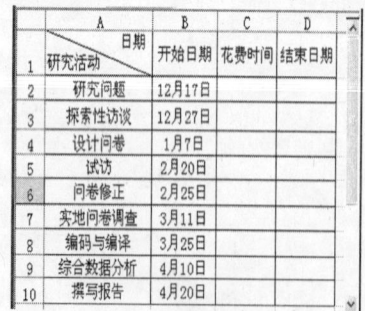

图 2.1 研究进度

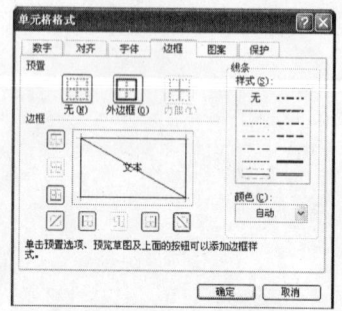

图 2.2 研究进度图

3. 单击"确定"按钮,返回 A1 单元格,然后输入文字"日期"和"研究活动",并在日期后面分行（同时按 Alt + Enter 键）。

4. 自定义 C2∶C10 的数字格式为 0"天"。

（1）选中 C2∶C10 单元格。

（2）单击鼠标右键，选择"设置单元格格式（F）"，进入"单元格格式"对话框。

（3）在"单元格格式"对话框中，单击"数字"选项卡，在"分类（C）："矩形框内，选中"自定义"选项；在对话框右边的"类型（T）："矩形框中输入 0"天"，注意双引号是半角（图2.3）。

Excel 的单元格公式运算不能处理字符型数据，只能是数值型数据，但人们看数字很枯燥，面对一堆数字有时候不知道什么意思，需要赋予文字含义，比如数字的单位。本例中 C2 单元格的内容，希望计算机看到的是 14，而同时人们看到的是 14 天，这是人机矛盾。这样的设置是为了解决人机矛盾，各取所需。

5. 输入每个项目花费的天数。不能直接输入"14 天"，原因是该数字格式为字符串，Excel 不能对字符串数据进行计算操作。

6. 求结束日期。在 D2 输入公式：= B2 + C2，然后复制填充至 D10，见图 2.4。

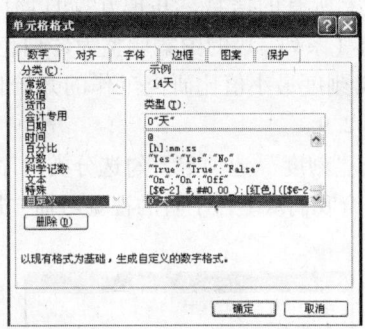

图 2.3 "数字"选项卡

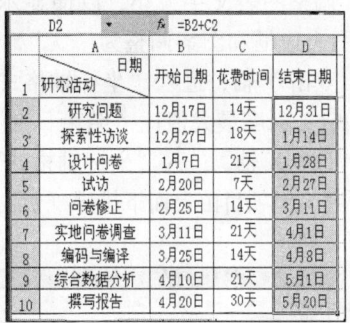

图 2.4 公式求结束日期

（二）制作研究进度图

1. 选中 A2∶C10，作为数据源制作研究时间进度图。

2. 调出"图表向导 - 4 步骤之 1 - 图表类型"对话框，在左边的"图表类型"中，选择"条形图"，在右边的"子图表类型"中，选择的"三维堆积条形图"，见图2.5。

3. 单击"下一步"，进入"源数据"对话框，如图 2.6 所示，定义好"系列 1"和"系列 2"的 X 轴标志和值。

图 2.5 "图表向导 - 4 步骤之一 - 图表类型"对话框

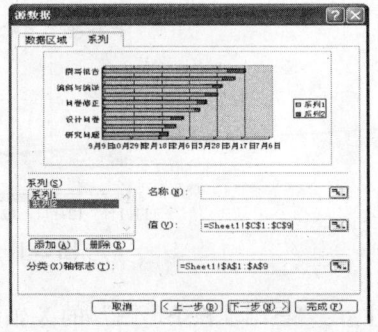

图 2.6 "源数据"对话框

4. 单击"下一步",进入"图表向导-4步骤之3-图表选项"对话框(见图2.7),在"标题"选项卡下,添加标题"研究进度图";在"图例"选项卡下,取消"显示图例";在"数据标志"选项卡下加上数据标志的值。

5. 单击"下一步",继而单击"完成",结束图表向导,结果如图2.8所示。

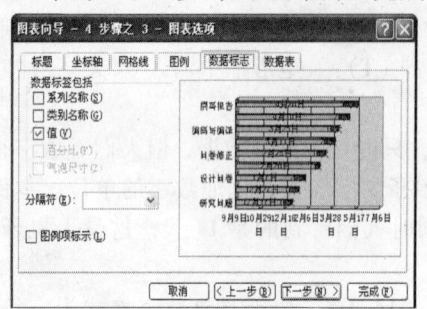
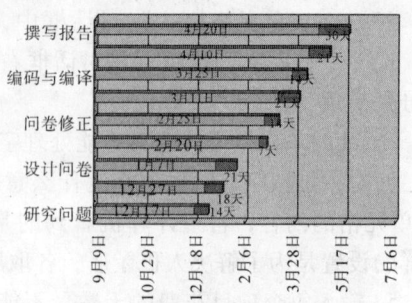

图2.7 "图表向导-4步骤之3-图表选项"窗口

图2.8 研究进度图初步效果

6. 调整图表文字大小,以便显示出X轴和Y轴上所有的信息,并把开始日期(系列1)的图表边框和图案调整为"无",把天数开始日期(系列2)的图案调整为"白色"。

7. 双击Y轴,进入"坐标轴格式"对话框,定义刻度最小值比研究工作的开始日期早几天,定义刻度最大值比"结束日期"晚几天,见图2.9。

8. 双击X轴,进入"坐标轴格式"对话框,单击"刻度"选项卡,勾选分类次序反转,使得研究工作项目由上而下排序(见图2.10),以便符合我们从上往下看的视觉习惯,最后结果见图2.11。

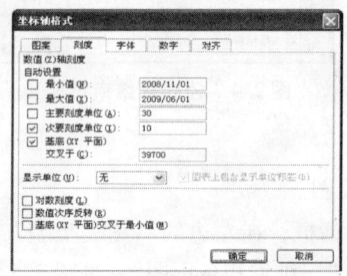
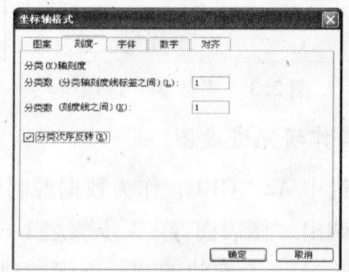

图2.9 "坐标轴格式"对话框

图2.10 "分类次序反转"设置

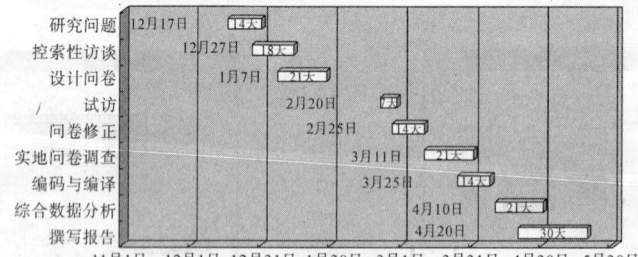

图2.11 研究进度图最终效果

注意:"三维堆积条形图"的X轴的标签是研究计划的名称,Y轴的值是起始日期和天数。另外,图表的字体、大小、颜色调整原则是清楚、美观。

第二节　问卷设计

在社会科学研究中，原始数据的搜集很大程度上依靠问卷访谈和个案访谈，问卷和访谈提纲的设计就非常重要。

教师们都知道，你出试卷偷懒了，全是问答题，批改试卷时，上帝会把你偷懒掉的时间还给你，甚至会让你花更多的时间；如果你的试卷里有较多的选择题，出选择题很费时间，但批改选择题却是愉快的事情。同样在研究中，设计问卷偷懒了，会给后期处理数据的人带来无穷的苦恼，甚至影响研究的结果。数据处理一定是从问卷设计开始，问卷题型的选择直接影响到数据分析处理。我们应该非常重视问卷的设计，并且数据处理的人应是参与问卷设计的人。

一、减少数据误差是从问卷设计开始的

(一) 问卷设计步骤

1. 列举所要收集的信息
(1) 研究现有的文献。
(2) 访谈有经验或有学识的人士。
2. 决定访问的方式
(1) 人员访谈。
(2) 电话访谈。
(3) 邮寄问卷。
3. 确定问卷的内容
参考相关论文和报告，确定问题框架，每一部分需要进行详列，注意的问题有：
(1) 此问题有无必要？删减无关问题。
(2) 受访者能否回答？避免超出其经验的问题，充分考虑被调查者的身份背景，不要提出对方不感兴趣的问题。
(3) 受访者是否愿意回答？避免敏感问题。
(4) 受访者回答是否费时费力？
(5) 问卷不宜过长，问题不能过多，一般控制在 30 分钟左右回答完毕。
4. 问卷的题型
问卷的题型包括开放式问题和封闭式问题。开放式问题主要是问答题，就是允许被调查者用自己的话来回答。无提示，有时候被调查者一个也答不出来，由于采取这种方式提问会得到各种不同的答案，不利于资料统计分析，因此在调查问卷中不宜过多。

封闭式问题主要是选择题和确定答案的填空题，单选题更容易整理，多选题最好要标明最多选几项，以便减少数据整理的难度。

5. 选择恰当的用语
让被调查对象看得懂，并且含义要一致，如果被调查对象的文化程度跨度较大，最好对理解有困难的被调查者解释清楚，这时需要一对一的访谈。主要注意以下几个问题：
(1) 使用简单字词，避免专业术语，也不能将两个问题合并为一个，以至于得不到明

确的答案。

（2）使用含义明确的字词，避免产生歧义，要有利于使被调查者作出真实的选择，因此答案切忌模棱两可，使对方难以选择。

（3）避免诱导性问题，提问不能有任何诱导性暗示，措辞要恰当。

（4）避免需要复杂计算和估算的问题。

（5）尽量避免开放性问题。

6. 决定问题的先后顺序。

问题的排列顺序要合理，一般先提出概括性的问题，逐步启发被调查者，做到循序渐进。主要注意以下几个问题：

（1）难易问题：将比较难回答的问题和涉及被调查者个人隐私的问题放在最后。

（2）开放和封闭式问题：一般先封闭后开放。

（3）关联问题：注意跳答或续答的顺序不能弄错了，最好用流程图显示。

7. 预试和修订

问卷的初稿需要经过至少一次的预试。

（1）预试人数为 30 人左右即可，无须很强的样本代表性，只求是相关人员即可。

（2）问卷改动不大，预试一次即可，若改动较大，需再作一次预试。

8. 决定问卷的版面

包括确定问卷打印用纸，颜色，是否需要封面，单面还是双面打印。总的要求是清楚、美观。

二、问卷的组成部分

（一）前言

主要说明调查的主题、调查的目的、调查的意义，以及向被调查者表示感谢。

（二）正文

这是调查问卷的主体部分，一般设计若干问题要求被调查者回答。

（三）附录

这一部分可以将被调查者的有关情况加以登记，为进一步的统计分析收集资料。

三、问卷设计的原则

1. 问卷上所列问题应该都是必要的，可要可不要的问题不要列入。

2. 所问问题是调查对象所了解的。

所问问题不应是被调查者不了解或难以答复的问题。使人感到困惑的问题会让你得到的是我不知道的答案。在是或否的答案后应有一个"为什么"？回答问题所用时间最多不超过半小时。

3. 在询问问题时不要转弯抹角。

如果想知道顾客为什么选择你的店铺买东西，就不要问：你为什么不去张三的店铺购买？这样你得到的答案是他们为什么不喜欢张三的店铺，但你想要了解的是他们为什么喜欢你的店铺。根据顾客对张三店铺的看法来了解顾客为什么喜欢你的店铺可能会导致错误的推测。

4. 注意询问语句的措辞和语气，一般应注意以下几点：

（1）对调查的目的要有真实的说明，不要说假话。

（2）需要理解他们所说的一切。利用问卷做面对面访问时，要注意给回答问题的人足够的时间，让人们讲完他们要讲的话。为了保证答案的准确性，将答案向调查对象重念一遍。

（3）不要对任何答案做出负面反应。如果答案使你不高兴，不要显露出来。如果别人回答，从未听说过你的产品，那说明他们一定没听说过。这正是你为什么要做调查的原因。

四、问卷题目的种类

（一）单选题设计

1. 确保只有一个答案

被调查者在回答问题时，有时候很容易把单选题选择几个答案，给我们后期的数据处理带来困难，因此须采取措施确保他们只选择一个答案。

（1）用非常肯定的语气，确保被调查者只填写一个答案。

避免用模棱两可的话误导被调查者，如：

问1：请问您喜欢上什么课程？

问2：请问您目前最喜欢上什么课程？

上面两问题中，哪个好一些呢？显然是问2的提法，因为语气更加肯定，确保了被调查者只填一个答案。

（2）加上标注。

我们也可以在问1后面加标注——只选一个。比如把上例的问1改成：

请问您喜欢上什么课程？（限选1个）

2. 问卷设计中尽量设计单选题

尽可能使用单选题，少用多选题，否则只能进行次数分配和交叉分析而已，而且处理起来会很麻烦。

（二）多选题设计

多选题相对于单选题，允许有多个答案，主要的类型有不限选的多选题和限选的多选题。

1. 不限选的多选题设计

不限选的多选题主要是指回答方式上不做限制，想选几个就选几个。比如：

您认为目前社会中，下列哪些问题比较严重？（可以选多项）

◇1. 腐败　　　　　　　　　　◇2. 环境污染
◇3. 社会治安　　　　　　　　◇4. 下岗失业
◇5. 收入差距过大　　　　　　◇6. 物价上涨
◇7. 不健康出版物　　　　　　◇8. 假冒伪劣产品
◇9. 社会道德风尚　　　　　　◇10. 学校教育
◇11. 交通　　　　　　　　　 ◇12. 住房
◇13. 社会保障　　　　　　　 ◇14. 外来人口管理

2. 限选的多选题设计

限选的多选题是指回答方式上有所限制，一般是限选 3 项。比如上例可改为：

您认为目前社会中，下列哪些问题比较严重？（限选 3 项）

◇1. 腐败　　　　　　　　　　◇2. 环境污染
◇3. 社会治安　　　　　　　　◇4. 下岗失业
◇5. 收入差距过大　　　　　　◇6. 物价上涨
◇7. 不健康出版物　　　　　　◇8. 假冒伪劣产品
◇9. 社会道德风尚　　　　　　◇10. 学校教育
◇11. 交通　　　　　　　　　 ◇12. 住房
◇13. 社会保障　　　　　　　 ◇14. 外来人口管理

3. 多选题的类型选择

在社会调查实践中，不限选的多选题与限选的多选题得到的信息差不多，但是在数据录入时不限选的多选题会很麻烦，耗费录入员的精力和时间，这会在后边做详细说明。

所以如果我们一定需要设计多选题，也要避免设计成不限选的多选题，需限制最多选几个，变成限选的多选题，或者选后排序。

（三）填空题或开放式问答题

1. 填空题或开放式问题定义

填空题或开放式问题需要被调查者自行填写，有的填空题只有一个，有的有很多个。如：请问您的年龄是_____。这类填空题只有一个答案。又如：您对社会学教学方式改革的建议是_____。这可能有几个答案。

2. 数字填空题与单选题的比较

下边有两个问卷题型设计，哪个设计较好？

问 1：请问您的年龄是_____。

问 2：请问您的年龄：

◇1. 30 岁以下　　　　　　　　◇2. 31～40 岁
◇3. 41～50 岁　　　　　　　　◇4. 50 岁以上

从信息获取的精确度来讲，显然是问 1 的设计较好，其原因有三：

（1）问 1 得到的是定比数据，而问 2 得到的是分类数据，统计方法的选择上受限制。

（2）问 2 得到的数据误差较大，比如某个被调查者 A 年龄为 31 岁，B 年龄为 40 岁，相差 9 岁，但同属于第 2 组，相比之下，问 1 得到了准确的数据。

（3）问 1 得到的数据可以转化为分类数据，相反则不行。

因此得出一个结论：为了取得真正的数字，而非区间值需用填空题。

当然问 2 的设计并非一无是处，其最大的优点是比问 1 更能降低被调查者回答问题的敏感度，更愿意回答。又比如对收入的调查，设计成填空题，需要被调查者比较精确地填写他的收入，而设计成选择题仅需回答一个区间，压力要小得多。

3. 内容填空题与多选题的比较

内容填空题（开放式问答题）的好处就是没有限制和提示，能够比较好地了解被调查者的信息，但是费时费力，多选题答题时要容易一些，但容易受选项的干扰。另外，内容填空题在后期处理比较困难（相关内容参见本章下一节的内容），多选题处理起来要容易得多。

一般来讲内容填空题（开放式问答题）在问卷设计之初用得多，在预试问卷上开放式问题不妨多一点，正式问卷中的内容填空题尽量少一点。

（四）量表题

量表题主要是测量态度的尺度，有大小先后关系，没有倍数关系。如：
假设让您重新选择工作，您认为哪些因素重要？请在相应的空格中打"√"。

项目	重要	一般	不重要	项目	重要	一般	不重要
领导个人魅力				公平环境			
工作挑战				充分发挥才能			
职位稳定性				收入水平			
地区				晋升机会			

在社会科学研究领域，对态度的调查会常常遇到一个问卷中有一两个量表题的设计。

（五）权数

1. 大小适中		%
2. 重量轻		%
3. 颜色绚丽		%
4. 外形大方		%
5. 符合人体工学		%
6. 附属功能多		%
合计		100%

衡量态度的重要程度，弥补量表把各属性假定为同等重要的缺点，需对各属性进行加权。加权数目为5个左右。如：
请根据您购买手机时各产品属性的相对重要程度，100%分配给下列属性。（请注意合计是否为100%）[①]

（六）等级或顺序

把研究对象的几个属性按某个标准排等级，数目在5个以内，如：
下列几个入网方式，请您按收费的便宜程度，以排名顺序，填入1、2、3、4、5：
全球通_____；神州行_____；如意通_____；
动感地带_____；新时空_____。
为了编码和统计方便，可把上题等级或顺序改为单选题，用次数的多少来排名。上例可改为：
下列几个手机的入网方式，您认为哪一种的收费最便宜？
□1. 全球通　　　　　　　　　　□2. 神州行

[①] 资料来源于《Excel数据统计与分析范例应用》，旗标出版股份有限公司出版，第82页。

☐3. 如意通 ☐4. 动感地带
☐5. 新时空

第三节 对调查结果进行编码

编码是根据一定的规则将研究资料转换为可进行统计分析的数码资料的过程。实质是将问卷的答案转为适当的数字，以便输入电脑，方便统计和查找数据输入错误源。

一、编码的步骤

（一）确定变量的名称和值

变量用来反映文意概念的量化形式。在统计中往往指最小的分析单位。编码就是对变量进行编码。变量由两个部分构成：变量名和变量值。要注意区分何为变量，何为变量值。在调查问卷中还要注意区分问题和变量。比如：

问题1：您有几个儿子？几个女儿？
☐1. 儿子__2__人
☐2. 女儿__3__人

本例中有三个构件需弄清楚："问题"是儿女各有几个；"变量"有两个，变量名分别是"儿子数"和"女儿数"，而"2"表示"儿子数"变量的值，简称变量值，同样变量名为"女儿数"的变量值是3。

（二）制作编码表

是用文本和 Word 来作为输入数据的工具时尤其要注意制作编码表（表2.1）。

表2.1　　　　　　　　　　数据录入编码表

变量名	码位	码数	尺度	编码	不适用	不知道	未回答	缺失值	备注
ID	1~4	4	interval	direct					
Q01	5	1	category	D			9	9	
Q01a	6~7	2	I	D			99	99	
Q02	8	1	C	D			9	9	
Q03	9	1	ordinal	D			9	9	
Q04	10	1	O	D	0, 9				
Q05.1	11	1	C	0~1			9	9	
Q05.2	12	1	C	0~1			9	9	
Q05.3	13	1	C	0~1			9	9	
Q05.4	14	1	C	0~1			9	9	
Q05.5	15	1	C	0~1			9	9	

表2.1(续)

变量名	码位	码数	尺度	编码	不适用	不知道	未回答	缺失值	备注
Q05.6	16	1	C	0~1			9	9	
Q05.7	17	1	C	0~1			9	9	
Q06	18	1	C	D			9	9	
Q07	19	1	C	D	7		9	9	
Q08.1	20~21	2	I	D	97	98	99	99	
Q08.2	22~23	2	I	D	97	98	99	99	
Q08.3	24~25	2	I	D	97	98	99	99	
说明	码位:某一变量在数据文件中占据的栏位	码数:某一变量由几位数组成。	该变量是数值型(Numeric)——如定距、定比;是字串型(string),如定类、定序。前者在统计中可以做高级运算,后者则不可以。	直接过录0~1编码	不适于被访人回答的问题的编码。一般采用7、97、997等。	被访人不知道回答的编码。一般采用8、98、998等。	被访人拒绝回答某变量时的编码。一般采用9、99、999等。	问卷中出现漏答时的处理编码。一般采用9、99、999等。	

二、各种题型回答的编码

(一) 单选题编码

1. 单选题编码方法

单选题编码非常简单,以单选题的选项序号为该选项的数字编码,单选题的答案编码应和选项的序号一致。某个被调查者选择了第2个选项,该回答就编码为2,如果选择了第4选项,就编码为4。比如:

您的文化程度_____。

◇1. 高中以下 ◇2. 高中、中专、中技

◇3. 大专 ◇4. 本科

◇5. 硕士及以上

如果某人选择第三的选项"大专",则编码为"3"。

2. 单选题编码注意事项

编码的目的是为了把答案录入电脑,因此编码要为录入和以后的数据处理服务。请问

下边的例子有什么问题？

例子：您认为，本单位对人力资源的管理上存在的问题最严重的是（限选 1 项）：

A. 评价标准片面极端：唯学历职称，唯资历经验等人才识别和使用
B. 片面强调人才因素，忽略单位发展的真实需要。
C. 片面夸大人才的主观能动性，忽略物的因素对人才能动性发挥的制约
D. 片面强调人与人之间的关系，忽视物与物之间及人与物之间的配合关系
E. 片面强调人的精神方面的需要，忽视人的经济与物质方面的需要
F. 过高估计人的精神境界及自觉性，疏于制度约束
G. 其他

设计和编码的角度来看，本例存在三方面的问题：

（1）选项前的编号是字母，不利于录入。因为编码录入数据，一般是利用键盘右边的数字小键盘进行快速录入，因此编码一定是阿拉伯数字，而非字母。选项前的编号为字母，录入时需要转换 1 次，如 A 转换为 1，C 转换为 2，这样很费时费力，并且你能第一时间告诉我 G 对应的数字是多少吗？恐怕你要在心里默数一下吧。

（2）选项前没有醒目标记。

（3）其他选项后边应有填空短线，以便被调查者书写内容，以实现开放式问题和封闭式问题结合。正确的是：

您认为，本单位对人力资源的管理上存在的问题最严重的是（限选 1 项）：

◇1. 评价标准片面极端：唯学历职称，唯资历经验等人才识别和使用
◇2. 片面强调人才因素，忽略单位发展的真实需要。
◇3. 片面夸大人才的主观能动性，忽略物的因素对人才能动性发挥的制约
◇4. 片面强调人与人之间的关系，忽视物与物之间及人与物之间的配合关系
◇5. 片面强调人的精神方面的需要，忽视人的经济与物质方面的需要
◇6. 过高估计人的精神境界及自觉性，疏于制度约束
◇7. 其他_____。

综上，为了避免录入时过多地转移注意力和耗费精力，单选题的选项的序号最好用数字，避免用字母。选项数字序号的前面一定要有集中注意力的醒目提示符，比如○、◇、□、☆和△等等。

（二）多选题编码

前面已说过尽量少设计多选题，但有时答案不止一个时，就只有设计成多选题了。多选题又分为两种，限选多选题和不限选多选题，二者的编码是不一样的。

1. 限选多选题编码

限选的多选题编码的方法是，变量数目设置与限选的个数一致，选择结果的编码与选项的序号一致，未选的编码为 0。比如：

下列社会问题中，您最关注的问题是（限选 3 项）：

□1. 腐败　　　　　　　　　□2. 环境污染
□3. 社会治安　　　　　　　□4. 下岗失业
□5. 收入差距过大　　　　　□6. 物价上涨
□7. 不健康出版物　　　　　□8. 假冒伪劣产品

☐9. 社会道德风尚　　　　　　　☐10. 学校教育
☐11. 交通　　　　　　　　　　☐12. 住房
☐13. 社会保障　　　　　　　　☐14. 外来人口管理

如果某个被调查者选择了两个答案，一个是第 2 选项，另一个是第 5 选项，该如何编码呢？本例中变量为 3 个，选择结果的正确编码分别为 2、5、0。

2. 不限选多选题编码

对于不限选的多选题，需要设置变量的个数与选项的数目一致，选中的选项编码为 1，未选中的选项的编码为 0。比如：

您对电视的态度是（多选，符合您的看法就选）：

☑1. 通过电视，我知道了许多外界的事情
☐2. 看电视可消除疲劳，带来愉悦
☑3. 我的生活离不开电视
☐4. 看电视可以帮助我学习许多知识
☐5. 看了电视里的内容，使我与别人有了谈话的话题
☑6. 电视节目不太好看，我基本不看
☐7. 看电视可以打发无聊的时光
☐8. 电视里播的新闻都是假的
☐9. 电视里的生活离我们太远了
☑10. 电视里反映的城市人的生活让我很羡慕
☐11. 频道太少，应该有我们农民自己的频道
☐12. 看电视影响了我与家人的交流的时间
☐13. 电视可以提供我需要的很多信息
☐14. 电视剧中的广告插播得太多

如果某被调查者选择了第 1、3、6、10 四个选项，该如何编码呢？

解决方案：由于本例的选项有 14 项，那么变量的个数需设置为 14 个，选择结果编码为 1、0、1、0、0、1、0、0、0、1、0、0、0、0。

由上面的例子可以看出，不限选的多选题在数据录入时非常麻烦，需要设置 14 个变量，经验证明，对不限选单选题，大多数人只选择 3～5 个，选择 10 个以上的少之又少，平白的会多录入很多 0 或者空格。上例中的限选单选题也有 14 个选项，但编码录入时设置的变量只有 3 个，大大减少了录入的工作量。

（三）填空题编码

1. 数字填空题编码

对于数字填空题，变量设置一个，选择结果的编码就是所填写的数值，若未填，编码为 0，比如：

您的家庭年收入_____。

假如某被访者填写 50000，该如何编码？本例的编码为 50000。

2. 开放式填空题编码

对于开放式填空题，处理起来比较麻烦，原理是将开放式填空题的结果转换成不限选

的多选题，然后根据不限选的多选题的方式编码。比如：

请问您对公务员培训的建议_____。

开放式填空题编码的具体方法是：

（1）将所有答案一一详列。需要将全部问卷的答案一一罗列出来，这需要花费很大的工作量。

（2）用人工归类成少数的几类。请本专业的有经验的专家，对所有的答案进行人工的分类，一般分成5~7类即可。这相当于编制选择题的选项。

（3）给予数字编码。对专家归类的几项进行编号，即给予数字编码。这就相当于选择题的序号。

（4）把编码卸载在原问卷上。判断对每份问卷的答案，应该归入哪一类或几类中，并把类别的编号卸载在问卷上。

至此，开放式填空题就转化为不限选的多选题了。

假设本例调查的所有答案被归为5大类建议，某被访者只写出了其中1和3类的两条建议。本例需设置5个变量，与5大类建议一致，按照不限选的多选题的编码方法，选择结果编码为1、0、1、0、0。

（四）量表题的编码

量表题相当于单选题，5级重要程度相当于5个选项；量表的编码很简单，按重要程度的顺序依次赋值即可；共有4中编码方法，编码1和编码2比编码3和编码4要更好一点（见表2.2）。

表2.2　　　　　　　　　　　量表编码的四种方法

评价	编码1	编码2	编码3	编码4
非常重要	5	1	2	−2
重要	4	2	1	−1
普通	3	3	0	0
不重要	2	4	−1	1
非常不重要	1	5	−2	2

比如：假定某被调查者对于报纸选择了"重要"；广播选择了"普通"；互联网选择了"非常重要"；电视选择了"非常重要"。应该如何编码？

请在下表对应的位置选择您对媒体的态度，请在相应位置打"√"。

对媒介态度	报纸	广播	互联网	电视
非常重要			√	√
重要	√			
普通		√		
不重要				
非常不重要				

本例其实就是 4 个单选题，因此需设 4 个变量，分别是报纸、广播、互联网和电视。上例的量表编码结果见表 2.3。

表 2.3　　　　　　　　　　　　量表题编码结果

变量	以编码 1 编码	以编码 2 编码	以编码 3 编码	以编码 4 编码
报纸	4	2	1	−1
广播	3	3	0	0
互联网	5	1	2	−2
电视	5	1	2	−2

（五）权数编码

1. 编码方法

不需特别另外编码，直接把权数输入即可，或编码为小数，如 20% 编码为 0.2，方便输入。

2. 权数加总不等于 100% 的调整法

将不等于 100% 的权数总和作为分母，用每个权数去除，分别得到的就是调整后的权数。如例题中在购买手机时，各手机属性对购买者影响购买的心理权重，总和后为 140%，需要调整，"大小适中"属性的原权数为 20%，调整后的权数是 20%/140% = 14.29%，其他属性的调整后权数的计算方法一样，见表 2.4。

表 2.4　　　　　　　　　　　　权数编码及调整表

	原权数	调整后
（1）大小适中	20%	14.29%
（2）重量轻	10%	7.14%
（3）颜色绚丽	20%	14.29%
（4）外形大方	50%	35.71%
（5）符合人体工学	30%	21.43%
（6）附属功能多	10%	7.14%
合计	140%	100.00%

（六）等级、顺序编码

按照实际的等级、顺序号编码，如未排完序，则把未排的项目视为相同等级，比如：只排了前两位，编码为 1、2，剩下的全编码为 3。

下列入网方式，请您按收费的便宜程度，以排名顺序，填入 1、2、3、4、5：

全球通＿＿2＿＿；神州行＿＿1＿＿；如意通＿＿＿＿＿＿；

动感地带＿＿＿＿＿＿；新时空＿＿＿＿＿＿。

假设某个被调查者（问卷编号为 1）只回答了 2 项，即选择了神州行为最便宜，全球通为第2便宜，怎么编码？

按照等级题编码的方法，本例的编码应为2、1、3、3、3，见表2.5。

表2.5　　　　　　　　　　等级、顺序题编码

问卷编号	最便宜的排名					
	全球通	神州行	如意通	动感地带	新时空
1	2	1	3	3	3

第四节　确定抽样方法

从拟研究的全部对象中抽取一部分样本，基本要求是要保证所抽取的样本对全部总体具有充分的代表性。抽样的目的是对被抽取样本分析、研究结果来估计和推论总体的特性，是科学实验、质量检验、社会调查普遍采用的一种经济有效的工作和研究方法。

一、抽样是这样开始的

1. 界定总体。
2. 确定抽样框。
（1）抽样框应包含满足研究目的的所需总体；
（2）应包含所有的基本单位；
（3）基本单位不会重复出现；
（4）样本应该容易得到和方便使用。
3. 选取样本单位。
4. 选择抽样方法。
（1）概率抽样：随机抽样；系统抽样。
（2）非概率抽样。
5. 决定样本大小。
6. 搜集样本数据。
7. 评估抽样结果。
（1）样本标准差的大小；
（2）检验统计的显著性；
（3）同现有的可靠数据的比较（信度和效度）。

根据使用的抽样方法，抽样调查可分为概率抽样和非概率抽样。用概率抽样，可以计算取得的每个可能样本的概率；用非概率抽样，则不知道取得的每个可能样本的概率。如果调查者想对估计的精度做出说明，则不能用非概率抽样。相应地，用概率抽样方法对给定的允许误差（也称为抽样误差界限），可构造置信区间。在后面几节中，我们将讨论四种概率抽样方法：简单随机抽样、分层简单随机抽样、整群抽样和系统抽样。

二、传统抽样方法

简单随机抽样，又称纯随机抽样，是统计方法的基础，总体中每个单位被抽到的概率

是完全相同的。从一个容量为 N 的有限总体中抽取得到一个容量为 n 的简单随机样本，使每一个容量为 n 的可能样本都有相同的概率被抽中。

简单随机抽样是抽样方法中最简单、也是最基本的方法，是其他抽样方法的基础。因此，传统抽样方法主要体现在简单随机抽样。

(一) 直接抽选法

就是从调查总体各单位中直接随机抽取样本进行调查。如从存放在仓库里的同类产品中直接随机抽出若干产品作为样本进行调查；从课堂的学生中，直接随机选择若干学生作为样本，对他们进行访问等。

(二) 抽签法

又叫摸彩法或抓阄法，就是将总体各单位编上序号，将号码写在纸片上捏成纸团，掺和均匀后从中抽选，被抽到的号码所代表的单位就是样本，直到抽满规定的样本数为止。

(三) 随机数表法

先把总体中所有单位加以编号，根据编号的最大数确定使用随机数表中若干列或行的数字，然后从任意列或任意行的第一个数字数起，可以向任何方向数去，碰上属于总体单位编号范围内的数字号码就定下来作为样本。如果采用不重复抽样方法，在碰上重复的数字时就跳过去，这样一直数下去直到抽够样本数为止。

假定我们要从 2006 级社会工作专业的 50 位同学中抽取 10 位同学作为样本。首先应将总体的 50 位学生按 1~50 编号。编号最多的是 50，两位数，因此，只需从随机数表中取两列作为计算单位。任意取定 3、4 两列，从第一行"62"开始，顺序往下数，第二个数是 32，在 50 范围内，符合要求，即为抽中的第一个样本单位。依次还可以取出 15、39、31、29 作为样本单位。这样，5 个样本单位就全部抽选出来了。如果总体单位很多，只要把随机数表中数字列数增加就行了。如要从 10 000 个单位中抽取 100 个单位，则从随机数表中任意取 5 列数字作为计算单位，顺序向任何方向数去，只要碰到 10000 以内的数字号码就作为样本单位，超过 10 000 的不选，重复的不选，直到选取 100 个单位为止。

简单随机抽样的优点是在抽样中完全排除了主观因素的干扰，最符合随机原则，并且简单易行，只要有总体各单位的名册就可进行。缺点是它只适用于总体单位数量不多的调查对象，如果总体单位数量很多，编号工作就十分繁重，甚至无法编号；抽样误差较大；对于比较复杂的调查总体来说，只有抽出较多的样本单位才能保证样本的代表性；抽取的样本单位可能比较分散或过分集中，这会给实际调查工作带来一定的困难或降低样本对总体的代表性。

三、利用 Excel 进行随机抽样

(一) 利用 Excel 进行简单随机抽样

克服摸彩法或抓阄法和传统随机数表法费时费事，容易出错的缺点。我们可以利用 Excel 进行随机抽样，提高抽样效率。这里介绍主要的方法：用 RAND () 函数随机抽样、用 RANDBETWEEN () 函数随机抽样、用随机数产生器随机抽样和用加载宏随机抽样。

1. 用 RAND () 函数随机抽样

案例：在全班 50 位同学中，以随机抽样方式抽出 15 位被调查者。

解决方案：利用 Excel 中的随机数函数实现随机抽样。

操作步骤：

（1）给每位同学一个独立不重复的 50 以内的整数编号。

（2）在单元格 A2 中输入“=1 + RAND（）*49”。

（3）然后拖曳至 E4，这样产生 15 个 1 ~ 50 之间的随机数。

（4）在 A2：E4 区域的单元格的数值只显示整数，如图 2.12 所示。

A2　fx =1+RAND()*49

	A	B	C	D	E
1	在全班50位同学中，以随机方式抽出15位受访者。				
2	21	14	13	5	15
3	20	48	39	15	39
4	18	32	36	25	27

图 2.12　RAND（）随机抽样

（5）调用函数说明：

为什么要输入公式 1 + RAND（）*49？

原因一：RAND（）函数的含义：产生一介于 0 ~ 1 的随机数，所以当“RAND（）”为 0 时，公式“1 + RAND（）*49”值为 1；当“RAND（）”为 1 时，公式“1 + RAND（）*49”值为 50，这样公式“1 + RAND（）*49”必然产生一个 1 ~ 50 之间的随机数。

原因二：对 50 名同学的编号是 1 ~ 50，所以公式是“1 + RAND（）*49”；如果对 50 名同学的编号是 1000 ~ 1049，那么公式就变为“1000 + RAND（）*49”了。

总之，RAND（）函数随机抽样的一个公式：= 开始编号 + RAND（）*（结束编号 - 开始编号）。

2. 用 RANDBETWEEN（）函数进行简单随机抽样

案例：在全班 50 位同学中，以随机抽样方式抽出 15 位被调查者。

解决方案：利用 Excel 中的 RANDBETWEEN（）函数实现随机抽样。

操作步骤：

（1）在单元格 B4 中输入“开始编号”，在 C4 中输入 1，在 D4 中输入结束编号，在 E4 中输入 100。

（2）在 B7 单元格中输入并回车确认公式：= RANDBETWEEN（$ C $ 4，$ E $ 4）

（3）然后向右下方拖曳复制公式至 F9，这样产生 15 个 1 ~ 100 之间的随机数。

（4）在 B7：F22 区域的单元格的数值只显示整数，如图 2.13 所示。

B7　fx =RANDBETWEEN($C$4,$E$4)

	A	B	C	D	E	F
1	在全班50位同学中，以随机抽样方式抽出15位被调查者。					
2						
3						
4		开始编号	1	结束编号	50	
5						
6	抽样结果					
7		45	15	26	39	24
8		10	36	2	36	7
9		22	10	18	2	22

Sheet1 / Sheet2 / Sheet3

图 2.13　RANDBETWEEN（）简单随机抽样

(5) 调用函数说明:

RANDBETWEEN (bottow, top) 函数的含义:产生一个介于上限和下限之间的随机数。=RANDBETWEEN（$C$4,$E$4）表示产生一个介于1到50的随机数。

延伸阅读

解除 RAND () 函数和 RANDBETWEEN () 函数抽样结果更新功能

RAND () 函数和 RANDBETWEEN () 函数,每当有输入运算符或按 F9 时,就会重新计算,但抽样结束后,我们希望固定下来不会变动,这该如何解决呢?

解决方案1:用"选择性粘贴"只粘贴"值（V）",避免公式被复制。

解决方案2:用随机数发生器随机抽样。

解决方案3:用加载宏系统抽样。

3. 用随机数产生器随机抽样

案例:假设从某学院1000名学生中随机抽样抽取20名学生参加暑期社会实践活动。

解决方案:利用Excel分析工具库中的随机数发生器进行随机抽样

操作步骤:

(1) 调出随机数发生器:单击"工具"菜单,选择"数据分析",调出"数据分析"对话框,选中"随机数发生器"（见图2.14）。

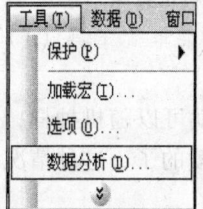
图 2.14 调出"数据分析"

图 2.15 调出"随机数发生器"

(2) 单击"确定"按钮,调出"随机数发生器"对话框。

(3) 在对话框的上部,"变量个数"的方框里输入随机数表的列数5。在"随机数个数"的方框里输入随机数表的行数4（两数相乘为样本数）。

(4) 在"分布（D）"之后选择"均匀",表示随机抽样。

(5) 在"参数"下方,将其值设定为介于1~1000。

(6) 在"输出选项"矩形框中,点选"输出区域"选项,在该选项右边输入A3。

(7) 单击"确定",Excel 就自行产生了20个随机数（见图2.16）。

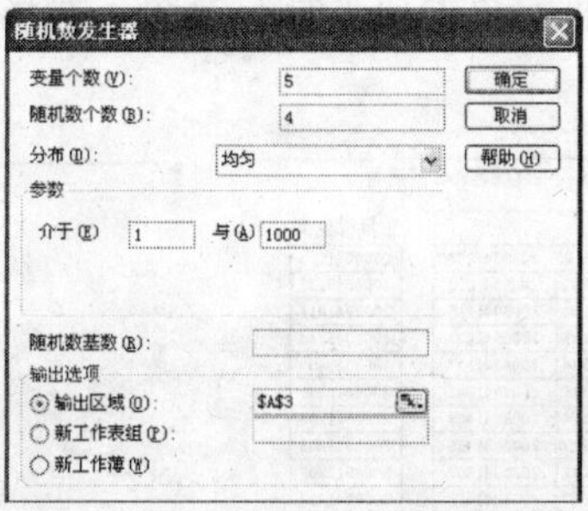

图 2.16 "随机数发生器"参数设置

延伸阅读

调出分析工具库

用 Excel 进行社会科学数据的处理，需要经常用到"分析工具库"，但 Excel 一般不会默认安装这一模块，需要专门安装或调出。其方法是：

1. 单击"工具（T）"菜单，选择"加载宏（I）..."，进入"加载宏"对话框（见图 2.17）。

2. 勾选"分析工具库"（见图 2.18）。

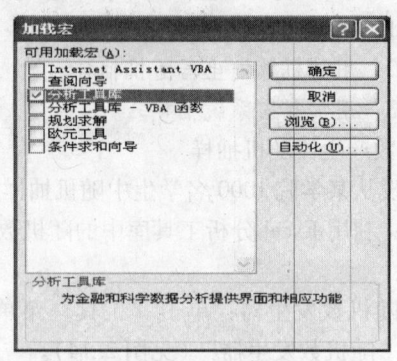

图 2.17 调出"加载宏"　　图 2.18 调用"分析工具库"

3. 单击"确定"按钮，返回 Excel 数据窗口界面，这时菜单"工具（T）"多了一个"数据分析（D）..."选项。

请注意！学生的学号是连续编码而成的，按上述的方法就可以随机抽样，但当某个班级的某些学生退学或者留级了，该班的学生的学号变成不连续的了，这种情况该如何随机抽样呢？

有两个解决方案：一是对这些不连续学号的学生重新编排连续的号码，再采用上述的方法进行抽样；二是用"分析工具库"里的加载宏随机抽样。

4. 用加载宏随机抽样

案例：假设将在 52 名不连续的学号学生中以随机抽选 10 位受访者。

解决方案：使用 Excel 中的宏工具——抽样进行简单随机抽样。

操作步骤：

（1）在 A4：D16 建立随机抽样框，连续或不连续，随机或不随机排列都可以（见图 2.19）。

（2）调出加载宏抽样对话框：单击"工具"菜单，选择"数据分析"，弹出"数据分析"对话框（见图 2.20）。

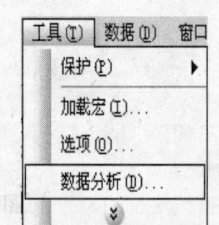

图 2.19 建立抽样框　　图 2.20 调出"数据分析"

（3）选择"抽样"，然后单击"确定"按钮，调出"抽样"对话框（见图 2.21）。

（4）在"输入区域"的方框里输入抽样框区域 $A$4：$D$16。

（5）在"抽样方法"下面选择随机；在"样本数"下面输入 10，表示抽取 10 个样本。见图 2.22。

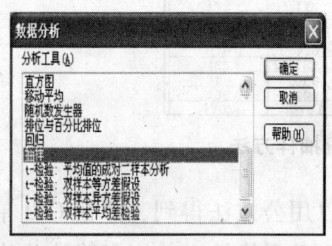

图 2.21 调出宏工具："抽样"

图 2.22 设置"抽样"参数

（6）设置输出选项下边点选"输出区域"，在右边矩形框中输入 $F$4，然后按"确定"按钮。

Excel 就自行产生了 10 个随机数（见图 2.19）。

（二）利用 Excel 进行系统抽样

1. 系统抽样的程序

系统抽样也称为等距抽样、机械抽样、SYS 抽样，它是首先将总体中各单位按一定顺序排列，根据样本容量要求确定抽选间隔，然后随机确定起点，每隔一定的间隔抽取一个单位的一种抽样方式，是纯随机抽样的变种。系统抽样步骤：

（1）给总体的每一单位从 1～N 相继编号。

（2）算出样本区间 K＝N/n，I 为样本区间，N 为总体总数，n 为样本数，若不为整数，四舍五入即可。

（3）随机抽取第一个起始编号，用 K_1 表示。

（4）由起始编号 K_1 开始，每次加上样本区间值 K，即为被抽选的样本编号：K_1、K_1＋K，B＋2K，直至抽够 n 个单位为止。

2. 利用 Excel 复制填充法系统抽样

案例：从 1500 名学生中抽选 13 名学生。

解决方案：利用 Excel 的复制填充法方法进行系统抽样。

操作步骤：

（1）在 A3：A9 单元格区域输入如图 2.23 所示的提示字符；在 B3 单元格输入 1，在 B4 单元格输入 1500，在 B5 单元格输入 13。

（2）算出样本间距：在 B6 单元格输入并回车确认公式：＝ROUND（B4/B5，0）。

（3）在 B7 单元格输入并回车确认公式：＝RANDBETWEEN（1，115），以便随机选定一个介于 1～115 的第一样本编号 41。然后按 F2→F9→ENTER 转变为常数。

（4）在 B9 单元格输入第一样本编号 41；在 B10 单元格输入 156（由 41 加上样本区间 115 得到第二样本编号）。

（5）选中第一和第二样本编号 B9 和 B10，进行复制填充，直至第十三个样本编号。见图 2.23。

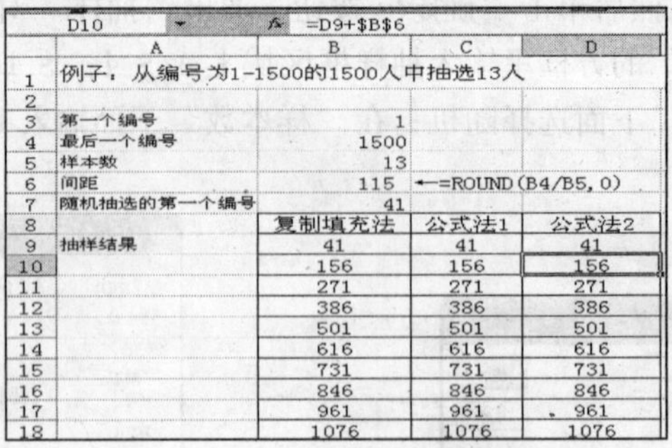

D10 =D9+$B$6

	A	B	C	D
1	例子：从编号为1-1500的1500人中抽选13人			
2				
3	第一个编号	1		
4	最后一个编号	1500		
5	样本数	13		
6	间距	115	←=ROUND(B4/B5, 0)	
7	随机抽选的第一个编号	41		
8		复制填充法	公式法1	公式法2
9	抽样结果	41	41	41
10		156	156	156
11		271	271	271
12		386	386	386
13		501	501	501
14		616	616	616
15		731	731	731
16		846	846	846
17		961	961	961
18		1076	1076	1076

图 2.23 Excel 三种系统抽样方法

注意，在第四步时，第二个样本编号 156 也可以用公式法得到，即在 C10 单元格输入并回车确认公式：= C9 + 115（公式法 1），或在 D10 单元格输入并回车确认公式：= D9 + $ B $ 6（公式法 2），然后复制公式即可（见图 2.23）。

（6）调用函数说明：= ROUND（B4/B5，0）是一个四舍五入函数，参数 B4/B5 表示被四舍五入的数字，参数 0 表示保留小数点 0 位，这是为了保证样本间距是整数。

3. 利用宏工具“抽样”进行系统抽样

案例：假设将从某校 52 名不连续学号学生中以系统抽样抽选 4 名学生作为被调查者。

解决方案：利用 Excel 中的宏工具“抽样”进行系统抽样。

操作步骤：

（1）算出样本间距 52/4 = 13。

（2）在 A4：D16 建立随机抽样框，连续或不连续、随机或不随机排列都可以（见图 2.24）。

	A	B	C	D	E	F
1	假设将在52名不连续的学号内以随机抽样抽选10位受访者					
2						
3	1. 建立抽样框					2. 抽样结果
4	2007111614	2008031219	2008021102	2008041205		2008013317
5	2007131122	2008031224	2008021125	2008041210		2008041112
6	2008011106	2008032145	2008021132	2008041216		2008041427
7	2008012202	2008032230	2008021133	2008041232		2007131622
8	2008012215	2008032235	2008021304	2008041337		
9	2008012217	2008032238	2008021336	2008041342		
10	2008012235	2008032330	2008022114	2008041403		
11	2008012238	2008033108	2008022128	2008041406		
12	2008012301	2008033132	2008022135	2008041407		
13	2008012302	2008034134	2008024137	2008041411		
14	2008012332	2008034230	2008024207	2008041424		
15	2008013225	2008035143	2008031108	2008041624		
16	2008013317	2008041112	2008041427	2007131622		

加载宏随机抽样 加载宏系统抽样

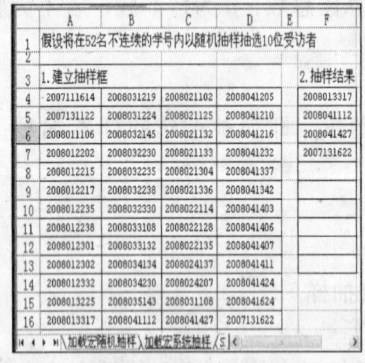

图 2.24 建立抽样框

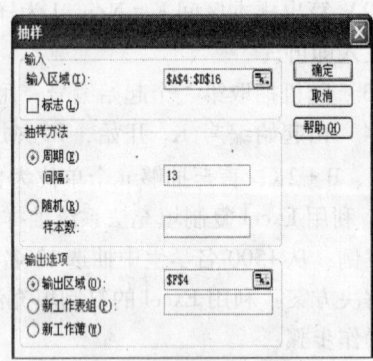

图 2.25 抽样参数设置

（3）用同样的方法调出加载宏抽样对话框：单击“工具”菜单，选择“数据分析”，弹出“数据分析”对话框，在该对话框选择“抽样”。

（4）单击“确定”按钮，调出“抽样”对话框，然后在对话框上部的“输入区域”的方框里输入抽样框区域 $ A $ 4：$ D $ 16。

（5）在抽样方法下面选择周期，表示系统抽样；在间隔下面输入 13，表示每间隔 5 抽取 1 个样本（见图 2.25）。

（6）设置输出选项下边点选“输出区域”，在右边矩形框中输入 $ F $ 4，然后按“确定”按钮，Excel 就自行产生了 4 个随机数（见图 2 - 24）。

延伸阅读

1. 加载宏系统抽样不是真正的随机抽样，因为所抽选的第一个编号不是以随机的方式得到的。比如第一个编号永远不会被抽到。

2. 系统抽样要防止周期性偏差，因为它会降低样本的代表性。例如，军队人员名单通常按班排列，10人一班，班长排第1名，若抽样距离也取10时，则样本全由士兵组成或全由班长组成。

三、利用 SPSS 进行随机抽样

（一）利用 SPSS 的"Select Cases"过程进行随机抽样

SPSS 在"Data"菜单中仅提供了两种从数据表中随机抽取记录的功能。一种是近似法，即由用户指定抽取比例，系统按该比例在全部记录中进行无返回的抽样。此时系统对于每条记录都是用独立的伪随机数发生器进行抽样，故抽样结果只能近似符合指定的比例。根据大样本代表性好的原理，数据文件中的记录条数越多，比例越接近50%，结果就会越接近。另外一种方法是精确法，由用户指定需抽取的记录条数和从前面多少条记录中抽取，系统就从指定的范围内抽取相应条记录。

案例：现从2006社会工作专业39名同学中随机抽取5人作为被调查者，请问用如何用SPSS软件来实现？

解决方案：利用 SPSS 的"Select Cases"过程进行随机抽样。

操作步骤：

1. 编制抽样框

以2006社会工作专业39名同学的学号为抽样框，并录入 SPSS 的数据窗口的第一列（见图2.26）。

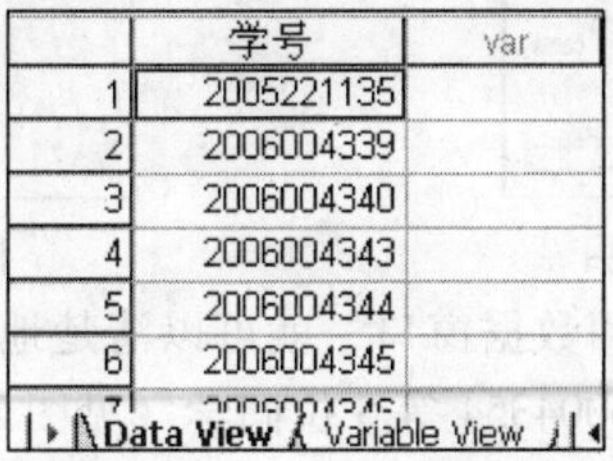

图 2.26　确立抽样框

2. 随机抽样

（1）单击"Data"菜单，选择"Select Cases"过程，弹出"Select Cases"对话框（见图2.27）。

（2）"Select Cases"对话框中左边是变量列表，选中"学号"变量；在对话框右边的"Select"矩形框中，点选"Random sample of cases"选项，单击其下边的"Sample..."按钮，弹出"Select Cases：Random Sample"对话框（见图2.28）。

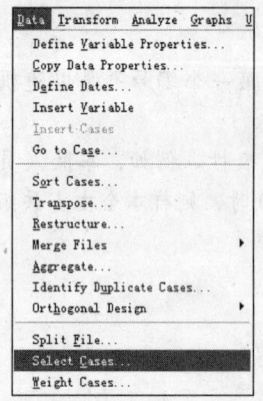 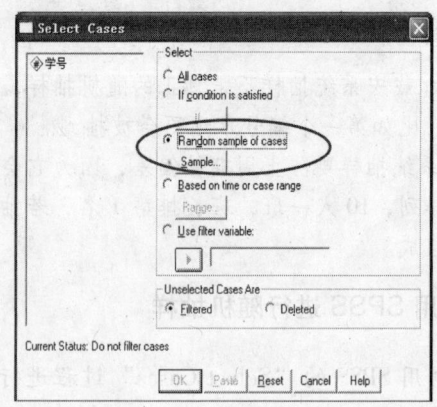

图 2.27　调出 Select Cases　　　　　图 2.28　"Select Cases"对话框

（3）点选"Exactly"精确抽样选项，在第一个矩形框中输入 5，在第二矩形框中输入 39。操作的含义是从头 39 个 cases 中精确抽取 5 个 cases（见图 2.29）。

（4）然后单击"Continue"按钮，返回"Select Cases"对话框。

（5）单击"Select Cases"对话框中的"OK"按钮。返回数据窗口，这时产生一列以 0 和 1 组成的数据，默认变量名为 filter＿$，其中 1 表示已被抽样了。

（6）单击"Data"菜单，选择"Sort Cases"命令，弹出"Sort Cases"对话框。

（7）"Sort Cases"对话框中左边是变量列表，选中"filter＿$"变量，单击对话框中部的箭头按钮，把"filter＿$"变量选入右边的"Sort by："矩形框内；然后在"Sort Order"矩形框中选中"Descending"选项（降序）（见图 2.30）。

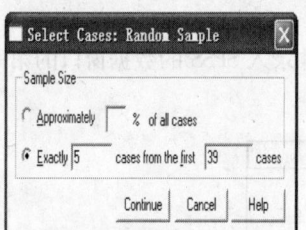 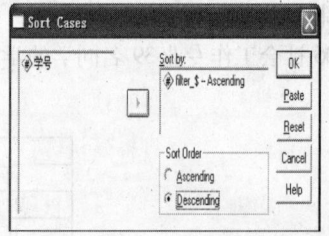

图 2.29　确定抽样数目　　　　　　图 2.30　排序样本

（8）单击"OK"按钮。返回数据窗口，就可以清楚地看见被抽取的 5 名同学的学号，即随机抽取了 2006004343、2006004354 等 5 位同学（见图 2.31）。

如果在第三步，点选"Approximately"粗略抽样选项，在空白矩形框中输入 13，单击"Continue"按钮，然后单击"OK"按钮，就随机抽取了 6 个同学（见图 2.32）；如果在空白矩形框中输入 12，会随机抽取 4 个同学，由于抽取比例只能是整数，从 39 位同学中抽取 5 位同学的比例是 12.8%，无法录入，因此采用比例抽取的方法是不能抽取 5 位同学样本。

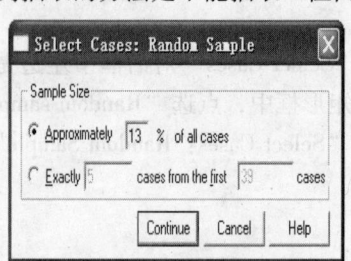

图 2.31　抽样结果　　　　　　　　图 2.32　确定抽样比例

(二) 利用 SPSS "随机数函数"进行简单随机抽样

当前计算机中的随机数发生器所产生的随机数，不是真正的随机数，但是可以降低随机数的重复率，这样看起来好像是真正的随机数，实现这一功能的程序叫伪随机数发生器。

各种随机数发生器，都必须给它提供一个名为种子的初始值。而且这个值最好是随机的，或者至少这个值是伪随机的。随机数是从随机种子递推而来的，因此为了保持结果的重现性，就必须事先设定随机种子。

案例：现从 2006 社会工作专业 39 名同学中随机抽取 5 人作为被调查者，请问如何用 SPSS 软件实现？

解决方案：利用 SPSS "随机数函数"可以实现简单随机抽样。

操作步骤：

1. 编制抽样框

用同样的方法，以 2006 社会工作专业 39 名同学的学号为抽样框，并录入 SPSS 的数据窗口的第一列（见图 2.26）。

2. 设置随机数发生器和随机数种子

（1）单击"Transform"菜单，选择"Random Number Generators"选项，弹出"Random Number Generators"对话框（见图 2.33）。

（2）定义随机数发生器。在"Active Generator"矩形框中，勾选"Set Active Generator"选项，然后点选"SPSS 12 Compatible"选项，表示 SPSS 12 及之前版本的随机数字发生器，系统默认选项。另一个随机数发生器选项是"Mersenne Twister"，是基于马特赛特旋转的随机数字生成器。对于一般的抽样，两个选项皆可（见图 2.34）。

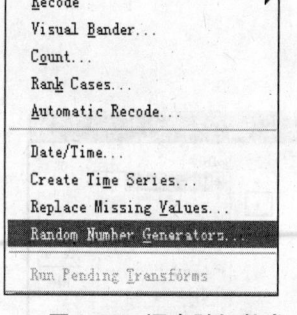

图 2.33　调出随机数发生器 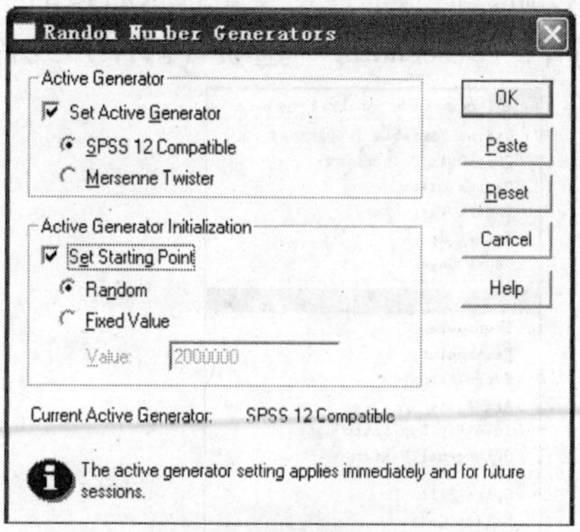　　　　图 2.34　设置随机数种子

（3）定义随机数发生器。在"Active Generator Initialization"矩形框中，勾选"Set Starting Point"选项，然后点选"Random"选项，表示随机选定随机数种子，在利用计算机产生随机数字的过程中，随机数的产生依赖于随机数种子，随机数字种子不同，会产生一列不同的随机数。如果每次输入同样的种子，就会得到完全相同的一列随机数。另一个设定随机数种子的方法是"Fixed Value"选项，表示自行设定随机数种子，可选择1亿~2亿之间的正整数（见图 2.34）。

3. 调用随机数函数产生随机数

（1）单击"Transform"菜单，选择"Compute..."选项，弹出"Compute Variable"对话框（见图 2.35）。

（2）在"Target Variable"矩形框中输入新的变量名"抽样",在"Numeric Expression"矩形框中,选择随机数函数"Random Numeric",然后在"Function and Special Varials:"矩形框中,选中并双击均匀分布函数"RV.UNIFORM",这时"Numeric Expression:"矩形框中出现了 RV.UNIFORM（?,?）,其中前一个"?"表示抽样编号范围的最小值;后一个"?"表示抽样编号范围的最大值。这里定义为 RV.UNIFORM（1,39）（见图2.36）。

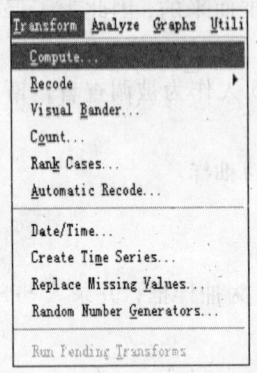
图2.35 "Compute"选项

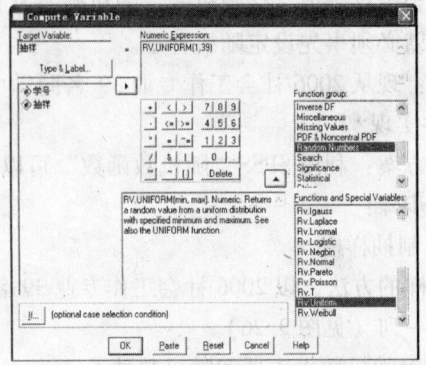
图2.36 调用随机数函数

（3）单击"OK"按钮,返回SPSS的数据窗口,这时多了一列变量名为"抽样"的数据,每个学号被随机地赋予了一个1~39的值。

（4）单击"Data"菜单,选择"Sort Cases"命令,弹出"Sort Cases"对话框（见图2.37）。

（5）"Sort Cases"对话框中左边是变量列表,选中"抽样"变量,单击对话框中部的"箭头"按钮,把"抽样"变量选入右边的"Sort by:"矩形框内;然后在"Sort Order"矩形框中选中"Descending"选项（降序）或者选中"Asending"选项（升序）（见图2.38）。

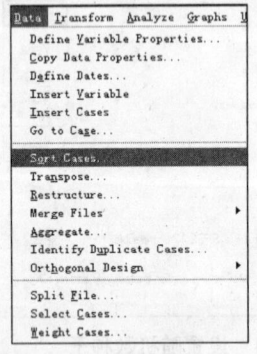
图2.37 调出"Sort Cases"

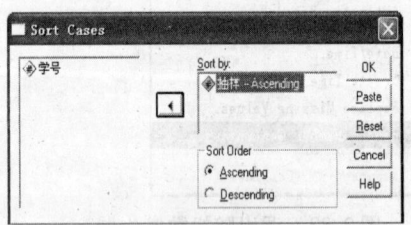
图2.38 设置排序变量:"抽样"

（6）单击"OK"按钮,返回数据窗口,我们可以取排在前面的5位同学作为我们的抽样样本,即随机抽取了2006004375、2006004384 等5位同学（见图2.39）。

	学号	抽样
1	2006004375	1.84
2	2006004384	2.20
3	2006004358	3.26
4	2006004347	3.42
5	2006004378	3.46
6	2006004365	6.47

图 2.39　抽样结果

（三）利用 SPSS 进行复杂抽样

通过"Select Cases"进行一次性的简单随机抽样是可以的，但由于 SPSS 是从前 N 例开始抽取的，不能直接对第 2 层进行抽取。另外如何进行机械抽样、整群抽样？SPSS 的"Select Cases"命令就不行了，必须用 SPSS 的"Complex Samples"命令来解决。

案例：假定采用按宿舍进行整群抽样，宿舍的抽取方法为随机抽样，班级 1 抽取 2 个宿舍，班级 2 抽取 5 个宿舍。

解决方案：利用 SPSS 的"Complex Samples"过程来实现复杂抽样。

操作步骤：

1. 单击"Analyze"菜单，选择"Complex Samples"选项，然后选中"Select a Sample…"选项，弹出抽样向导窗口——"Sample Wizard"窗口（见图 2.40）。

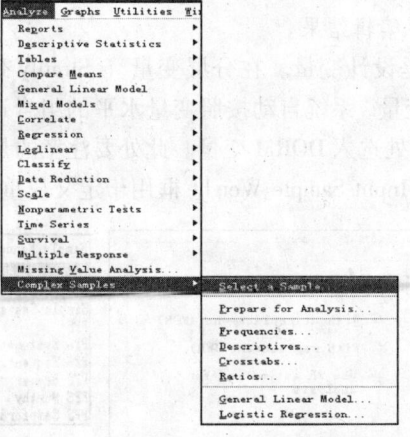

图 2.40　调用"Select a Sample"

2. 在"Sample Wizard"窗口有三个选项，点选"Design a sample"选项，并定义好抽样文件的保存路径。单击"下一步"按钮，进入"Sample Wizard"向导 1 对话框。见图 2.41。

社会科学数据处理软件应用

延伸阅读

"Sample Wizard"窗口上半部分的含义

欢迎使用抽样向导

抽样向导可以帮助你设计和选择一个复杂的抽样过程。你的选择结果将被保存为一个计划文件，你在分析阶段可以使用这个文件，以便提示你数据是如何被抽样的。

你也可以通过这个向导，编辑或调用一个已有的抽样计划文件。

"Sample Wizard"窗口的下半部分包含了三个选项，含义是：

——"Design a sample"选项

该选项是设计一个新的抽样计划，这个选项的右边有一个"Browse..."按钮，用来定义这个抽样计划文件的保存路径的，保存的文件后缀名是".csplan"。

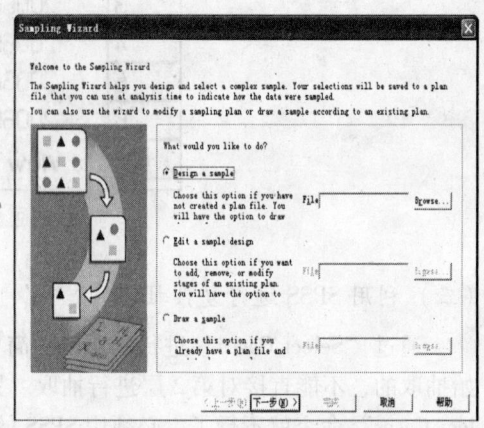

图 2.41　抽样向导窗口

——"Edit a sample design"选项

该选项是编辑一个抽样计划，可以对现存的抽样计划文件进行添加、删除和修改，同样该选项的右边有一个"Browse..."按钮，用来获取现存的抽样文件，并保存编辑结果。

——"Draw a sample"选项

该选项是直接调用一个现存的抽样计划文件，右边有一个"Browse..."按钮，用来获取现存的抽样文件，并保存编辑结果。

3. 抽样向导第一步就是设计变量。在分层变量（Stratify By）框中选入 CLASS 作为分层变量。此框可选入多个变量，系统自动按照变量水平的组合进行分层。Clusters 框用于定义层内的群变量，按要求此处选入 DORM 变量。此处要注意的是由于定义了群，则最小抽样单位不再是个体，而是群。Input Sample Weight 框用于定义权重变量。

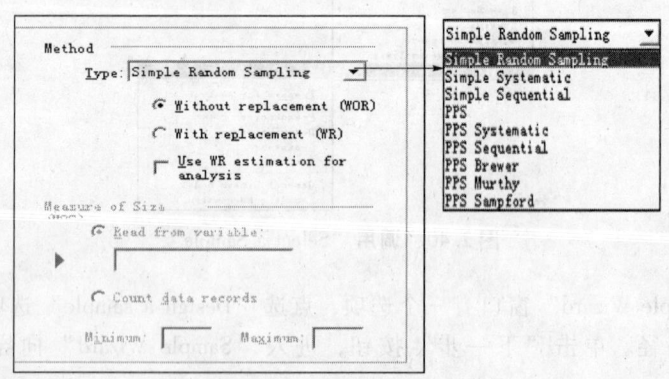

图 2.42　选择抽样方法

本例由于此处数据集为枚举法，故不应选入变量。点击"下一步"进入抽样方法的定义。

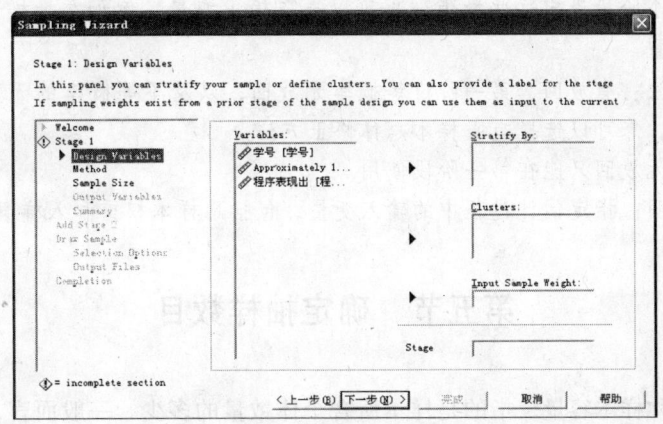

图 2.43 变量的设计

4. SPSS 可选的抽样方法有简单随机抽样、单纯机械抽样、简单连续抽样及 PPS 抽样（按规模大小成比例的概率抽样），我们选择单纯随机抽样，点击"下一步"进入样本量的定义。

5. 定义完成后点击"下一步"按钮，进行输出定义、是否定义第二阶段抽样、设定随机种子、是否将抽样结果存储在另一个文件中等操作，此处忽略。抽取单位定义为频数，而不是按比例抽样，由于此时各层的抽样样本量不一致，故选择"Unequal Values for Strata"，点击"Define"并在弹出的对话框中定义第一层抽取 2，第二层抽取 5。

6. 点击"完成"按钮，完成整个抽样过程。

延伸阅读

使用 METHOD 子命令设置抽取样本的方法，从各种等概率和不等概率的方法中进行选择，包括简单和系统的随机抽样、与规模成比例的概率抽样（PPS）方法、有放回（WR）或无放回（WOR）抽样。

——SIMPLEWOR：等概率选择抽样单元，并无放回地提取。

——SIMPLEWR：等概率选择抽样单元，并有放回地提取。

——SIMPLESYSTEMATIC：在整个抽样框架或分层中，以固定间隔选取单位，起始点是从第一间隔内随机选取的。

——SIMPLECHROMY：等概率顺序地选取单位，并无放回地提取。

——PPSWOR：依据与规模成比例的概率选取单位，并无放回地提取。

——PPSWR：依据与规模成比例的概率选取单位，并有放回地提取。

——PPSSYSTEMATIC：使用与规模成比例的概率，用系统随机抽样选取单位，并无放回地提取。

——PPSCHROMY：使用与规模成比例概率顺序选取单位，并无放回地提取。

——PPSBREWER：使用与规模成比例的概率，在每个分层选择两个单元，并无放回地提取。

——PPSMURTHY：使用与规模成比例概率，在每个分层选择两个单元，并无放回地提取。

——PPSSAMPFORD：是 Brewer 方法的展，依据与规模成比例的概率从每层选取两个以上的单元，并无放回地提取。

——控制提取的单元的数量或百分比。

在设计的每个阶段设定这些数值,也可以选取输出变量,例如在抽样设计被执行时创建分段抽样的权重。

——估计方法:有放回、第一阶段等概率无放回,以及不等概率的无放回-估计简单随机抽样的变量,您可以选择有限样本总体修正方法。

——不等概无放回只能在第一阶段使用。

——变量说明:指定估计过程中的输入变量,包括总样本权重和入样概率。

第五节 确定抽样数目

样本大小又称样本容量,指的是样本所含个体数量的多少。一般而言,统计学中把容量少于30的样本称为小样本,把容量大于30的样本称为大样本。

一、概述

(一)选取合适样本大小的意义

样本的大小不仅影响对总体的代表性,而且还直接影响到调查的费用和人力的花费。所以,在抽样设计中,样本容量的选择是一个重要的问题,通常最好的选择是对经费和精度进行权衡。较大的样本可以提供较高的精度(容忍误差较小),但费用较多,样本过大会很浪费。另一方面,研究的预算将决定样本容量的大小。对其他情况,样本容量应该选取足够大来满足规定的容忍误差的水平,影响样本代表性的误差分为两类,第一类是随机误差,其中包括抽样误差,它是由于样本范围与总体范围不同而产生的误差,样本过小增加抽样误差。第二类误差是系统误差,它主要是由于抽样方法的不科学所致。样本大小"适当"是非常重要的。

(二)影响样本大小的因素

1. 总体大小:总体越大,所需样本就越大。
2. 可用资源:可用资源越多(金钱、时间和人力等),可搜集的样本就越大。
3. 可容忍的误差:可容忍的误差越小,所需样本越大,社会科学研究常选用的误差容忍临界值是5%。
4. 误差的代价:误差的代价(所产生的损失)越大,所需样本就越大。
5. 总体方差:总体方差越大,所需样本越大。

(三)确定样本大小的方法

1. 概率抽样时,样本大小由公式计算。
2. 非概率抽样时,样本大小由抽样人员的主观判断。

二、利用 Excel 求样本大小

(一)利用 Excel 估计平均值时的样本大小

研究目的是为了估计平均值,求取合适样本大小的公式如下:

$$n = \left\{ \frac{Z_{\alpha/2} \cdot \sigma}{e} \right\}^2 \tag{2.1}$$

其中 α 为显著水平，σ 为总体标准差，e 为可容忍误差。大多数情况不知道总体方差，用过去调查的样本方差（S^2）来代替，如果没有现存的资料，只有进行小规模的调查，算出样本方差，再以这个样本方差代替总体方差。

案例：已知某科全校通识课上学期成绩的标准差为 8.27，在显著水平（风险水平）为 0.05 情况下，希望对本学期全校所有选修这门课程的同学的成绩估计误差不超过 5 分，其样本数应为多大？

解决方案：利用 Excel 的统计函数计算样本大小。

操作步骤：

1. 输入提示字符串和相关数值（见图 2.44）。

	A	B	C	D
1	例子：已知某门全校通识课上学期的成绩的标准差为8.27，在显著水平（风险水平）0.05情况下，希望对本学期全校所有选修这门课程的同学的成绩估计误差不超过5分，其样本数应为多大？			
2	步骤1：输入提示字符串和相关数值			
3		总体标准差σ	8.27	
4		显著水平	0.05	
5		容忍误差e	5	
6				
7	步骤2：求 $Z_{\alpha/2}$			
8		Z值	1.959964	=NORMINV(1-(0.05/2),0,1)
9				
10	步骤3：求样本n			
11		n	10.50914	=((C8*C3)/D5)^2

图 2.44　估计均值时样本大小

2. 调用标准正态分布函数 NORMSINV，求 $Z_{\alpha/2}$ 值，在 C8 单元格输入公式 = NORMINV（1 − (0.05/2)，0，1）。

3. 把这个参数值代入样本大小公式 2.1，计算出所需样本 n，略为 11，即至少需要 11 个同学的样本成绩才能满足要求。

在上例中，假设不知道以前成绩的标准差，就需要小规模的测试取得样本标准差，代替总体标准差。比如测试 34 位同学的成绩，数据见图 2.45，求出所需样本的大小为 7。

	A	B	C	D	E	F	G
1	例子：由于不知道某门全校通识课以前总体标准差，经小规模测试34位同学的成绩，数据位于A2:B18，在显著水平（风险水平）0.05情况下，希望对本学期全校所有选修这门课程的同学的成绩估计误差不超过5分，其样本数应为多大？						
2	77	87	步骤1：输入提示字符串和相关数值				
3	88	81		样本方差S2		45.234403	=VAR(A2:B18)
4	89	90		样本标准差S		6.7256526	=SQRT(F3)
5	93	84		显著水平		0.05	
6	88	77		容忍误差e		5	
7	84	84					
8	81	93	步骤2：求 $Z_{\alpha/2}$				
9	73	90		Z值		1.959964	=NORMINV(1-(0.05/2),0,1)
10	79	83					
11	91	75	步骤3：求样本n				
12	73	64		n		6.9506438	=((F9*F4)/F6)^2
13	87	83					
14	87	85					
15	87	79					
16	87	91					
17	92	86					
18	82	82					

图 2.45　不知总体标准差求样本大小

样本标准差和方差的计算见第六章描述统计相关内容。

(二) 利用 Excel 估计比例 (Proportion) 时的样本大小

研究目的是为了估计比例，求取合适样本大小的公式如下：

$$n = \frac{Z_{\alpha/2}^2 \cdot p(1-p)}{e^2} \quad (2.2)$$

其中，α 为显著水平，p 为估计比例，e 为可容忍误差。其实上述公式是由公式：

$$n = \left\{\frac{Z_{\alpha/2} \cdot \sigma_p}{e}\right\}^2 \quad (2.3)$$

和公式：

$$\sigma_p = \sqrt{\frac{p(1-p)}{n}} \quad (2.4)$$

组合而来的，所以，不知比例 p，实际上是不知道总体方差。大多数情况不知道总体的真正比例 p，该如何办？有三种办法：

第一，用过去调查的比例 p 来代替。

第二，如果没有现存的资料，只有进行小规模的调查，算出比例 P，再以这个比例 P 值差代替总体比例值。

第三，无法得知总体真正比例 P 时，可以采取最保守的估计，将总体比例设定为 0.5。

案例：假定根据过去的调查经验，知道某学院男生的及格率为 72%，在显著水平 a = 0.01 的情况下，希望对调查结果的及格率的允许误差不超过 5%，其样本数应该为多大？

解决方案：利用 Excel 的相关函数计算估计比例时样本的大小。

操作步骤：

1. 输入提示字符串和相关数值（见图 2.46）。

图 2.46 计算估计比例时样本大小

2. 调用标准正态分布函数 NORMSINV，求 $Z_{\alpha/2}$ 值，在 C8 单元格输入公式 = NORMINV (1 − (0.01/2), 0, 1)。

3. 把各个参数值代入样本大小公式，见公式 2.2，计算出所需样本 n，略为 535，即至少需要 535 个同学的样本成绩才能满足要求。

在上例中，假设不知道以前男生的及格率，可以取保守比例 50% 来代替总体比例，可以求出保守样本数，为663（见图2.47）。

	A	B	C	D	E	F
1		例子：由于不知道某学院男生以前的及格率，所以取保守比例50%，在显著水平 a = 0.01的情况下，希望对调查结果的及格率的允许误差不超过5%，其样本数应该为多大？				
2		步骤1：输入提示字符串和相关数值				
3		总体比例p	50%			
4		显著水平	0.01			
5		容忍误差e	5%			
6						
7		步骤2：求 Z				
8		$Z_{\alpha/2}$值	2.5758293	=NORMINV(1-(0.01/2),0,1)		
9						
10		步骤3：求样本n				
11		n	663.48966	=(C8^2*C3*(1-C3))/C5^2		

图2.47　计算保守样本大小

为什么未知总体比例时，可以采取保守比例50%代替总体比例？因为当 p = 50% 时，需要的样本数最大，高于或低于50%的比例，要求的样本容量均在减少。以上例的其他参数不变，只改变比例P，代入公式，结果见图2.48，当 P = 10% 或 90%，样本容量为239；只有当 P = 50%，需要的样本容量最高，为663。

	B	C	D
13	为什么保守比例为50%		
14	总体比例	样本容量	
15	10%	238.85628	=(2.58^2*B15*(1-B15))/0.05^2
16	30%	557.33131	=(2.58^2*B15*(1-B15))/0.05^2
17	50%	663.48966	=(2.58^2*B16*(1-B16))/0.05^2
18	70%	557.33131	=(2.58^2*B17*(1-B17))/0.05^2
19	90%	238.85628	=(2.58^2*B18*(1-B18))/0.05^2

图2.48　不同比例时的样本容量比较

本节计算样本大小时，涉及了Excel函数和运算符。正态函数和方差函数，将在描述统计那一章具体说明其含义。为了顾及Excel基础差的人们，现把Excel运算符放在这里，以备查询，见表2.6。

表2.6　　　　　　　　　　Excel 运算符汇总

算术运算符		比较运算符			引用运算符	
+	加	=	等于	<=	小于等于	:（冒号）	区域运算符
-	减	<	小于	<>	不等于	,（逗号）	联合运算符
*	乘	>	大于	>=	大于等于	（空格）	交叉运算符表示几个单元格区域所重叠的那些单元格
/	除	TRUE	条件相符则产生逻辑真值				
%	百分号	FALSE	若条件不符，则产生逻辑假值			文本运算符	
^	幂					&	文本连接起来

第三章 调查研究数据录入

本书主要介绍三种，即 Excel、SPSS、EPDATA 软件录入数据的方法，前两种方法的优点在于不容易错位，缺点是不能自动后移，录入速度慢，数据错误不容易修改。EPDATA 软件是数据录入的专业绿色软件，录入数据较快，容易纠错，且与 Excel 和 SPSS 能很好的兼容。

其他的方法还有用 DOS、WPS、CCED 等软件，按 ASCⅡ码方式录入成文本文件（*.dat；*.txt）。这些录入方式的优点是，数据之间没有间隔，录完一个数码后自动后移，录入速度较快；缺点是容易错位。

第一节 Excel 数据录入模板设置

Excel 电子表格是一种行列二维表格，因此，在 Excel 数据录入模板中，第一行一般用作变量名称的录入，每一列数据代表一个变量。行作为观测记录，一行代表一个观测记录。从功能上讲，Excel 数据录入模板包括两大功能区域，一是变量名称区域，二是数据区域，是数据录入的主体部分。

案例：现有西部公务员人力资源能力建设调查问卷的一部分内容（见表3.1），请据此利用 Excel 编制数据录入模板。

一、变量名称格式设置

（一）变量名称的设置

1. 一般而言，数据录入模板的第一列都是问卷的 ID（问卷编号）。这是非常重要的，因为数据录入发生错误需要更改时，可以根据 ID 找到原始问卷，以便修改数据。ID 的编制可以在录入数据前编好，也可以编好一份问卷 ID，立即录入一份。当然录入顺序不一定要按照 ID 顺序，因为在电脑中根据 ID 排序是很简单的事情。

2. 变量的设置与不同的题型的编码有关。
（1）单选题和确定内容的填空题都是一题一个变量。
（2）一个多选题需要设置多个变量：①如果是限选多选题，限选的数目就是变量数。如限选3项，就会设置3个变量。②如果是不限选的多选题，有多少选项就需要设置多少变量数。如某个不限选的选择题有12个选项，就需设置12个变量。
（3）问答题设置的变量数与对问答结果的分类有关，分成几类就需设置几个变量。

表 3.1　　　　　　　　　　　录入问卷实例

西部公务员人力资源能力建设调查问卷（部分内容）

Q1. 您的性别是：
　　◇1. 男　　　◇2. 女　　　　　　　　　　　　　单选题，一个变量：性别

Q2. 您的年龄：_____。　　　　　　　　　　填空题，一个变量：年龄

Q3. 您的政治面貌是：
　　◇1. 中共党员　◇2. 共青团员　◇3. 民主党派　◇4. 其他
　　　　　　　　　　　　　　　　　　　　　　　　单选题，一个变量：政治面貌

Q4. 您的文化程度
　　◇1. 高中以下　　◇2. 高中、中专、中技　　　　单选题，一个变量：文化程度
　　◇3. 大专　　◇4. 本科　　◇5. 硕士及以上

Q5. 自工作以来，您换工作单位有几次？　　　　　　单选题，一个变量：Q5
　　◇1. 一次　◇2. 二次　◇3. 三次　◇4. 四次及其以上

Q6. 假设让您重新选择工作，您认为哪些因素重要？请在相应的空格中打"√"。

项目	重要	一般	不重要	项目	重要	一般	不重要
领导个人魅力				公平环境			
工作挑战				充分发挥才能			
职位稳定性				收入水平			
地区				晋升机会			

量表题，8 个变量：Q61，Q62 等

Q7. 您认为本单位领导，最需要加强下列哪些能力的培养？(限选三项)
　　◇1. 政治鉴别能力　　◇2. 科学决策能力　　◇3. 政策研究能力
　　◇4. 政策执行能力　　◇5. 应变能力　　　　◇6. 协调沟通能力
　　◇7. 道德完善能力　　◇8. 领导管理能力　　◇9. 其他
　　　　　　　　　　　　　　　　　　　　　多选题，3 个变量：Q7_1，Q7_2，Q7_3

Q8. 参加工作后，您参加过单位的什么人才培养？（可多选）
　　◇1. 新员工培训　　◇2. 各类职业资格考试
　　◇3. 短期进修培训　　◇4. 长期脱产进修（连续 1 个月以上）　　◇5. 自学考试
　　◇6. 研讨讲座报告会　　◇7. 在职函授、参加课程班等　　◇8. 其他
　　　　　　　　　　　　　　　　　　　　　多选题，8 个变量：Q81，Q82，Q83，Q84 等

Q9. 您完成了中共中央规定的每人每年不少于 12 天的培训任务吗？
　　◇1. 完成　　◇2. 没有完成，那培训了_____天。
　　　　　　　　　　　　　　　　　　　　　关联题，2 个变量：Q91，Q92

3. 变量名称命名要简明易懂，尽量与问卷的问题含义一致，不好做中文命名的，可采用问题序码，与问卷对应，方便查找。

在 Excel 录入模板中，变量名称可以是中文，也可以使英文字母，长度可容纳 1024 个字（这是一个 Excel 单元格的容量）。不过最好变量名称不宜过长，最好是 SPSS 的变量名称的长度，以便兼容。

4. 背景问题和其他问题用不同颜色和不同线型区分，进行必要的颜色设置和线型设置（见图3.1）。

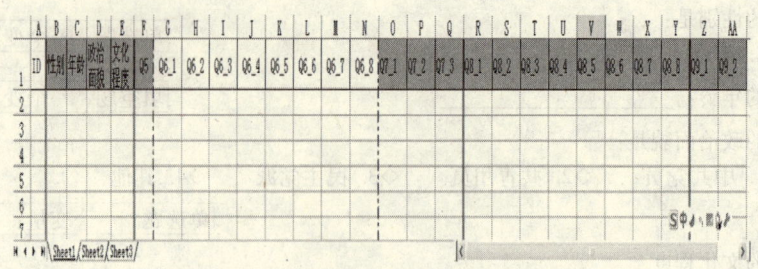

图3.1 变量名称区域区分设置

（二）变量名称区域和数据区域的区分设置

为了录入的方便，把变量名区域和需录入数据的数据区域进行有效的分开，方法有表格边框线型区分、冻结窗格和拆分窗格。

1. 表格边框线型区分

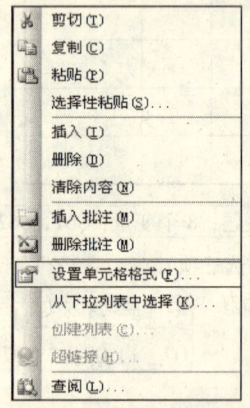 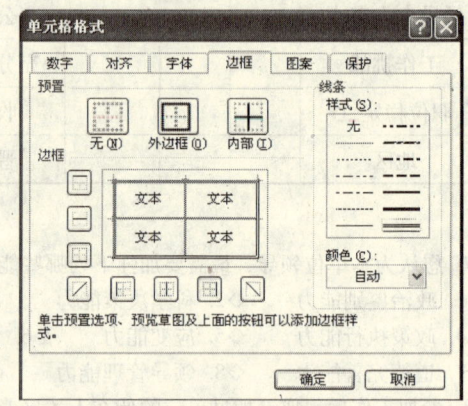

图3.2 调用设置单元格格式　　图3.3 设置单元格边框

用表格的不同线型区分变量名称区域和数据区域，分界线设置成双线或粗线等。具体方法是：

（1）按住"Ctrl"键，依次单击第1行行标和A列列标，实现选中第1行和第1列。

（2）单击鼠标右键，调出右键快捷方式，选中"设置单元格格式"，调出"单元格"格式对话框（见图3.2）。

（3）单击"边框"选项卡，在"线条样式"矩形框中，选取双线，然后在"边框"矩形框，点击最右边和最下边的边线位置（见图3.3）。

（4）单击"确定"按钮，完成设置。

2. 冻结窗格

ID 号是一个等差为1的等差数列，在 Excel 中一般不用一个一个地录入，用填充柄复制填充即可。因此冻结窗格可把变量名称区域和 ID 列一起冻结。

（1）"冻结窗格"功能

冻结窗格指使光标左侧的各列及光标上方的各行内容被固定，光标的下方各行和光标右侧各列的内容能自由移动，以至于把变量名称区域和数据区域分开。

(2)"冻结窗格"设置方法

①只想要冻结变量名称区域时,应先将活动单元格移往 A2 即可;只想要冻结 ID 列时,应先将目前单元格移往 B1 即可。本例需要把变量名称行和 ID 列同时冻结,选中 B2 单元格作为活动单元格。

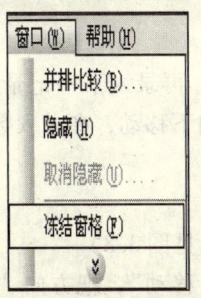

图 3.4　调用"冻结窗格"命令　　　　　图 3.5　设置冻结窗格效果

②调出冻结窗格命令:单击"窗口"菜单,点击"冻结窗格"(见图 3.4),完成冻结窗格的操作,结果见图 3.5。

③冻结部分有一条黑线以示区别,向下向右移动光标 A 列和 1 行都被冻结,始终显示在窗格中(见图 3.5)。

④取消冻结窗格命令:单击"窗口"菜单,点击"取消冻结窗格",原来的黑线消失。

3. 拆分窗格

拆分窗格与冻结窗格原理一样,操作方式雷同。

(1)拆分窗格功能

拆分窗格是指使光标左侧的各列及光标上方的各行内容被显示在一个窗格,光标的下方各行和光标右侧各列的内容显示另一窗格,以至于把变量名称区域和数据区域分开,方便数据的录入。

光标在工作表的第一列非第一行时,活动单元格上方各行的内容被拆分在一个窗格显示,其余的被显示在另一窗格;光标在工作表的第一行非第一列时,活动单元格左边各列的内容被拆分在一个窗格显示,其余的被显示在另一窗格。

(2)设置拆分窗格方法

①本例想要拆分四个窗格,应先将活动单元格移往水平标题行下方和垂直标题行的右侧,选中 B2 作为活动单元格。

②调出拆分窗格命令:单击"窗口"菜单,点击"拆分"(见图 3.6)。

③拆分窗格后,窗格之间有两条双线以示区别(见图 3.7)。

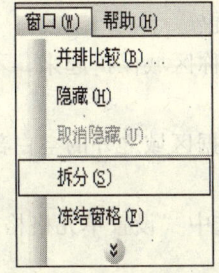 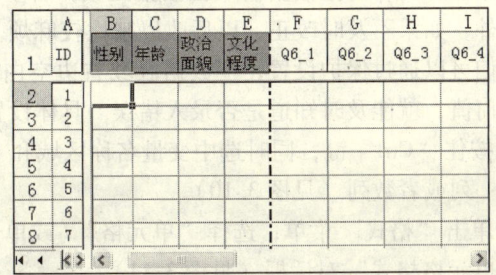

图 3.6　调用"拆分"命令　　　　　　图 3.7　拆分窗格效果

④取消拆分窗格命令:单击"窗口"菜单,点击"取消拆分",原来的双线消失。

相比较而言，拆分窗格没有冻结窗格使用方便，因此应尽量使用冻结窗格。

二、数据区域录入格式设置

（一）光标移动设置

1. ENTER 键设置

（1）我们录入数据习惯是从左到右的方向，一个记录录入完，再录入下一记录，光标的移动也应是从左到右的。在 Excel 中，按 ENTER 键光标默认是向下移动，在录入数据时，要把按 ENTER 键光标移动改为向右移动。

（2）修改方法

①单击"工具"菜单，选择"选项"，调出"选项"对话框（见图3.8）。

②在对话框中，单击"编辑"选项卡，勾选"按 ENTER 键后移动"，把方向"向下"改为"向右"。

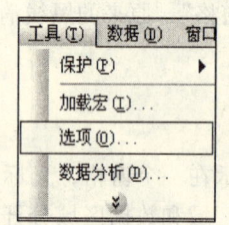

图 3.8　调用"选项"命令

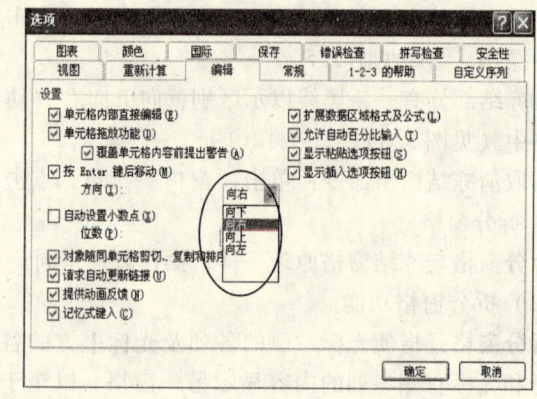

图 3.9　"ENTER"移动方向设置

③单击"确定"按钮结束。见图 3.9。

2. Home 键使用

（1）一个观测记录录入完成后，光标在表格的最右边，下一条记录录入，需把光标返回表格的最左边的下一行，传统的方法是用鼠标点击选中，比较简单，但是费时费力。

（2）快捷的方法：先按方向键"↓"，再按"Home"键，光标会在表格的下一行的最左边，当然先按"Home"键，再按方向键"↓"效果一样。

（二）数据区域的保护设置

数据输入时，需把数据输入在数据区域，若多输入数据，导致最后的数据被输在数据区域之外，如果不及时改正，以后改以来比较麻烦。应如何解决呢？

我们可以通过保护设置，把数据区域右边空白部分和变量名称区域保护起来，不允许键入任何值，就能及时知道是否录入错误。具体设置的方法如下：

1. 按住"Ctrl"键，同时选中变量名称区域和 ID 列，以及数据区域之外的空白部分最左边的一列或者数列（见图 3.10）。

2. 单击"格式"菜单，选择"单元格"（或单击"右键"，选中"设置单元格格式"），调出"单元格格式"对话框（见图 3.11）。

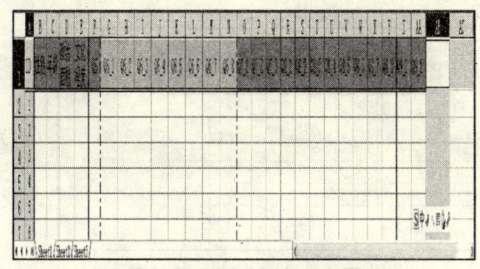
图3.10 选中需保护的区域

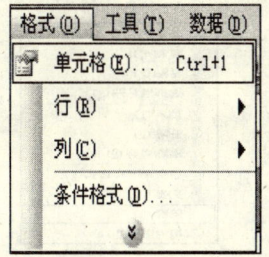
图3.11 调用"单元格"命令

3. 在"单元格格式"对话框中,选择"保护"选项卡,勾选"锁定"(见图3.12)。

4. 选中数据区域,只要超过最大ID的范围就行,然后执行"右键/设置单元格格式/保护",取消锁定。对话框与图3.12一样。

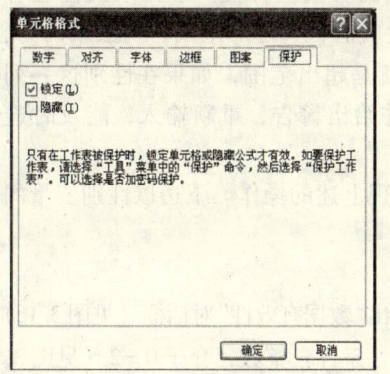
图3.12 "单元格格式"对话框

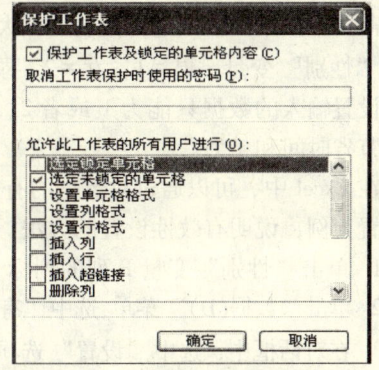
图3.13 "保护工作表"对话框

5. 单击"工具"菜单,选择"保护",调出"保护工作表"对话框(见图3.13)。

6. 在对话框下边的"允许此工作表的所有用户进行(O)"矩形框内,只勾选"选定未锁定单元格",可以设置密码,也可以不要。

7. 单击"确定"按钮结束(见图3.13)。

强烈建议使用保护功能,因为设置保护功能之后,录入完一个记录,光标会自动跳到下一个录入记录的第一列录入位置。

(三)数据区域右边的空白部分隐藏设置

对于最后的数据有可能错位被输入在数据区域之外的问题,还可以用隐藏功能来解决,即把数据区域右边的空白部分隐藏起来,光标就不能超出数据区域之外移动了。具体方法是:

1. 选中数据区域最右边的所有空白区域。

2. 把鼠标放在选中空白区域的列标上,单击"右键",调出右键快捷方式,点击"隐藏"(见图3.14)。

3. 取消"隐藏",选中"全选按钮"(在Excel电子表格的左上方,见图3.15),然后把鼠标放在列表上,单击右键,调出右键快捷菜单,选中"取消隐藏"即可。

如果把数据区域最左边的ID列事先设置好(因为是连续的,所以通过填充序列即可),不用一个个地录入,可以结合冻结窗格一起使用。这样,输入完一个观测记录后转入下一个观测记录时,只需按一次"Home"键就行了,显得更为简便。

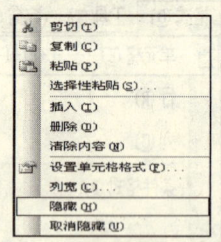
图 3.14　右键快捷菜单

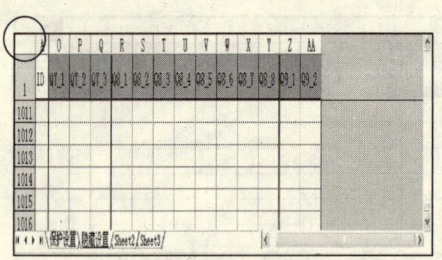
图 3.15　隐藏设置效果

(四) 数据有效性设置

手工录入对事先的编码要求并不太高，只要字迹容易辨识就行（这是一般操作人员都能做到的），更主要的是，手工录入增强了录入数据的可查验特性。手工录入往往容易出错，需要对数据的值域进行控制，即大多录入的变量的值有一定的范围，一般编码为整数，比如"性别"变量，男=1；女=2，录入其他数字就是超出范围，如果在性别这一列的单元格设置输入的数据只能为 1 或者 2，否则无效，并给出警告，重新输入，能及时避免错误，节省时间和精力。

在 Excel 中，可以通过对数据的有效性设置来实现上述的操作。下边以性别变量的有效性设置为例，说明有效性设置的方法。

1. 单击"性别"变量 B 列的列标，选中 B 列。
2. 单击"数据(D)"菜单，选中"有效性(L)"，弹出"数据有效性"对话框（见图 3.16）。
3. 在对话框中，选中"设置"选项卡，定义有效性条件：整数，介于 0－2（见图 3.17）。

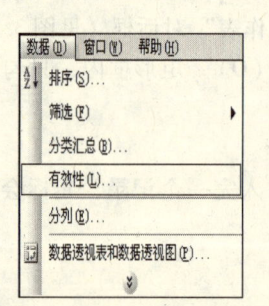
图 3.16　调用"有效性"命令

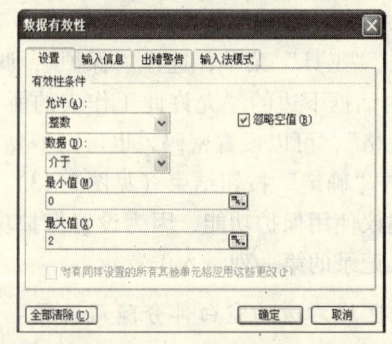
图 3.17　"数据有效性"设置

4. 选中"输入信息"选项卡，在"标题（T）"矩形框中输入：编码；在"输入信息 (I)"矩形框中输入：0：未选；1：男；2：女（见图 3.18）。

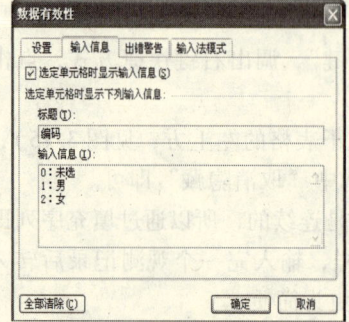
图 3.18　编码信息设置

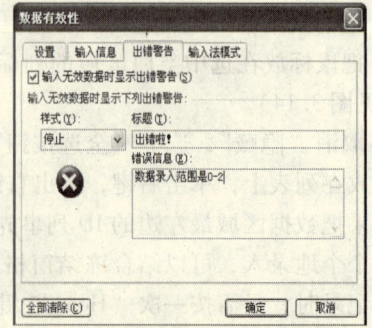
图 3.19　出错警告

5. 选中"出错警告"选项卡,在"标题(T)"矩形框中输入:"出错啦!";在"错误信息(E)"矩形框中输入:数据录入范围是 0-2(见图 3.19)。

6. 最后按"确定"按钮结束。

7. 用同样的方法,对其他变量进行有效性设置,相同的设置可以通过复制,节省时间和精力,不同的题型有不同的编码,具体见前面的编码章节(见图 3.20)。

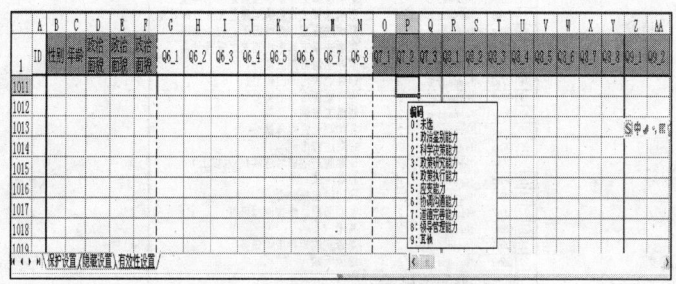

图 3.20 有效性设置效果

第二节 制作 SPSS 数据输入模板

我们已经知道,SPSS 的数据管理窗口的表格是一种行列二维表格,因此,在 SPSS 数据录入模板中,每一列数据表示一个变量;每一行数据表示一个观测值;可以输入、编辑数据,但不能输入数学表达式、函数。

案例:现有西部公务员人力资源能力建设调查问卷的一部分内容(见表 3.1),请据此利用 SPSS 编制数据录入模板。

一、变量格式设置

(一)变量数量的定义

由前面可知,变量数量的设置与不同的题型的编码有关。单选题和确定内容的填空题都是一题一个变量。多选题的变量多少的设置要复杂一些,方法见本书前面的内容。具体结果见图 3.21。

(二)变量名称的定义

制作 SPSS 数据录入模板的第一步是变量名称的定义,在变量窗口的"name"框中定义变量名称,如果不定义,系统将默认变量名为"VAR00001"、"VAR00002"等。定义变量名称的注意以下几个问题:

1. 直接输入或复制粘贴;可使用汉字、英文字母或数字。
2. 变量名不能以数字、横线或下划线开头。
3. 首字符是字母,可接字母、数字或?、-、!、*以外的字符(英文状态下输入)。
4. 最后一个字符不能是.和_。
5. SPSS 13 以前的变量名至多 8 个字符,4 个汉字;SPSS 13 变量名最长不超过 64 个字符,32 个汉字。

47

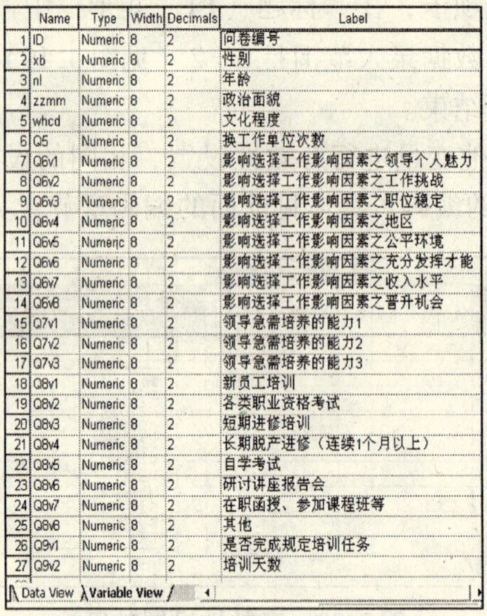

	Name	Type	Width	Decimals	Label
1	ID	Numeric	8	2	问卷编号
2	xb	Numeric	8	2	性别
3	nl	Numeric	8	2	年龄
4	zzmm	Numeric	8	2	政治面貌
5	whcd	Numeric	8	2	文化程度
6	Q5	Numeric	8	2	换工作单位次数
7	Q6v1	Numeric	8	2	影响选择工作影响因素之领导个人魅力
8	Q6v2	Numeric	8	2	影响选择工作影响因素之工作挑战
9	Q6v3	Numeric	8	2	影响选择工作影响因素之职位稳定
10	Q6v4	Numeric	8	2	影响选择工作影响因素之地区
11	Q6v5	Numeric	8	2	影响选择工作影响因素之公平环境
12	Q6v6	Numeric	8	2	影响选择工作影响因素之充分发挥才能
13	Q6v7	Numeric	8	2	影响选择工作影响因素之收入水平
14	Q6v8	Numeric	8	2	影响选择工作影响因素之晋升机会
15	Q7v1	Numeric	8	2	领导急需培养的能力1
16	Q7v2	Numeric	8	2	领导急需培养的能力2
17	Q7v3	Numeric	8	2	领导急需培养的能力3
18	Q8v1	Numeric	8	2	新员工培训
19	Q8v2	Numeric	8	2	各类职业资格考试
20	Q8v3	Numeric	8	2	短期进修培训
21	Q8v4	Numeric	8	2	长期脱产进修（连续1个月以上）
22	Q8v5	Numeric	8	2	自学考试
23	Q8v6	Numeric	8	2	研讨讲座报告会
24	Q8v7	Numeric	8	2	在职函授、参加课程班等
25	Q8v8	Numeric	8	2	其他
26	Q9v1	Numeric	8	2	是否完成规定培训任务
27	Q9v2	Numeric	8	2	培训天数

图 3.21 变量数量和名称的确定

6. 不能与保留字 ALL、AND、BY、EQ、GE、GT、LE、LT、NE、NOT、OR、TO、WITH 相同。

7. 不区分大小写字符；使用有意义的名称。

与 Excel 录入模板一样，数据录入模板的第一个变量是问卷的 ID（问卷编号）。变量名称命名要简明易懂，尽量与问卷的问题含义一致（见图 3.21）。

（三）变量类型的定义

1. 在制作 SPSS 数据录入模板时，变量类型一般就设置成默认的标准数值型，以方便录入。

2. 具体设置的方法是，在变量窗口，在“Type”列下边选中某一变量的单元格，这时单元格右边出现一个“…”下级对话框，单击该对话框，弹出“Variable Type”对话框（见图 3.22）。

3. “Variable Type”对话框反映了 SPSS 变量类型共有 8 类，由 8 个单选按钮实现（见图 3.23）。具体的含义见表 3.2。

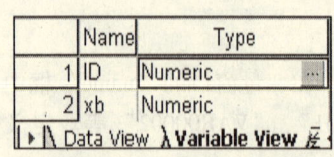

图 3.22 变量类型设置

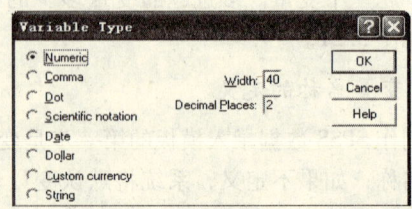

图 3.23 “Variable Type”对话框

表 3.2 SPSS 变量类型具体含义

类型	默认长度	小数位数	类型	默认长度	小数位数
标准数值型（Numeric）	8	2	美元符号数值型	8	2
带逗点的数值型（Comma）	8	2	用户自定义（Custom Currency）	数值型，最多五种	

表3.2（续）

类型	默认长度	小数位数	类型	默认长度	小数位数
带圆点的数值型（Dot）	8	2	日期型（Data）	从给定格式中选择	
科学记数法（Scientific Notation）	8	2	字符型（String）	8	区分大小写

（四）变量长度和小数位数的定义

1. 长度（Width）

变量的总长度，不同的变量类型，其默认长度不一样，系统默认是数值型，长度为 8，具体规定见表 3.2。

2. 小数位数（Decimals）

数值型变量的小数位，默认 2 位。

宽度和小数位数的定义的方法有两种：

（1）通过"Valable Type"对话框设置（见图 3.23）。

（2）在变量窗口，在"Width"列或"Decimals"列下边选中某个变量所在的单元格，单元格右边出现了⬍，用鼠标直接设置（见图 3.24）。

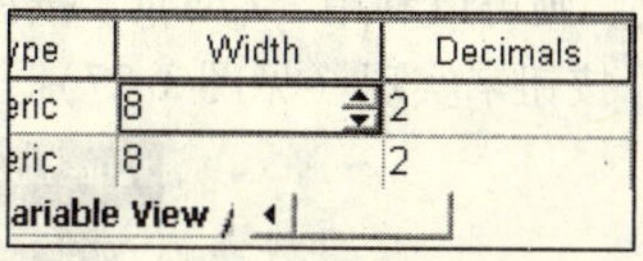

图 3.24 宽度和小数点设置

（五）变量标签定义

与 Excel 录入模板比较，SPSS 的变量格式定义中，有一个优点就是可以设置变量标签，对于不好用中文命名的，可在变量窗口中输入说明性文字。

变量标签是对变量做标注性的文字，对变量解释性的说明。变量名称 Name 的命名必须遵循许多规定，而且也应简洁，方便引述。然而，有时单凭这一个变量名称还不足以让人理解其意思，此时，可以用变量标签 Label 来说明，这样使得统计结果更清楚，易于阅读。

案例：您认为本单位领导，最需要加强下列哪些能力的培养？如何定义变量标签呢？

解决方案：受变量名称长度的限制，"能力培养"，但是不够清楚，只好用变量标签 Label 来说明，即在变量窗口的"Label"列下边，选中某个变量相应的单元格，直接录入"领导急需培养的能力 1"、"领导急需培养的能力 2"、"领导急需培养的能力 3"（见图 3.25）。

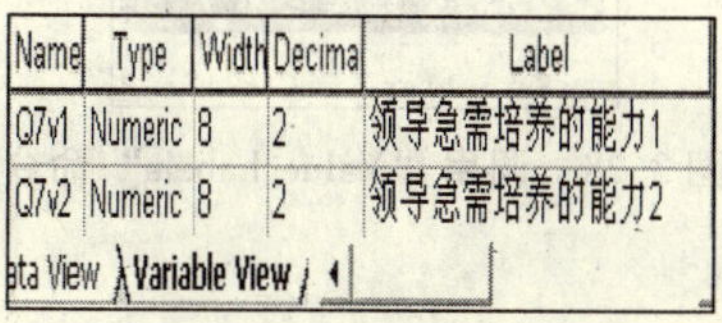

图 3.25 变量标签设置

（六）变量值标签设置

SPSS数据录入模板中的变量值就是对问卷答案的数字编码，不同题型的数据编码会有所不同，并对问卷中所有的定类变量进行变量值标签的定义，具体方法见编码的相关章节。

对变量每一个可能的取值进行附加说明，只对分类变量定义。（分类变量：变量值是离散型数值，根据每一个取值将数据文件划分成若干子集）

案例：性别变量"xb"，其变量值编码1为男，2为女。请设置值标签。

解决方案：利用SPSS的值标签命令实现对类别变量设置值标签。

操作步骤：

1. 调出"Value Labels"对话框

在变量窗口，单击性别变量一行"Values"下面的矩形框，然后单击 ，进入"Value Labels"对话框（见图3.26）。

2. 设置变量值标签

①在"Value:"矩形框（真实值）中输入"男"。
②在"Value Label:"矩形框（值标签）中输入1。
③单击"Add"按钮。
④同样的方法设置变量值"2"的值标签"女"（见图3.27）。
⑤如果设置错误，需要修改，则可以利用"Chang"按钮来实现，如果需要删除已经设置的值标签，可以用"Remove"按钮来实现（见图3.27）。

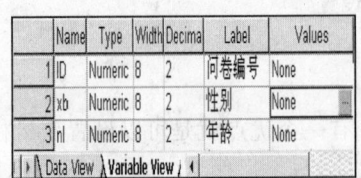
图3.26 调用"值标签"

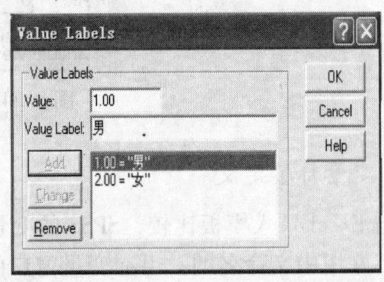
图3.27 "Value Labels"对话框

⑥若需显示变量值标签，单击"View"菜单，选择"Value Labels"，在此情况下可以输入变量的真实值、标签；若不选择"Value Labels"，则显示变量真实值，此时只能输入真实值（见图3.28）。

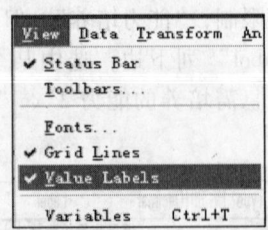
图3.28 调用"Value Labels"命令

延伸阅读

变量标签与变量值标签的区别

变量标签是对变量名称的说明解释性文字，而变量值标签是对变量的值进行的说明解释性文字。比如西部公务员人力资源能力建设调查问卷中"Q1、您的性别"，变量名称是"xb"，变量标签是"性别"，变量的值是"1"和"2"，变量的值标签是"1='男'、2='女'"。

（七）对缺失值的定义

缺失值是指在数据采集与整理过程中丢失的内容。

一般情况下，数据都是以关系型表的方式采集的，如果某一个数据采集时无法获得，就会出现缺失值，缺失值编码是问卷中出现漏答时的处理编码。一般采用9，99，999等。

案例：变量性别有可能有两个取值：1代表男性，2代表女性。一般如果有填保密或者不愿意回答的，录入的时候可以录成9，然后在"Missing"那里把9定义上，9就是缺失值了。应如何设置呢？

解决方案：利用SPSS的"Missing Values"对缺失值进行处理。

操作步骤：

1. 在变量窗口，单击性别变量的"Missing"列下边的单元格，然后单击 ，进入"Missing Values"对话框（见图3.29）。对话框的内容解释如下：

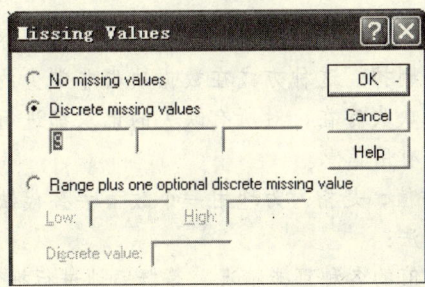

图3.29 "Missing Values"对话框

（1）无缺失值（No missing values）：变量值测试、记录完全正确，没有遗漏。

（2）离散型缺失值（Discrete missing values）：输入确定的、可能出现在变量中的值作为缺失值。

（3）数值范围加离散值（Range plus one optional discrete missing value）：针对连续变量，指定一数值范围，如果变量值在该范围内，则作为缺失值处理。

2. 最后在"Discrete missing values"对话框中输入9即可。

（八）对列宽度、对齐方式和缺失值的定义

1. 列宽度（Columns）

显示时列的宽度，系统默认8个字符。定义的方式与小数位数的定义方式一样。

2. 对齐方式（Align）

数据编辑视图中变量值（值标签）的显示对齐方式，有左、中、右三种对齐方式。利用单元格右边的下拉菜单进行选择。

3. 测量层次（Measure）

在社会科学的研究中，得到标准的定比数据是很难的，退而求其次，实际操作时常常把定距变量数据当做定比数据来使用，因此在 SPSS 中，变量的层次只有三个：

（1）定距变量和定比变量：数字。
（2）定序变量：彼此存在内部联系的逻辑范畴（字符串或数码）。
（3）定类变量：彼此没有内部联系的逻辑范畴（字符串或数码）。

具体操作方式：首先选择"Measure"下边相应变量的单元格，单击向下箭头，通过下拉菜单选择测量层次（见图 3.30）。

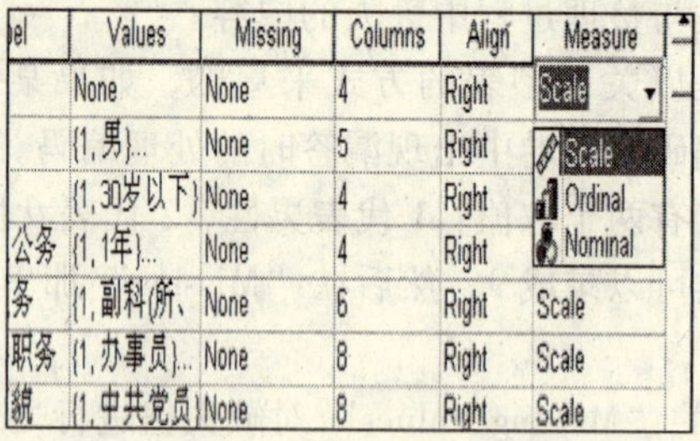

图 3.30 "Measure"选项

延伸阅读

缺失值处理的两种方式

（1）删除对应的记录。例如某被调查者的"性别"没有记录，出现缺失，则将这个人的所有信息全部从数据库中删掉。这种方式在数据缺失非常少的情况下是可行的，但如果各个项目中都有少数的数据缺失存在，对所有缺失的记录都进行删除，可能会使总样本量变得非常小，从而损失许多有用信息。

（2）插值处理。所谓插值，是指人为地用一个数值去替代缺失的数值。插值处理根据插值的不同，有如下一些方法：

①随机插值：根据缺失值的各种可能情况，等概率地进行插值。

例如某个调查者没有"性别"有两种可能性，一是"男"，二是"女"，可以简单地掷一枚硬币，如果正面朝上，则赋值为"男"，如果反面朝上，则赋值为"女"。

②依概率插值

随机插值是假定各种一个变量取各种值的可能性是相等的，但有些情况下，我们可以事先知道一个变量取各种值的概率。假如在某单位，女性占的比例是 75%，男性的比例是 25%，则在对一个"性别"的缺失值进行赋值时，不是按 50% 的概率赋为"女"，而是按 75% 的概率赋为"女"。

③就近插值：是指根据缺失记录附近的其他记录的情况对缺失值进行插值。

就近插值是依概率插值的一种简化处理，设想在整个单位的职工中，女性占的比例是 75%，则在一般情况下，与张三邻近的记录性别为"女"的概率也应当为 75%，就近插值实际上就是依概率插值。

使用就近插值时，需要对抽样过程进行必要的了解，如果抽样时性别有交叉的情况，例如经常是调查完一名男性后就调查一名女性，则使用就近插值会出现较多的错误。

④分类插值

依概率插值是将记录置于总体的背景上进行插值，没有充分利用记录的其他信息。如果在记录的其他信息中有某些项目与缺失项目存在相关性，则可以根据这些辅助信息对总体进行分类，在每一类内部进行插值处理。

例如在上例中，"张三"的职业是"护士"，假定调查单位中95%的"护士"性别为"女"，则在进行插值时，就不是使用全单位的女性比例75%，而是使用"护士"中的女性比例95%对"张三"的性别进行赋值。

二、录入数据光标移动方式

在 SPSS 中，光标的移动主要依赖于五种按键。

（1）Tab 键。使光标向右移动到右边单元格。

（2）Enter 键。光标向下移动到下方单元格。

（3）四个方向键。录入数据时，光标可以从上下左右四个方向移动。

（4）Home 键。把光标移向当前行的行首，即 ID 列。

（5）End 键。把光标移向最后一个变量，即移向当前行的行尾，这里的行尾是最后一个变量，就这一点比 Excel 要好一些，因为在 Excel 中，行尾是工作表的行尾，而不是录入数据区域的最后一个变量，对数据录入不利。

三、录入的方式设置

（一）纵向录入

定义一个变量就先录入一个变量，我们一般用得较少。比如我们要录入学生的成绩，定义两个变量，一是 ID 号和成绩变量，在一行二列单元格中录入 85，然后回车，进入二行二列单元格（见图 3.31）。

由图 3.31 可见，第一行的标号变黑，表明该行已输入了数据；同时，一行一列单元格因为没有输入过数据，显示为"."，这代表该数据为缺失值。用类似的输入方式可以依次把数据输入完毕。

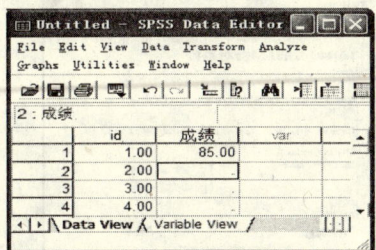
图 3.31　纵向录入

图 3.32　横向录入

（二）横向录入

定义完所有的变量之后，按观测量来输入数据，即录入一个观测量后，再录入第二个观测量，使用最为普遍的录入方式。比如我们要录入学生的性别、年龄和成绩，定义四个变量，一是 ID 号和成绩变量，在一行一列单元格中录入 ID 号 1，然后按向右的方向键或 Tab 键，进入一行二列单元格，录入性别值 2，用类似的输入方式，可以依次把数据输入完毕（见图 3.32）。

（三）录入技巧设置

和其他常用统计软件相比，SPSS 数据界面最大的优势就是支持鼠标的拖放操作，以及拷贝粘贴等命令，下面的数据录入技巧就是对这些功能的利用。

1. 相同变量格式的设置技巧

需要注意的是，在执行粘贴操作命令时，对单元格单击而不是双击，双击单元格使单元格处于编辑状态，不能执行粘贴操作。

2. 连续多个相同值的输入

如性别变量有连续若干个都是男，如果直接输入，可以在第一格内输入 1 并回车，然后回到刚才的单元格并单击右键，选择 Copy，最后用拖放方式选中所有应输入 1 的单元格，单击右键并选择 Paste，所有选中的单元格就会被刚才拷贝的 1 填充。

3. 将 Excel 数据直接引入 SPSS

为了充分利用 Excel 的复制、粘贴功能，对录入具有同样内容的数据和等差数列，比如调查日期、地区和 ID 号等，都可以在 Excel 中利用复制、粘贴功能，快速地录入好数据，然后直接拷贝到 SPSS 数据窗口的相应变量的位置。

第三节　EpiData 数据录入模板

本书依据的是 EpiData 3.1 版本。

一、EpiData 的安装

EpiData 的安装、运行不改变系统中的系统注册文件，不会安装或替代任何 DLL 文件。EpiData 安装文件只有一个"setup_epidata_cn"文件，大小只有 1.03M。安装程序如下：

1. 双击"setup_epidata_cn"安装文件，进入 EpiData 安装向导（见图 3.33）。
2. 单击"下一步"，进入版权条款界面，单击"我同意"选项（见图 3.34）。

图 3.33　EpiData 的安装界面

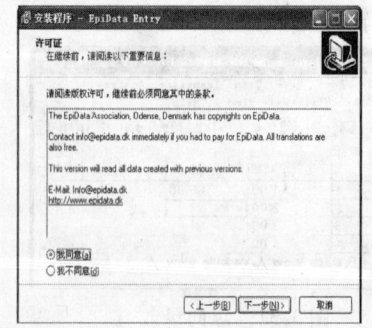
图 3.34　签订协议

3. 单击"下一步"，进入"选择安装文件夹"界面，定义好安装路径（见图 3.35）。
4. 单击"下一步"，进入"选择开始目录"界面，定义是否在开始菜单中创建任何目录（见图 3.36）。

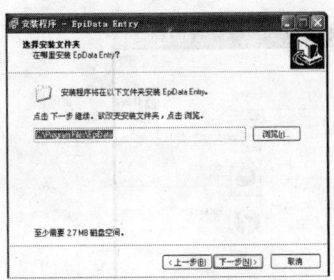
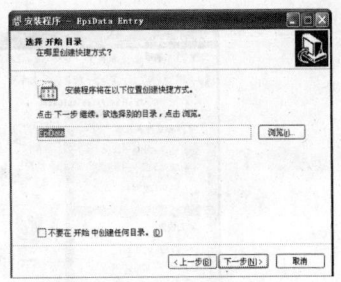

图 3.35　定义安装路径　　　　　图 3.36　生成开始菜单

5. 单击"下一步",进入"选择额外任务"界面,定义是否创建"桌面按钮"(Create Desktop icon)和"快速启动按钮"(Create a Quick Launch icon)。

选择定义变量名称的方法:①以每段第一个词为变量名的标准变量命名[Standard field naming(First word)];②前 10 个字母为变量名的自动变量命名[Automatic field names:(First 10 letters as Epi Info v6)]。本例选择"Standard field naming(First word)"选项(见图 3.37)。

6. 单击"下一步",进入"准备安装"界面(见图 3.38)。

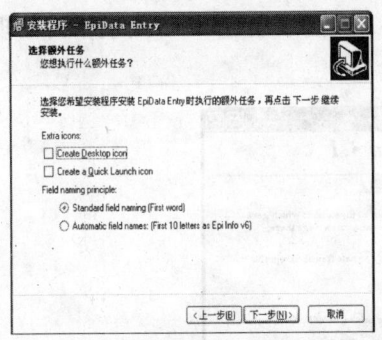
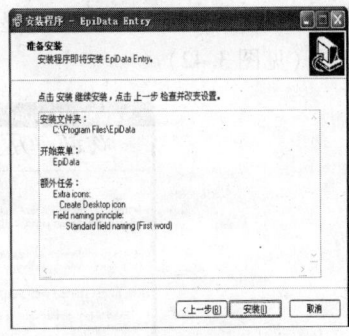

图 3.37　额外任务界面　　　　　图 3.38　执行安装

7. 单击"安装",进入"信息"界面(见图 3.39)。

8. 单击"下一步",进入"完成 EpiData 安装向导",勾选"View intro?"(浏览介绍文件)复选框和勾选"Start EpData?"(启动 EpiData)复选框(见图 3.40)。

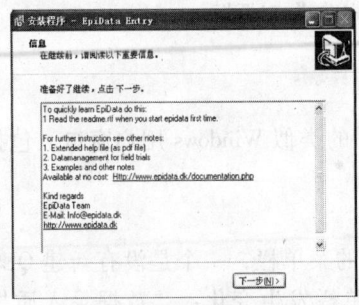
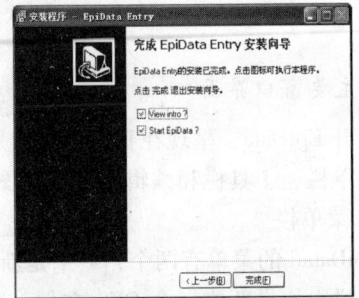

图 3.39　信息界面　　　　　图 3.40　完成 EpiData 安装向导

9. 单击"完成"。安装完成后,会产生一个"EpiData"文件夹,共有 12 个文件和一个实例文件夹,共占空间 2.77M。程序设置等参数被保存在 EpiData.ini 的文件中。这个 EpiData 文件夹是独立运行的,可以把这个文件夹拷贝到其他电脑上直接使用,不需要再安装了(见图 3.41)。

社会科学数据处理软件应用

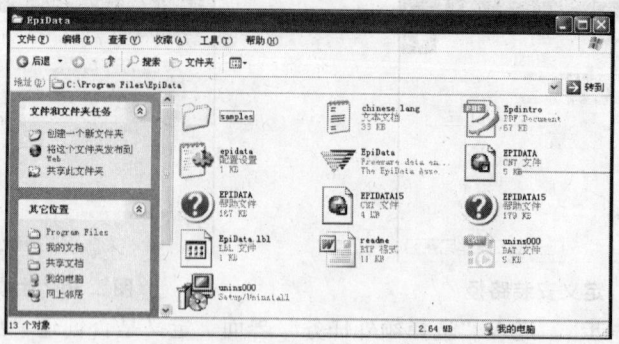

图 3.41　安装"EpiData"生成的文件夹

二、EpiData 的界面

（一）欢迎界面

首次启动 EpiData，会弹出一个"欢迎使用中文版 EpiData 3.1"的对话框，介绍了 EpiData 的使用说明。勾选"下次不再显示此页"选项，以后启动 EpiData 时就不再出现这个对话框了（见图 3.42）。

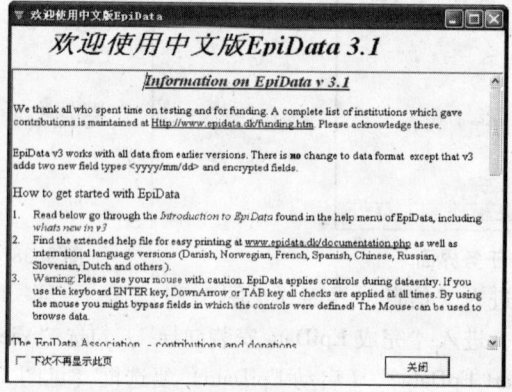

图 3.42　"欢迎使用中文版 EpiData"对话框

（二）主要窗口界面

打开 EpiData，呈现在我们面前的是一个非常熟悉的类似 Windows 用户窗口，包括标题栏、菜单栏、工具栏和编辑区域（见图 3.43）。

1. 菜单栏

EpiDatad 的菜单有两个，一个是新建 QES 文件后的菜单栏，一个是没有新建 QES 文件的菜单栏。如果新建一个 QES 文件，窗口的界面菜单栏发生变化："数据录入质控"和"数据导入/导出"菜单没有了，换成了"编辑"和"REC 文件"菜单，其余的一样。

下面主要介绍一下新建文件后的编辑状态窗口的菜单栏，主要有"文件"、"编辑"、"REC 文件"、"数据处理"、"工具"、"窗口设置"和"帮助"菜单。

（1）文件菜单。打开"文件"菜单，主要命令同 Windows 系统一样，特别之处就是"生成调查表文件（QES 文件）"、"打开 EpiData 文件"和"选项"（见图 3.45）。

第三章 调查研究数据录入

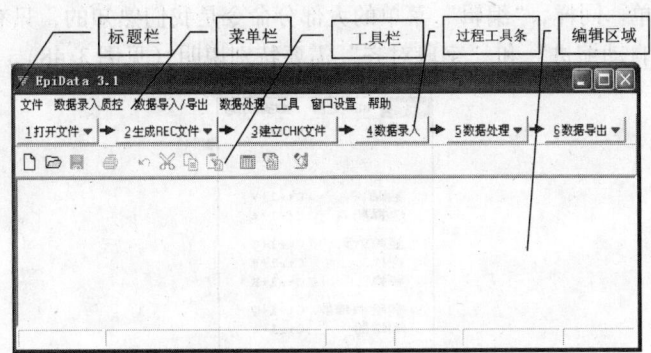

图 3.43 EpiData 主要窗口界面

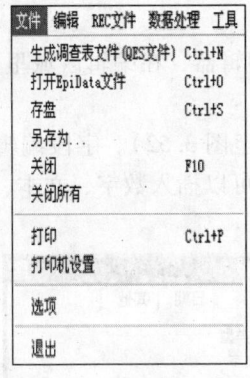

图 3.44 "文件"菜单

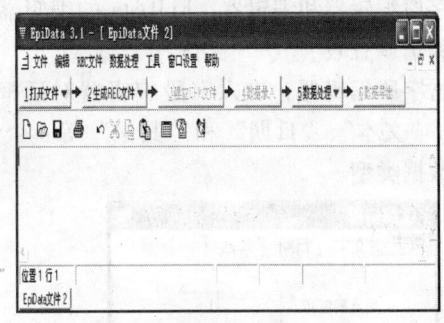

图 3.45 新建 QES 文件界面

① "生成调查表文件（QES 文件）"是指新建一个 QES 文件，是 EpiData 工作的开始，编辑区域由灰色变为白色（见图 3.46）。

② "打开 EpiData 文件"是指打开一个现有的文件，EpiData 文件包括 EpiData 调查表文件（*.QES）、EpiData 数据库文件（*.REC）、EpiData 录入质控文件（*.CHK）、EpiData 备忘录文件（*.NOT）和 EpiData 日志文件（*.LOG）（见图 3.46）。

③ 单击"选项"命令，进入选项对话框，包括 QES 文件显示、REC 文件显示、生成 REC 文件、有关资料、高级设置和相关文件等 6 个选项卡。图 3.47 显示的是"相关文件"选项卡。图 3.46 里面的文件类型就在这个选项卡里边定义的。其他选项卡在后面会有详细介绍。

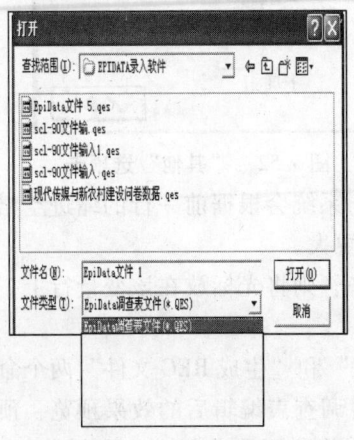

图 3.46 "打开"界面

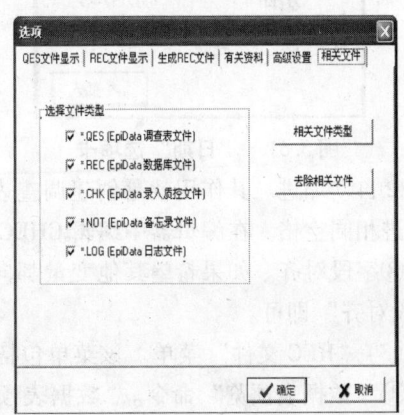

图 3.47 "选项"对话框

57

（2）编辑菜单。同样,"编辑"菜单的大部分命令是我们熟知的,只有"字段编辑器"和"编辑器"、"自动缩进"和"字段对齐"需要特别说明(见图 3.48)。

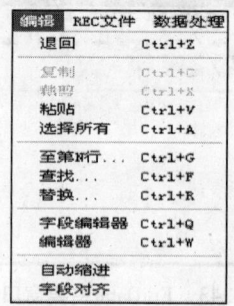

图 3.48 "编辑"菜单

①字段编辑器和编辑器。EpiData 的编辑器主要是编码编辑器,在编辑区域里面实现,创建和编辑调查表(.QES 文件)。

单击字段编辑器,进入字段编辑器对话框(见图 3.49 至图 3.52)。字段编辑器包括"数字"、"文本"、"日期"和"其他"等 4 个选项卡,表明可以插入数字、文本、日期和其他等数据类型。

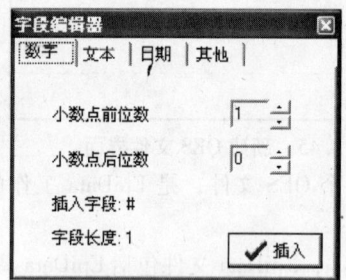

图 3.49 "数字"选项卡

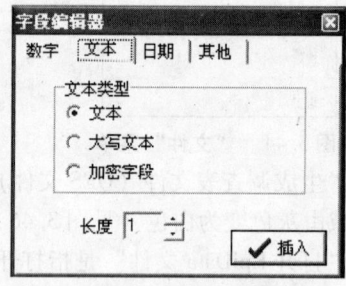

图 3.50 "文本"选项卡

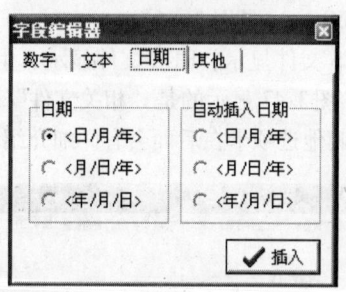

图 3.51 "日期"选项卡

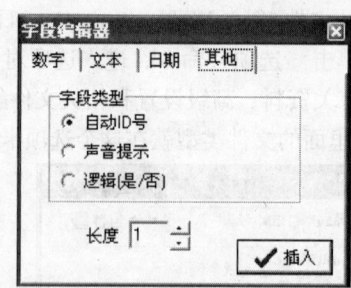

图 3.52 "其他"选项卡

②自动缩进。其作用就是创建调查表回车换行时,系统会根据前一行的缩进空格,自动缩进相同空格。在编辑器中编辑 CHECK 文件中用处更大。

③字段对齐。如果希望其他变量都向某个变量对齐,则将光标放在该变量行上,点击"字段对齐"即可。

（3）"REC 文件"菜单。该菜单包括"数据表预览"和"生成 REC 文件"两个命令。

①"数据表预览"命令。"数据表预览"命令是对调查表编辑后的效果预览,预览效果与录入状态一样,这样可以在生成 REC 文件后,及时修改调查表文件。预览时,尚未建

图 3.53 "REC 文件"菜单

立数据库，因此 CHECK 功能还无法发挥作用。当修改了调查表文件（*.qes）后，预览的数据表格不会自动更新，必须再按预览键来看更新的调查表格式。不过，要实现新的预览，无须关闭上一次的预览窗口，程序会自动更新。关闭预览窗口，可以点击菜单"File/Close Form"，或按"Ctrl + F4"。

② "生成 REC 文件"命令。"生成 REC 文件"命令是根据调查表文件（*.qes）生成记录文件。

（4）"数据处理"菜单。"数据处理"菜单用得较少，主要介绍"显示 REC 文件结构"和"关于数据录入的备忘录"两个命令（见图 3.54）。

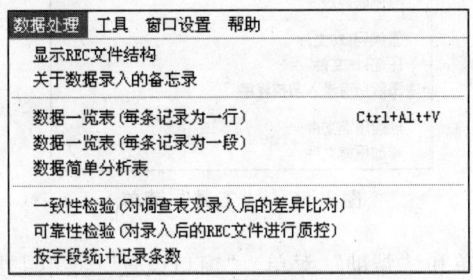

图 3.54 "数据处理"菜单

① 显示 REC 文件结构。单击"显示 REC 文件结构"，系统弹出一个打开文件对话框，选择一个文件，其中含有以下信息：REC 文件名、文件大小、最近版本、变量字段数、记录数、录入质控程序在使用（表示是否有配套 CHECK 文件）。下面显示的是 REC 文件结构：变量名、变量标签、变量类型、宽度、录入质控和数量标记等（见图 3.55）。

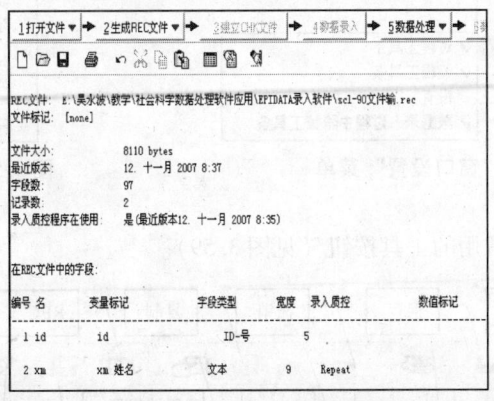

图 3.55 REC 文件结构

② 数据录入备忘录。备忘录命令主要是一个说明笔记或注释，可以按 F5 键，激活备忘录窗口。如果当前数据库没有备忘录文件，可以创建新的，当前的日期和时间会自动插入

新建的备忘录（*.not）中。备忘录会保存"追加、合并"和"输入"等操作的信息，使我们可以掌握数据库的修改状况。在 CHECK 文件中设置 WRITENOTE 命令，可以在数据录入过程中向备忘录中添加某些内容。

（5）"工具"菜单。该菜单主要对 REC 文件进行编辑、重编码、压缩和复制等操作。

如果 QES 文件丢失，可以根据 REC 文件生成 REC 文件。如果 QES 文件应该被修改，需要更新 REC 文件，可以单击"根据修改的 QES 文件更新 REC 文件"命令来实现（见图 3.56）。

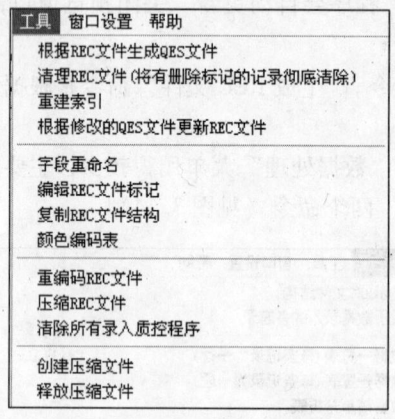

图 3.56 "工具"菜单

（6）"窗口设置"菜单和"帮助"菜单。"窗口设置"菜单主要是窗口显示设置，需要注意的是"工具栏"（工具条）的设置，窗口中的工具栏就是在这里定义的（见图 3.57）。

如果有不明白的地方，可以通过"帮助"菜单寻求帮助。美中不足的是帮助文件全是英文。具体条目见图 3.58。

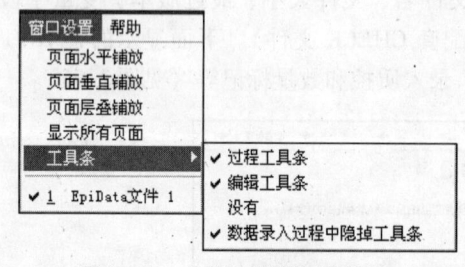

图 3.57 "窗口设置"菜单

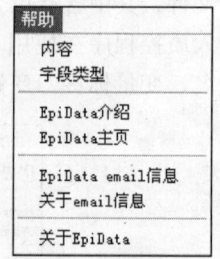

图 3.58 "帮助"菜单

2. 工具栏

工具栏是一些我们常用的工具按钮（见图 3.59）。

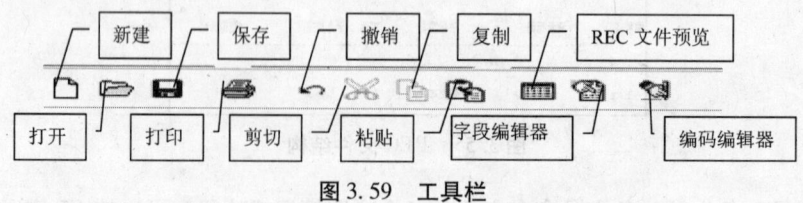

图 3.59 工具栏

三、设置 EpiData 的数据录入模板

案例：现有西部公务员人力资源能力建设调查问卷的一部分内容（见 Excel 录入模板设置案例），请据此利用 EpiData 编制数据录入模板。

根据过程流程工具条的顺序来进行（见图 3.60）。

图 3.60　过程流程工具条

（一）建立调查表文件（QES 文件）

1. 新建 QES 文件

建立调查表文件是制作 EpiData 数据数据录入模板的第一步。单击过程工具条中的"1 打开文件"，出现一个下拉菜单，点击"建立新的 QES 文件"，系统弹出一个空白的文档，你可以在这里输入问卷的内容（可以从 word 中复制粘贴过来），这就是数据录入表格的框架。见图 3.61。

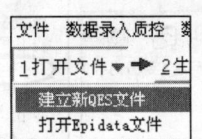

图 3.61　新建 QES 文件

2. 设置变量名

在 EpiData 不能识别中文变量名，如果是中文，系统自动以 field1 代替。可以是拼音字母和英文单词，一般用 v1，v2，…依次创建。但最好使用能反映变量含义的简洁拼音或英文。

EpiData 中命名变量的方式有两种：一是以调查表每一行的第一个词命名；二是使用 {} 内的内容自动添加字段名（变量名）。

（1）将第一个单词作为变量名。在"选项"对话框的"生成 REC 文件"选项卡中选择"以调查表的第一个词命名"，意味着系统将自动将两个变量编码之间最左侧的解释性文字中的第一个单词当做是变量名。具体操作步骤如下：

①单击"文件"菜单，选择"选项"，弹出"选项"对话框。

②选择"生成 REC 文件"选项卡，在"如何生成字段名"矩形框中，点选"以调查表的第一个词命名"（见图 3.62）。

如果第一个单词的长度超过 10 个字符，程序只保留该单词的前 10 个字符作为变量名。比如图 3.63 中，想把"性别"变量命名为 v1，v1 后面一定要有空格，以保证 v1 是第一个单词，否则系统将把"性别"变量命名为 v1q1（见图 3.63）。

③在"生成 REC 文件"选项卡中，还可以定义变量名的大小写，包括"大写"、"小写"和"由录入决定"。这里点选"小写"选项（见图 3.62）。

④勾选"更新问题为实际文件名"选项，这样，即使在创建调查表文件时有重复的变量名，在创建的数据库中，程序会自动将其更新为其实际的变量名（见图 3.62）。

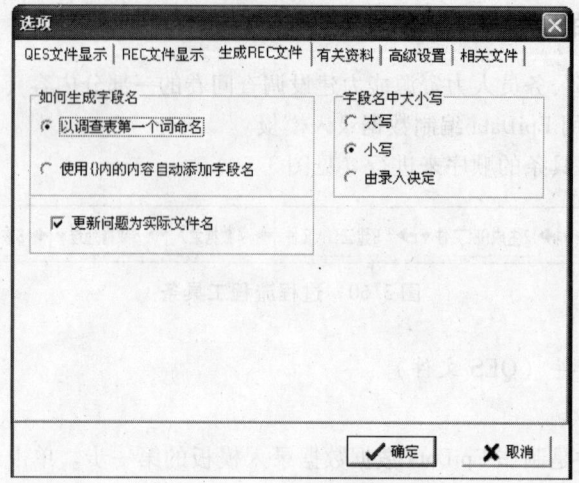

图 3.62　生成变量名

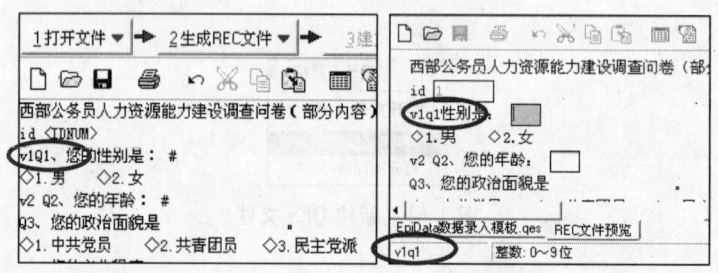

图 3.63　变量名称的长度及识别

这样，当一个变量名已经使用过，再次出现时，程序会自动添加一个数字，以保证变量名的唯一性。比如，在编辑窗口的性别变量为 v1，年龄变量仍为 v1，而在数据录入窗口年龄变量的名称自动变为了 v2（见图 3.64）。

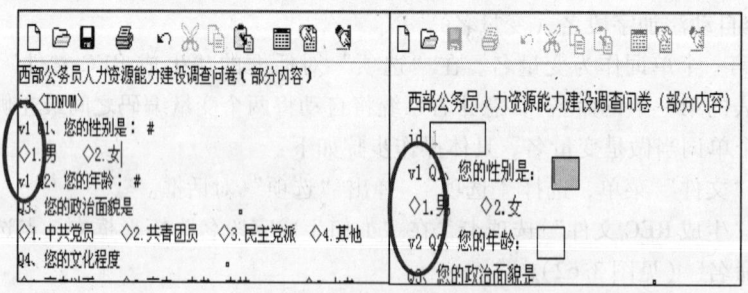

图 3.64　自动更新变量名

延伸阅读

程序到底使用什么变量名，可以点击图标，通过预览数据录入表格来查看，即将光标放在想了解的变量上，窗口下方状态栏左侧显示的就是程序采用的变量名。

另外，该变量的类型及长度也同时显示在状态栏上。

（2）使用 {} 内的内容自动添加变量名。在"选项"对话框的"生成 REC 文件"选项卡中选择"使用 {} 内的内容自动添加字段名",EpiData 会根据变量编码前的解释性文字自动生成变量名。定义变量名时,程序会遵循以下几个原则:

①一般第一个变量应该是问卷编号(ID),ID 号可以自动插入,这样就不用录入问卷编号,系统会自动生成(见表 3.3)。

表 3.3　　　　　　　　　　定义变量样式与变量名称对应表

编号	定义变量样式	系统定义变量名称
1	id <IDNUM>	ID
2	v1Q1、您的性别是:#	v1q1
3	#	V1q2
4	{Q3}、您的政治面貌 {poc} 是_____#。	q3poc
5	4. 您的文化程度_____#。	n4
6	what 自工作以来,您换工作单位有几次?#	what
7	您认为本单位领导,最需要加强下列哪些能力的培养?(限选三项)#	aaoe
8	Q8、参加工作后,您参加过单位的什么人才培训?(可多选)#	q8aaaaoe
9	Q9、您完成了中共中央规定的每人每年不少于 12 天的培训任务吗?#	q9ae12aa

②程序优先采用大括号中的文字作为变量名(见表 3.3),如果变量编码前的解释性文字为"{Q3}、您的政治面貌 {poc} 是",则自动定义的变量名为 q3poc。

所以,强烈建议使用大括号来定义有意义的变量名。

③如果变量编码前没有任何解释性的文字,那么程序会延续上一个变量的名字,同时在末尾加上一个数字(见表 3.3 的编号 3),前一个变量的名称为 v1q1,该变量的名称被命名为 V1q2。

④如果可生成变量名的第一个单词是一个数字,程序会自动在数字前插入字母 N。见表 3.3,"4、您的文化程度"的变量名是 n4。

⑤变量名第一个字符一定为字母(A~Z),之后可以包含字母(A~Z)和数字(0~9),最多 10 个字符。程序不识别国际字母,例如丹麦字母,也不识别中文,否则会被自动转换成 ae、oe 和 aa(见表 3.3)。

3. 设置变量类型

EpiData 中设置变量类型,可以调出字段编辑器直接插入,也可以按照按照 EpiData 中允许的变量类型直接输入不同类型的变量编码(见表 3.4)。

表 3.4　　　　　　　　　　变量类型与编码

变量类型	变量编码	变量类型	变量编码
ID 号	<IDNUM>	大写字母字符型	<A>,<A >
数值型	### ###.##	布尔逻辑变量	<Y>

表3.4（续）

变量类型	变量编码	变量类型	变量编码
字符型	_____	当天日期	< today - mdy > < today - dmy > < today - ymd >
	< E >	声索引变量	< S > < S >
日期	< dd/mm/yyyy >	制表符	@
	< mm/dd/yyyy >		
	< yyyy/mm/dd >		

（1）ID号。<IDNUM>是一个能够自动生成ID号的变量，每录入一条新记录，ID号会自动加1。在数据录入过程中，ID号不能修改。在一个新数据库中，ID号默认从1开始。当然也可以修改起始编码，方法是：选择"文件/选项/高级设置/ID号字段/新REC文件"中第一个ID号：1中修改。此变量长度为5~14个字符（见图3.65）。

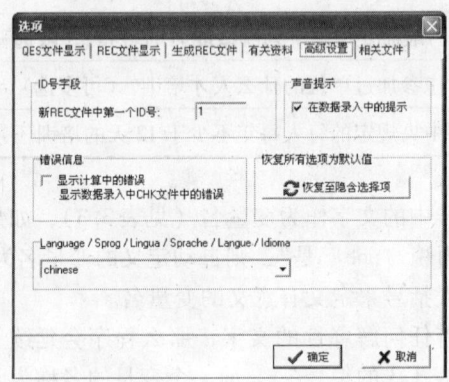

图3.65　插入ID

（2）数值型变量。数值型变量（###；###.###；########；##.####）允许录入数字、减号和小数点。在QES文件中和数据录入过程中，可以用圆点（.）或逗号（,）来表示小数点。一个变量中只允许输入一个小数点，这意味着，不能用逗号作为千位的分隔符（例如：3,000,000）。字符"#"的数目表示变量的长度，小数点占一位字符。变量最长允许14个字符。如果人为地将变量长度加到最多18位字符也是允许的。但是，字符长度为17（或18位）时，录入的最后1位（或2位）会自动更改，无法满足录入要求（见图3.66）。

（3）字符型变量。下划线字符（_____）的数目表示变量的长度。字符型变量允许输入所有字符。变量最长允许80个字符。如果输入中文，请注意，一个中文字需占用2个字符（见图3.67）。

（4）大写字母的字符型变量。大写字母的字符型变量中可以录入任意字符，但程序会自动将录入的字母转换为大写。变量的长度即"<"和">"间的字符数（<A><A>），其中包括大写字母"A"所占的1个字符（见图3.67）。

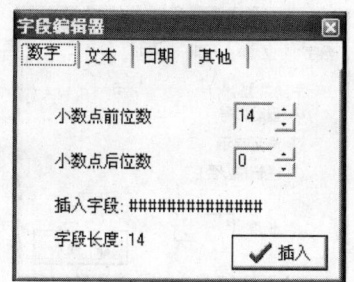
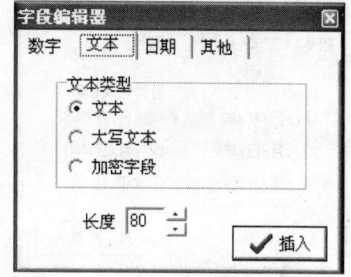

图 3.66　数值型变量　　　　　　　图 3.67　字符型变量

（5）加密变量。加密变量（<E>）是一种特殊的字符型变量。加密变量的内容以可读的形式显示在屏幕上，但以密码形式保存在磁盘中。使用的运算法则是被称作 Rijndael AES 的超强加密。千万别忘了设置的密码，因为根据文件内容，根本无法破坏或猜测密码。如果真的忘记了，就会丢失这些信息。利用加密变量，可以实现对某些数据（如私人信息）的保护。

如果建立的 QES 文件中含有一个或多个加密变量，当在此基础上开始创建新的数据库时，程序会自动弹出对话框，询问想设置的密码，该密码将被保存在数据库中。当对该数据库进行有关操作（例如，创建或编辑 CHECK 文件、打开数据库、输出数据库等）时，程序都会首先弹出一个对话框，只有输入了正确的密码，下一步操作才会继续（见图 3.67）。

（6）日期变量。EpiData 中有三种类型的日期变量：欧式日期（日/月/年）、美式日期（月/日/年）和我们习惯的日期格式（年/月/日）。日期变量的长度通常是 10 个字符。直接录入格式是 <dd/mm/yyyy>；<mm/dd/yyyy>；<yyyy/mm/dd>（见图 3.68）。

在数据录入过程中，允许录入的字符包括数字和斜线（/）。如果可以把日期数字按完整的格式输入，中间可以不加"/"。例如，2010 年 3 月 7 日，对于欧式日期格式的变量，可以键入 07032010，当下一个变量被激活时，这个日期变量会自动变为标准的格式（07/03/2010）。如果键入不全，则年月日之间要加"/"。例如上述日期可以这样键入：7/3/2010。

EpiData 只支持用 4 位数表示年。但录入的时候，不一定要键入 10 个数字。如在欧式日期格式下，录入 070310，程序会自动将其转换为 07/03/2010。用 2 位数表示"年"时，程序会把 50~99 默认为 20 世纪，即 1950~1999；而把 00~49 默认为 21 世纪，即 2000~2049。

如果在欧式日期格式下，仅输入 0703，则当前的年份会被自动加入。如当前是 2010 年，则该变量自动显示为 07/03/2010。

（7）布尔逻辑变量（是/否变量）。直接录入格式为 <Y>。

布尔逻辑变量只允许录入 Y、N、1、0。录入"1"，程序会自动将其转换为"Y"；录入"0"，则自动转换为"N"。布尔逻辑变量的长度仅为 1。因此，如果在 QES 文件中输入 <Y>，就会出现错误（见图 3.69）。

社会科学数据处理软件应用

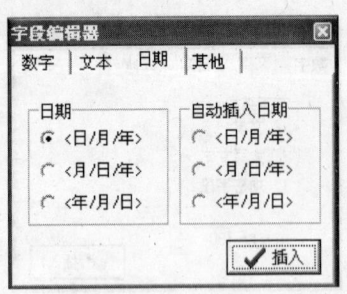

图 3.68　日期变量

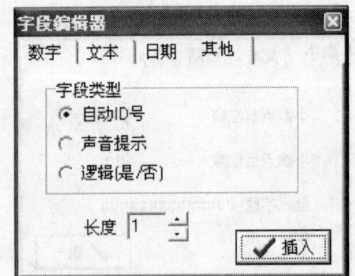

图 3.69　其他变量

延伸阅读

善用编码编辑器

在输入变量时，借助于编码编辑器可以很方便地实现对变量类型和长度的定义。单击菜单 Edit/编辑器，或在工具栏中点击图标 ![icon]，可以开始进行变量的定义，程序会自动完成编码，或者主动询问你有关变量长度的信息。

例如，键入字符 #，程序会认为你要键入数值型变量，随后弹出一个对话框，询问数值型变量的长度。键入需要的长度后，在光标当前所在位置上会自动插入相应长度的数值型变量的编码。下表中列出了编码书写器识别的一些字符串组合。

# 数值型变量	程序会询问你变量的长度键入 5，会得到一个有 5 位数字的整数变量（#####）键入 5.2 或 5，2，得到的变量为：小数点前 5 位数，小数点后 2 位数（#####.##）
_ （下划线）	字符型变量，程序会询问你变量的长度
< A	大写英文字母的字符型变量，程序会询问你变量的长度
< d	插入欧式日期 < dd/mm/yyyy >
< m	插入美式日期 < mm/dd/yyyy >
< y	插入布尔逻辑变量 < Y >
< i	插入自动编码的 ID 号，程序会询问你变量的长度 默认的长度是 5 个字符（即允许的最小长度）
< s	声索引变量，程序会询问你变量的长度

4. 制表符 @

在数据录入的表格中，各个变量录入框的位置取决于变量前解释性文字的长度。由于各行解释性文字长度不一，使得前后变量很难对齐，观感较差。手动对齐又浪费时间。这时，我们可以在编辑 QES 文件时利用制表符 @，实现前后变量的对齐。

使用制表符 @，只会改变变量录入框在表格中的位置，而不会对变量或 REC 数据库产生其他不良影响。在变量编码前插入 @，可以将这个变量对齐到下一个制表位置。

5. 变量标签

变量标签是对一个变量所含数据内容的描述。在 EpiData 中，程序会根据 QES 文件中，变量编码左侧的解释性文字自动生成变量标签。如果选择了 "First word in question is field name"，则扣除作为变量名的第一个单词后，自左向右的文字会被作为变量标签。例如："v1 Age of patient ###"，变量名为 "v1"，变量标签为 "Age of patient"。如果选择了 "Automatic field names",则变量名为"v1ageofp",变量标签为"v1 Age of patient"。

6. 显示格式编辑

单击"文件/选项",弹出"选项"对话框,选择"QES 文件显示",定义数据录入表格的显示方式,能改变数据录入表格中显示的字体和背景颜色。可以指定录入变量的背景颜色,以及当变量被激活时的颜色。另外,还可以设置录入变量框的外观(3D 形式、平面式有边缘、平面式无边缘)、行间距、插入制表符(@)对应的制表位置间距(见图 3.70)。

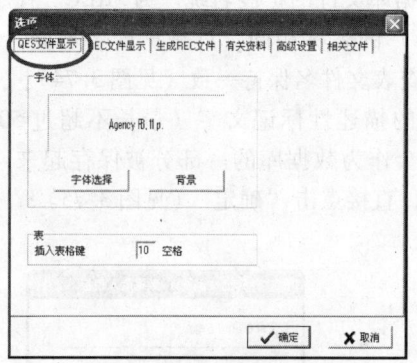

图 3.70　QES 文件

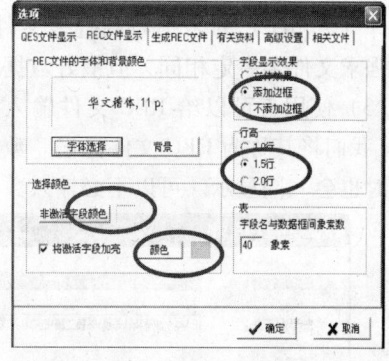

图 3.71　REC 文件

具体的定义:字体为楷体,字号为 5 号,背景为默认的白色。选择"REC 文件显示",定义字体为楷体,字号为 5 号,背景为默认的白色,选择非激活字段颜色,定义录入框为白色,选择激活字段颜色,定义录入框为灰色;字段显示效果矩形框为"添加边框";行高矩形框,选择 1.5 行(见图 3.71)。

7. 保存文件

编辑完成后,进行数据格式预览,如果满意,就将此调查表文件保存,文件的扩展名统一为.QES。最后的 QES 文件和数据录入预览界面见图 3.72 和图 3.73。

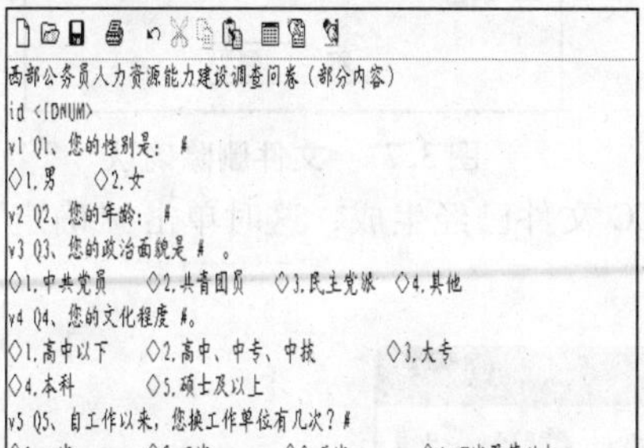

图 3.72

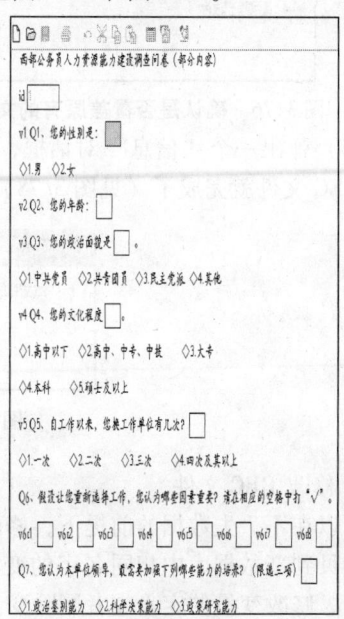

图 3.73

(二) 生成与修改 REC 文件

1. 生成 REC 文件

创建完调查表 QES 文件，第二步是在此基础上创建数据库 REC 文件。在创建 REC 文件前，已经建立好的调查表 QES 文件可以打开，也可以不打开。方法是：

(1) 单击过程工具条中的"2 生成 REC 文件"，出现一个下拉菜单，点击"生成 REC 文件"，弹出"根据 QES 文件生成 REC 文件"对话框。

(2) 选择用来创建数据库的调查表文件。数据库文件的扩展名统一为 .REC。程序默认数据库（*.rec）的名称与调查表文件（*.qes）的名称相同，只是扩展名不同。尽管，并不强求文件名一定相同，但最好数据库名与调查表文件名保持一致（见图 3.74）。

(3) 使用者可以给 REC 文件输入一段简短的描述性标记文字（最长不超过 50 个字符），我们将其称为 REC 文件标记。数据库标签会作为数据库的一部分被保存起来，输出报表时也会一同显示。可以不必输入数据库标签，直接点击"确定"（见图 3.75）。

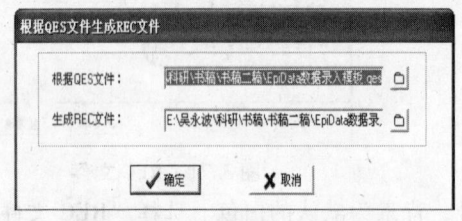 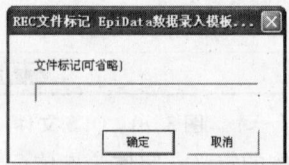

图 3.74　REC 文件生成路径　　　　　　　图 3.75　文件标记设置

(4) 如果新建的数据库与已有的数据库重名，那么系统会弹出两个警告对话框，确认是否覆盖原有的文件（见图 3.76）；如果单击"确定"按钮，会把已有的那个数据库删除，替换为新建的数据库，而旧的数据库中的全部信息将丢失（见图 3.77）。

 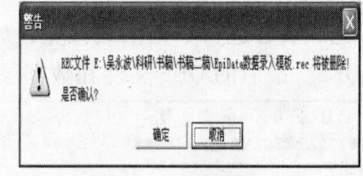

图 3.76　确认是否覆盖原有的文件　　　　图 3.77　文件删除确认

(5) 弹出一个"信息"对话框，告诉你 REC 文件已经生成，这时单击"确定"，整个创建 REC 文件就完成了（见图 3.78）。

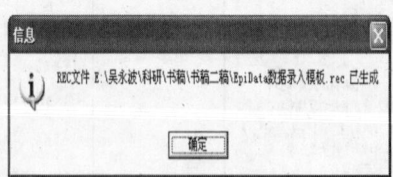

图 3.78　信息确认界面

2. 修改 REC 文件

可以在不丢失数据的前提下，修改一个已经录入了的数据库的结构。已经录入的数据会被拷贝到新数据库中相同名字的变量下，这个变量的格式有可能是修改了的。也可以增加变量、修改变量的定义或者删除变量。先关闭所有的文件，点击菜单"工具/根据修改的 QES 文件更新 REC 文件"，完成 REC 文件的修改。

（1）插入新变量。

案例：现需要在前面的"EpiData 数据录入模板"的 REC 文件增加一个变量"日期"（见图 3.79）。

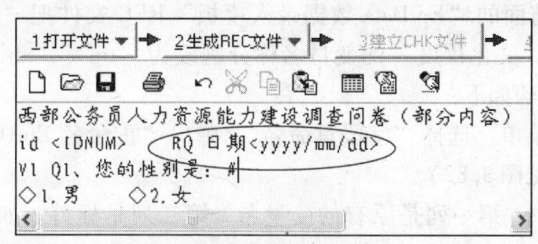

图 3.79　插入日期变量

主要的操作步骤如下：

①打开调查表文件"EpiData 数据录入模板"进行修改。如果"EpiData 数据录入模板" QES 文件丢失，也可以用已有的"EpiData 数据录入模板" REC 文件反过来创建一个新的调查表文件，即单击"工具"菜单，选择"根据 REC 文件生成 QES 文件"即可。

②编辑、修改"EpiData 数据录入模板" QES 文件，在 ID 变量后边插入一个日期变量，见图 3.79；保存修改后的调查表文件，然后关闭该文件。

③点击"工具"菜单，选择"根据修改的 QES 文件更新 REC 文件"，弹出"根据修改的 QES 文件更新 REC 文件"对话框，选择修改好的调查表文件（*.qes）和准备修改的数据库（*.rec）。一般按照默认路径，直接单击"确定"（见图 3.80）。

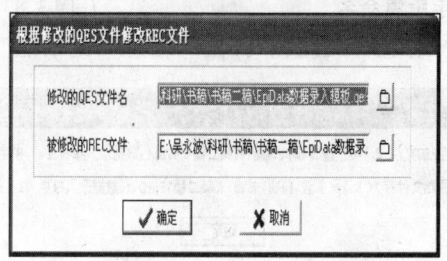

图 3.80　生成新的 REC 文件

④弹出"信息"对话框，原来的 REC 文件被更名保存为"EpiData 数据录入模板.old.rec"（见图 3.81）。

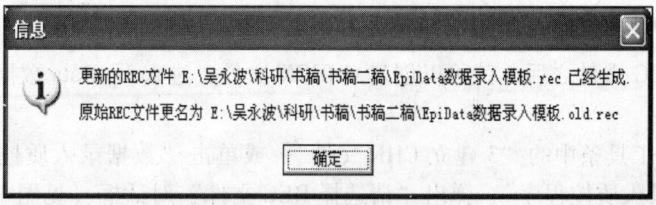

图 3.81　"信息"对话框

这样，如果删除了某些变量，或者修改了变量名，丢失一些数据等操作失误，原来的 REC 文件还是可以恢复的。

（2）修改变量类型。所有变量类型都可以修改为字符型变量或大写字母的字符型变量。

数值型变量可以修改为有相同或更多小数位数的数值型变量。如果修改后的小数位数变少了，程序会弹出警告框，提醒你，这样修改可能会丢失数据。操作与插入新变量相同。

(3) 重新定义变量名。

案例：现需要在前面的"EpiData 数据录入模板"REC 文件把"日期"、"性别"、"年龄"、"政治面貌"和"文化程度"的变量名称分别改为"rq"、"xb"、"nl"、"zzmm"和"edu"。主要的操作步骤如下：

①单击"工具"菜单，选择"字段重命名"，弹出"重命名 EpiData 数据录入模板.rec 的字段名"对话框（见图 3.82）。

②在弹出的窗口中，第一列是原有的变量名，第二列是标签。如果要修改变量名，请将光标放在第三列相应的变量行上，输入新的字段名（见图 3.83）。

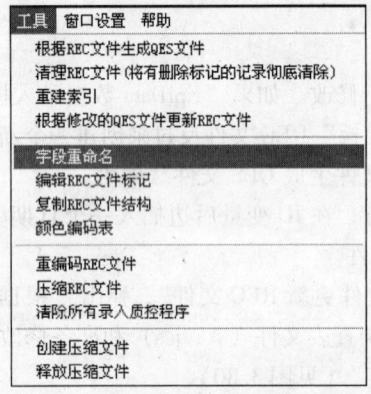

图 3.82　调用字段重命名

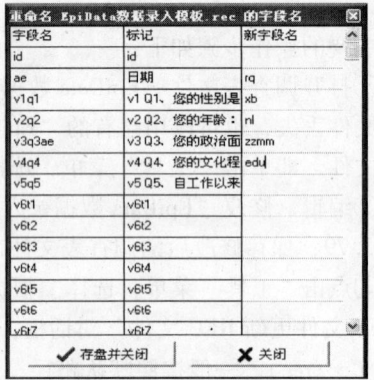

图 3.83　重命名对话框

②修改完成后，单击"存盘并关闭"，弹出"信息"对话框（见图 3.84）。

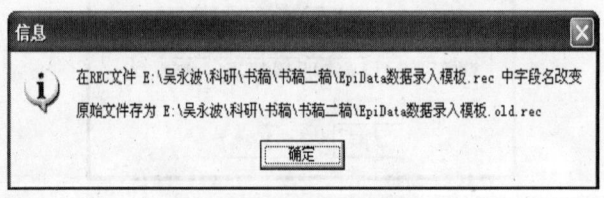

图 3.84　信息对话框

③然后单击"确定"按钮，旧的数据库会被另存为 EpiData 数据录入模板.old.rec，以备需要的时候恢复。

(三) 建立 CHECK 文件

在创建完 REC 文件之后，就可以创建 CHECK 文件，进入 EpiData 数据录入模板设置的第三步。方法是：

1. 单击过程工具条中的"3 建立 CHK 文件"，或单击"数据录入质控"菜单，然后点击"添加/修改录入质控程序"，弹出"请选择 REC 文件"对话框（见图 3.85）。

2. 选择 REC 文件"EpiData 数据录入模板.rec"（见图 3.85）。

3. 单击"打开"，进入"添加/修改录入质控程序"窗口，程序会弹出两个窗口，即数据录入表格窗口和 CHECK 设置窗口（见图 3.86）。

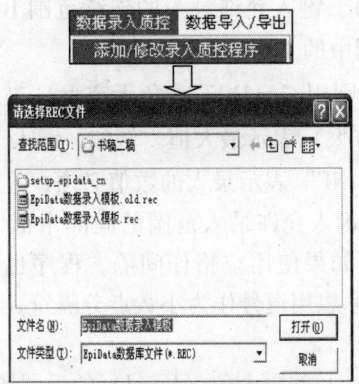

图 3.85　打开质控文件

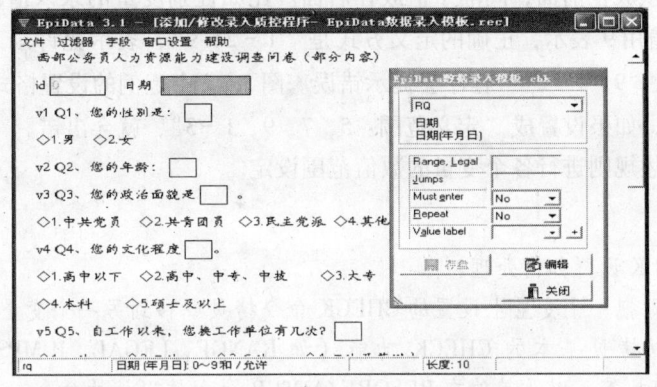

图 3.86　质控文件编辑界面

4. 数值允许范围及允许值（Range、Legal）定义。如果鼠标放在 Range，Legal 的定义框内，就会出现录入范围的设置范例，如图 3.87 中，"定义范围：1-3，5，7，9"，表示当前变量只允许录入 1，2，3，5，7，9 六个数值。这里包括允许两种范围值：

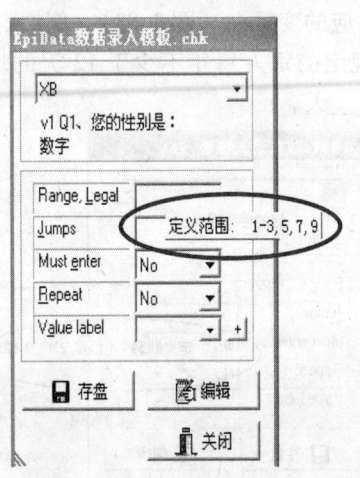

图 3.87　数值范围设置

（1）连续范围值（Range）。键入允许录入的连续范围 Range：最小值和最大值，并用连字符"-"连接。比如范例中的 1-3。

如果只对最大值有限制，则用"-INF"（负无穷大）表示最小值。如果只对最小值有限制，则可以用"INF"（无穷大）表示最大值。例如，键入"-INF-5"表示当前变量录入的数值必须≤5。键入"0-INF"表示录入的数值必须≥0。

（2）间隔个值（Legal）。键入允许录入范围的间隔个值 Legal：所有允许输入的数值，数值之间以逗号或空格间隔。如果使用空格作间隔，程序也会自动将其转换为逗号间隔。比如范例中的 5，7，9。如果你想用逗号作为小数点分隔符，而不是常用的圆点，请用双引号将这个定义括起来。

（3）连续范围值（Range）和间隔个值（Legal）的设置顺序。

如果某个变量 CHK 录入范围设置中，既有允许的连续范围值，又有间隔的单独个值，那么连续范围值须放在前面，间隔个值放在后面。比如性别变量的录入值范围是男表示 1；女表示 2，缺失值用 9 表示，正确的定义方式是"1-2，9"，表示允许录入的数值包括 1、2 和 9。如果键入"9，1-2"，程序会提示错误。图 3.87 中范例的设置格式是"定义范围：1-3，5，7，9"，如果设置成"定义范围：5，7，9，1-3"，就会出错。

本例按照上述规则进行各个变量的数值范围设定。

延伸阅读

相同的 CHECK 设置如何处理？

通过复制粘贴把一个变量上设置的 CHECK 命令拷贝或移到另一个变量上。"拷贝/剪切/粘贴"功能可以拷贝基本的 CHECK 功能（如 RANGE，LEGAL，JUMPS，MUSTENTER，REPEAT）和数值标签，以及其他在 BEFORE/AFTER 录入块以外的命令。

①激活设置好 CHECK 命令的变量，按"Ctrl+C"拷贝或"Ctrl+X"剪切所有的 CHECK 命令；②激活另一个变量，按"Ctrl+V"把拷贝的 CHECK 命令粘贴到这个新的变量上。

5. 跳转（Jumps）设置。如果当前变量设置了跳转功能，则表示在输入某个指定的数值后，程序会自动跳到某个对应的变量上（图 3.88）。例如：

Q9、您完成了中共中央规定的每人每年不少于 12 天的培训任务吗？◇1. 完成　◇2. 没有完成，那培训了_____天。

图 3.88　跳转设置

如果选择1（完成），则不需要回答培训的实际天数，这时就需要设置跳转。

（1）目标变量跳转。设置跳转功能时，请依次键入跳转值、大于号（＞）、跳转的目标变量名。跳转语句间用逗号分隔。

例如，图3.88的范例，定义跳转：1＞V2，2＞V8表示输入1时，跳转到变量V2；输入2时，跳转到变量V8。

（2）特殊跳转。除了目标变量跳转外，还有两种特殊的跳转方式，即END和WRITE。END表示"跳转到数据录入表格的最后一个变量"，WRITE表示"将当前记录存盘"。如图3.88的范例，定义跳转3＞WRITE，表示输入3时，跳转到保存记录，这时会弹出一个"确认"窗口，单击"是"按钮，保存录入的数据，进入下一条记录录入（见图3.89）。同样定义跳转2＞END，表示输入2时，跳转至最后一个变量。

图3.89　保存界面

本例设置为"1＞WRITE"，表示如果选1，就直接存盘。

（3）自动跳转。AUTOJUMP是一个无条件跳转命令。遇到它，无论输入的是什么，都会自动转，它和JUMPS命令的搭配便可以顺利地解决相倚问题。如果键入跳转命令：AUTOJUMP＞V6这表示不管当前变量录入什么数值，都直接跳转到变量v6。如果使用AUTOJUMP命令，跳转的设置框中就只能输入这一个命令。AUTOJUMP这个命令特别适用于那种不按正常的从左到右、从上到下顺序设计的表格。

如果定义中包含空格或逗号，请用双引号把整个定义括起来，比如1.5＞V2，或者"1，3＞V3"。

请注意锁定跳转目标变量有两种方法：一是在输入跳转值后，输入＞，之后直接输入目标变量的名称，比如V6t1；二是在输入跳转值后，输入＞，之后用鼠标直接点击跳转的目标变量录入框，目标变量名会自动插入到"＞"后面。

6. 必须录入（Must enter）和重复（Repeat）设置。

（1）必须录入（Must enter）。必须录入（Must enter）下拉菜单有两个选项："yes"和"no"。如果选择"Yes"（是），意味着当前设置的变量是必须输入数值的，否则就会弹出一个"警告"对话框，无法进入下一个变量，只有单击对话框的"确定"按钮，重新对该变量录入一次（见图3－90）。

（2）重复录入（Repeat）。当需要录入同样内容的数据时（比如调查地区、日期等），就会使用到CHK设置"Repeat"（重复）。同样，重复（Repeat）下拉菜单也有两个选项："Yes"和"No"。如果选择"Yes"（是），则前一条记录在当前变量上录入的数据将在接下来的新记录上重复显示。当然，重复显示的数据可以修改。

本例中所有变量均把"必须录入（Must enter）"选项设置为"Yes"，对日期变量的"重复（Repeat）"选项设置为"Yes"，其余的设置为"No"。

7. 值标签（Value Labels）。数值标签是对变量值进行说明性的文字，用来解释每个数

社会科学数据处理软件应用

图 3.90 "必须录入"设置

值代表的含义，与前面论述的 SPSS 变量值标签一样。

案例：录入问卷中，Q1、您的性别是：◇1. 男　◇2. 女；变量名 xb；变量值标签：用 1 表示男性，2 表示女性。在 EpiData 中如何设置呢？

（1）新建与编辑值标签。

①点击 CHECK 设置窗口中"Value label"旁边的"+"按钮，会弹出一个"编辑标记"窗口。

②窗口显示了值标签设置的程序首行和最后一行，即"Label 标记_xb"和"end"，LABEL 后面的是根据变量名起的，如果你愿意，也可以修改。

③我们在首尾程序行之间键入两行数值标签（见图 3.91）。

④编辑完毕后，可以单击菜单上的"确定并关闭"（或快捷键"Alt + A"）关闭编辑窗口。这时，新标签的名字会显示在 Value label 的下拉列表中（见图 3.92）。

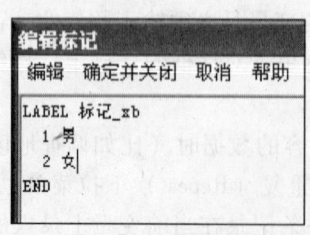
图 3.91 定义值标签

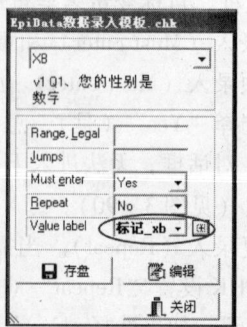
图 3.92 值标签设置效果

延伸阅读

值标签编辑注意事项仍以性别为例，用 1 表示男性，2 表示女性。

首先，变量值"1"、"2"与变量值标签之间应该有空格隔开，但是变量值"1"、"2"

74

前面可以不输入空格，但是加上空格可以使阅读起来层次更加清楚。具体方法是单击"编辑"菜单，勾选"自动缩进"（见图 3.93）。

其次，如果标签的注释性文字中带有空格，请用引号括起来。比如"1 " 男 性""（见图 3.94）。

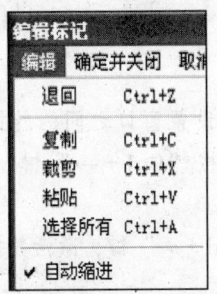
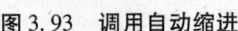
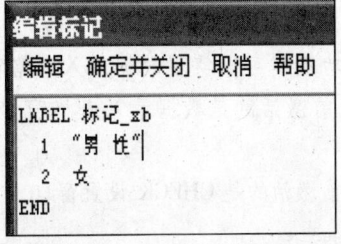

图 3.93　调用自动缩进　　　　　　图 3.94　值标签中字符型文字的编辑

（2）不同变量设置相同的值标签。不同的变量名，但是变量值标签相同，比如录入问卷中的"Q8、参加工作后，您参加过单位的什么人才培养？（可多选）"，属于不限选的多选题，设有 8 个变量，但 8 个变量的值标签均为 0 为未选，1 为选中。需要一个一个单独设置吗？其实不需要，只要设置 1 个变量的值标签，然后通过复制粘贴其他 7 个变量值标签，或者在对应的变量上，从 Value Label 右边的下拉列表中选择相关的标签。你只需要定义一次。

（3）使用标签库里的值标签。点击 Value Label 旁的下拉列表，默认安装的变量值标签库（EpiData.lbl）中有 3 个标签，性别（sex）、年龄组（agegroups）、洲（continent）（见图 3.95）。

通过记事本打开变量值标签库 EpiData.lbl，可以看见刚才 3 个变量的值标签具体设置情况，在这里可以修改，比如把值标签改成中文，保存退出后，性别（sex）值标签就会变成中文了（见图 3.96）。

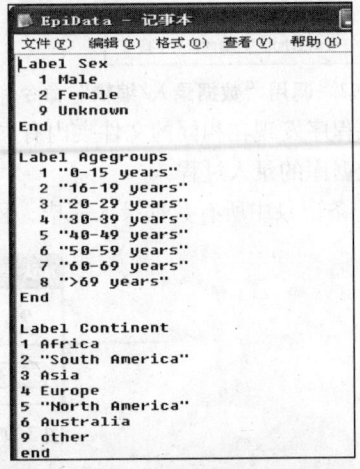

图 3.95　调用自动缩进　　　　　　图 3.96　值标签中字符型文字的编辑

（4）清除变量的数值标签。在对应的变量上，从 Value Label 右边的下拉列表中选择[none]，即可清除在该变量上设置的数值标签。

8. 存盘。在做 CHECK 设置过程中要不断单击设置窗口下边的"存盘"按钮，进行保存文件操作。设置完毕后，单击"关闭按钮"即可。

需要注意的是，CHECK 的文件名必须与数据库的文件名相同，唯一不同的就是扩展名。只要同名的 CHECK 文件存在，在录入数据时，对应的 CHECK 文件中的命令就会自动装载，对数据的录入过程发挥作用。

延伸阅读

表格窗口和设置窗口转换

1. 按 F6 功能键可以实现数据录入表格窗口和 CHECK 设置窗口之间的转换。

2. 如果当前激活的是数据录入表格窗口，我们也可以按"Ctrl + →"键，激活 CHECK 设置窗口。

3. 如果当前激活的是 CHECK 设置窗口，我们可以按"Ctrl + ←"键，激活数据表格窗口。

（四）录入数据

数据录入质控设置结束，就可以录入数据了。进入 EpiData 数据录入模板设置的第四步。方法是：

1. 单击过程工具条中的"4 数据录入"，或单击"数据导入/导出"菜单/"数据录入/编辑"，弹出"打开"对话框（见图 3.97）。

2. 选择 REC 文件"EpiData 数据录入模板 . Rec"。

3. 单击"打开"，进入数据录入窗口（见图 3.98）。

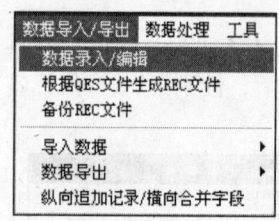

图 3.97　调用"数据录入/编辑"命令

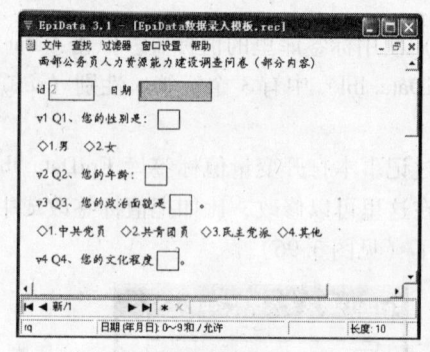

图 3.98　数据录入窗口

如果程序发现在相同的文件夹内有同名的 CHECK 文件，其中设置的录入规则会自动应用于该数据库的录入过程。

4. 一条记录中所有数据录入完毕，程序会提示是否保存该条记录（见图 3.99）。

图 3.99　保存记录确认

5. 录入完毕或想要终止录入、关闭数据库，请选择"文件/关闭"数据表或按"Ctrl + F4"键，或点击窗口右上角的"×"。

（五）录入时变量间转换与查找

在数据录入过程中，如果使用鼠标实现在变量间的跳转，则 CHECK 文件中设置的录入规则通常无效。

1. 激活下一个变量，可以使用 Enter、Tab、↓键，或用鼠标直接点击目标变量。

2. 如果变量允许录入的字符数全部录满，则光标会自动移到下一个变量，除非在 CHECK 文件中设置了 CONFIRM 命令。

3. 如果想回到上一个变量，可以按 Shift + Tab 键，或↑键。按 Ctrl + Home 键可以直接回到数据录入表格的第一个变量。选择 Ctrl + End 则可以直接跳转到最后一个变量。

4. 查找某个变量

（1）按 F4 或单击"查找"菜单，点击"查找字段"（见图 3.100），程序会弹出一个"查找字段列表"对话框。

（2）输入要寻找的变量名，或在列表中选择，点击 Enter，即可跳到该变量（见图 3.101）。

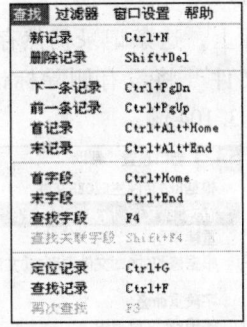
图 3.100　调用查找字段

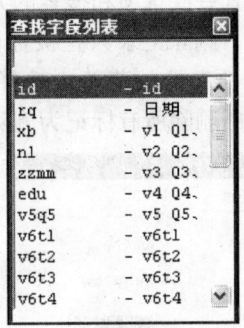
图 3.101　"查找字段列表"对话框

（六）录入时记录间转换、查找与删除

数据录入表格的窗口下部有一个导航条。这些按钮的功能与"查找"菜单是一致的。其具体功能见图 3.102。

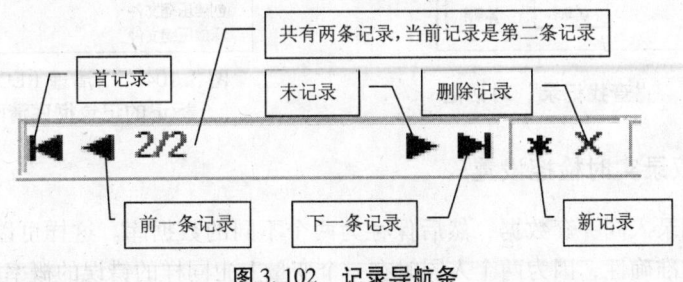
图 3.102　记录导航条

1. 查找已知记录号的记录。如果已知要寻找的记录号，可以单击"查找/定位记录"或按 Ctrl + G，在弹出的对话框中输入要寻找的记录号，即可转换到该条记录上。

2. 查找不知道记录号的记录。如果不知道记录号，单击"查找"菜单中的"查找记录"或按 Ctrl + F，程序会自动弹出一个对话框。程序默认在当前变量（即选择"查找记录"时正处于激活状态的那个变量）上进行搜索；也可选择对其他变量进行搜索，其中包括那些不能激活的变量，如 IDNUM 变量。

77

3. 搜索记录。

（1）搜索可以同时在最多 10 个不同的变量上进行。

（2）可以设置的参数包括等于（"="可写、可不写）、不等于（<>）、大于（>）、小于（<）、以此开始（abcd *）、以此结束（* abcd）、或包含（* abcd *）等（见图 3.103）。

（3）在设置"等于"条件时，建议条件的写法与设置好的变量类型保持一致。例如，一个数值型变量设置为 4 位整数、2 位小数。则如果欲搜寻该变量等于 11 的记录，则应该写条件为"=11.00"，而不能简单地写为"=11"。

（4）如果勾选"Options"中的第一个选项"Case Sensitive"，表示搜索字母时，大写和小写字母是不一样的。

（5）按 F3 或选择"Find Again"可以用相同的搜索条件继续搜索。在搜索过程中，按 Esc 键或按"Cancel"可以终止搜索。

（6）在设置了 KEY 的变量上搜索，速度更快。

（7）可以设置一些选项和搜索的方向（见图 3.103）。

4. 删除记录。删除记录只是被标记为删除，实际上，这条记录仍然存在于数据库中，是可恢复的。在"工具"菜单中选择"清理 REC 文件（将没有删除标记的记录彻底清除）"，可以永远的删除所有标记为删除的记录（见图 3.104）。

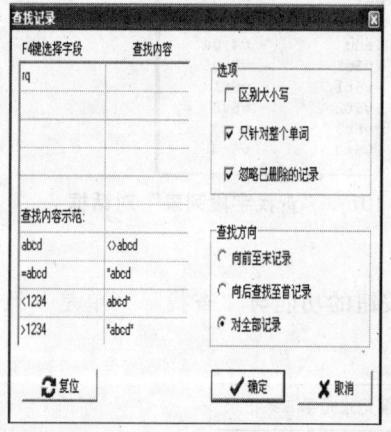

图 3.103　"查找记录"对话框

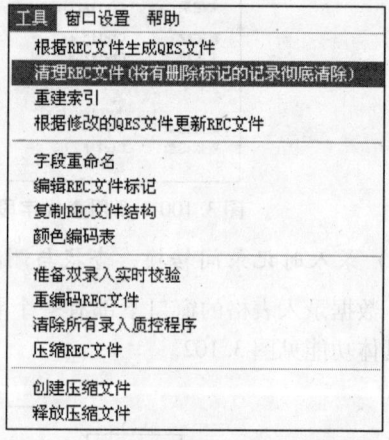

图 3.104　"清理 REC 文件将删除标记的记录彻底清除"选项

四、EpiData 双录实时检控设置

两个人分别录入同一套数据，然后保存为两个不同的数据库。这样可以最大限度地保证录入的数据的准确性，因为两个人同时在一个变量上犯同样的错误的概率是很小的。

（一）创建 EpiData 双录入实时检控文件

创建 EpiData 双录入实时检控文件的步骤如下：

1. 单击"工具"菜单，选择"准备双录入实时校验"选项，进入"选择需要双录入实时校验的 REC 文件"对话框（见图 3.105）。

2. 选择 REC 文件路径，单击"打开"按钮，进入"创建 REC 文件－双录入实时校验"对话框（见图 3.106）。

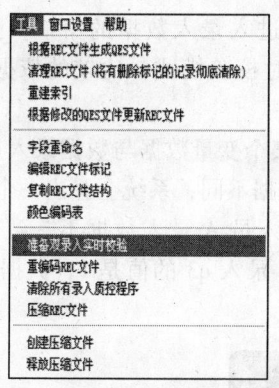

图 3.105　"准备双录入实时校验"选项　　　　图 3.106　打开 REC 文件

3. 定义好"供双录入的新 REC 文件"的保存路径，一般选择系统默认路径即可。在"选项"矩形框中，可以勾选"双录入时忽视文本字段"（如被调查者的家庭地址、工作单位等）（见图 3.107）。

4. 单击"确定"按钮，弹出一个"信息"对话框，说明供双录入实时校验的 REC 文件已经保存，已经录入的数据不会被拷贝到这个新的 REC 文件中（见图 3.108）。

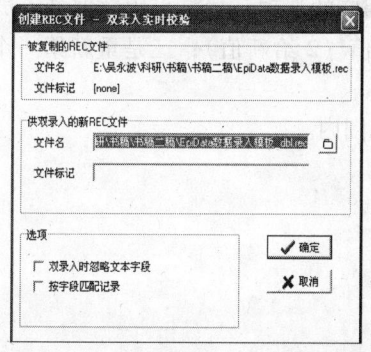
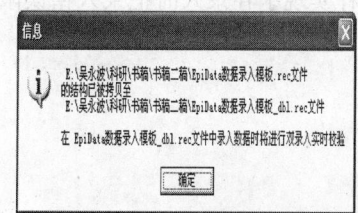

图 3.107　新 REC 文件保存路径　　　　图 3.108　"信息"对话框

5. 单击"确定"按钮。完成双录实时检控设置。

（二）EpiData 双录实时检控数据录入

如果数据录入员 A 已经根据"EpiData 数据录入模板.rec"数据库文件录入完了西部公务员地区人力资源能力建设问卷的调查数据，现需要数据录入员 B 根据"EpiData 数据录入模板_db1.rec"数据库文件进行双录入，采取双录入实时检控。

操作步骤：

1. 单击过程工具栏中的"4 数据录入"按钮，进入打开 REC 文件对话框（见图 3.109）。

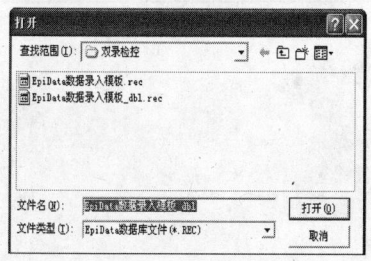
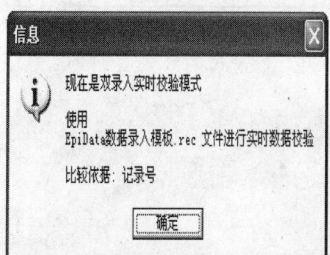

图 3.109　打开 REC 文件　　　　图 3.110　"信息"对话框

2. 打开"EpiData 数据录入模板__db1.rec"文件，进入录入数据的窗口，弹出一个"信息"对话框，说明当前录入的 REC 文件是双录入实时校验模式，比较的依据是 ID 号（见图 3.110）。

3. 单击"确定"按钮，开始录入数据，如果录入的某个变量数据与数据录入员 A 录入的相同，系统会让数据录入员 B 继续录入，如果录入的数据不同，系统会弹出一个"警告"对话框。比如图 3.110，在录入其 q3 变量数据与数据录入员 A 录入数据不一致，弹出的"警告"对话框说明，q3 中没有匹配的值，数据录入员 A 录入 q3 的值是 1，数据录入员 B 当前录入 q3 的值为 2（见图 3.111）。

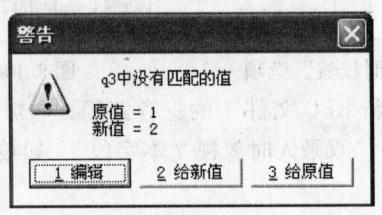

图 3.111　匹配结果警告

4. 依据原始问卷查找不一致的原因，然后选择相应的选项：一是采用数据录入员 A 的录入值（3 给原值）；二是采用数据录入员 B 的录入值（2 给新值）；三是重新给一个第三个值（1 编辑）。

这样实现了在录入时把录入错误限制在最低的范围内。

第四章　录入后数据的校验及转换

第一节　录入数据误差的产生

在大型问卷调查的实施过程中，研究者往往由于无法全面掌握抽样以及问卷访谈的具体细节，从而对问卷数据可能发生的信息变异无从知晓。隐藏在数据背后的那些问题，缠绕在可能准确的真实信息之中，有时候我们可能面对的是一堆"斩不断、理还乱"的数据符号，对耗费了巨大的人力、物力收集到手的数据信息往往只能是将信将疑地去使用和分析，这反过来也影响了研究者对社会现实作出判断的信心。

正因为抽样调查数据可能存在的诸多数据谬误与偏差，使得我们有理由认为，根据抽样调查数据来分析和研究社会，以期反映真实的社会现象及其背后的社会生活的逻辑，其本身就是一项冒险的工作。因此我们须对数据的误差做一个简单的梳理。

一、误差的分类

Lessler 和 Kalsbeek 曾根据调查的不同阶段对误差来源进行过分类：在抽样框收集、抽样实施过程中会存在抽样误差，在调查实施中会出现无回答误差和计量误差。事实上，任何一次严格的随机抽样调查数据，都会存在两个层面的误差：一是抽样误差，即抽样过程中的误差；二是非抽样误差，指除抽样误差以外所有的误差的总和。

（一）抽样误差

抽样误差是由抽样的随机性引起的，一般意义上来说是无法消除的。只能通过科学合理的抽样方法和尽量增加样本量来相对减少抽样误差。我们也可以通过一定的估计手段加以有效估计。

（二）非抽样误差

平时说的控制误差主要指控制非抽样误差，有的学者把这部分误差称为测量误差，即存在于被访者那里的真实信息与研究人员在统计分析过程中实际可得信息之间的误差。因此，我们这里数据校验主要是针对非抽样误差的。

非抽样误差大多是一种非随机误差，引起的原因很多，比如抽样框不齐全，访问员工作经验有限，被访者不配合访问而加以虚假的回答，问卷设计本身存在缺陷等等。应该说非抽样误差的产生贯穿于社会调查的每一个环节，任何一个环节出错都有可能导致非抽样误差增加而使数据失真。

部分文献认为非抽样误差来源于 10 个方面，大致包括：①回答的变异性；②不同类型和不同水平的访问员；③访问员引起的主观偏差；④委托方对于数据的期望（人为影响）；⑤问卷设计的缺陷；⑥抽样前后总体发生的变化；⑦无回答的偏差；⑧过时记录的偏差；

⑨数据缺乏代表性；⑩解释数据的误差。

二、非抽样误差的类型

按上述 10 类误差来源可以导致以下四种类型的误差。

（一）回答偏差

上述非抽样误差来源 1~5 都可以引起回答偏差。回答偏差是指被调查者在接受调查时给出不真实、不准确的回答而造成的调查结果与真实情况之间的差异。被调查者在回答问题时，不依照问题所问的内容真实的反映自己想法，而是依照一些与问题无关的准则来作答。比方说，被调查者在回答问题时，不是考虑自己的真实意见是什么，而是去想大多数人会怎么样回答、我怎样回答会让调查员满意、或是给一个最简单的答案就算了等等。

依据情况的不同，回答误差可以分为无意回答误差和有意回答误差。

1. 无意回答误差

无意回答误差指被调查者无意识做出不真实不准确的回答而造成的误差。产生的原因是多方面的，比如：

（1）问卷访谈过程受到第三方因素的干扰（比如他人在场、突发事件、访谈被中断等），致使回答产生偏差。

（2）调查登记时间距离事件发生时间太远而产生的记忆性误差。

（3）题目设计模糊，致使不同被访或调查员对调查方案内容不能很好地理解而产生的理解性误差。

（4）调查员询问未能准确表达测量目标，致使被访者错误理解问题而产生回答信息与测量要求的不一致；或者相反，被访对询问问题的理解有偏误，因而做出与测量要求不一致的回答。

（5）有些调查内容本身不易区分而产生的内容干扰性误差。

2. 有意回答误差

有意回答误差是指被调查者故意给出不真实不准确的回答而形成的误差，如由于利益关系的驱动而故意弄虚作假；对某些敏感性问题的有意欺瞒等等。这些回答问题的方式，使得被调查者的真实意见不能表达出来，从而产生了作答偏差。而造成作答偏差的最常见的类型有：社会期许式作答（socially desirable responding）、顺从式作答（acquiescence）和两极式作答（extremity response）。

（1）社会期许式作答。是最常见的一种作答偏差，指的是被访者倾向于给出被社会所赞同的答案的倾向。相关的研究认为社会期许实际上包括两个方面的因素：

一是正向自我欺骗（self-deceptive positivity），是下意识地自尊或自我拔高。例如，调查生活水平的社会层次，从实际的情况而言，被调查者可能该被划入下层，但这对他的自尊是难以接受的，所以这时候他会在脑海中找出一些比他更糟的家庭的情况进行比较，他会认为自己的家庭属于中下或中中等，而他自己也对这个判断深信不疑。

二是印象整饰（impression management），是有意地迎合各个方面以获得好印象。比如，若问"我总是不愿意与那些生活境况不太好的人来往"，这句话是同社会道德相违背的，被访者是不愿意当着调查员表示赞成的，所以他选择了"不太符合"这一选项，而他的实际情况很有可能是"较符合"，这就是印象整饰。

（2）顺从式作答。顺从式作答同社会期许不同，它既不是为了自我欺骗，也不是为了获得他人的好印象，而只是被访者不习惯说"不"，"反对"等语词，日常中这些被调查者似乎倾向于说"是"、"同意"、"赞成"等肯定话语。

顺从式作答往往出现在问题抽象性较高、有较高难度的情况下，被调查者不愿意多加思考，就点头称"是"了。

（3）两极式作答。两极式作答也是一种常见的作答定式，它一般出现在对一些以量表形式出现的问题回答上，两极式作答会倾向于给出极端的回答。

（4）中庸式作答。也是两极式作答的一种形式，它倾向于给出尽可能居中的回答。而中庸式回答是中国人最常见的一种作答定式。

（二）无回答误差

无回答误差是在问卷的某个或某些问题上，由于被访拒答，或者由于调查员询问、记录出现遗漏等原因所产生的信息缺失。其原因有两种：

一是有意不回答，被调查者拒绝访问或拒绝就某一个问题给予回答。

二是无意不回答，主要指无意识不回答则可能受访者不在家或者是访问者疏忽，导致数据遗漏。

（三）记录和编码的偏差

记录和编码的偏差是在记录和编码被访者回答信息时，由于调查员的失误而产生的信息偏差。上述测量误差大多是所谓的非随机误差。

（四）录入误差

录入误差是将问卷记录信息转换为机读格式存储信息过程所产生的录入错误。

第二节　录入数据误差的处理

最大限度地减少那些"不可知"的误差对统计分析的影响，是每个利用数据来描述和分析社会现象与社会过程的研究人员都必须认真对待的问题。因此，从这个角度来讲，任何一种减少数据误差的工作都具有极为重要的意义。

一、录入前的误差预防控制

对于不同类型的非抽样误差，处理的方法也有所不同，最好的方法是在调查的每一个环节进行预防性的控制，比如设计问卷时尽量避免歧义、过长疲惫、倾向性等手段，来减少非抽样误差；在调查阶段加强对调查员的培训，做好信息变异记录，对调查过程的合理控制等等方式，来减少非抽样误差。

（一）调查问卷中设置测谎题

对于这些造成测量误差的作答定式的处理方面是在测量中专门设计分量表来测量这些倾向，并根据结果对测量结果进行修正。一些著名的经典量表如 MMPI、CPI 等，都有专门的测量作答偏差的量表。这在心理学测量中运用较多，而在社会调查中，很难采用心理学的这种过于烦琐的办法，而只能是在问卷的设计和调查的实施中对这些偏差加以控制。

（二）社会期许作答偏差的控制

在社会调查中，控制社会期许作答偏差的方法主要有两种：

1. 社会期许平衡法

设计的有些问题可能带有较强的价值判断和取向，社会规范和舆论对被调查者回答该问题造成了很大的心理压力，使之迎合社会价值取向的答案。比如：

您是否同意歧视艾滋病患者是不对的？

◇① 同意

◇② 不同意

这是一个社会期许性很高的问题，选择"不同意"就要承受很大的压力。这里有两种解决方法，即使用中性陈述和增加选项数量。

（1）使用中性陈述。采取措施平衡这个问题的社会期许。可以把问题改成：

您是否反对歧视艾滋病患者？

◇① 是

◇② 否

这样的陈述，社会期许性就有所降低了，因为只是说了是否，没有明确地说出反对或同意来。

（2）增加选项数量。使用中性陈述的方法只是在问题上降低了社会期许，而在答案是二选一的情况下，社会期许的压力仍然是很大的，所以可以增加选择的数量来解决，也可以把问题改为：

您是否同意歧视艾滋病患者是不对的？

◇① 同意

◇② 较同意

◇③ 较反对

◇④ 反对

这样，被访者就可以通过一些较温和的方式表达自己的真实意见。由此可见，研究需要在问题和选项的设计上下大工夫。

2. 压力缓解法

社会期许式作答，大多在被访者回答涉及自尊、个人隐私、道德伦理、政治敏感等问题时，其感受到社会压力的情境下出现，所以需要缓减作答压力，其方法主要有：

（1）调查时不应该有无关的人在场；

（2）调查员要注意提问方式方法；

（3）在条件许可的情况下，甚至可以让被访者在这些问题上采取自填方式，以尽可能控制社会期许的影响。

（三）顺从式作答偏差的控制

对于顺从式作答，不要采取问一个问题然后给出"是"、"否"，"同意"、"反对"两个选项的形式，而要把正反两个意思用两个不同的陈述表达出来，让被调查者在这两个陈述中选一个同意的，而永远不给他只是点头称是的机会。

（四）中庸式作答偏差控制

为了控制中庸式作答偏差，在针对中国人进行的问卷调查中以量表形式出现的问题应避免采取利克特量表形式的 5 点评分法或 7 点评分法，因为中国人往往倾向于选取那个最居中的选项，所以应采取 4 段或 6 段利克特量表的形式，迫使被调查者在正反两种态度中表明其倾向。

（五）两极作答偏差的控制

对两极作答偏差的方法很简单，把作答选项多设置几个，只要不出现两极（是和否、赞成与不赞成等等）选项就可以了。

（六）无回答偏差的控制

对于无回答偏差，只有利用各种方式建立良好的调查与被调查者之间的关系，使之进行友好的配合，如果是不在家导致的无回答偏差，只有进行再一次访谈补调查。

二、录入后的误差控制

在数据录入阶段，采用专门的录入软件（比如 PCEDIT、EpiData），都有较强的值域控制和逻辑检验功能，一旦录入出错，都可以给出特定的错误提示，控制编码偏差和录入误差。录入后的数据误差控制主要是一致性检验，一是录入的数据信息与原问卷编码信息一致性，二是原问卷编码信息与被访者那里的真实信息一致性。所以录入后数据误差控制的一致性检验也就分为两种。

（一）录入数据信息与问卷信息一致性检验

录入数据信息与问卷信息一致性检验，主要反映在野值、极值的判别上。野值或极值的判别从怀疑开始，并非都是错误的取值，在尚未确定之前，都只是值得怀疑的数据。

1. 野值和极值概念

（1）野值（illegalvalue）。野值即非法值，有的书籍也称奇异值。主要是针对定类变量或定序变量的取值范围而言的，是指那些既不在题目规定的取值范围之内的值，也非研究人员约定或了解的取值，比如，性别变量，男性取值为 1，女性取值为 2，缺失值取值为 9，如果在 1、2、9 三个取值之外，出现了一个新值，如 7，这个 7 就是野值。

野值是该变量中那些研究者未赋予意义的值，这些值的来源可能有两个：第一，录入错误或编码错误；第二，问题询问过程中，调查员记录了问卷设计时未曾预料到的取值情况。

（2）极值（extrema）。极值针对某个连续变量而言，极少数样本的取值极大地超过（或低于）总体平均水平，或者在正态分布曲线中极远地偏离中心取值的值。举例来说，对于收入的测量就常常遇到这样的极值。如某次调查月收入取值在 5000 元以下的样本占全部样本的 99%，但是有四个样本的取值超过了 20 000 元，同时另一个样本的取值为 50 000 元，这样的样本取值就是极值，需要核查。

极值的出现同样可能存在两种情况：第一，录入或编码错误；第二，问卷访谈确实遇到了特殊个案，其取值可能远超过总体均值水平。

延伸阅读

怎样判断极值？

不同的研究人员可能有不同的标准。显然，极值都是研究人员认为值得怀疑的数值，而怀疑根据来源于以往的研究经验和对现实的感知，多大的值超过了研究者认可的标准，该数值以上作为该研究者的极值来加以查对问卷、检验。

我们通常的做法是，将大样本数据中的某个连续变量的 1%～5% 的数值作为极值加以查验，一般可以发现绝大多数可能存在于极值中的编码错误——这种编码错误通常由码位填写错误所致。

2. 录入数据信息与问卷信息一致性检验方法

（1）值域有效性设定。这样可把超出值域范围的野值检出来。在第三章的制作数据录入模板的论述中已有论述，只是录入前的预防控制。有些软件（比如 Excel）在录入后也可以进行值域范围设定，把无效数据找出来，再一一查找原因，并更正。

（2）双录检验。除了对变量的值域进行限定外，对录入数据进行双录检验。采用双录检验，是基于两个录入人员在同一份问卷中的同一个变量上录入出错的概率极小的假设。双录检验的方式是将同一份问卷交由两个不同的录入员分别录入，然后通过对两个录入数据集中的同一样本的相同变量一一对应加以比较，以期查验两者录入不一致的情况，然后对不一致样本和变量查对问卷记录来进行判定和修正。这是一种重复录入的方式，通过一一对应地比较、检验两次录入数据之差异来消除录入误差。有的录入软件（如前述 PCEDIT 和 EpiData）本身就带有这样的功能，当然也可以通过在 SAS、SPSS 或 VisueBasic 等统计软件或数据库软件中编程来实现这一功能。

（3）查看频数表。查找野值和极值，最有效而又简单的办法就是查看频数表，从频数表中发现超出问卷变量规定取值范围的取值，然后一一比照问卷所记录的相应信息（原始信息）并加以分析、处理。

3. 与问卷信息不一致的数据处理方法

上述三种方法能够很好地解决因录入或编码错误需要更正的数据问题，而对于那些未曾预料到的变量取值，则需要慎重对待，而且针对野值和极值，其处理方式也是很不相同的。

（1）野值处理方法。对于野值，首先我们需要确定的是，这一取值是否是有意义的值，如果是无意义的取值，则很可能该问题的回答出现了缺失；如果是有意义的取值，就要判断它所代表的意义能否包括在原来的取值之中，如果能，就需要将其重编码到原来的类之中；如果不能，则以新值单独标记，并贴好值标签，以便将来在分析过程中加以进一步处理。

（2）极值处理方法。对于极值，通过问卷加以判断并非编码或录入错误后，都需要将其保留在数据集中，并将这些极值存在的情况记录下来，为将来统计分析制定处理策略时提供依据。

（二）问卷信息与被访者真实信息一致性检验

录入校验和初始查错的基本目标是最大限度地确保计算机录入数据与问卷记录信息的一致，经过上述的值阈有效性设置和双录检验后，可以确认分析软件数据集的数据与问卷信息有了最大限度的一致性，但数据信息是否与被访者那里的真实信息一致，尚需进一步的检测。

回答误差和无回答误差反映的是问卷信息与被访者真实信息的不一致性程度。问卷信息是否与存在于被访者那里的真实信息一致，则需要通过进一步的逻辑检验和数据分析加以检测。

调查问卷中的所有问题在最后的分析框架中都以一个或多个变量的形式存在，从内容上来说，这些变量可以分为客观变量和主观变量。客观变量主要是分析单位的属性、状态和行为，如性别、年龄、职业、去过哪几个国家、用哪几种方式找工作等等。这些问题都有客观事实为依据，应该有准确的回答，不要有模棱两可的地方，所以是确定性的变量，由于客观变量之间有着密切的逻辑关系，所以可以通过数据的逻辑检验来找出数据的偏误。

主观变量主要是态度、意向性和主观的感受，如对生活的满意度、倾向于投谁的票、对自己社会地位的评定等等，这些问题主观性的成分太大，具有很大的不确定性，所以是随机性的变量。所谓主观变量的调查误差，指的是调查结果并不是被调查者真实的主观意见或表现，而是受到其他因素干扰所形成的。主观变量之间是概率性的关系，对它们是不可以通过逻辑检验来寻找数据偏误码的，而是采取分析检验方式。

1. 客观变量的逻辑检验

数据清理工作的主要内容之一就是逻辑检验，它通过一定的逻辑关系来判断变量信息的可靠性。但我们始终需要明确的是，逻辑检验并不是根据研究者确认的某些规则或逻辑来武断地判断那些不符合规则、不符合逻辑的值就是错误的取值，从而对其加以修正或加以缺失处理。

客观的研究态度也许应该是，社会现象是极为复杂的，研究者所确定的规则或逻辑，往往只是学理或常识所涵盖的一部分社会现象，一些特殊的社会事例是客观存在的，但它们可能不受研究者所规定的规则、逻辑的约束。因此，从这点上讲，数据清理就是从怀疑开始，到消除对数据的疑虑结束。对一切可疑的数据值——检出，对照问卷记录中的原始信息加以比较、分析，判别信息记录的正误，以更正信息或消除怀疑。

对于一些无法依据原始问卷信息加以判断的数据取值，甚至需要通过电话回访或二次访谈来确定信息的真实存在状态，从而达到更正信息的目的，或者以此消除对检出数据所产生的怀疑。

逻辑检验，通常是根据现实社会中的某些带普遍性的生活常理、日常规则和行为习惯来对个案数据中的变量关系加以核对，从一些与常规不相符合的个案中发现可能存在的信息变异。因此，逻辑检验首先要对样本数据中的两个或多个变量设定若干逻辑关系，这些逻辑关系来源于问卷设计时的概念和题目之间关系。

2. 主观变量误差的分析检验

主观变量误差的减少，很大部分可以在数据录入前，可以通过合理的问卷设计来完成，但是这远远不够，还需要从一组有内在一致性的主观变量来判断数据的可靠性的。所谓"一组有内在一致性的主观变量"在问卷中是以态度量表的形式存在的，所以如果在一份问卷中如果存在一个或数个以态度量表形式存在的问题，那么这些量表结果的有效性也是判定问卷数据质量的一个重要指标，考察态度量表结果的可靠性有两种方法：

（1）计算量表各个项目的方差。一般来说，各个项目的方差应该维持在一个正常的水平，如果方差过小甚至等于零，我们有理由认为被调查者在回答问卷时是非常不认真的。到底怎样才属方差过小是很难判定的，所以我们只取最极端的方差等于零的情况，方差为零则意味着被访者在所有的项目上都选了一样的答案，比如说，全选 A 或全选 B，这可能是被访者按两极式作答定式在作答或者根本没有仔细看题而胡乱作答的结果。当然不排除这可能确实是其真实意见反映，但这种可能性很小。这与研究者经验有关。

（2）从相关性着手考虑这些主观变量的事后逻辑。经验上，以 Spearman 相关系数的绝对值是否大于等于 0.3 作为两个变量是否相关的标准。具体的操作在以后论述。

总之，如果忽视在调查阶段的产生的数据误差，问卷调查数据录入完毕后就开始了统计分析，这会直接影响数据分析的结论准确性。当然保证数据准确的最好方法是将原始数据与计算机所呈现的数据清单进行人工一一核对，但对庞大的数据这几乎是不可能的。因此需要借助计算机来辅助完成数据的校验与筛选工作。

第三节 Excel 录入后数据的校验

如果事先没有进行数据值阈的有效性设置，那就在输入数据完成后进行查找错误。

一、单一变量的数据校验

（一）圈释单一变量无效数据

案例：现有西部公务员人力资源能力建设调查问卷的部分数据，现需要对性别（sex）变量进行无效数据的筛查，性别变量的范围：0 表示未选；1 表示男；2 表示女。

解决方案：利用 Excel 中的公式审核工具栏进行圈释单一变量无效数据。

操作步骤：

1. 选中性别变量数据 B 列，然后单击"数据"菜单，选择"有效性（L）"，进入"数据有效性对话框"（见图 4.1）。

2. 单击"设置"选项卡，在"有效性条件"矩形框中，设置数据允许类型为整数，数据范围：最小值 0，最大值 2（见图 4.2）。

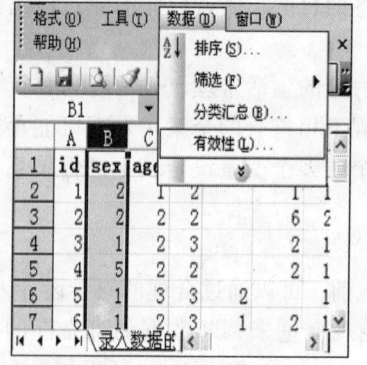
图 4.1 调用"有效性"

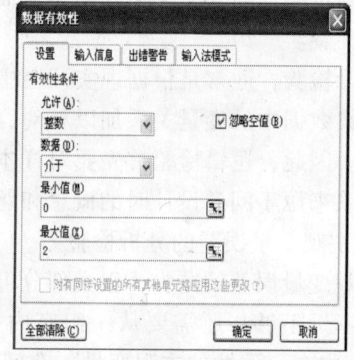
图 4.2 设置录入数据范围

3. 单击"确定"，返回数据窗口。

4. 调用公式审核工具栏：单击"工具"菜单，选择"公式审核（U）"，然后选择"显示'公式审核'工具栏"命令（见图 4.3）。

5. 单击公式审核工具栏中的"诠释无效数据"按钮，超出变量值阈范围的值被红色的椭圆圈出来了（见图 4.4）。

6. 查找无效数据行的 ID 号，根据 ID 号对应的原始问卷，对无效数据进行修改，修改正确后，红色椭圆圈就消失。

第四章 录入后数据的校验及转换

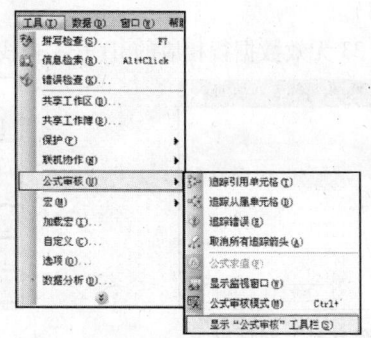

图 4.3 调用显示"公式审核"工具栏

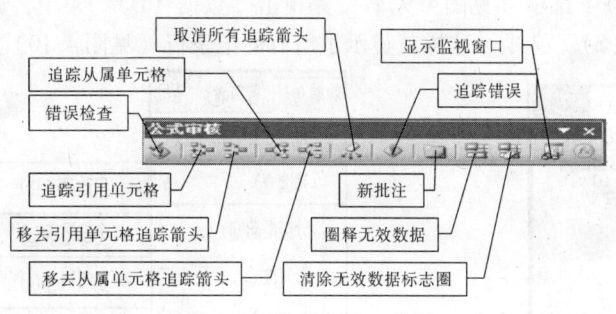

图 4.4 公式审核工具栏

（二）自动筛选单一变量无效数据

案例：现有西部公务员人力资源能力建设调查问卷的部分数据，现需要对性别（sex）变量进行无效数据的筛查，性别变量的范围：0 表示未选；1 表示男；2 表示女。

解决方案：利用 Excel 中的自动筛选功能，筛选出无效数据。

操作步骤：

1. 选中性别变量数据 B 列，然后单击"数据（D）"菜单，选择"筛选（F）"，然后单击"自动筛选（F）"，调出自动筛选命令，这时 B 列 sex 变量名称右侧多了一个下拉式箭头符号（见图 4.5）。

2. 单击 sex 变量名称右侧的下拉式箭头，选择"（自定义…）"，进入自定义筛选方式对话框（见图 4.6）。

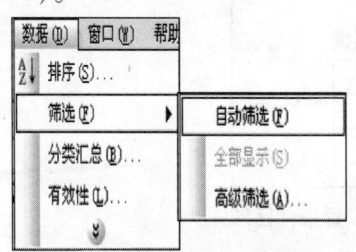

图 4.5 调用"自动筛选"

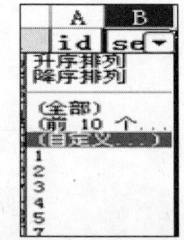

图 4.6 自定义条件

3. 定义性别变量的无效数据范围，即小于 0 或大于 2，具体设置方式见图 4.7。

4. 按确定键，筛选出无效数据，这时 Excel 隐藏了 0 - 2 的数据行，只显示无效数据（小于 0 或大于 2）行，左边的行号只有 5、13、22、27 和 33 行，其余的被隐藏了，下拉式

89

箭头符号变成蓝色（见图4.8）。

5. 根据5、13、22、27和33无效数据行相应的ID号，查找对应的原始问卷，进行修改。

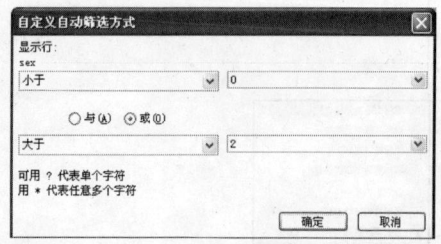

图4.7 "定义自动筛选方式"对话框　　　图4.8 自动筛选结果

6. 修改完毕后，解除筛选条件，方法有两种：一是单击性别变量名称右侧的下拉式箭头，选择"（全部）"选项（见图4.9）；二是单击"数据（D）"菜单，选择"筛选（F）"，单击"全部显示（S）"选项。这样就显示了所有的记录行（见图4.10）。

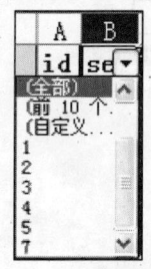 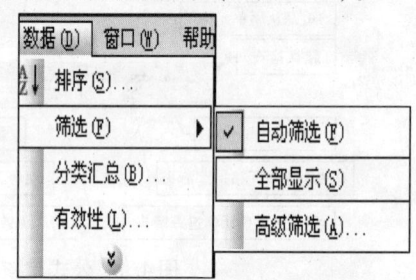

图4.9 显示全部　　　　　图4.10 调用"全部显示"

（三）高级筛选单一变量的无效数据

案例：现有西部公务员人力资源能力建设调查问卷的部分数据，现需要对性别（sex）变量进行无效数据的筛查，性别变量的范围：0表示未选；1表示男；2表示女。

解决方案：利用Excel中的高级筛选功能，筛选出单一变量的无效数据。

操作步骤：

1. 设置条件区域。条件区域的第一行必须是变量名称，因此在B39单元格输入性别变量名称"sex"，在B40单元格输入"<0"，在B41单元格输入">2"（见图4.11）。

图4.11 设置条件区域

请注意：B39单元格一定要与B1单元格的内容完全一致。如果在B39单元格内容输入"sex"，多一个空格，人们在Excel中是看不出来的，但是聪明的电脑却认为B39单元格的内容和B1单元格的内容是两个不同的东西，高级筛选时就无法找到匹配条件。

2. 单击"数据（D）"菜单，选择"筛选（F）"，然后单击"高级筛选（A）"，调出

"高级筛选"对话框（见图4.12）。

3. 在"方式"矩形框中，选中"在原有区域显示筛选结果（F）"选项。

4. 在"列表区域（L）"右边的矩形框中，输入数据区域：＄B＄1：＄B＄36；在"条件区域（C）"右边的矩形框中，输入数据区域：录入数据的检验！＄B＄39：＄B＄41。

5. 单击确定键，筛选出性别变量的无效数据（见图4-13）。

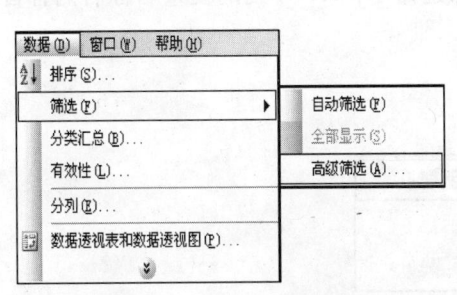

图4.12 调用"高级筛选"

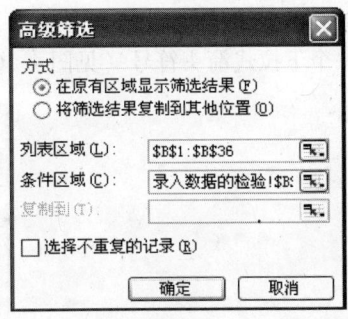

图4.13 "高级筛选"对话框

6. 根据5、13、22、27和33无效数据行相应的ID号，查找对应的原始问卷，进行修改（见图4.14）。

7. 修改完毕后需要显示全部数据，单击"数据"菜单，选择"筛选（F）"单击"全部显示（S）"选项。这样就显示了所有的记录行（见图4.15）。

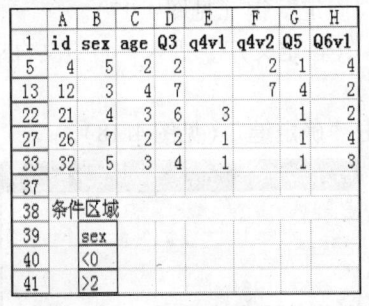

图4.14 高级筛选结果

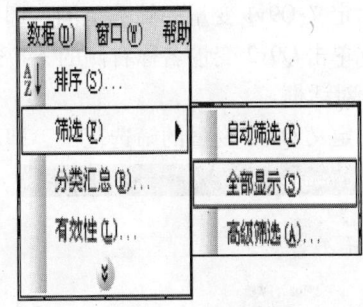

图4.15 调用"全部显示"

延伸阅读

上例在输入条件时要求：在B40和B41单元格分别输入"＜0"和"＞2"，一定不能在同一行里。这时因为：

1. 各个条件不在同一行里，表明只要满足这些条件中的一些条件就可以了，是逻辑上"或"的问题。

2. 各个条件在同一行里，表明只有同时满足这些条件才行，是逻辑上"与"的问题。

二、关联变量的数据校验

（一）自动筛选关联变量无效数据

案例：现有西部公务员人力资源能力建设调查问卷的第9题是一个关联题：Q9. 您完成了中共中央规定的每人每年不少于12天的培训任务吗？

◇1. 完成　　◇2. 没有完成，那培训了_____天。

如果选择了"1. 完成"，就不需要填培训了多少天，如果选择了"2. 没有完成"，就

91

需要填写培训了几天。因此选择了"1. 完成",而 Q9v2 变量的值不为 0,即为无效数据。需要把这些无效数据找出来,并改正。

解决方案:利用 Excel 的自动筛选功能可以筛选出关联题的无效数据。

操作步骤:

1. 选中 Q9v1 和 Q9v2 变量数据 M、N 列,然后单击"数据(D)"菜单,选择"筛选(F)",然后单击"自动筛选(F)",调出自动筛选命令,M、N 列的变量名称右侧各自多了一个下拉式箭头符号(见图 4.16)。

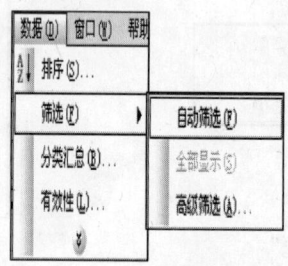

图 4.16 调用自动筛选

2. 单击 Q9v1 变量名称右侧的下拉式箭头,选择"(自定义)",进入"自定义自动筛选方式"对话框。

3. 定义 Q9v1 变量的筛选范围,即等于 1。单击"确定"键(见图 4.17)。

4. 单击 Q9v2 变量名称右侧的下拉式箭头,选择"(自定义)",进入"自定义自动筛选方式"对话框。

5. 定义 Q9v2 变量的筛选范围,即不等于 0。单击"确定键"(见图 4.18)。

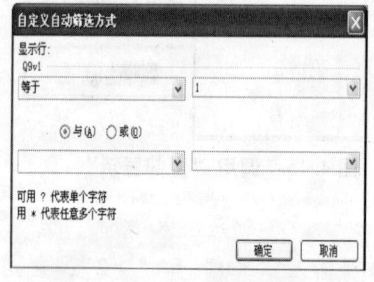

图 4.17 设置第一个变量筛选条件

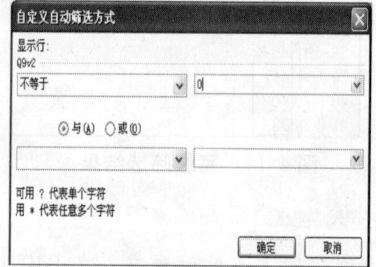

图 4.18 设置第二个变量筛选条件

6. 这时 Excel 只显示了 Q9v1 = 1 且 Q9v2 ≠ 0 的无效数据,左边的行号只有 2、7、11、18、22 和 34 行,其余的被隐藏了,同样下拉式箭头符号变成蓝色(见图 4-19)。

	A	B	C	D	L	M	N
1	id	sex	age	Q3	Q8	Q9v	Q9v
2	1	2	1	2	2	1	22
7	6	1	3	3	2	1	6
11	10	1	2	4	4	1	10
18	17	1	3	4	2	1	9
22	21	4	3	6	1	1	11
34	33	1	3	7	2	1	8

图 4.19 关联题筛选结果

7. 根据 2、7、11、18、22 和 34 行无效数据行相应的 ID 号，查找对应的原始问卷，进行修改。

8. 修改完毕后，解除筛选条件，显示全部记录。

（二）高级筛选关联变量无效数据

多列的自动筛选等于使用了两个条件：培训完成而且 Q9v2 变量值不等于 0。所以自动筛选对多重列位只能处理"与"（同时成立）的问题，不能解决"或"（有一个成立即可）的问题。这就需要使用高级筛选的功能，解决"或"的问题。

案例：现有西部公务员人力资源能力建设调查问卷，第 9 题是一个关联题：Q9. 您完成了中共中央规定的每人每年不少于 12 天的培训任务吗？

◇1. 完成　　◇2. 没有完成，那培训了＿＿＿＿＿＿天。

如果选择了"1. 完成"，就不需要填培训了多少天，如果选择了"2. 没有完成"，就需要填写培训了几天。因此 Q9v1 选择了"1. 完成"，而 Q9v2 变量的值不为 0，即为无效数据。需要把这些无效数据找出来，并改正。

解决方案：利用 Excel 的高级筛选功能可以筛选出关联题的无效数据。

操作步骤：

1. 设置条件区域。在 B47、C47 单元格内复制粘贴 Q9v1 和 Q9v2，在 B48 单元格输入"1"，在 C48 单元格输入"＞＝0"（见图 4.20）。

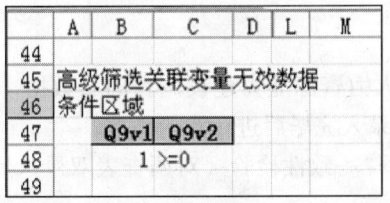

图 4.20　设置条件区域

2. 单击"数据（D）"菜单，选择"筛选（F）"，然后单击"高级筛选（A）"，调出"高级筛选"对话框（见图 4.21）。

3. 在"方式"矩形框中，选中"在原有区域显示筛选结果（F）"选项。

4. 在"列表区域（L）"右边的矩形框中，输入数据区域：＄M＄1：＄N＄36；在"条件区域（C）"右边的矩形框中，输入数据区域：＄B＄47：＄C＄48（见图 4.22）。

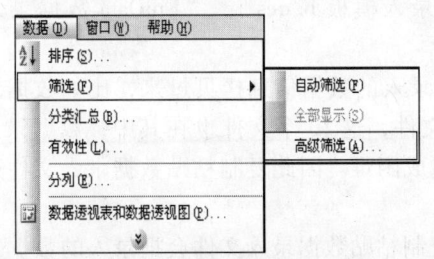

图 4.21　调用"高级筛选"

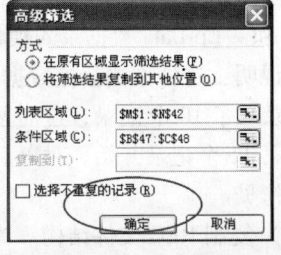

图 4.22　"高级筛选"对话框

注意：在定义列表区域和条件区域时，可以使用其右边的按钮，用鼠标进行选择。不过加了一个文件名，比如数据区域变成了"录入数据的检验！＄M＄1：＄N＄36"。

5. 单击"确定"键，筛选出性别变量的无效数据（见图 4.23）。

6. 根据 2、7、11、18、22 和 34 无效数据行相应的 ID 号，查找对应的原始问卷，进行修改。修改完毕后需要显示全部数据，单击"数据"菜单，选择"筛选（F）"，单击"全部显示（S）"选项。这样就显示了所有的记录行（见图 4.24）。

	A	B	C	D	L	M	N
1	id	sex	age	Q3	Q8	Q9v1	Q9v2
2	1	2	1	2	1	1	22
7	6	1	2	3	2	1	6
11	10	1	2	4	4	1	10
18	17	1	3	4	2	1	9
22	21	1	3	6	1	1	11
34	33	1	3	7	2	1	8
43							
44							
45	高级筛选关联变量无效数据						
46	条件区域						
47	Q9v1	Q9v2					
48	1	>=0					

图 4.23 高级筛选结果

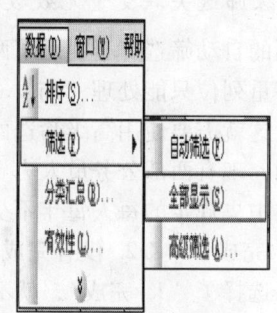

图 4.24 调用"全部显示"

第四节 EpiData 录入后数据的校验

一、EpiData 录入后数据的双录检控

（一）生成双录 REC 文件

案例：现有西部公务员人力资源能力建设调查问卷数据，为了提高录入质量，需要数据录入员 A 和 B 分别录入，录入完毕后进行双录检控。

解决方案：利用 EpiData "一致性检验（对调查表双录入后的差异比对）" 功能实现这一目标。

操作步骤：

1. 依据前面的方法制作数据录入员 A 的数据录入文件："EpiData 数据录入模板 a.qes"、"EpiData 数据录入模板 a.rec" 和 "EpiData 数据录入模板 a.chk"。

2. 制作数据录入员 B 的数据录入文件，有两种方法：

（1）复制粘贴数据录入文件。

①直接复制粘贴数据录入员 A 的数据录入文件。

②然后把文件名分别改成 "EpiData 数据录入模板 b.qes"、"EpiData 数据录入模板 b.rec" 和 "EpiData 数据录入模板 b.chk"。

③说明：这种方法会把数据录入员 A 已经录入的数据信息拷贝过来，比如数据录入员 A 已经录入了 10 个记录，这时复制粘贴录入文件，这 10 个文件也在其中，数据录入员 B 只能从第 11 个记录开始，对以后的双录检控造成困难。因此复制粘贴数据录入文件适合在录入前拷贝。

（2）复制 REC 文件结构。为了克服直接复制粘贴数据录入文件会把录入的数据复制进来的缺点，可以使用"复制 REC 文件结构"选项，只生成数据录入的结构，而不附带录入数据的内容。步骤是：

①在 EpiData 的初始窗口，单击"工具"菜单，选择"复制 REC 文件结构"，进入"选择被复制的 REC 文件"对话框（见图 4.25）。

②查找被复制的 REC 文件——"EpiData 数据录入模板.rec"文件，选中"EpiData 数据录入模板.rec"文件，然后单击"打开"按钮，进入"复制 REC 文件结构"对话框（见图 4.26）。

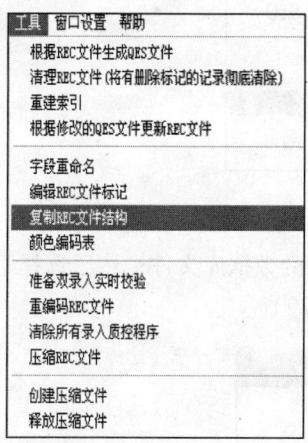

图 4.25　调用"复制 REC 文件结构"

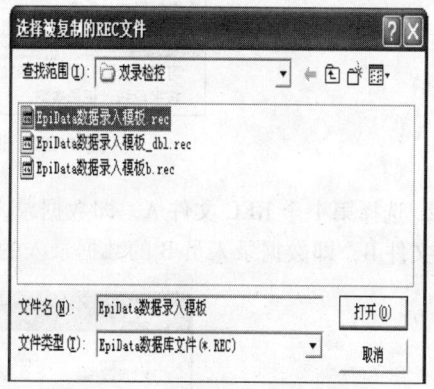

图 4.26　打开被复制的 REC 文件

③在"复制到新 REC 文件"矩形框中，定义新的 REC 文件的保存路径和文件名，保存文件名为"EpiData 数据录入模板 b"；在选项矩形框中勾选"同时复制 CHK 文件"（见图 4.27）。

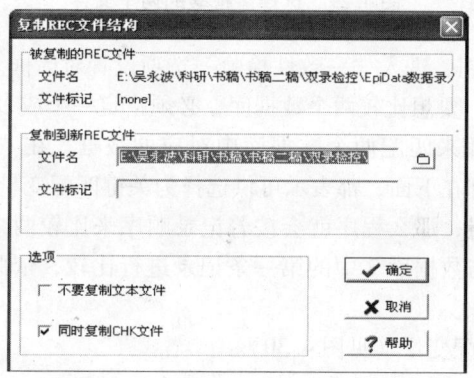

图 4.27　定义新 REC 文件保存路径

④单击"确定"按钮，弹出一个"信息"对话框，说明被复制文件和新文件的路径和文件名。

⑤单击"确定"按钮，完成数据录入员 B 的数据录入文件的生成工作。

（二）数据双录入

完成了生成两个数据录入文件工作之后，数据录入员 A 和 B 开始分别先后录入数据。

（三）数据双录入的一致性检验

双录入完毕后，应该对双录入后的数据进行一致性检验，据此来查找和修改错误。具体操作步骤如下：

1. 单击"数据处理"菜单，选择"一致性检验（对调查表双录入后的差异比对）"选项，进入"一致性检验"对话框（见图 4.28）。

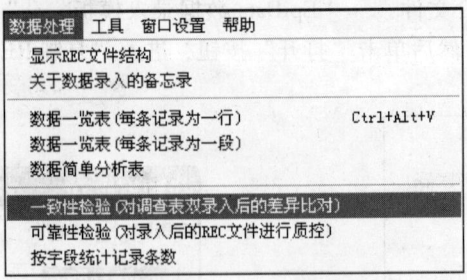

图 4.28　调用一致性检验

2. 选择第 1 个 REC 文件 A，即数据录入员 A 数据录入的数据库文件；然后选择第 2 个 REC 文件 B，即数据录入员 B 的数据录入的文件（见图 4.29）。

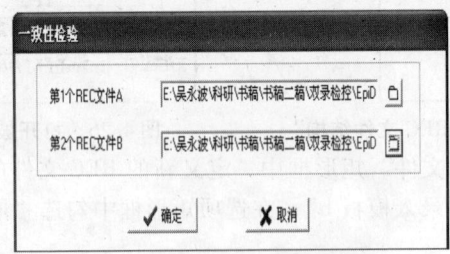

图 4.29　选择需检验的两个文件

3. 单击"确定"按钮，进入"一致性检验"选项设置对话框。

（1）选择匹配变量。要想比较两个数据库，必须指定一个或多个可以匹配的关键变量。这个（些）关键变量被用来匹配两个数据库中对应的数据。在"选择匹配字段"矩形框中，问卷中的所有变量都在下面，都表示可供选择为关键匹配变量的。

如果不指定关键变量，那么程序就会按着记录顺序来比较两个数据库，换句话说，数据库 1 中的第一条记录与数据库 2 中的第一条记录进行比较，依此类推。此时，两个数据录入员的录入顺序应一致。

本例选择 ID 作为匹配变量（见图 4.30）。

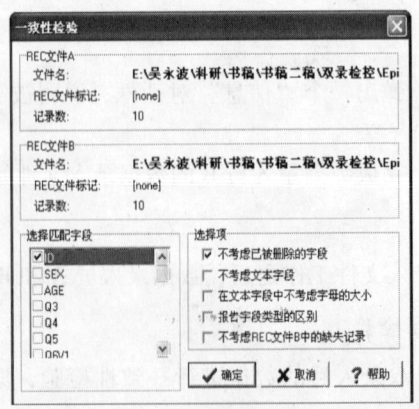

图 4.30　"一致性检验"参数设置

（2）选项设置。在"选择项"矩形框内，共有5个复选项，基本含义如下：

①不考虑已被删除的字段，指不核对标记为删除的记录。

②不考虑文本字段，是指不核对字符型变量和大写字母的字符型变量。

③在文本字段中不考虑字母的大小，即字母大小写都一样，系统会将"wuyue"和"WUYUE"识别为一个东西。

④报告字段类型的差别，即如果选择了这一项，双录入核查报告中会报告如下信息：两个数据库中是否有相同的变量名、但是却是不同的变量类型。

⑤不考虑REC文件B中的缺失记录，勾选该项，程序就不会弹出"REC文件A中的某些字段在REC文件B中没有发现"信息对话框。如果只重复录入原始数据库中部分记录，勾选该项。选择原始（完整）数据库作为REC文件A，部分录入的作为REC文件B。

4. 单击"确定"按钮，得到一个一致性检验报告。分为两个部分：

（1）双录入文件的情况概要。表4.1包含了被检验的两个文件的名称、日期等基本信息，还有一致性检验的已被勾选的一些选项情况。

表4.1　　　　　　　　　双录入一致性检验概要报告

一致性检验报告 = = = = = = = = = = = = = = 报表已生成：27. 三月 2010 23：36
REC 文件 A：
文件名：E：\ 吴永波 \ 科研 \ 书稿 \ 书稿二稿 \ 双录检控 \ EpiData 数据录入模板 . rec 文件标记： 文件日期：27. 三月 2010 16：52 总记录数：10
REC 文件 B：
文件名：E：\ 吴永波 \ 科研 \ 书稿 \ 书稿二稿 \ 双录检控 \ EpiData 数据录入模板 b. rec 文件标记： 文件日期：27. 三月 2010 23：32 总记录数：10
对一致性检验的选项： 不考虑已删除的记录：是 不考虑文本字段：否 在文本字段中不考虑大小写：否 对字段类型不同之处的报告：否 在 REC 文件 B 中不考虑缺失记录：否 在一致性检验中，两个 REC 文件共用的字段： ID，SEX，AGE，Q3，Q4，Q5，Q6V1，Q6V2，Q6V3，Q6V4，Q6V5，Q6V6，Q6V7，Q6V8，Q7V1，Q7V2，Q7V3，Q8V1，Q8V2，Q8V3，Q8V4，Q8V5，Q8V6，Q8V7，Q8V8，Q9V1，Q9V2 从 REC 文件 A 中排除的字段：没有 从 REC 文件 B 中排除的字段：没有 作为索引的字段：ID

（2）有效检验结果。主要反映了REC文件A和REC文件B录入数据部一致的情况，

比如 id = 2 的记录，录入员 A 对 Q4 变量录入了 4，而录入员 B 对 Q4 变量录入了 1；两人在 q7v2 变量的录入上也不一致，依据原始问卷，修改数据（见表 4.2）。

表 4.2　　　　　　　　　　双录入一致性检验结果

有效检验结果：
在 REC 文件 A 中缺失记录：0
在 REC 文件 B 中缺失记录：0
发现的共同记录数：10
对每条记录中已检查的字段数：27
已检验的字段总数：270
4 在 10 条记录有错（40.00pct.）
18 在 270 字段有错（6.67pct.）

REC 文件 A	REC 文件 B
记录键字段：（Rec. #2） id = 2 q4 = 4 q7v2 = 1	记录#2 q4 = 1 q7v2 = 4
记录键字段：（Rec. #3） id = 3 q6v4 = 3 q7v3 = q9v1 = 2 q9v2 = 12	记录#3 q6v4 = 1 q7v3 = 1 q9v1 = 1 q9v2 =
记录键字段：（Rec. #4） id = 4 sex = 1 age = 2 q3 = 1 q4 = 4 q6v1 = 3 q6v2 = 2 q6v4 = 3 q6v5 = 1 q6v6 = 2 q6v8 = 1	记录#4 sex = 2 age = 1 q3 = 4 q4 = 3 q6v1 = 2 q6v2 = 3 q6v4 = 1 q6v5 = 2 q6v6 = 1 q6v8 = 2
记录键字段：（Rec. #7） id = 7 q8v1 = 1 q8v2 = 0	记录#7 q8v1 = 0 q8v2 = 1

二、EpiData 录入后数据的逻辑一致性检验

在数据录入完毕后，通过一次性设置一批核查命令，检查数据库中已有数据的逻辑一致性如何，而无须手动浏览整个数据库。最后，程序会列出所有不符合一致性核查命令的记录，查出逻辑错误的数据。实现的具体方法包括变量核查法和记录核查法两种逻辑一致性检验方法，前者是以数据库中的变量为单位，利用 EpiData 的 CHECK 命令进行逻辑一致性检验，后者以数据库中的记录为单位，利用 EpiData 的 WRITENOTE 命令数据的可靠性检验。

（一）基于变量的逻辑校验法

变量核查法是利用 CHECK 语句对数据进行逻辑核查，多个核查条件可以集中放于同一个文本文件中，核查时以变量为单位进行，将变量的实际数值与给定的核查条件对比，不符合条件的变量将在核查报告中罗列出来，产生一个文本格式的报告。

案例：现有西部公务员人力资源能力建设调查问卷部分数据，现需要对数据进行逻辑可靠性检验，包括值阈范围、缺失值和是否缺录等等。

解决方案：利用利用 EpiData 的 CHECK 命令进行逻辑一致性检验。

操作步骤：

1. 编写 CHECK 命令。新建文本文件，文件名为"逻辑一致性检验命令"，打开文本文件，编写 CONSISTENCYBLOCK 命令（见图 4.31）。

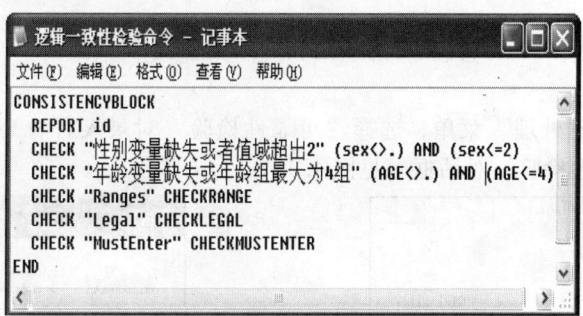

图 4.31　编写校验程序命令记事本

该文本文件以 CONSISTENCYBLOCK 命令开头，以 END 结束，中间设置需要报告的字段和 CHECK 语句。设定 CHECK 语句的结构为：CHECK Textexplaining the purpose of the check logical/Booleanexpression（CHECK "该项核查目的的说明性文字" 逻辑/布尔表达式），表达式中列出逻辑核查的条件。表达式必须列出什么是满足条件的记录，而最后的报告中列出来的则是不满足条件的记录。程序命令的含义如下表：

表 4.3　　　　　　　　　　　　程序命令含义

Check 命令	含义
CONSISTENCYBLOCK	运行一致性命令

表4.3(续)

Check 命令	含义
REPORTID	REPORT 命令是告诉程序如何报告那些不满足 CHECK 命令的记录。如果 CONSISTENCYBLOCK 中没有设置 REPORT 命令，则程序默认报告不满足条件记录的记录号。程序会报告不满足条件记录的 ID 变量。
CHECK" 性别变量缺失或者值阈超出 2" （sex < >.） AND（sex < =2）	程序会报告 sex 变量缺失或大于 2 的记录。双引号中间的说明性文字与命令本身没有关系，只是作为提示用。
CHECK" 年龄变量缺失或年龄组最大为 4 组"（AGE < >.）（AGE < =4）	程序会报告 age 变量缺失或大于 4 的记录。双引号中间的说明性文字与命令本身没有关系，只是作为提示用。
CHECK" Ranges" CHECKRANGE	检查所有变量的数值是否都符合 CHECK 文件中定义的 RANGE 的范围。
CHECK" Legal" CHECKLEGAL	检查所有变量的数值是否都符合 CHECK 文件中定义的 LEGAL 和 COMMENTLEGAL 的限制。有缺失值的变量会被忽略。
CHECK" MustEnter" CHECKMUSTENTER	检查设置了 MUSTENTER 的变量中是否有缺失值。
END	程序结束命令。

编辑完成后，保存文本文件名称为"逻辑一致性检验.tix"。

2. 可靠性检验。

（1）单击"数据处理"菜单，选择"可靠性检验（对录入后的 REC 文件进行质控）"选项，进入"可靠性检验"对话框（见图 4.32）。

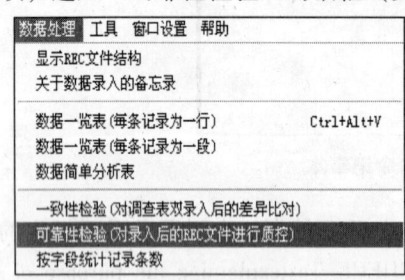

图 4.32 调用"可靠性检验"

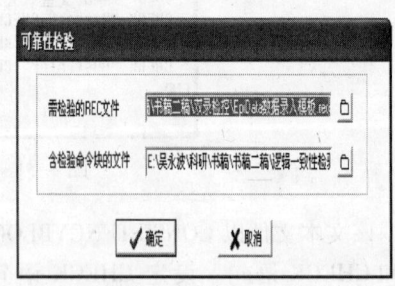

图 4.33 选择 REC 文件和检验程序文件

（2）选择需检验的 REC 文件的路径，选中并打开 EpiData 数据录入模板.rec；选中并打开逻辑一致性检验.txt 文件（见图 4.33）。

（3）单击"确定"按钮，弹出一个逻辑一致性检验的文本报告，主要内容见表 4.4。可靠性失败表明有逻辑错误，需要更正和处理。

表 4.4　　　　　　　　　　可靠性检验结果

对 E：\ 吴永波\ 科研\ 书稿\ 书稿二稿\ 双录入检控\ EpiData 数据录入模板．rec 进行可靠性检验 根据 E：\ 吴永波\ 科研\ 书稿\ 书稿二稿\ 逻辑一致性检验命令．txt 28 三月 201014：33 记录标志字段 id 记录，这里 id＝缺失指示为（#记录号）
性别变量缺失或者值阈超出 2 （sex＜＞．） AND（sex＜＝2） 没有错误
年龄变量缺失或年龄组最大为 4 组 （AGE＜＞．） AND（AGE＜＝4） 没有错误
Ranges CHECKRANGE 没有错误
Legal CHECKLEGAL 没有错误
MustEnter CHECKMUSTENTER 可靠性检验失败原因 id＝3（q7v3），5（q7v2），5（q7v3），6（q7v2），6（q7v3），7（q6v4），7（q7v2），7（q7v3），8（q8v1），8（q8v2），8（q8v3），8（q8v4），8（q8v5），8（q8v6），8（q8v7），8（q8v8），10（q7v3）

（二）基于记录的逻辑校验法

逻辑校验法是利用 CHECK 命令对变量进行质控，一旦发现符合条件的数据，则用 Writenote 命令将预先设置的提示写入备忘文件，从而实现对数据的逻辑核查，该备忘文件与数据库文件同路径、同名称，扩展名为".not"。该核查方法以数据库中的记录为单位进行。

1. 创建 Writenote 命令。

BEFORERECORD

if（sex＜0orsex＞2）then

writenote" id：＜IDNUM＞性别变量有疑问，是否修改？否□是□修改为理由"

endif

END

对于数据库中需要逻辑核查的变量均进行质控设置，在逻辑核查过程中，EpiData 一旦发现符合条件的数据，则通过 Writenote 命令写入备忘文件。写入备忘的具体内容可以根据需要进行选择。

2. 运行质控命令。打开数据库时，质控命令自动运行，若发现符合条件的数据，则自动写入备忘文件。打开某条记录，就对该条记录进行核查，从第一条记录开始，依次点击下一条记录按钮，至数据库最后一条记录时，核查完毕。

三、EpiData 录入后数据的极值或野值检验

录入数据的极值或野值，可以通过 EpiData 中的"数据简单分析表"查询到。方法很简单：

1. 单击"数据处理"菜单，选中"数据分析表"选项，进入"打开"数据库文件对话框（见图 4.34）。
2. 查找数据库文件"EpiData 数据录入模板"路径并选中它，然后单击"打开"按钮，弹出一个"数据简单分析表"对话框（见图 4.35）。

图 4.34 调用"数据简单分析表"

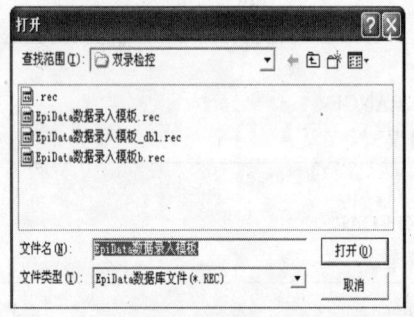

图 4.35 打开需校验的 REC 文件

3. 选中"选择记录和字段"选项卡，在"选择记录"矩形框中选择分析数据的记录，有"全部记录"和指定部分记录两项选择；在"选择字段"矩形框中，选择变量，有全选、不选和选择部分变量三个选项（见图 4.36）。
4. 选中"选项"选项卡，可以定义数据分析表选项，包含两个选项，一是值显示基本分析项，二是显示全部分析项。后者则把跳转等质控情况也分析在内（见图 4.37）。

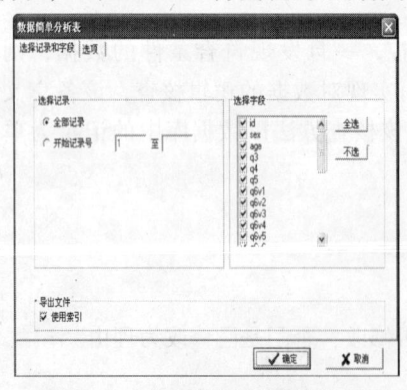

图 4.36 选择校验的变量和记录

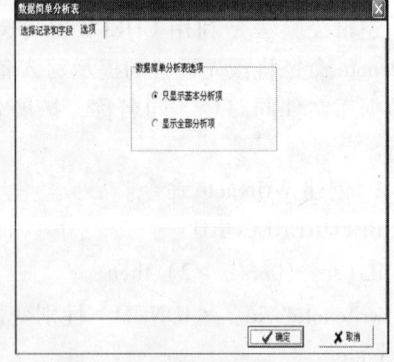

图 4.37 设置校验选项

5. 单击"确定"按钮，弹出"数据简单分析表"文本报告。格式和基本内容见表 4.5。

表 4.5　　　　　　　　　数据简单分析表

数据简单分析表
报表已生成：28. 三月 201015：12
REC 文件：E：\ 吴永波 \ 科研 \ 书稿 \ 书稿二稿 \ 双录入检控 \ EpiData 数据录入模板 . rec
文件标记：［none］
文件日期：28. 三月 201014：59
录入质控程序在使用：是（最近版本：28. 三月 201014：56）
字段数：27
总记录数：12
已删除的记录：0
在数据简单分析表中使用：12 记录

sex ---sex
类型：数字
缺失：0/12
范围：［1；6］
唯一值：3
列连表：频数　　百分位数值　　标记
　　　　　7　　　 58.31
　　　　　4　　　 33.32
　　　　　1　　　 8.36

第五节　SPSS 录入后数据的检验

保证数据准确的最好方法是将原始数据与计算机所呈现的数据清单进行核对，但对庞大的数据这几乎是不可能的，这时就需要应用描述性统计量和统计图来进行筛选和检测。最重要的是解决三个问题：所有的数据都在允许的范围内吗？平均数和标准差都比较合理吗？有无超出取值范围的数据？

一、缺失值处理

缺失值是数据分析中一个非常常见的现象，SPSS 默认缺失值以黑点表示，可以通过快速浏览数据列表发现，记录下缺失值所在的变量即数据的列。对于缺失值的处理方式有以下三种：

（一）剔除有缺失值的观测记录

即删除 SPSS 数据列表中缺失值所在的数据行。在 SPSS 的统计分析程序中，单击"Options…"按钮，弹出相应的"Options"对话框，见图 4.38。在"Missing Values"矩形框中包含两个单选选项：

1. Exculde cases analysis by analysis，表示"剔除正在分析的变量中带缺失值的观察记录"。

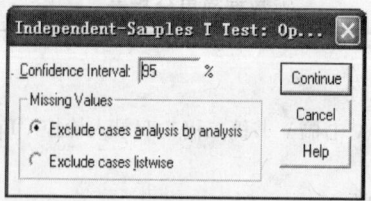

图 4.38 Option 选项的缺失值处理

2. Exculde cases listwise，表示"剔除所有分析变量中带缺失值的观察记录"。这种方式的缺点是使样本容量不能稳定，而统计分析都联系于特定的有效样本容量，从而带来不便。

（二）对缺失值进行估计代替

利用 SPSS 中的一些功能，可以对缺失值进行估计。具体方法：

1. 单击"Transform"菜单，选择"Replace Missing Values..."命令，弹出"Replace Missing Values"对话框（见图 4.39）。

2. 对话框的左边是数据资料的变量列表，选择一个含有缺失值的变量，单击 ▶ 按钮，选入右边的"NewVariable（s）:"矩形框。见图 4.40。

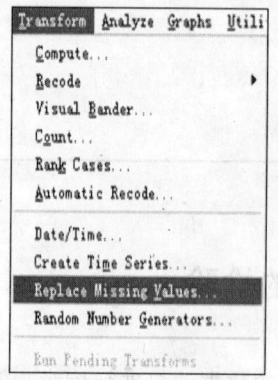 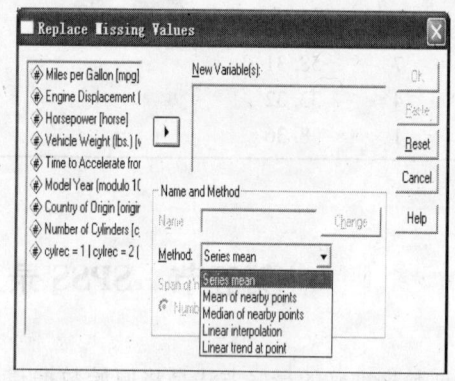

图 4.39 调用"Replace Missing Values"   图 4.40 "Replace Missing Values"对话框

3. 这时"Name and Method"矩形框中的"Name:"选项由灰色变黑，出现一个默认的新的变量名称，如果要改变该变量名称，单击右边的"Chang"按钮来实现。

4. "Method"选项的下拉菜单列出了 5 种替代的方法：

（1）Series mean：以列的算术平均值进行替代；

（2）Mean of nearby points：以缺失值邻近点的算术平均值进行替代；

（3）Median of nearby points：以缺失值临近点的中位数替代；

（4）Linear interpolation：根据缺失值前后的 2 个观察值进行线性内查法估计和替代；

（5）Linear trend at point：用线形回归法进行估计和替代。

（6）将缺失值作为常数值，如：作为"0"。

综上所述，解决缺失值并没有一个绝对可行的办法。具体采用什么办法，还得根据具体情况加以考虑。

二、利用 SPSS 处理奇异值和极端值

(一) 查找奇异值和极端值

案例：现有 2004 级劳动与社会保障专业的成绩数据，想查找是否存在一些奇异值和极端值。

解决方案：利用 SPSS 的 Explore（探索性分析）查找奇异值和极端值。

操作步骤：

1. 单击"Analyze"菜单，选择"Descriptive Statistics"命令，选中"Explore..."选项，弹出"Explore"对话框（见图 4.41）。

2. 对话框的左边是变量列表，选中"英语"和"邓论"两个变量，单击第一个"箭头"按钮，选入"Dependent List"矩形框，表示选择了"英语"和"邓论"两个变量作为需要分析的变量（见图 4.42）。

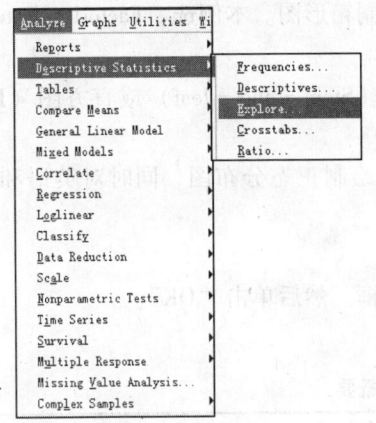

图 4.41 调用"Explore" 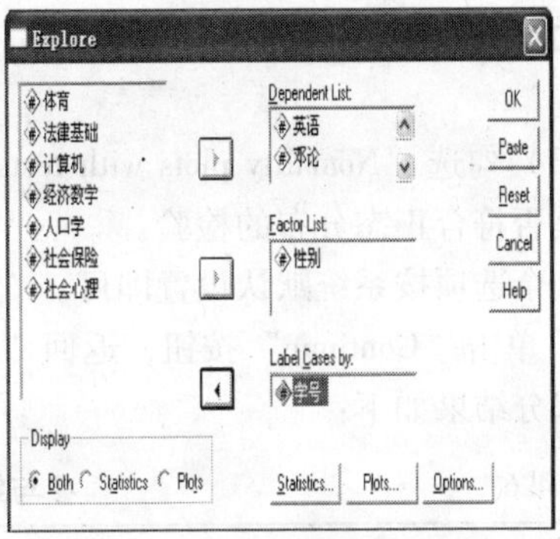   图 4.42 "Explore"对话框

3. 选中左边变量列表中的"性别"变量，单击第二个"箭头"按钮，选入"Factor List"矩形框，表示需要把英语和邓论的成绩按性别进行分组分析，这里的"性别"变量就是分组变量（见图 4.42）。

4. 选中左边变量列表中的"学号"变量，单击第三个"箭头"按钮，选入"Label Cases by"矩形框，表示用每个同学的学号作为每条记录的标签（见图 4.42）。

5. 单击"Statistics..."按钮，进入"Explore: Statistics"对话框（见图 4.43）。

（1）勾选"Descriptives"选项。表示会输出英语和邓论成绩的均数、中位数、5% 修正均数，标准误、方差、标准差、最小值、最大值、全距、四分位全距、峰度系数及其标准误、偏度系数及其标准误；然后定义均数的置信区间，默认的是 95%，一般不用更改。

（2）勾选"M-estimators"选项。表示对英语和邓论成绩做集中趋势的最大稳健估计，共有四种 M 统计量值：Huber、Tukey、Hampel 和 Andrew。第一个值适用于正态分布数据，后三个值适用于存在异常值的情况。如果该估计值与均数、中位数差距过大，说明数据可能存在异常值，需要用该估计值代替均数以反映集中趋势。

（3）勾选"Outliers"选项。表示输出英语和邓论成绩的 5 个最大值和 5 个最小值，其实这就是反映极端值的。

（4）勾选"Percentiles"选项。表示输出英语和邓论成绩的第 5%、10%、25%、50%、75%、90% 和 95% 的百分位数。

6. 单击"Continue"按钮,返回"Explore"对话框。然后单击"Plots..."按钮,进入"Explore Plots"对话框(见图4.44)。

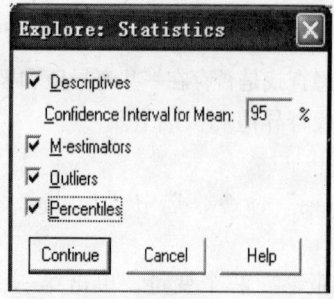

图 4.43 "Statistics"对话框

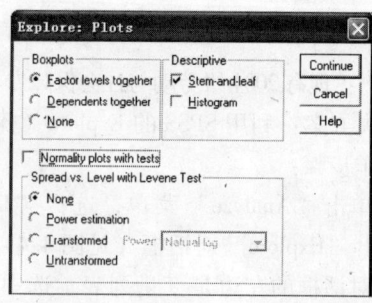

图 4.44 Explore:Plots 对话框

(1) Boxplots 矩形框。定义箱形图的绘图方式:Factor levels together,按组别分组绘制;Dependents together,不分组统一绘图;None,是不绘制箱形图。本例选"Factorlevels together"选项。

(2) Descriptive 矩形框。主要是定义绘制茎叶图(Stem-and-leaf)或直方图(Histogram)。

(3) 勾选"Nomality plots with tests"选项,表示绘制正态分布图,同时对英语和邓论成绩是否符合正态分布的检验。

其余选项按系统默认设置即可。

7. 单击"Continue"按钮,返回"Explore"对话框。然后单击"OK"。

部分结果如下:

表 4.6　　　　　　　　　　参与统计过程的样本概要

性别		Cases					
		Valid		Missing		Total	
		N	Percent	N	Percent	N	Percent
英语	男	18	100.0%	0	0%	18	100.0%
	女	30	96.8%	1	3.2%	31	100.0%
邓论	男	18	100.0%	0	0%	18	100.0%
	女	30	96.8%	1	3.2%	31	100.0%

由表4.6可以看出,男生共有18个,的有效数据为100%,女生的英语和邓论各有1个缺失值,有效数据为96.8%。

表 4.7　　　　　　　　　　均值估计

性别		Huber's M-Estimator[a]	Tukey's Biweight[b]	Hampel's M-Estimator[c]	Andrews' Wave[d]
英语	男	57.9660	58.1561	58.5303	58.1564
	女	66.0650	65.5682	65.7798	65.5504
邓论	男	77.4249	77.3844	77.3304	77.3869
	女	80.6100	80.8213	80.9614	80.8201

表4.7是对数据进行了集中趋势的最大稳健估计,有四个 M 统计量,是利用迭代方法计算的。一般受异常值的影响较小。如果该估计量值离均值和中位数较远,则说明数据中

存在异常值，需要用该统计量值代替均值来反映集中趋势。与表 4.8 相比较，女生中的邓论可能有异常值。

表 4.8　　　　　　　　　　　　部分描述统计值

	男		女	
	Mean	Median	Mean	Median
英语	58.7	57.5	66.2	65.5
邓论	77.5	78.0	78.2	80.5

表 4.9　　　　　　　　　　　　极端值分布状况

性别			英语			邓论		
			Case Number	学号	Value	Case Number	学号	Value
男	Highest	1	4	2004222104	76	2	2004222102	88
		2	31	2004222131	75	31	2004222131	86
		3	38	2004222138	73	27	2004222127	85
		4	2	2004222102	71	20	2004222120	81
		5	20	2004222120	70	41	2004222141	81
	Lowest	1	18	2004222118	39	9	2004222109	69
		2	9	2004222109	45	4	2004222104	69
		3	37	2004222137	49	18	2004222118	71
		4	33	2004222133	50	6	2004222106	71
		5	36	2004222136	51	47	2004222147	73
女	Highest	1	22	2004222122	100	1	2004222101	89
		2	10	2004222110	82	12	2004222112	88
		3	25	2004222125	80	19	2004222119	88
		4	43	2004222143	78	28	2004222128	87
		5	42	2004222142	77	30	2004222130	87
	Lowest	1	46	2004222146	44	16	2004222116	1
		2	21	2004222121	49	23	2004222123	70
		3	13	2004222113	50	17	2004222117	74
		4	5	2004222105	50	46	2004222146	75
		5	48	2004222148	54	48	2004222148	76

表 4.9 列出了男女生英语和邓论的成绩 5 个最大值和 5 个最小值，可明显看出女生邓论有一个成绩为 1，英语中有个极端值 100。

茎叶图是由数字组成的"茎"和"叶"组成，说明数据的频数分布的。"茎"表示数值的整数部分，"叶"为数值的小数部分，每行的"茎"和"叶"相加，然后再乘以茎宽，等于茎叶所表示实际数据的近似值。

从图4.45可以看出，SPSS的茎叶图从左到右为频数、茎和叶；男女生英语成绩的茎宽均为10，每叶表示一个Case；女生英语成绩有一个大于或等于100的极端值；圈内的数值解释，频数为3，茎为5，叶为004，表明有3个数值，分别为10 * (5 + 0.0) = 50、10 * (5 + 0.0) = 50 和 10 * (5 + 0.4) = 54，即圈内这一行的3个成绩为50、50和54。

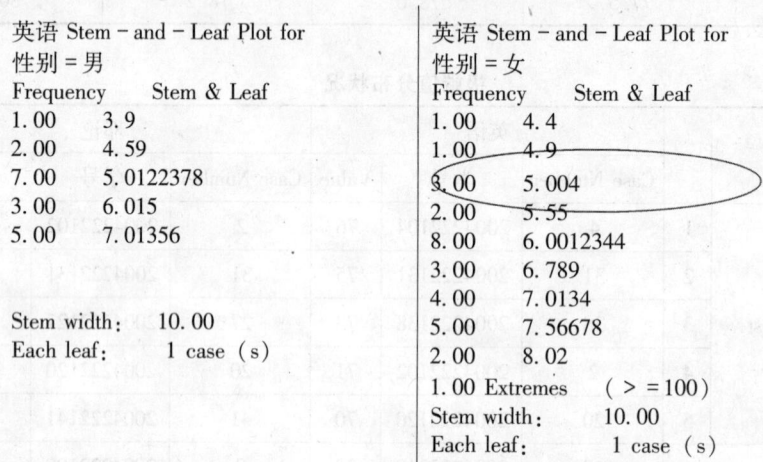

图4.45　英语成绩的茎叶图

通过箱形图可以发现数据中的异常点，对数据进行核对、检验和筛选。以箱形图为例，箱形图中都标有奇异值的行号。箱形图图形的含义是：中间的粗线为中位数，灰色的箱体为四分位，两头伸出的线条表现极端值（下线为最小值、上线为最大值）。箱形图用离群值和极端值表示那些在绳索外侧的值。离群值，是指值与框的上下边界的距离在1.5倍框的长度到3倍框的长度之间的个案，在图中用"o"号表示。极端值是指值距离框的上下边界超过3倍框长的个案，用"*"号表示。框的长度是四分位数之间的全距。

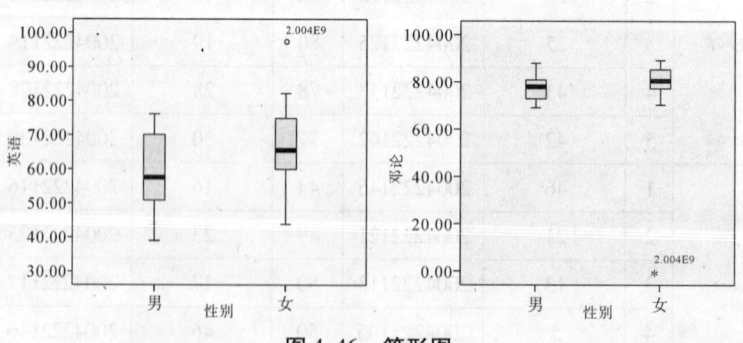

图4.46　箱形图

从上面的结果可以看出，女生英语成绩存在一个离群值，查阅极端值统计表得知，是ID号为22，学号为2004222122的学生英语成绩是100。女生的邓论成绩有一个极端值，查阅极端值统计表得知，是ID号为16，学号为2004222116的学生邓论成绩是1。

(二)减少奇异值和极端值影响的方法

减少奇异值和极端值影响的方法有以下 5 种途径：

1. 将奇异值和极端值作为缺失值处理。以上例中男女生成绩奇异值 1 和 100 为例。具体方法是：

(1) 在"变量窗口"视图中点击"Missing"栏下含有奇异值和极端值的变量，弹出"Missing Values"对话框（见图 4.47）。

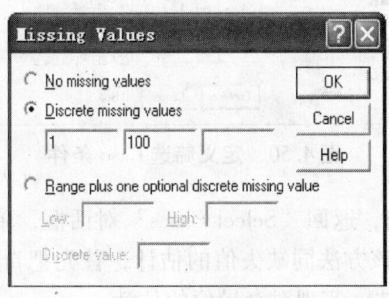

图 4.47　定义缺失值

(2) "Missing Values"对话框中有 3 个选项：① "Discrete missing values"最多可以指定 3 个数值为缺失值；② "Discrete missing values"指定某一取值范围内的数值为缺失值；③ "Range plus one optional discrete missing value"指定某一取值范围和某一特定数值为缺失值。

在本例中把极端值 1 输入"Discrete missing values"选项的矩形框内；如果经检验有 100 分的分数，把 100 也输入后面的矩形框中。

(3) 单击"OK"按钮结束。

2. 过滤掉奇异值和极端值。根据检测的奇异值和极端值，用"Select Cases"工具中的"If"对数据的取值范围进行限定，然后再进行统计分析。方法是：

①单击"Data"菜单，选中"Select Cases..."选项，弹出"Select Cases"对话框（见图 4.48）。

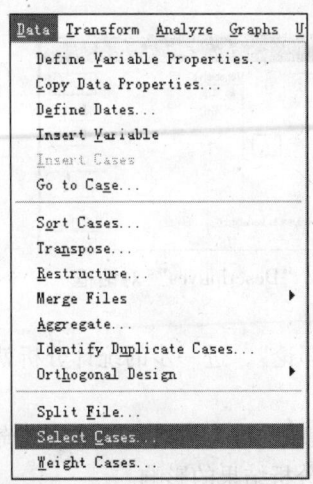

图 4.48　调用"Select Cases"

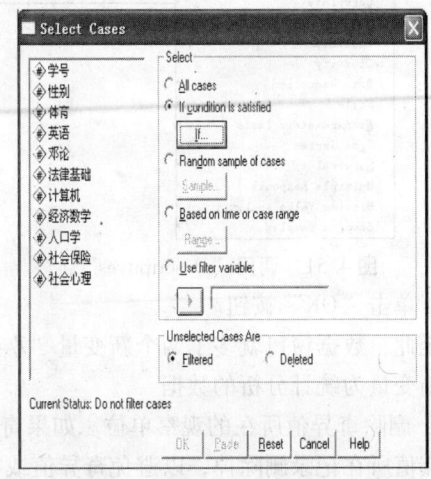

图 4.49　"Select Cases"对话框

②在"Select Cases"对话框内，在"Select"矩形框中，点选"If condition is satisfied"选项，然后单击"If..."按钮，进入"Select Cases：If"对话框（见图 4.49）。

③在"Select Cases：If"对话框右边的空白矩形框内，输入表达式：邓论~ = 1 & 英语~ = 100。

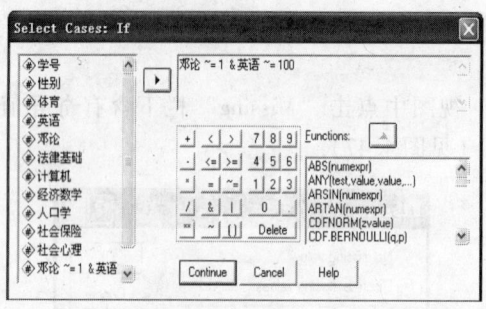

图 4.50　定义筛选 Case 条件

④单击"Continue"按钮，返回"Select Cases"对话框，单击"OK"按钮。

3. 对奇异值进行估计。该方法同缺失值的估计，首先把奇异值定义为缺失值（见方法1），然后用缺失值的估计方法，实现对奇异值的估计。

4. 将原始数据转换成标准 Z 分数。通过把原始数据转换成标准分数，能够部分纠正极端值和奇异值造成的误差，具体方法是：

①单击"Analyze"菜单，选择"Descriptive Statistics"命令，选中"Descriptives..."选项，弹出"Descriptives"对话框。见图 4.51。

②对话框的左边是变量列表，选中英语和邓论两个变量，单击"箭头"按钮，选入"Variable（s）："矩形框，表示选择了英语和邓论两个变量作为需要分析的变量。

③勾选"Save standardized values as variables"选项（见图 4.52）。

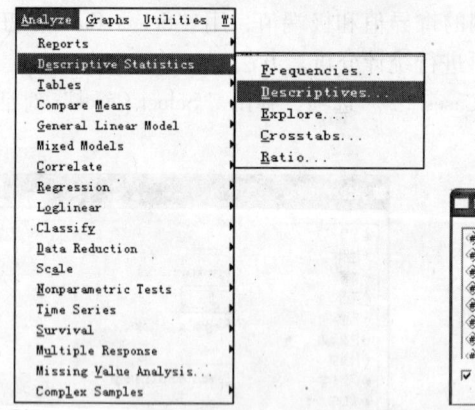

图 4.51　调用"Descriptives"

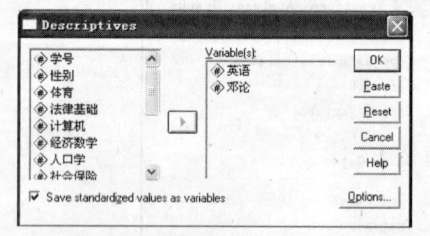

图 4.52　"Descriptives"对话框

④单击"OK"按钮。

至此，数据窗口就多了两个新变量"Z 英语"和"Z 邓论"，进一步的统计分析就用这两个新变量为统计分析的数据

5. 删除奇异值所在的观察单位。如果奇异值所在的记录比较少，就可以直接把奇异值或极端值所在记录删除掉，以避免奇异值或极端值对统计分析结果的影响。

第六节 不同数据库间的数据转换

一、EpiDataD 数据库的导出

EpiDataD 录入软件有强大的录入数据的功能,但是只能进行一些简单的统计处理,因此在实际应用的过程,需要把 EpiDataD 录入的数据导出,利用 SPSS 或 Excel 等统计功能强大的软件进行数据处理。

EpiData 进入数据库的导出界面有两种方法:一是单击"数据导入/导出"菜单,选择"数据导出"(见图 4.53);二是单击过程工具条的"6 数据导出"(见图 4.54)。

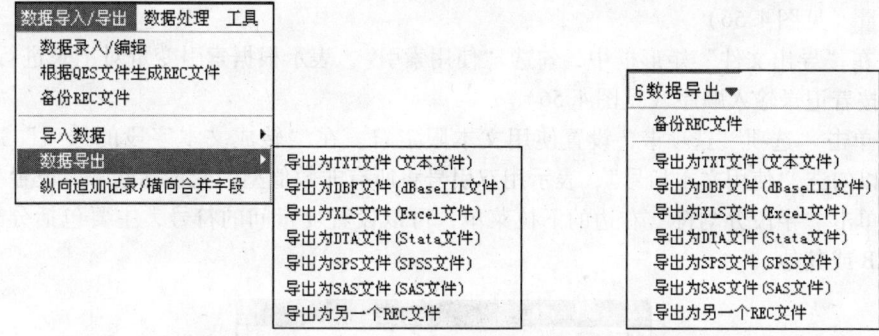

图 4.53 "数据导出"菜单　　　　图 4.54 "数据导出"过程工具条

EpiData 数据可以导出为 TXT 文件、DBF 文件、XLS 文件、DTA 文件、SPS 文件、SAS 文件等 6 中,每一种导出文件的导出过程一样。我们只在这里介绍导出 TXT 文件、XLS 文件、SPS 文件三种。

在数据导出的下拉菜单中,还有一项备份 REC 文件,该项功能在指定的文件夹中保存了同名的 *.qes 文件、*.rec 数据库、*.chk 文件和 *.not 文件(备忘录文件)。这项功能也可以通过 CHECK 文件命令 BACKUP 来实现。

(一) 导出为 TXT 文件(文本文件)

该功能将数据库输出为一个标准的文本文件,每行为一条记录。变量间可以以指定的字符相隔。输出文件的扩展名必须是 *.txt。方法是:

1. 在数据导出菜单中,选择"导出为 TXT 文件(文本文件)",进入打开 REC 文件对话框,选择 REC 文件路径,单击"打开"按钮,进入"将 REC 文件导出为 TXT 文件"对话框。见图 4.55。

2. 选择记录。可以选择输出所有记录或一定范围内的记录,比如从第 1 条记录到第 2 条记录。勾选"忽略已删除的记录",表示可以忽略掉标记删除的记录;勾选"使用记录过滤器",可以筛选符合条件的记录。例如,在过滤器右边的矩形框内输入 ID > 1,表示记录 1 被过滤掉(见图 4.56)。

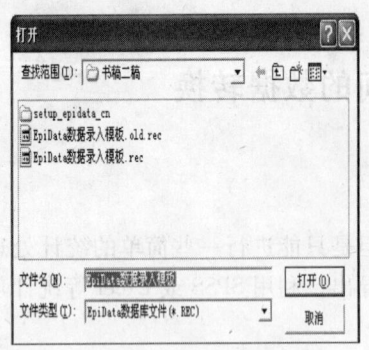

图 4.55　打开需导出文件

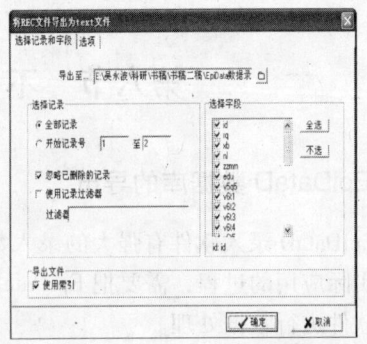

图 4.56　选择导出记录和变量

3. 选择变量。在"选择字段"矩形框中，选择输出的变量，可以全选，也可以选择一部分变量（见图 4.56）。

4. 在"导出文件"矩形框中，勾选"使用索引"，表示根据索引变量对记录进行排序，而不是按着记录输入顺序（见图 4.56）。

5. 单击"选项"选项卡，设置使用文本限定符。在"转成文本字段的选项"矩形框中，可以勾选"使用文本括号"，表示用双引号将所有非数值型的变量括起来。设置变量分割符，单击"字段分割符"右边的下拉菜单，可以设置变量间的符号，主要包括分号、逗号、TAB 或其他。

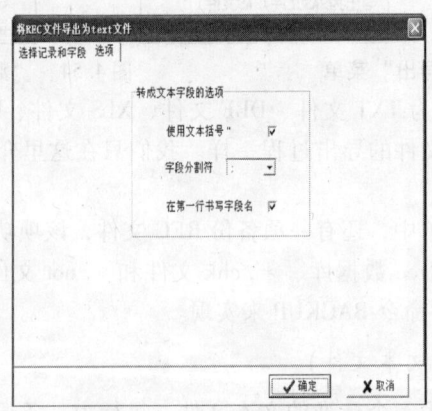

图 4.57　导出文件设置选项卡

勾选"在第一行书写字段名"，表示在文本的第一行是所有的变量名称（见图 4.57）。

6. 单击"确定"，弹出一个"信息"对话框，表明导出文件的保存路径和导出的记录数（见图 4.58）。

图 4.58　"信息"对话框

7. 再次单击"确定"按钮结束，得到导出的文本文件。

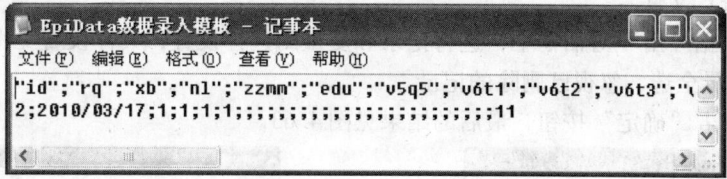

图 4.59　导出文本文件结果

这样就导出了一个 TXT 文件，结果见图 4.59，只导出了记录 2，变量之间用分号区隔开来，非数值型数据被双引号括起来。

（二）导出为 XLS 文件（Excel 文件）

EpiData 输出数据库到 Excel 格式，变量输出对应的变量类型（见表 4.10）：

表 4.10　　　　　　EpiData 变量类型与 Excel 单元格类型对应关系

EpiData 变量类型	Excel 单元格类型
整数、IDNUM、浮点数值	数值型
文本、大写字符型文本、声索引变量、加密变量	标注
布尔逻辑变量	逻辑（1＝真；0＝假）
日期（dmy 和 mdy）、当天日期（dmy 和 mdy）	连续的日期数值（按日期的格式）

具体导出的方法与前边的"导出为 TXT 文件"的方法一样，只是没有文本限定符的设置。

首先，在数据导出菜单中，选择"导出为 XLS 文件（Excel 文件）"，进入打开 REC 文件对话框，打开 REC 文件，进入"将 REC 文件导出为 Excel 文件"对话框。

其次，具体设置见图 4.60，全部导出记录，变量全选，忽视已删除的记录。

最后，结果见图 4.61。

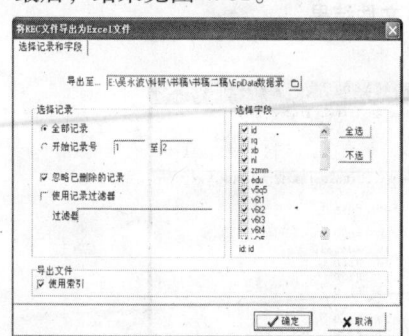

图 4.60　选择导出的记录和变量

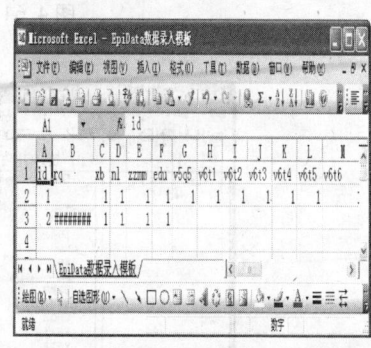

图 4.61　导出的 Excel 文件结果

（三）导出为 SPS 文件（SPSS 文件）

输出数据库到 SPSS 命令文件（*.sps）和原始的数据文件（*.txt）。在 SPSS 中运行命令文件，将数据载入 SPSS 程序，然后将打开的数据库另存为一个真正的 SPSS 数据库。

具体方法是：

1. 在数据导出菜单中，选择"导出为 XLS 文件（Excel 文件）"，进入打开 REC 文件对话框，打开 REC 文件。

2. 在"数据导出"对话框中，进行记录和变量的选择设置，具体设置见图 4.62，全部导出记录，变量全选，忽视已删除的记录。

3. 两次单击"确定"按钮，最后的结果见图 4.63。

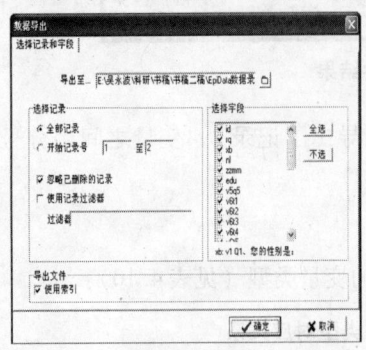
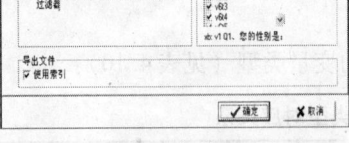

图 4.62　选择导出的记录和变量 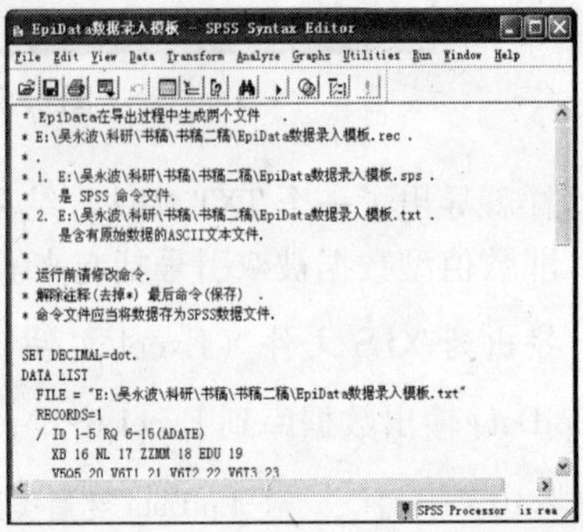　　　　图 4.63　导出的 SPSS 文件结果

4. 在 SPSS 程序编辑窗口，单击"Run"菜单，选择"All"，运行程序，得到数据窗口文件和结果文件窗口，保存数据文件，结果文件可保存可不保存，见图 4.64 和图 4.65。

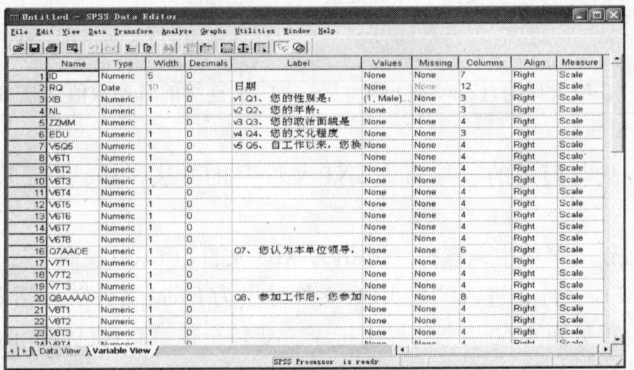

图 4.64　SPSS 运行程序文件结果

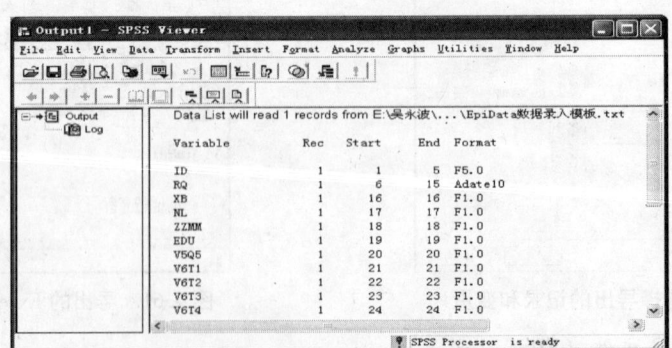

图 4.65　导出和运行程序文件后的日志文件

二、SPSS 获得数据的三种方法

(一) 直接读入文件

SPSS 现在可以直接读入许多格式的数据文件，其中就包括 SPSS、TXT 和 Excel 各个版本的数据文件。打开"Open File"对话框，单击"文件类型"列表框，在里面能看到能直接打开的数据文件格式，具体内容见 SPSS 兼容数据格式一览表。

表 4.11　　　　　　　　　　SPSS 兼容数据格式一览表

序号	数据格式	格式解读
	SPSS（*.sav）	SPSS 数据文件（6.0 版～10.0 版）
	SPSS/PC +（*.sys）	SPSS4.0 版数据文件
	Systat（*.syd）	*.syd 格式的 Systat 数据文件
	Systat（*.sys）	*.sys 格式的 Systat 数据文件
	SPSSportable（*.por）	SPSS 便携格式的数据文件
	Excel（*.xls）	Excel 数据文件（从 5.0 版～2000 版）
	Lotus（*.w*）	Lotus 数据文件
	SYLK（*.slk）	SYLK 数据文件
	dBase（*.dbf）	dBase 系列数据文件（从 dBaseII～IV）
	Text（*.txt）	纯文本格式的数据文件
	data（*.dat）	纯文本格式的数据文件

1. 直接读入 SPSS 文件。现有 2004 级劳动与社会保障专业成绩.sav 数据文件，请用 SPSS 软件直接打开。

解决方案：利用打开文件命令，打开 SPSS 文件格式（.sav）数据。具体步骤是：

(1) 选择菜单"File/Open/Data"或直接单击快捷工具栏上的 ![按钮] 按钮，弹出"Open File"对话框（见图 4.66）。

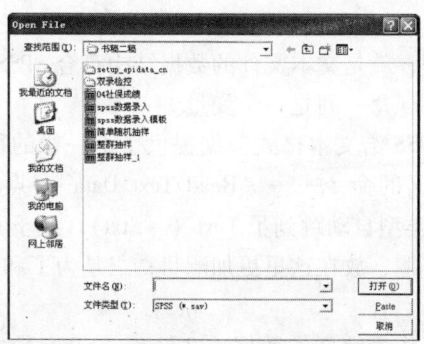

图 4.66　打开 SPSS 文件对话框

115

（2）单击"文件类型"列表框，选中"SPSS（*.sav）"。

（3）选中需要打开的文件"04社保成绩"，SPSS就会按要求打开要使用的数据文件。

2. 直接读入 Excel 数据文件。

前提：Excel 文件的数据结构符合 SPSS 的数据结构，即每一行数据是每个受访者的全部信息，代表一个 CASE，每一列是一个变量。

案例：现有某校职工工作量 Excel 数据，文件名"SPSS 数据的获得"数据位于 B1：M159，需将数据引入 SPSS 中。

解决方案：利用打开文件命令，打开 Excel 文件格式（.xls）数据。

操作步骤：

①选择菜单"File/Open/Data"或直接单击快捷工具栏上的按钮  ，弹出"Open File"对话框。

②单击"文件类型"列表框，选中"Excel（*.xls）"（见图 4.67）。

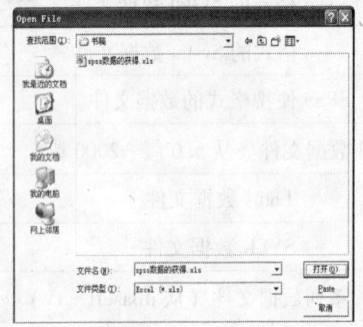

图 4.67　打开 Excel 文件 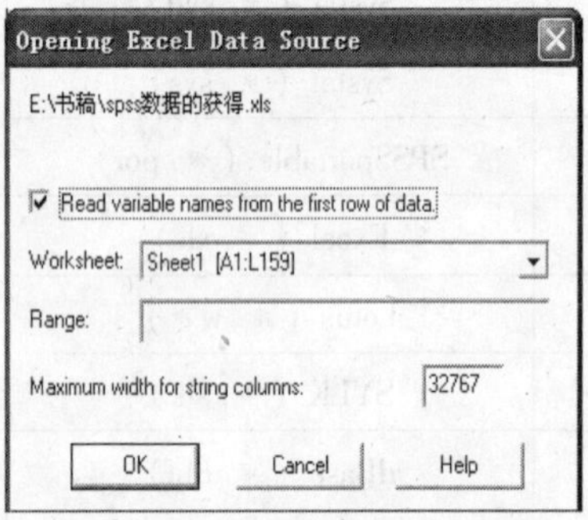　　　　　图 4.68　定义数据源

③输入需要打开的文件所在路径，选中需要打开的文件"SPSS 数据的获得"，单击"打开"按钮，弹出"Opening Excel Data Source"对话框。

④勾选"Read variable names form the first row of data flie"选项，在"Worksheet："下拉框中选择数据表，本例是选择"Sheet1［A1：L159］"（见图 4.68）。

⑤单击"OK"按钮，数据就导入 SPSS 中了。

⑥整理数据：直接删除这些多出来的空值、调整数据格式。

3. 读入自由格式纯文本数据文件。SPSS 还能直接读入纯文本格式数据，纯文本格式数据有两种格式，一是自由格式纯文本数据，二是固定格式的纯文本格式数据，前者的变量之间由特殊符号分隔，后者变量长度被固定的固定格式，变量之间没有特殊符号分隔。无论哪种类型，都有一个前提，就是文本文件的数据结构符合 SPSS 的数据结构，即每一行数据是每个受访者的全部信息，每一列是一个变量。

细心的读者会发现，SPSS 给文本格式数据提供了不一样的待遇，在"File"菜单中有一个专门针对文本格式数据的命令——"Read Text Data"，点击该命令，系统就会弹出"Open File"对话框，文件类型自动跳到了 Text（*.txt）。授予其特殊待遇有两个原因：一是读入纯文本的情况非常普遍，放在这里更加醒目；二是为了和 SPSS 老版本的使用上保持兼容。

案例：现有某校职工工作量纯文本数据，文件名"SPSS 数据的获得"，需将数据引入 SPSS 中。

解决方案：利用打开文件命令，打开自由格式纯文件格式（.xls）数据。

操作步骤：

（1）选择菜单"File/Open/Data"或直接单击快捷工具栏上的 按钮，弹出"Open File"对话框。

（2）单击"文件类型"列表框，选中"Text（*.txt）"。选择菜单"File/Read Text Data"，弹出"Open File"对话框。

（3）输入需要打开的文件所在路径，选中需要打开的文件"SPSS 数据的获得"，单击"打开"按钮，弹出文本导入向导对话框"Text Import Wizard – Step 1 of 6"。见图4.70。

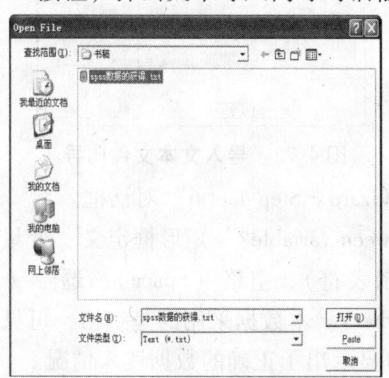
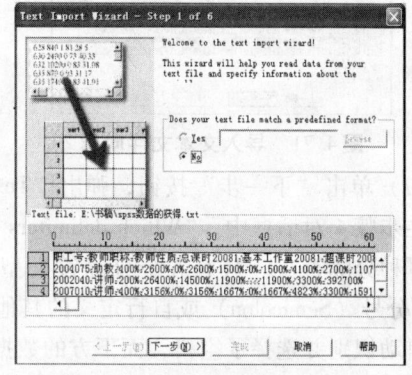

图4.69　打开文本文件　　　　　　　图4.70　导入文本文件向导1

这时可以看到该向导共分6步，这是第一步。对话框上部的文字含义大致是，欢迎使用文本数据导入向导！这个向导将帮助你从文本格式文件中读取数据和文件的特殊信息。

（4）在对话框中部的"Does your text file match a predefined format?"矩形框中，点选"No"选项，因为导入文件没有同预定义格式相匹配，或根本就没有预定义格式。然后单击"下一步"按钮，弹出"Text Import Wizard – Step 2 of 6"对话框。

（5）在步骤2对话框中，"How are variables arranged?"矩形框定义导入数据变量的排列方式的，系统设定了两种区分变量方式：Delimite（用某种字符区分）和FixedWidth（固定宽度）。这里点选"Delimite"选项。见图4.71。

在步骤2对话框中，"Are variables names included at the top of your file?"矩形框是定义变量名称的，意思是变量名是否在文件的最前面，由于本例中文本格式文件的最上边的数据是变量名，所以在这里选择"Yes"选项，然后单击"下一步"按钮，弹出"Text Import Wizard – Step 3 of 6"对话框。见图4.71。

（6）在步骤3对话框中，最上方设置选项"The first of data begins on which"，含义是第一条记录从第几行开始？右侧可以输入行数。由于我们所用的数据第一行为变量名，因此这里输入2。

"How are your cases represent?"对话框定义一个记录是由行数或者变量数目来确定，包括两个选项：一是每一行代表一条记录（Each lines regresents a case），二是几个变量代表一条记录（A specific number of variables represents a case）。数据一般都是第一种情况，所以这里点选"Each lines regresents a case"选项。

"How many cases do you want to import?"矩形框表示"你想导入多少条记录？"，包含三个选项：

① "All of a case"：表示导入所有记录；

② "The fir * * case"：表示导入前面的部分记录（由你决定）；

117

③ "A random percentage of the cases"：表示随机导入＊＊%的记录。

这里选择第一项"All of a case"。见图4.72。

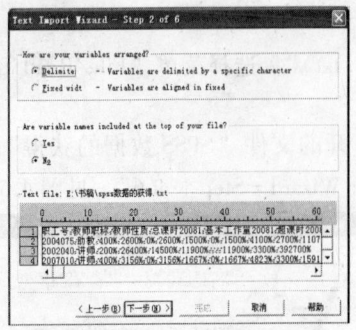

图4.71　导入文本文件向导2

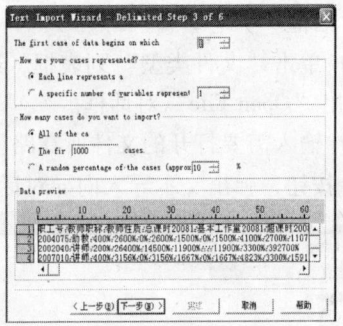

图4.72　导入文本文件向导3

（7）单击"下一步"按钮，弹出"Text Import Wizard – Step 4 of 6"对话框。

在步骤4对话框中，"Which delimiters appear between variable?"矩形框定义"变量间用的是哪种分隔符？"。共有五个分隔符类型：Tab（制表符）、空格（Space）、逗号（Comma）、分号（Semicolon）或自行定义的其他符号（Other）。本数据采用的是空格，可见系统已经自动识别并选择了空格，而下方的数据预览窗口显示出了正确的数据读入情况。

"What is the qualifier?"矩形框表示"文本限定符是什么"。有四个选项：一是没有定义（None），二是单引用（Single quote），三是双引用（Double quote），四是自行定义的其他符号（Other）。这里没有给文本定义限定符，所以选择第一项。见图4.73。

（8）单击"下一步"按钮，弹出"Text Import Wizard – Step 5 of 6"对话框。

在步骤5对话框中，"Specifications for variable（s）selected in the data preview"矩形框表示定义在数据预览窗口中所选择的变量的属性，即定义其变量名称和类型的。当然这一步工作可以在数据导入完成之后，直接在SPSS的变量窗口中去定义更改。见图4.74。

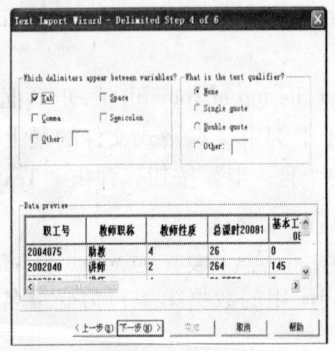

图4.73　导入文本文件向导4

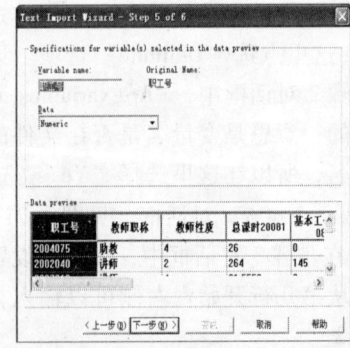

图4.74　导入文本文件向导5

（9）单击"下一步"按钮，弹出"Text Import Wizard – Step 6 of 6"对话框。

在步骤6对话框中，"You have successfully defined the format of"表示你已经成功定义了本次文本数据的导入格式。"Would you like to save this file format for future"矩形框表示"你是否愿意保存这次的文件（导入）格式设置以备以后使用？"。

"Would you like to paste the syn"矩形框表示"是否将以上操作粘贴为SPSS语句？"。以备以后调用程序。

一般情况下，两个矩形框都选择"No"选项。见图4.75。

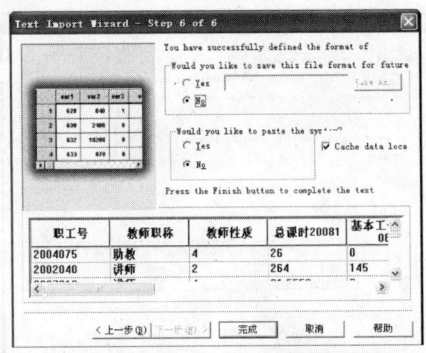

图 4.75 导入文本文件向导 6

（10）单击"完成"按钮，至此成功地读入了 SPSS 数据，获得 .txt。

（11）最后根据需要整理一下数据（变量名称的长度、类型，变量的类型等等）。

4. 读入固定格式的纯文本文件。固定格式的纯文本文件是变量长度被固定的固定格式，变量之间没有特殊符号分隔。

前提：同样，文本文件的数据结构符合 SPSS 的数据结构，即每一行数据是每个受访者的全部信息，每一列是一个变量。

案例：现有一"SPSS 数据获得 2.txt"固定格式的文本数据（见图 4.76），文本数据的具体编码码位和码数见表 4.12。请用 SPSS 导入做后续的统计分析。

表 4.12 变量的码位和码数

变量名	码位	码数	变量名	码位	码数
id	1-2	2	Q7V1	16	1
sex	3	1	Q7V2	17	1
age	4	1	Q7V3	18	1
Q3	5	1	Q8v1	19	1
Q4	6	1	Q8v2	20	1
Q5	7	1	Q8v3	21	1
Q6V1	8	1	Q8v4	22	1
Q6V2	9	1	Q8v5	23	1
Q6V3	10	1	Q8v6	24	1
Q6V4	11	1	Q8v7	25	1
Q6V5	12	1	Q8v8	26	1
Q6V6	13	1	Q9v1	27	1
Q6V7	14	1	Q9v2	28-29	2
Q6V8	15	1			

图 4.76 固定格式文本文件

解决方案：利用打开文件命令，打开固定格式纯文件格式（.xls）数据。

操作步骤：

具体分为 6 步，前 4 步与自由格式的文本数据的导入一样，之后继续进行以下步骤。

（1）进入"Text Import Wizard – Step 2 of 6"对话框，在步骤 2 对话框中，"How are variables arranged?"矩形框定义导入数据变量的排列方式，这时需要选择 Fixed Width（固定宽度）（见图 4.77）。

定义"Are variables names included at the top of your file?"矩形框与前面一样，本例中文本格式文件的最上边的数据是变量名，所以在这里选择"Yes"，然后单击"下一步"按

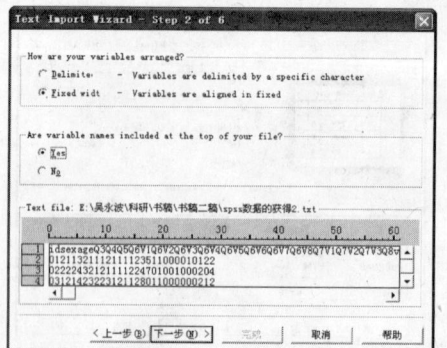

图 4.77　调出固定格式文本文件向导 2

钮,弹出"Text Import Wizard – Step 3 of 6"对话框。

（2）步骤 3 对话框的设置与自由格式文本数据读入的步骤 6 的设置一样。

（3）单击"下一步"按钮,进入"Text Import Wizard – Step 4 of 6"对话框（见图 4.78）。

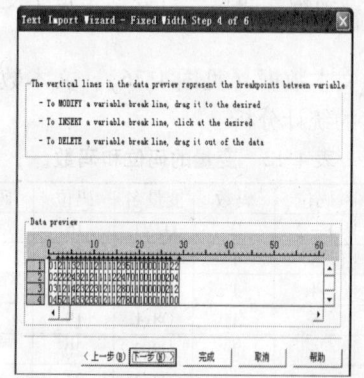 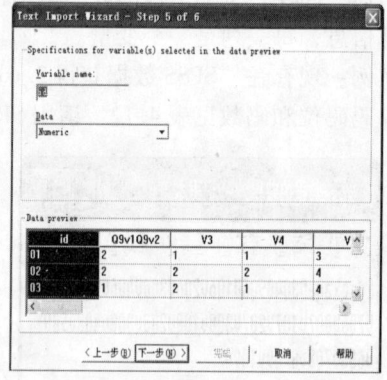

图 4.78　调出固定格式文本文件向导 4　　　图 4.79　调出固定格式文本文件向导 5

在步骤 4 对话框中,"The vertical lines in the data preview represent the breakpoints between variable"矩形框表示在预览窗口的垂直线用来区分变量的分割线,这里准备了修改、插入和删除变量分割线的方法：

①"–To MODIFY a variable break line, drag it to the deaired"表示拖曳垂直线到合适位置,以修改变量分割线。

②"–To INSERT a variable break line, click it to the deaired"表示要插入一个变量分割线,请在合适的位置单击鼠标。

③"–To DELETE a variable break line, drag it out of the data"表示要删除变量分割线,请拖曳该垂直线到数据区域（白色区域）外即可。其实单击垂直线的箭头也可以实现删除功能。

这时需要知道这个固定格式文本文件的编码的码位情况,根据编码表的变量码位情况,设置变量分割线,以便让系统区分变量。见图 9.78。

（4）单击"下一步"按钮,进入"Text Import Wizard – Step 5 of 6"对话框。在步骤 5 对话框需要根据编码表重新设置变量属性,因为明显可以看出,系统没有很好地识别变量名。当然也可以稍后在导入数据后,在 SPSS 的变量窗口中设置（见图 4.79）。

（5）单击“下一步”按钮，进入“Text Import Wizard－Step 6 of 6”对话框。这一步设置与自由格式文本数据导入的设置一样。

（6）单击“完成”按钮，至此成功地读入了 SPSS 数据获得，2. txt。

（7）最后根据需要整理一下数据。

（二）在数据窗口中直接复制 Excel 数据

由于 Excel 和 SPSS 都是二维数据表格，因此可以直接用拷贝粘贴的方法实现二者数据的共享。这在数据较少的情况下适用，这里仅介绍以 Excel 格式的数据，直接用拷贝粘贴的方法将数据引入 SPSS。Excel 已经打开原数据，并且数据量较少的时候，可以直接用拷贝粘贴的方法将数据引入 SPSS：先在 Excel 中选中所有的数据（不包括变量名），然后选择拷贝命令；再切换到 SPSS，最后使行 1 列 1 单元格成为当前单元格，执行粘贴命令，数据就会全部转入 SPSS，再定义相应的变量即可。

案例：现有某校职工工作量 Excel 数据，数据位于 B1：M159，需通过拷贝粘贴将数据引入 SPSS 中。见图 4. 80。

	B	C	D	E	F	G	H	I	J	K	L	M
1	职工号	教师职称	教师性质	总课时20081	基本工作量20081	超课时20081	总课时20082	基本工作量20082	超课时20082	学年超课时	超课时费基准	学年超课时费
86	2004146	副教授	3.00	191.44	125.00	66.44	208.96	125.00	83.96	150.40	39.00	5,865.60
87	1986036	副教授	3.00	184.50	125.00	59.50	292.00	125.00	167.00	226.50	39.00	8,833.50
88	2006060	讲师	4.00	41.91	0.00	41.91	39.00	0.00	39.00	80.91	33.00	2,670.03
89	1977004	讲师	2.00	288.00	145.00	143.00	260.84	145.00	115.84	258.84	33.00	8,541.72
90	1998007	讲师	2.00	296.32	135.00	161.32	384.00	145.00	239.00	400.32	33.00	13,210.56
91	2000051	讲师	4.00	20.09	0.00	20.09	27.00	0.00	27.00	47.09	33.00	1,553.97
92	2003071	讲师	4.00	30.00	0.00	30.00	74.03	0.00	74.03	104.03	33.00	3,432.99

2008-2009学年课时结算数据

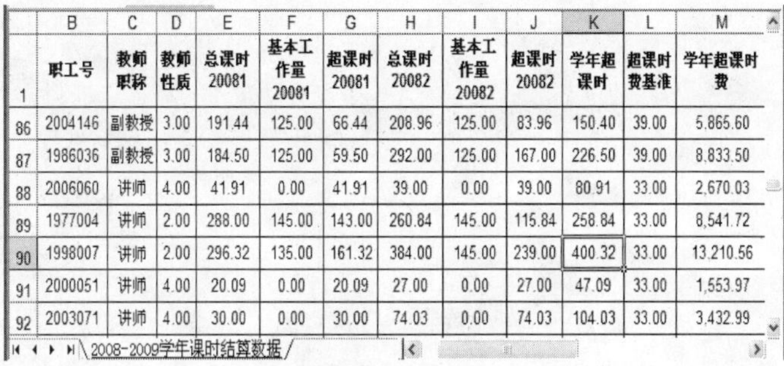

图 4. 80 需复制的 Excel 文件

操作步骤：

1. 先将“职工号”到“学年超课时”等 12 个变量名复制，然后在新建 Excel 文件中利用“选择性粘贴”中的“转置”功能，把变量由行显示变为列显示，再把列显示的 12 个变量名复制粘贴到 SPSS 的变量窗口中（见图 4. 81）。

2. 根据数据性质，定义好变量类型和数据值的长度，“教师职称”变量定义为字符型数据，其余变量定义为数值型变量（见图 4. 82）。

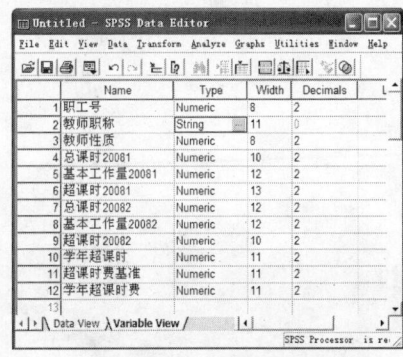

图 4. 81 复制变量名称

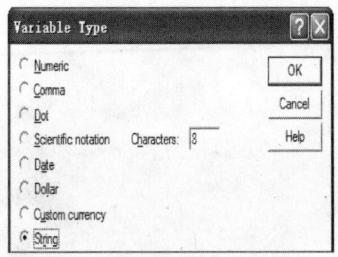

图 4. 82 定义变量类型

3. 选中 Excel 数据区域 B2：M159，复制粘贴到 SPSS 的数据窗口中（见图 4. 83）。

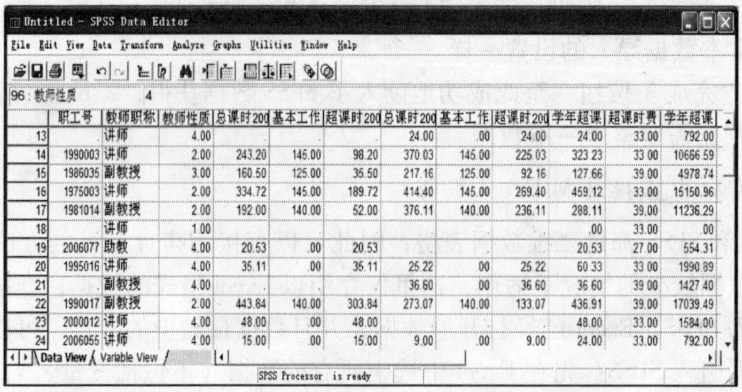

	职工号	教师职称	教师性质	总课时200	基本工作	超课时200	总课时200	基本工作	超课时200	学年超课	超课时费	学年超课
13	.	讲师	4.00	.	.	.	24.00	.00	24.00	24.00	33.00	792.00
14	1990003	讲师	2.00	243.20	145.00	98.20	370.03	145.00	225.03	323.23	33.00	10666.59
15	1986035	副教授	3.00	160.50	125.00	35.50	217.16	125.00	92.16	127.66	39.00	4978.74
16	1975003	讲师	2.00	334.72	145.00	189.72	414.40	145.00	269.40	459.12	33.00	15150.96
17	1981014	副教授	2.00	192.00	140.00	52.00	376.11	140.00	236.11	288.11	39.00	11236.29
18		讲师	1.00				.	.	.	.00	33.00	.00
19	2006077	助教	4.00	20.53	.00	20.53	.	.	.	20.53	27.00	554.31
20	1995016	讲师	4.00	35.11	.00	35.11	25.22	.00	25.22	60.33	33.00	1990.89
21	.	副教授	4.00	.	.	.	36.60	.00	36.60	36.60	39.00	1427.40
22	1990017	副教授	2.00	443.84	140.00	303.84	273.07	140.00	133.07	436.91	39.00	17039.49
23	2000012	讲师	4.00	48.00	.00	48.00	.	.	.	48.00	33.00	1584.00
24	2006055	讲师	4.00	15.00	.00	15.00	9.00	.00	9.00	24.00	33.00	792.00

图 4.83　复制粘贴 Excel 文件到 SPSS 结果

需要注意：在 SPSS 13.0 及其以上版本中，复制粘贴一次就能完成，如果在SPSS 13.0以下版本中，SPSS 空白数据窗口一次只显示 41 行数据，因此可能需要复制粘贴几次才能完成。

第五章　调查研究数据的整理

本章主要介绍如何对已经收集到的统计资料进行加工整理，包括不同类型数据转换，数据的计算以及不同数据库文件之间的合并等等。主要的工具是 SPSS、Excel 和 EipData 等。在 SPSS 中有很多命令可以完成对数据的整理工作，具体命令模块见表5.1。

表 5.1　　　　　　　　　　数据文件整理——Data 菜单

Define Date	定义、编辑日期变量或日期时间变量	Merge Files	合并数据文件
Insert Variable	插入一个变量	Aggregate	对数据进行（不）分类汇总
Insert Case	插入一条记录	Spilt Files	拆分数据文件
Go to Case	定位到指定记录	Select Case	选择记录
Sort Case	按某变量对所有记录排序	Weight Cases	对变量进行加权处理
Transpose	转置数据文件	Restructure	数据重组

第一节　不同数据类型的转换

根据统计学知识可知，我们在收集数据时，对数据的测量层次上分为定比数据、定距数据、定序数据和定类数据。在实际的操作中，我们没有很仔细地区分定比数据和定距数据，把二者当成一种类型的数据进行处理。

有时我们根据统计研究目的，需将定距数据转换成定序数据或定类数据，进行分类统计；有时只有定序数据或定类数据，又需要做高一级的统计分析时，便需要将定序数据退而求其次地转换成定距数据。

一、分组统计：定距数据转换成定序数据

（一）分组统计：定距数据转换成定序数据得相关理论

定距数据转换成定序数据的依据就是统计分组，但是，将这些数据分组时需要分多少组？这些组限应该多大？组数的确定是与组距的大小成反比的，一般来讲，作为组限的距离一般是整数，如5、10、20，而不会选4、16，另外上下组限（即端点）一般用整数，如5、10。

1. 等距分组与非等距分组。通常情况采取等距分组，也可采取非等距分组。等距分组即各组组距相等的分组。非等距分组即各组组距不相等的分组。在标志值变动比较均匀的条件下，可采用等距分组。当标志值变动很不均匀，如急剧增大、下降，变动幅度大时，

123

可采用非等距分组。

2. 组数和组限的确定。组数和组限的确定需要做一个探索工作，先进行"小组限"分组，然后根据频数的分布情况进行合并进行"大组限"分组，直至合适为止。

比如：某一定距数据，首先进行"小组限"分组，如果以组距为 5 进行分组，得到的分组情况见表 5.2。

表 5.2　　　　　　　　　　　　以组距为 5 进行分组

组距	频数 f	组距	频数 f	组距	频数 f	组距	频数 f
0.0~4.9	1	20.0~24.9	16	40.0~44.9	4	60.0~64.9	0
5.0~9.9	4	25.0~29.9	23	45.0~49.9	4	65.0~69.9	0
10.0~14.9	9	30.0~34.9	8	50.0~54.9	0	70.0~74.9	0
15.0~19.9	8	35.0~39.9	14	55.0~59.9	1	75.0~84.9	1

从表 5.2 可看出，分类过细，看不出分类变量间的分布规律，需要进行合并分组。

如果以组距为 10 进行分组，得到的分组情况见表 5.3，分成了 9 组，比表 5.2 的分组要清晰得多，进而以组距为 20 进行分组，得到的分组情况见表 5.4，得到了 5 组定序数据，各组的分布规律非常清楚，因此根据研究目的，倾向于组距为 20 的分组比组距为 5 的分组要好得多。

表 5.3　以组距为 10 进行分组

组距	频数 f
0.0~9.9	5
10.0~19.9	17
20.0~29.9	39
30.0~39.9	22
40.0~49.9	8
50.0~59.9	1
60.0~69.9	0
70.0~79.9	0
80.0~89.9	1

表 5.4　以组距为 20 进行分组

组距	频数 f
0.0~19.9	22
20.0~39.9	61
40.0~59.9	9
60.0~79.9	0
80.0~99.9	1

3. 分组的步骤。

（1）用极差除以组数，进而得到组距的大概值。一般会把得到的组距的大概值四舍五入为整数。

（2）分组必须以一个与未分组数据中最小数相等或还要小的值为起点，以一个与未分组数据中最大数相等或还要大的值为终点。

（3）选择组端点（组限）时应保证一个数据只能属于一个组。由于变量有离散型与连续型两种，因此，其组限的划分也有所不同。

①离散变量其变量值可以依次列举，而相邻组两个变量值之间没有中间数值，因此，分组时相邻组的组限必须间断。

②连续变量由于其变量值不能依次列举，而且相邻两个变量值之间可以存在无限多的中间数值，因此，相邻组的上限和下限无法用两个确定的数值分别表示，这时相邻的上、下限采用重叠的方法分组界定。

在统计工作中，为保证变量的分组不发生混乱，习惯上规定各组一般均只包括本组下限变量值的单位，而不包括上限变量值的单位，这就是"上限不在内"原则。

(二) 利用 SPSS 实现定距数据与成定序数据的转换

案例：现有 2004 级劳动与社会保障专业成绩数据，请把 2004 级劳动与社会保障专业成绩中的社会心理学成绩由百分制转化为等级成绩，转化依据是 0~59 为不及格，60~69 为及格，70~79 为中，80~89 为良，90 以上为优。

解决方案：用 SPSS 的 Recode 命令进行定距数据转换成定序数据。Recode 对话框用于从原变量值按照某种一一对应的关系生成新变量值，可以将新值赋给原变量，也可以生成一个新变量。

操作步骤：

1. 单击 Transform 菜单，选择 "Recode" 命令模块，选中 "In Different Variable..."，调出 "Recode into Different Variables" 对话框（见图 5.1）。

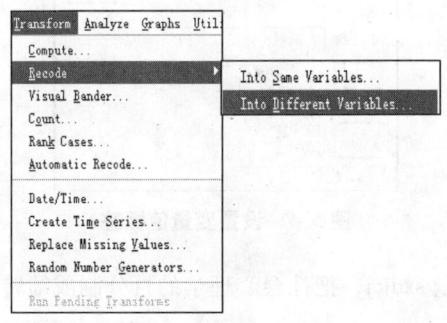

图 5.1　调用 "Recode"

2. 把变量列表中的 "社会心理" 变量选入中间的 "NumericVariable > Output Variable："矩形框，然后在右边的 "Output Variable" 矩形框的 "Name" 下边输入变量名称：sxdjcj；再输入变量标签："社会心理学等级成绩"，然后单击 Change 按钮（见图 5.2）。

3. 单击 "Old and New Values" 按钮，进入 "Recode into Different Variables：Old and New Values" 对话框。

(1) 在 "Old Value" 矩形框中，点选 "Rang：Lowest though"，输入 59.999，然后在右边的 "New Value" 矩形框中，点选 "Value："选项，输入 1，接下来在 "Old→New" 下边单击 "Add" 按钮（见图 5.3）。

(2) 然后点选封口组 "Rang" 选项，分别录入 60 和 69.99，然后在右边的 "New Value" 矩形框中，点选 "Value："选项，输入 2，接下来在 "Old→New" 下边单击 "Add" 按钮。

(3) 以此类推设置好成绩段的上限和下限（见图 5.3）。

社会科学数据处理软件应用

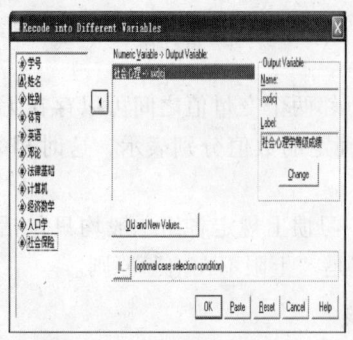
图5.2 定义新的定序变量

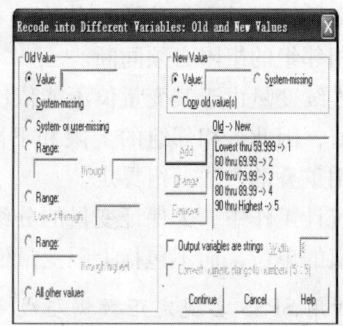
图5.3 设置分组组限

在这里需要注意的是在上限和下限的设置时，Excel 和 SPSS 同一般统计原则不一样，一般统计原则是上限不在内，就高不就低，Excel 和 SPSS 的分组刚好相反，上限在内，因此不及格组别的上限应定义为59.999，而不是60。

4. 单击"Continue"按钮，返回"Recode into Different Variables"对话框，然后单击"OK"按钮。

5. 在 SPSS 的变量窗口，设置好变量值标签（见图5.4）。

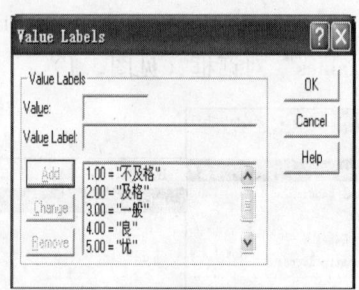
图5.4 设置变量值标签

就此生成了一个新变量 sxdjcj，把社会心理学的百分制成绩转换成了等级成绩。

（三）利用 Excel 的 IF（）函数实现定距数据与成定序数据的转换

案例：现有2004级劳动与社会保障专业成绩数据，请把此成绩中的社会心理学成绩由百分制转化为等级成绩，转化依据是0～59为不及格，60～69为及格，70～79为中，80～89为良，90以上为优。

解决方案：用 Excel 的 IF（）函数进行定距数据转换成定序数据。

操作步骤：

1. 在 L1 单元格输入等级成绩变量名称："社心等级成绩"。

2. 在 L2 单元格输入公式：= IF（K2 < 60," 不及格"，IF（K2 < 70," 及格"，IF（K2 < 80," 一般"，IF（K2 < 90," 良"," 优"））））（见图5.5）。

3. 在 L2 单元格右下角向下拖曳复制公式，完成百分制成绩转换成等级成绩。

延伸阅读

IF（）函数语法含义：

语法：IF（logicaltest，valueifture，valueiffalse）或 IF（条件，成立值、不成立值）

含义：条件为一个可以产生 TRUE 或 FALSE 结果的表达式，如果表达式成立，取成立

126

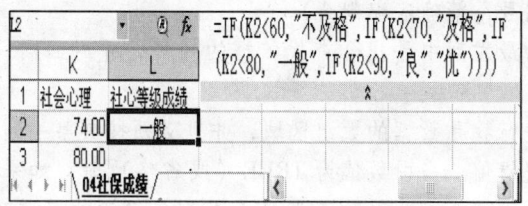

图 5.5 输入 IF（）函数求等级成绩

值的运算结果；反之取用不成立值的运算结果。比如把本例简单化一点，只把社心百分制成绩转换成及格或不及格两个等级成绩数据：就应该输入公式：= IF（L2 < 60，“不及格”，“及格”，表示如果 L2 小于 60 分，那么返回“不及格”，如果 L2 大于等于 60 分，就返回“及格”。这里需要注意的是公式中及格和不及格这两个文本数据要用英文输入状态的双引号，而不是中文输入状态下的双引号。

（四）利用 Excel 的 VLOOKUP（）函数实现定距数据与成定序数据的转换

我们发现利用 IF（）函数进行定距与定序数据的转换，需要进行设置的参数太多，又容易犯错误，因此我们可以使用 VOOLUP（）函数进行定距数据与定序数据的转换。

案例：现有 2004 级劳动与社会保障专业成绩数据，请把此成绩中的社会心理学成绩由百分制转化为等级成绩，转化依据是 0 ~ 59 为不及格，60 ~ 69 为及格，70 ~ 79 为中，80 ~ 89 为良，90 以上为优。

解决方案：用 Excel 的 VLOOKUP（）函数把定距数据转换成定序数据。

操作步骤：

①在 G3 和 H4 单元格里分别输入“社会心理分组下限”和组别，然后在 G4：G8 分别输入 0、60、70、80、90，注意社会心理分组下限一定要升序排列（见图 5.6）。

E2 =VLOOKUP(C2,$G$4:$H$8,2)

	C	D	E	F	G	H
1	社会心理	社心等级成绩1	社心等级成绩2			
2	74.00	一般	一般			
3	80.00	良	良		社会心理分组下限	组别
4	65.00	及格	及格		0	不及格
5	66.00	及格	及格		60	及格
6	76.00	一般	一般		70	一般
7	64.00	及格	及格		80	良
8	72.00	一般	一般		90	优

频数分析 / 数值型填空题频数分析

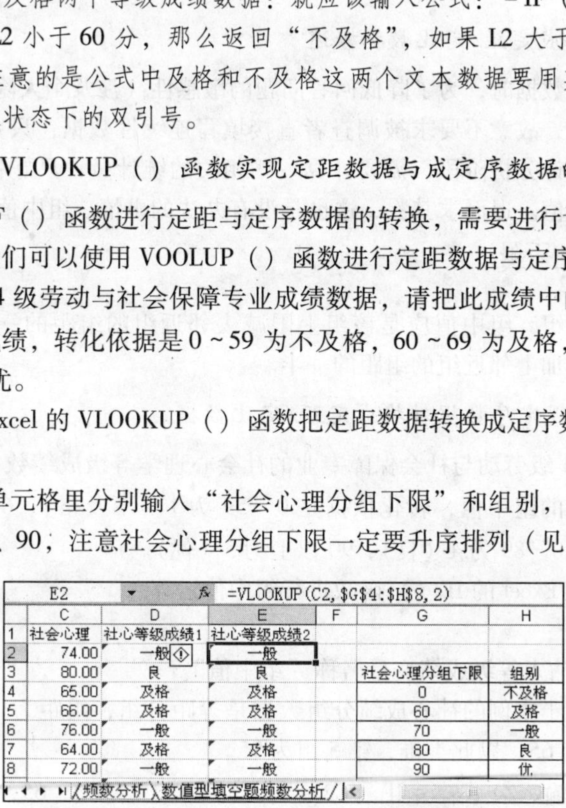

图 5.6 VLOOKUP（）求等级成绩

②在 E2 单元格输入并回车确认公式：= VLOOKUP（C2，$G$4：$H$8，2），表示 C2 单元格里边的 74 作为查询依据，在 $G$4：$H$8 区域里最左边一列（即 G4：G8）近似匹配比 74 小的最大值 70（G6 单元格），然后在 G6 单元格这一行里，查询 $G$4：$H$8 区域第二列的值，即需查询的值位于 H6 单元格（一般），这样在 E2 单元格里计算的结果是“一般”（见图 5.6）。

③把鼠标放在 E2 单元格的右下角，通过拖曳功能，复制公式至 E50，完成成绩的分组任务。

延伸阅读

VLOOKUP（）函数语法含义：

语法：VLOOKUP（lookupvalue，tablearray，colindexnum，rangelookup）或 VLOOKUP（查

找依据，数据表、序列号，精确匹配判断）

含义：在一表格的最左列中寻找含查找依据的列位，并返回同一列中匹配值的序列号所指定的单元格内容。

表格是要在其中进行找寻数据的数组区域，并且必须按其第一列的内容升序排序。

精确匹配判断—逻辑值。当引数值为 TRUE（或省略）时，如果找到不精确匹配的值，返回小于查表依据的最大值：当此引数值为 FALSE 时，必须找寻精确匹配的值，如果找不到，则传回错误值#N/A!。

二、定序数据转换成定距/定比数据

（一）定序数据转换成定距/定比数据概述

很多时候在收集数据时，为了降低回答问题的敏感性（涉及个人隐私等问题），或者为了方便被调查者填写，故意不要求被调查者直接填写连续性数据，只要求他们填写定序层次的数据。可是在统计分析阶段，需要计算一些相关的统计量，只好将定序层次的分组数据转换成相应的组中值。退而求其次，这也是没有办法的事情。组中值的公式如下：

$$组中值=\frac{(上限+下限)}{2} \tag{5.1}$$

如果是向下开口组，组中值应是该组上限减去邻近组的组距的一半，而向上开口组，组中值应是该组下限加上邻近组的组距的一半。

（二）利用 Excel 实现定序数据转换成定距/定比数据

案例：现有 2004 级劳动与社会保障专业的社会心理学等级成绩数据，请把社会心理学等级成绩转化为相应的组中值，转化依据是 0－59 为 1（不及格），60－69 为 2（及格），70－79 为 3（中），80－89 为 4（良），90 以上为 5（优）。

解决方案：利用 Excel 的 IF（）函数进行组中值运算。

操作步骤：

①在 D1 单元格输入等级成绩变量名称“组中值”。

②确定组距，由于本例的社心成绩分组数据是等距分组，组距为 10，因此第 1 组的组中值为 55，第二组为 65，以此类推，第 5 组为 95。

③在 D2 单元格输入公式：＝IF（C2＝1，55，IF（C2＝2，65，IF（C2＝3，75，IF（C2＝4，85，95））））（见图 5.7）。

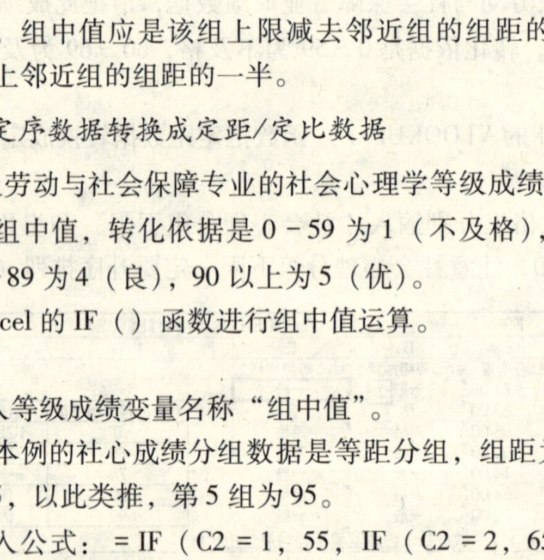

D2　fx =IF(C2=1,55,IF(C2=2,65,IF(C2=3,75,IF(C2=4,85,95))))

	A	B	C	D
1	学号	性别	社会心理学等级成绩	组中值
2	2004222101	2	3.00	75
3	2004222102	1	4.00	85
4	2004222103	2	2.00	65
5	2004222104	1	2.00	65

图 5.7　IF（）求组中值

④在 D2 单元格右下角向下拖曳复制公式，求出社会心理学等级成绩的组中值。

第二节 对录入数据进行运算生成新变量

在进行统计之前，有时需要把原始数据某些变量进行运算，形成新变量。比如，我们测得心理健康量表 SCL－90 数据，需要对 90 个问题的原始数据进行分类汇总计算出 12 个分量表的得分、总分等等，我们可以通过 SPSS、Excel 和 EpiData 的相关功能来实现。

一、用 SPSS 的相关命令模块生成新变量

案例：现有 2004 级劳动与社会保障专业成绩数据，求其总成绩、平均成绩，并对女生的体育成绩加 10 分。

解决方案：用 SPSS 的 Compute 命令求其总成绩、平均成绩，并对女生的体育成绩加 10 分。

（一）用 SPSS 的 Compute 命令求 2004 级劳动与社会保障专业的总成绩、平均成绩

操作步骤：

1. 选择"Transform"菜单，选择"Compute"，弹出"Compute Variable"对话框（见图 5.8）。

认识"Compute Variable"对话框：

（1）Target：目标变量名，原有变量名 or 新变量名，左上角为需要计算的变量名，在其中键入变量名，此时 Type & Lable 按钮就会变黑，Type & Label 是新变量的类型和标签。

（2）原有变量列表，共有 11 个变量。

（3）Numeric Expression：生成新变量的表达式。

2. 输入目标变量名"总成绩"，用鼠标选中原变量列表中的"体育"，然后单击"箭头"按钮，该变量就被引入右侧的"Numeric Expression"矩形框中，然后用键盘或者鼠标，输入"＋"，依次完成新变量的表达式：体育＋英语＋邓论＋法律基础＋计算机＋经济数学＋人口学＋社会保险＋社会心理（见图 5.9）。

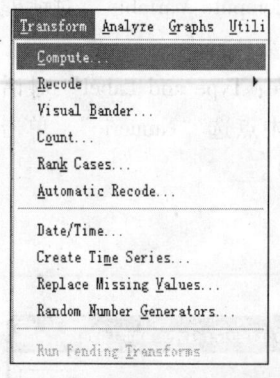

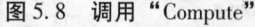

图 5.8 调用"Compute"

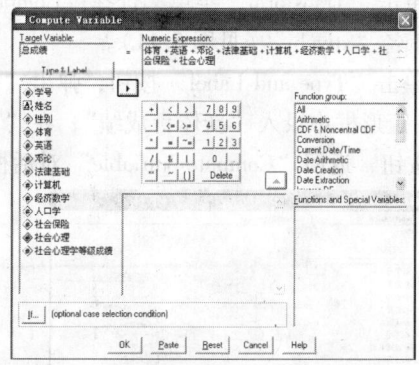

图 5.9 "Compute Variable"对话框

3. 这时"OK"按钮已经变黑，单击，系统就自动生成"总成绩"新变量。

4. 用同样的步骤生成"平均成绩"新变量，只需目标变量改成"平均成绩"，把表达式换成：（体育＋英语＋邓论＋法律基础＋计算机＋经济数学＋人口学＋社会保险＋社会心理）/9，或者总成绩/9（见图 5.10）。

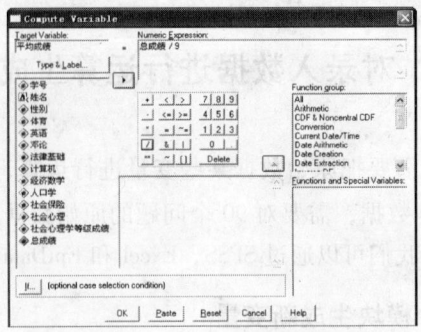

图 5.10 定义求"平均成绩"表达

注意：计算关系板 Calculator Pad，中部为类似计算器的软键盘，内容包括数字和 SPSS 运算符（见表 5.5），可以用鼠标按键输入，输入的内容会立刻在右上方的数值表达式窗口中出现。

表 5.5　　　　　　　　　　　　　　SPSS 的运算符

数学运算符		关系运算符		逻辑运算符	
符号	含义	符号	含义	符号	含义
+	加	<（LT）	小于	&（AND）	与
-	减	>（GT）	大于	｜（Or）	或
*	乘	<=（LE）	小等于	~（Not）	非
/	除	>=（GE）	大等于		
**	幂	#NAME?	等于		
()	括号	~=（NE）	不等于		

（二）用 SPSS 的 Compute 命令对女生体育成绩加 10 分

操作步骤：

1. 单击"Transform"菜单，选择"Compute"，弹出"Compute Variable"对话框。输入目标变量名"xtiychj"（见图 5.11）。

2. 单击"Type and Label"按钮，弹出"Compute Varible：Type and Label"对话框，在"Label"矩形框中录入"新体育成绩"；在"Type"矩形框中点选"Numeric"，单击"Continue"按钮，返回"Compute Variable"对话框（见图 5.12）。

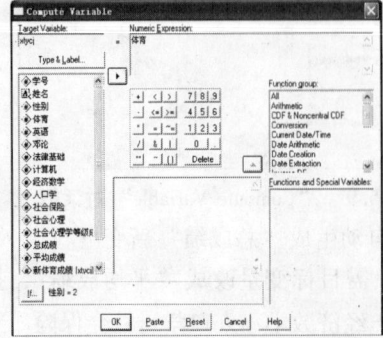

图 5.11　"Compute Variable"对话框

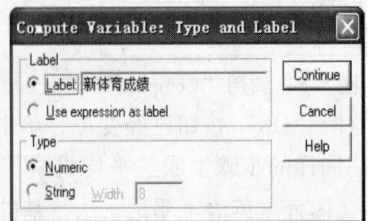

图 5.12　设置新变量类型和标签

3. 用鼠标选中原变量列表中的"体育",然后单击"箭头"按钮,该变量就被引入右侧的 Numeric Expression 中,然后用键盘或者鼠标输入" +10"(见图 5.13)。

4. 单击中下部的"If"按钮,系统弹出记录选择对话框,选中第二个按钮"Indude if Case Statisfies Condition:",选中原变量列表中的"性别",然后单击"箭头"按钮,该变量就被引入右侧变量框中,生成表达式"性别 =2"(见图 5.14)。

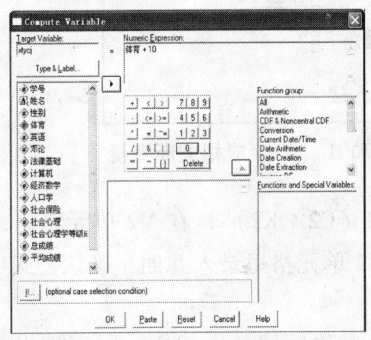 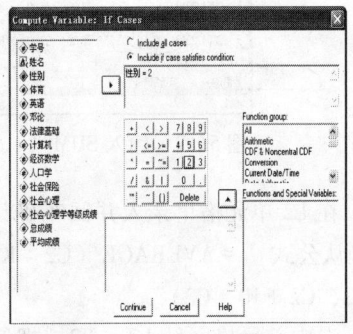

图 5.13 定义生成新变量表达式　　　　　图 5.14 筛选 Case 为女

5. 单击"Continue"按钮,系统回到"Compute Variable"对话框,请注意"If"按钮右侧的变化:性别 =2。

6. 单击"OK"按钮,系统就会自动生成"体育成绩调整"新变量。

7. 这时对女生体育成绩加 10 分之后,得到新变量只有女生成绩,没有男生的成绩。需要把 Compute 命令再运行一次,参加运算的观测值条件为:性别 =1,新变量成绩运算条件设置为只等于原体育成绩即可(见图 5.15)。

8. 现在单击"OK"按钮,由于我们要替换变量值,系统会弹出一个确认对话框,确认替换(见图 5.16)。

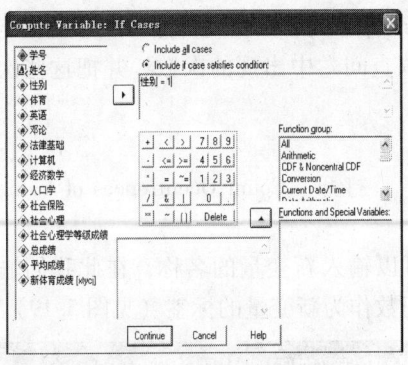 

图 5.15 筛选性别条件为男　　　　　图 5.16 替换变量警告

二、用 Excel 生成运算新变量

案例:现有 2004 级劳动与社会保障专业成绩数据,求其总成绩、平均成绩,并对女生的体育成绩加 10 分。

解决方案:用 Excel 的 SUM( )、AVERAGE( ) 和 IF( ) 函数求 2004 级劳动与社会保障专业的总成绩、平均成绩,并对女生的体育成绩加 10 分。

操作步骤:

1. 在 L1、M1 和 N1 三个单元格里依次录入新变量的名称"总成绩"、"平均成绩"和

"调整后体育成绩"（见图5.17）。

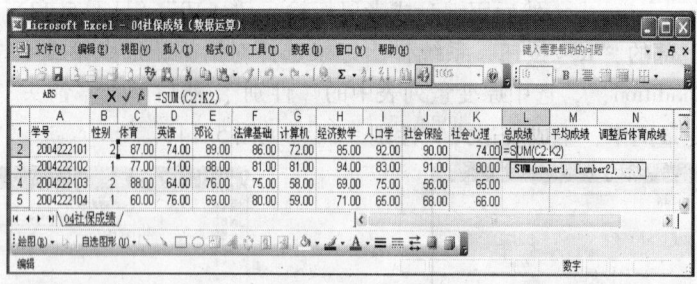

图5.17 输入SUM（ ）、AVERAGE（ ）和IF（ ）生成相关新变量

2. 在L2单元格里录入并回车确认公式"＝SUM（C2：K2）"，在M2单元格里录入并回车确认公式"＝AVERAGE（C2：K2）"，然后在N2单元格里录入并回车确认公式"＝IF（B2＝2，C2＋10，C2）"。

3. 选中单元格区域L2：N2，把鼠标放在选中单元格区域的右下方，向下拖曳复制公式，完成三个新变量的生成与计算。

三、计算指定变量值出现的次数并形成新变量

对原始数据中性质相同的某些变量，有时候需要对其进行条件计数运算，以此生成新变量。

（一）用SPSS的Count命令进行次数计算

案例：现有2004级劳动与社会保障专业9门课程的成绩数据，求9门课程成绩中不及格的门数。

解决方案：用SPSS的Count命令完成。Count命令的含义指允许用户从一些指定的变量中数出某个或某些符合某个范围的数值在每份调查问卷中出现的次数，并把这些次数作为新变量的值存放起来。

操作步骤：

1. 单击"Transform"主菜单，选择"Count"，打开"Count Occurrences of Values within Cases"对话框（见图5.18）。

2. 在对话框上边，"Target Variable"框中可以输入新变量的名称，在此我们输入不及格，并在右边"Target Label"中输入不及格的门数作为新变量的标签（见图5.19）。

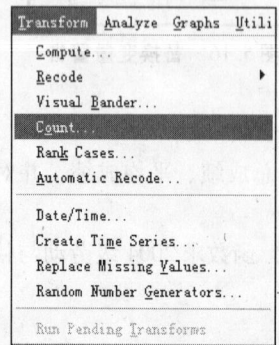

图5.18 调用"Count"

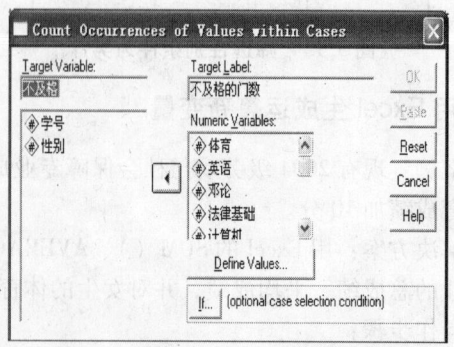

图5.19 定义新变量名称及其标签

3. 从左边的变量列表中把体育到社会心理学等课程全部选入到右边的"Numeric Variables"框中。要求 SPSS 计算出这 9 门课程中不及格的门数（见图 5.19）。

4. "Define Values" 按钮变黑，单击"Define Values 按钮进入"count values within cases: values to count"子对话框。左半部为变量值定义窗口，可以定义某个值、系统缺失值、系统或用户定义缺失值、变量值范围、小于某值或大于某值。在左边"Value"下方选中"Range"，并在"through"后的方框中输入 60；然后单击"Add"按钮（见图 5.20）。

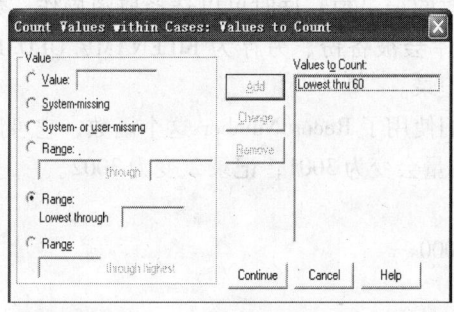

图 5.20　定义次数条件

5. 单击"Continue"按钮，然后单击"OK"运行程序。新变量"不及格门数"将自动出现在数据窗口中原有变量之后。

（二）用 Excel 的相关函数进行次数计算

案例：现有 2004 级劳动与社会保障专业 9 门课程的成绩数据，求 9 门课程成绩中不及格的门数。

解决方案：用 Ecxel 的 COUNTIF（）函数求出每个学生 9 门课程中不及格的门数。

操作步骤：

1. 在 L1 单元格里录入新变量的名称"不及格门数"（见图 5.21）。

2. 在 L2 单元格里录入公式"=COUNTIF（C2：K2," <60"）"（见图 5.21）。

3. 选中单元格 L2，把鼠标放在选中单元格区域的右下方，向下拖曳复制公式，完成"不及格的门数"新变量的生成与计算（见图 5.21）。

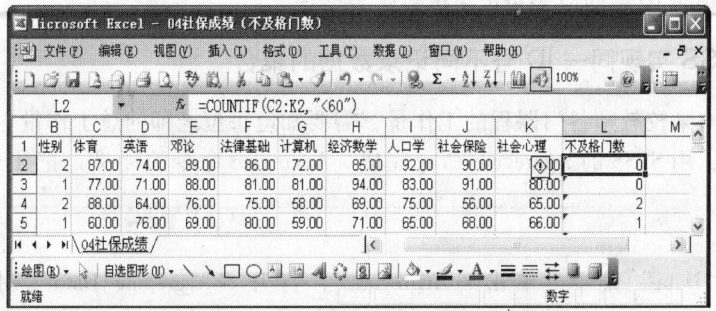

图 5.21　COUNTIF（）求不及格门数

四、EpiData 重新编码数据库（Recode Data File）

该项功能允许改变数据库中所有记录的多个变量的数值。重新编码的命令写在 RECO-

DEBLOCKEND 命令块中，我们可以在 CHECK 文件中定义这个命令块，也可以在另一个文本文件中定义。

记住，不要将 RECODEBLOCKEND 命令块写在任何变量块中。RECODEBLOCK 中可以使用的命令包括 LET、IFELSETHENENDIF、CLEAR 和 EXIT。

如果要运行重新编码的命令，可以选择菜单"Tools/Recode Data"，键入准备重新编码的数据库名，以及含有 RECODEBLOCK 的文件名。所有记录都会被重新编码。程序会弹出一个信息框，显示会被修改的记录数。这时可以选择取消操作，数据库不会被修改。如果不取消操作，则原始数据库会被备份、另存为 FILENAME. OLD. REC，而 FILENAME. REC 中含有的是重新编码了的记录。

下面这个例子中，我们使用了 RecordNumber 这个函数，它可以表示当前的记录号。重新编码后，记录 1 的 ID 变量会变为 3001，记录 2 变为 3002。

RECODEBLOCK
ID = RecordNumber + 3000
IF V2 = . THEN
CLEAR V3
EXIT
ENDIF
V3 = V3 + 1
END

重新编码的操作情况会载入数据录入备忘录中。可以通过"Document/Data Entry Notes"浏览备忘录。

第三节　原始数据的分类汇总

一般而言，每个被调查者有一条记录，即每个 ID 号对应一条记录，但有时候每个调查者可以同时有多条记录，因此一个 ID 号对应多条记录也是允许的。但是在数据整理和处理阶段，需要把相同 ID 号对应多条记录进行聚合整理。

一、利用 SPSS 实现同一 ID 号不同记录数据的聚合

案例：现有某校教师各门课程的工作量，需要知道每位老师的总工作量。

解决方案：用 SPSS 的 Aggregate 命令完成。Aggregate 命令的涵义是把几个数据聚合成一个新变量。

操作步骤：

1. 单击"Data"菜单，单击"Aggregate"，打开"Aggregate Data"对话框（见图 5.22）。

2. 把职工号选入分类变量（Break variable [s]）；把理论课时、实践课时和总工作量选入聚合变量（Aggregate variable [s]）（见图 5.23）。

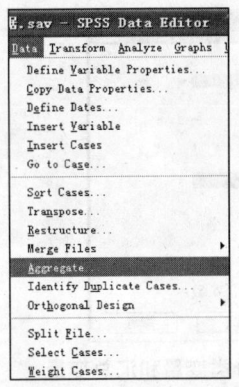
图 5.22 调用"Aggregate"

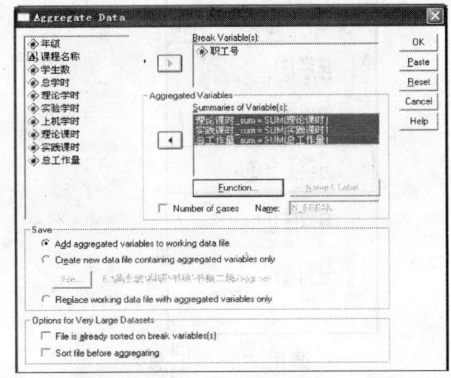
图 5.23 定义分类变量和汇总变量

3. 把聚合变量（Aggregate variable ［s］）中的变量表达式选中，单击"Function"按钮，进入"Aggregate data：Aggregate Function"对话框，选中"sum"（见图 5.24）。

4. 单击"Continue"按钮，返回"Aggregate data"对话框，选中对话框下方的"replace working data file"，目的是替换当前的工作文件；如果选中对话框下方的"Add aggregated variables to working data file"，表示添加聚合变量到当前工作数据文件之中；如果选中的是"Create new data file containing aggregated variables only"，表示创建一个新文件以保存聚合的变量，默认文件名称为"aggr.sav"。见图 5.23。

5. 单击"OK"按钮，得到一个替换当前工作数据文件的存有聚合数据变量的新文件（见图 5.25）。

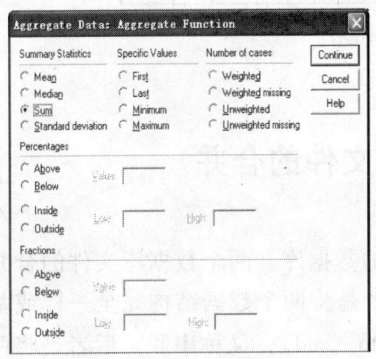
图 5.24 选择聚合函数

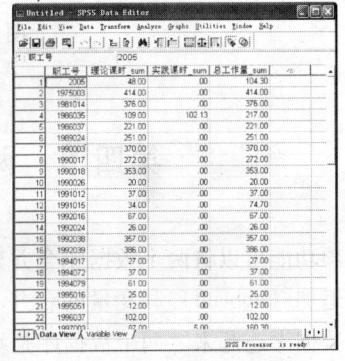
图 5.25 分类汇总结果

二、利用 Excel 实现同一 ID 号不同记录数据的聚合

案例：现有某校教师各门课程的工作量，需要知道每位老师的总工作量。

解决方案：用 Excel 的分类汇总命令完成。

操作步骤：

1. 选中教师工作量数据 A1：K169，单击"数据"菜单，选中"分类汇总（B）"命令，进入"分类汇总"对话框（见图 5.26）。

2. 在"分类字段（A）"下拉菜单中选中"职工号"；在"汇总方式（U）"下拉菜单中选中"求和"；在"选定汇总项（D）"下拉菜单中勾选学生数、总学时、理论学时、实验学时、上机学时、理论课时实践课时、总工作量等选项（见图 5.27）。

3. 单击"确定"按钮，得到教师工作量分类汇总计算结果（见图 5.27）。

社会科学数据处理软件应用

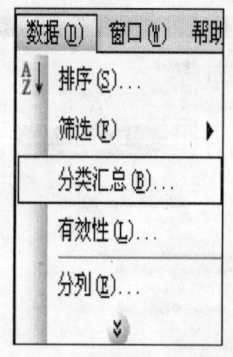 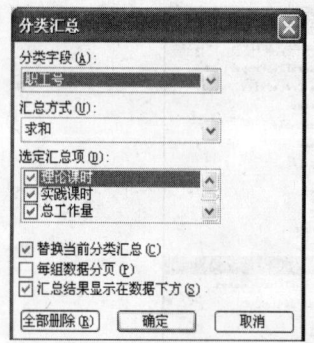

图 5.26　调用"分类汇总"　　　　图 5.27　定义分类变量和汇总变量

4. 为了只显示分类汇总的结果，可以双击教师工作量分类汇总计算左边的"2"按钮，就得到了二级汇总结果。见图 5.28。

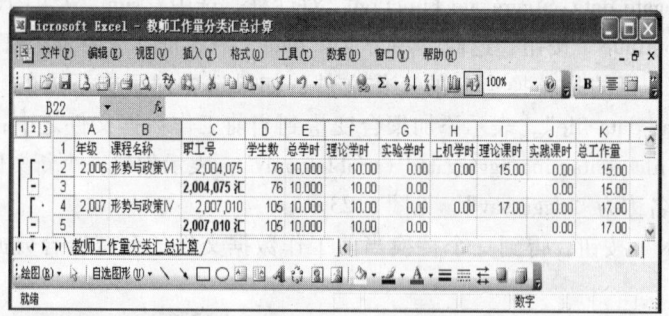

图 5.28　分类汇总结果

第四节　两个数据库文件的合并

该项功能可以将两个数据库合并建成另一个新的数据库。两个数据库文件的合并包含记录的追加（append）和变量的合并（merge）。前者是将两个数据结构完全一样或基本上一样的数据库连起来。两个数据库是端对端（end‑to‑end），又称串联。后者是将两个结构不同、但是有 1~3 个相同变量（如 ID 变量或 key 变量）的数据库合并。这样的两个数据库合并是边对边（side‑to‑side），又称并联。例如，一个数据库中录入的是自我意识量表调查结果，而另一个数据库中录入的是该被调查者的疏离感调查结果，需要注意的是两个数据库都含有一个可以确定被调查者的 ID 号。

一、记录的追加（append）

实用情境：当样本量比较大，为了加快数据录入速度，由两位录入员在两台计算机上同时录入。这需要把两个文件合并到一起，而且保留了两个文件中的全部变量。

条件：两个文件中的变量名相同。

（一）利用 SPSS 中 Merge Files 命令追加记录

案例：现有 SCL‑90 测试问卷结果，甲同学录入了前 80 个观察记录，录入数据名称为

"甲同学录入 scl-90 数据",乙同学录入了后 80 个观察记录,录入数据名称为"乙同学录入 scl-90 数据",现把甲乙同学的录入文件合并在一起,以便进行后续的统计分析。

解决方案:利用 SPSS 中 Merge Files 命令中的 Add Cases 选项将甲同学和乙同学的录入数据文件合并起来。

操作步骤:

1. 打开"甲同学录入 scl-90 数据"文件,单击"Data"菜单,选择"Merge Files"命令,单击"Add Cases",打开"Add Cases:Read File"对话框(见图 5.29)。

2. 找到"乙同学录入 scl-90 数据"的保存路径,选中"乙同学录入 scl-90 数据",进入"Add Cases from"对话框(见图 5.30)。

3. "Add Cases from"对话框显示两个文件所含的变量信息。右边窗口显示的是两文件中变量名相同的变量。左边窗口显示的是不匹配的变量,即只有其中一个文件包含的变量,其中带*的变量为只存在于第一个数据文件(当前工作文件)中的变量,带+的变量为只存在于第二个数据文件(添加文件)中的变量(见图 5.31)。

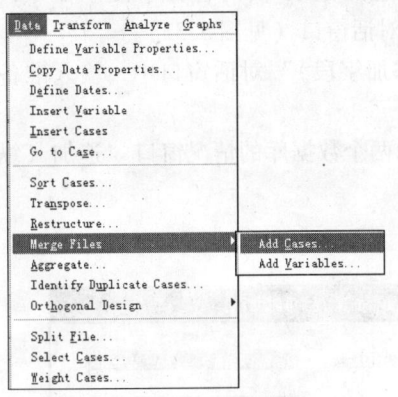

图 5.29 调用"Merge File"

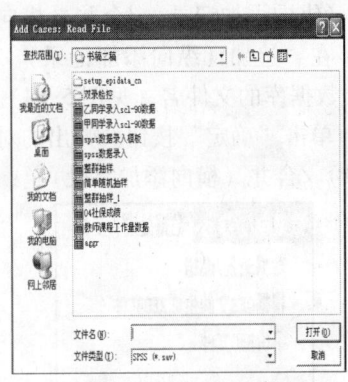

图 5.30 打开追加文件

比如 t_1(*)表示"甲同学录入 slc-90 数据"中问题 1 的数据,而 t1(+)表示"乙同学录入 slc-90 数据"中问题 1 的数据,其实 t_1 和 t1 都表示 scl-90 量表中的第一个问题的数据,只是甲乙两位同学所取的变量名称不一致,因此需要针对同一问题的不同变量名称进行人工匹配。方法是:

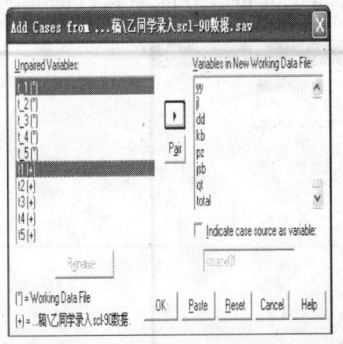

图 5.31 "追加记录"对话框

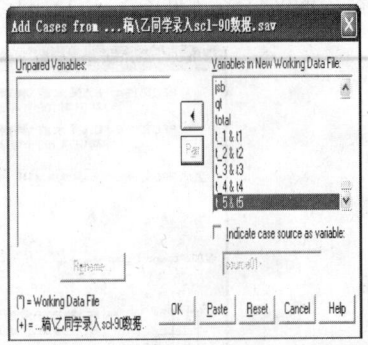

图 5.32 强行匹配变量

(1)选中左边窗口中的 t_1(*),然后按住"Ctrl"按钮,同时选中 t1(+),这时对话框中部的"Pair"按钮变黑成可选状态。

（2）单击"Pair"按钮，把人为匹配变量选入右边的窗口。

（3）以此类推，把 t_2（*）和 t2（+）、t_3（*）和 t3（+）、t_4（*）和 t4（+）、t_5（*）和 t5（+）等 5 个变量一一匹配，选入右边的窗口（见图 5.31）。

4. 如果需要把原先一些不匹配的变量改变一个变量名称保存到合并文件中，则在选中这个变量后，单击"Rename"按钮，即可打开重新命名对话框，并输入新的变量名（见图 5.32）。

5. 单击"OK"运行程序，乙同学录入的数据就添加合并到"甲同学录入 slc-90 数据"之中了。

（二）利用 EpiData 中的 Append 命令追加记录

解决方案：利用 EpiData 中数据库的追加（Append）将甲同学和乙同学的录入数据文件合并起来。

操作步骤：

1. 单击"数据导入/导出"菜单，选择"纵向追加记录/横向合并字段"命令，进入"追加（纵向添加记录）/合并（横向添加字段）"对话窗口（见图 5.33）。

2. 在"追加（纵向添加记录）/合并（横向添加字段）"对话窗口中，输入准备合并的两个数据库的文件名（见图 5.34）。

3. 单击"确定"按钮。弹出的对话框中会显示两个数据库的情况窗口"追加（纵向添加记录）/合并（横向添加字段）"。

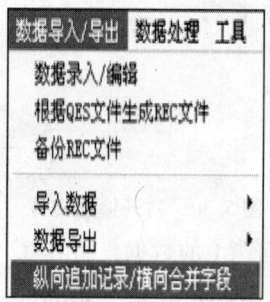

图 5.33　调用追加记录

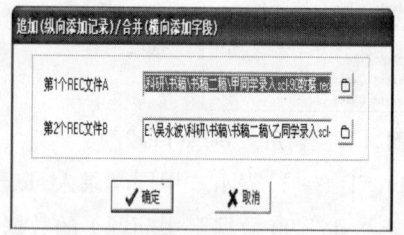

图 5.34　打开追加记录文件

4. 在"生成 REC 文件 C："矩形框的右边键入准备建立的新的数据库（包含两个数据库的内容）的文件名（见图 5.35）。这个操作不会修改两个准备合并的原始数据库。

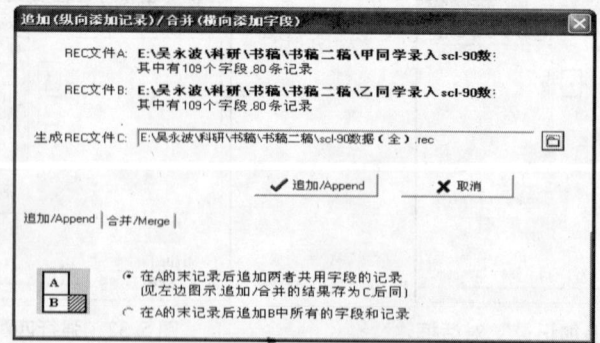

图 5.35　定义追加记录选项

5. 选择第一种追加方式，见图 5.35。追加的方式有两种：一是追加后新建的数据库的结构与数据库 A 相同，即有相同的变量。至于数据库 B 中的数据，只有与数据库 A 相同的变量才会被追加到新的数据库中，数据库 A 中没有的变量会被忽略。二是新的数据库中包括所有数据库 A 中的变量和数据库 B 中的变量。

延伸阅读

这里数据库 A 被看作是"主"数据文件。如果数据库 A 和数据库 B 中含有相同名称的变量，则追加、新创建的数据库中对应的变量类型将以数据库 A 中的为准。

如果数据库 A 或数据库 B 有 CHECK 文件，追加/合并功能会将其引入新的合并后的数据库。使用者应该仔细检查和确认合并后数据库的 CHECK 设置是否合适，特别留意 JUMPS、GOTO 和 IF…THEN…ENDIF 命令。

6. 单击"追加/Append"按钮，弹出 REC 文件标记窗口，文件标记可以省略，见图 5.36。因此可以直接单击"确定"按钮，程序会显示新建的这个合并数据库的简要情况。这些内容同时会被添加到新建的合并数据库的数据录入备忘录文件（data entry notesfile）中（见图 5.37）。

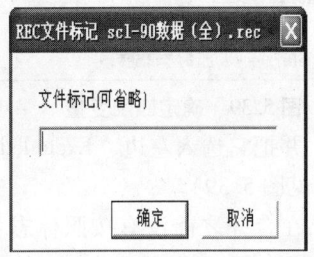
图 5.36　REC 文件标记

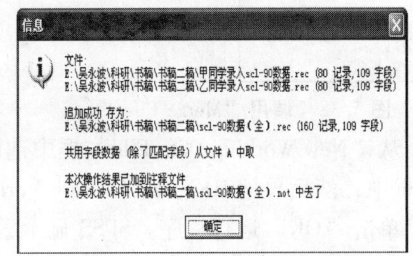
图 5.37　"信息"界面

这样追加记录的文件合并就结束了。

二、变量的合并

针对同一批被调查者，有两组数据，需要把这两组数据合并在一个文件中，这就涉及变量的合并。

（一）利用 SPSS 实现变量的合并

案例：一位研究者测试了社区受访者对象的自我意识量表，并录入数据保存文件为"社区青少年自我意识量"。过几天，他又补测了这组受访者对象的青少年疏离感量表，录入数据保存为"社区青少年疏离感量表"。现在，他希望合并两个文件，以便做相关分析。

解决方案：利用 SPSS "Add Variables"完成两个文件的合并，该方法是根据受访者对象的编号合并变量来实现的。

条件：它们共有一个标志变量。

操作步骤：

1. 两个文件分别按照变量 ID"排成升序。

2. 打开"社区青少年自我意识量"文件，单击"Data"主菜单选择"Merge Files"命令，单击"Add Variables"子命令，进入"Add Variables：Read file"对话框，找到"社区青少年疏离感量表"文件（见图 5.38）。

3. 单击"打开"按钮，进入"Add Variables from"对话框，显示两个文件所含的变量信息。右边窗口是合并后新的工作文件包含的变量列表,左边窗口是被排除在自动合并后的文件中的变量。这些变量被排除的原因在于它们的名称与第一个文件中的变量重名。附有 + 的变量属于第二个文件,附有 * 的变量属于第一个文件(见图 5.39)。

4. 选中复选框"Match cases on key variables in sorted files",表示在文件中已排序的用来匹配 case 的关键变量,然后选中"External files is keyed table"。目的在于保持第一个文件的数据不动,把第二个文件(外部文件)加入进来(见图 5.39)。

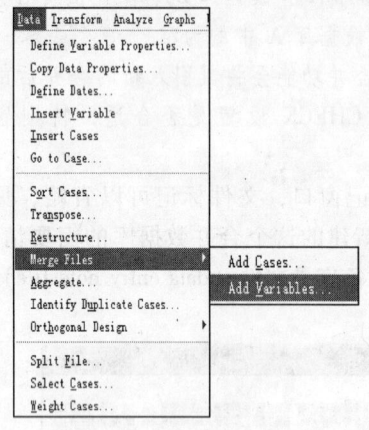

图 5.38 调用"Merge Files"

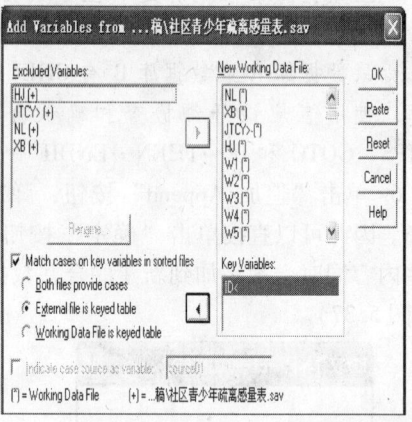

图 5.39 确定匹配变量

5. 从"New Working Data File"框中选中变量"ID",并把它选入左边"Excluded Variables"框中,然后再把 ID 选入到"Key Variables"框中(见图 5.39)。

6. 单击"OK"运行程序。SPSS 显示警告窗口,如果在合并之前没有按照标志变量排序,操作将失败。单击"确定",继续执行程序(见图 5.40)。

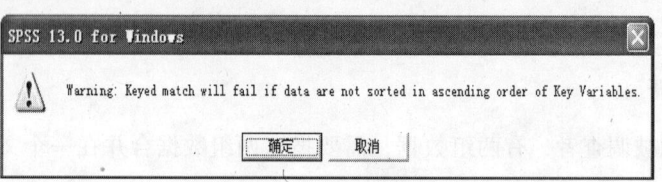

图 5.40 警告窗口

(二)利用 EpiDataD 实现变量的合并

案例:一位研究者测试了社区受访者对象的自我意识量表,并录入数据保存文件为"社区青少年自我意识量"。过几天,他又补测了这组受访者对象的青少年疏离感量表,录入数据保存为"社区青少年疏离感量表"。现在,他希望合并两个文件,以便做相关分析。

解决方案:利用 EpiDataD 数据库的合并(Merge)完成两个文件的合并,该方法是根据受访者对象的编号合并变量来实现的。

操作步骤:

1. 单击"数据导入/导出"菜单,选择"纵向追加记录/横向合并字段"命令,进入"追加(纵向添加记录)/合并(横向添加字段)"对话窗口(见图 5.41)。

2. 在"追加(纵向添加记录)/合并(横向添加字段)"对话窗口中,输入准备合并的两个数据库的文件名(见图 5.42)。

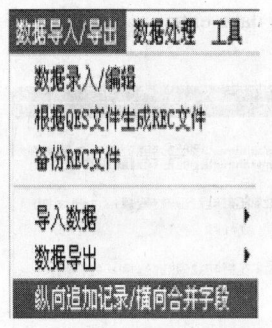
图 5.41　调用"Compute"

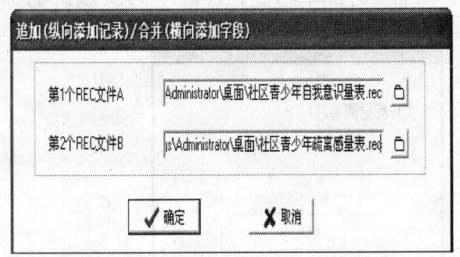
图 5.42　调用"Compute"

3. 单击"确定"按钮。弹出的对话框中会显示两个数据库的情况窗口"追加（纵向添加记录）/合并（横向添加字段）"。

4. 在"生成 REC 文件 C:"矩形框的右边键入准备建立的新的数据库（包含两个数据库的内容）的文件名（见图 5.43）。这个操作不会修改两个准备合并的原始数据库。

5. 在"合并/Merge"矩形框中，首先选择合并必须匹配的字段（变量）。右侧显示了两个数据库文件共有的变量列表。如果没有共同的变量，合并将无法继续。这些标志变量在两个数据库中都必须是唯一的。合并功能要求两个数据库都必须有一个或多个标志变量，以便匹配两个数据库文件中对应的记录。最多可以选择 3 个标志变量。标志变量不一定要设置为 KEY 或 KEY UNIQUE，但是必须是在两个数据文件中都存在。这里选择 ID 变量。

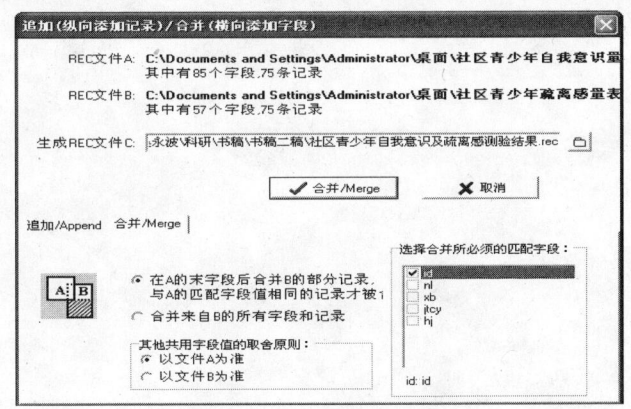
图 5.43　合并变量选项

6. 选择第一种合并方式，见图 5.43。合并的方式有两种：一是只合并那些标志变量在两个数据库文件完全匹配的记录。二是合并两个数据库中的所有记录。这个操作可能会使很多变量出现缺失值，因为来自第二个数据库文件的一些记录，在第一个数据库文件中没有匹配的记录。

如果两个数据库文件有 CHECK 文件，追加/合并功能会将其引入新的合并后的数据库。使用者应该仔细检查和确认合并后的数据库的 CHECK 设置是否合适，特别留意 JUMPS、GOTO 和 IFTHENENDIF 命令。

7. 单击"合并/Merge"按钮，弹出 REC 文件标记窗口，文件标记可以省略（见图 5.44）。

8. 直接单击"确定"按钮，程序会显示新建的这个合并数据库的简要情况。这些内容同时会被添加到新建的合并数据库的数据录入备忘录文件（data entry notesfile）中（见图 5.45）。这样就完成了两个数据库的变量的合并。

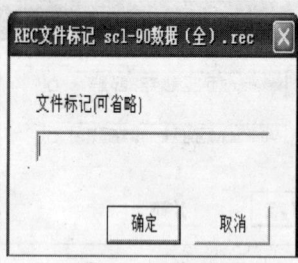

图 5.44　REC 文件标记

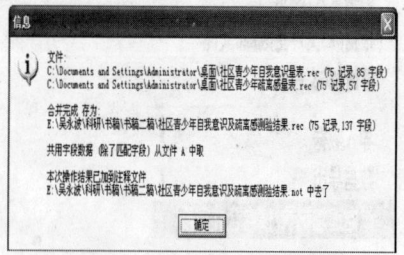

图 5.45　"信息"界面

第六章　调查研究数据的描述统计

我们对研究问题进行了数据的收集和初步的整理，但是这些原始数据反映了一些什么问题，可以得出哪些规律和结论呢？这就需要我们对原始数据进行集中趋势和离散趋势的分析，以及通过统计图表表现并描述相关的统计资料等。另外我们还要学习推论统计的前提条件的检验方法。

第一节　Excel 的集中趋势测量

集中趋势就是找出一个数值来代表变量数据的分布，以反映数据共同的规律。从统计含义上讲，可以根据找到的这个数值来估计或预测每个研究对象的数值，而犯错误的可能性是最小的。反映数据集中趋势的指标有众数、中位数、平均数。

一、众数（mode）

众数是指在一组数据中出现次数最多的那个数值，简称 M_0。其优点是简单易得，并且不受极端值的影响。缺点是同一数据有几个众数，或者没有众数，而且当数据发生变动后众数可能不变，表现出其灵敏度差。

众数适合于分析定类变量数据，也适合分析定序和定距变量数据。如果是原始数据，求出各变量值的频次，然后找出频次最高的对应的变量值，就是众数；如果是分组数据（定序变量），首先求出众数对应的那一组，然后可用公式计算众数的近似值，计算公式是：

$$M_0 \approx L_i + \frac{d_1}{d_1 + d_2} \times w \tag{6.1}$$

其中，L_i 为众数组的下限，d_1 为众数组与其上一组频数的差距的绝对值，d_2 为众数组与下一组频数的差距的绝对值，w 为众数组的组距。

（一）原始数据求众数

案例：现有 2004 级劳动与社会保障专业社保社会心理学百分制成绩和等级成绩数据，求数据文件中性别、社会心理学百分制成绩的众数。

解决方案：利用 Excel 中的众数函数 MODE（）来求出各变量的众数。

操作步骤：

1. 在 F2、F3 和 G1 三个单元格里录入性别、社会心理学百分制成绩和众数（见图 6.1）。

2. 在 G2 单元格输入公式：=MODE（B2：B50）；在 G3 单元格里输入 =MODE（C2：C50），然后单击回车确认公式。

3. 结果解释：求得性别众数为 2，说明性别为女的最多；求得社会心理学成绩的众数

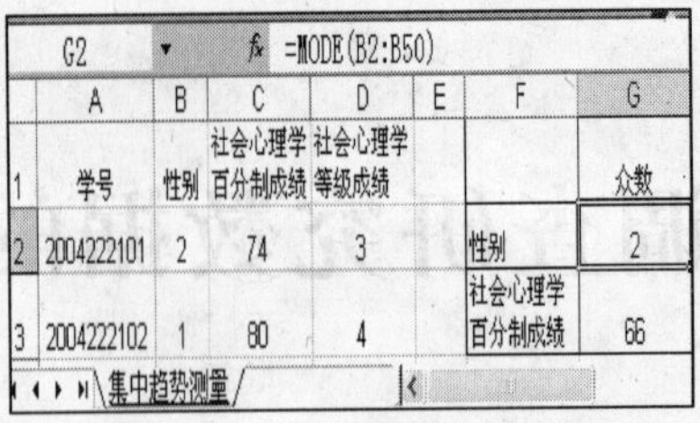

社会科学数据处理软件应用

图 6.1 原始数据求众数

是 66，表明成绩为 66 分的学生人数最多。

4. 调用函数说明：

=MODE（C2：C50）是众数函数，C2：C50 表示需要参与计算的原始数据，函数的含义为计算指定区域中所有数值的众数（存在多个众数时只给出一个）。

（二）分组数据求众数

案例：现有 2004 级劳动与社会保障专业社会心理学百分制成绩和等级成绩数据，求数据文件中社会心理学等级成绩的众数。

解决方案：利用 Excel 中的众数公式来求出各变量的众数。

操作步骤：

1. 在 F6：I21 区域录入相应的文本数据信息。

2. 在 I10 单元格输入公式：=COUNTIF（$D$2：$D$50，G10），回车确认公式，然后把鼠标放在 I10 右下角，向下复制拖曳公式至 I14，求出各组的频数。

3. 找出众数所在的组别，由上述的频数分布表可知，众数在第 2 组，即 60 - 70 组。

4. 根据分组数据众数公式，在 H2 单元格输入公式：=60 + 10 * ABS（I11 - I10）/（ABS（I11 - I10）+ ABS（I11 - I12）），确认公式后，得到众数 67.14。

5. 结果解释：求得社会心理学分组成绩的众数为 67.14，说明等级成绩为 67.14 的学生人数最多，这与原始数据求得的众数 66 有一定的误差，那是因为由百分制成绩转换为等级成绩，信息有所损失，误差增加，这也说明了为什么要求问卷设计时，尽量设计成数字型的填空题，而不是分段的选择题。

6. 调用函数说明。上述求众数的过程中，使用了条件计数函数 COUNTIF（）和绝对值函数 ABS（）。COUNTIF（）条件计数函数将在下章介绍。绝对值函数 ABS（Number）表示返回数字的绝对值，Number 需要计算其绝对值的实数。数字的绝对值是其无符号的数值大小。例如，Abs（-1）和 Abs（1）都返回 1。

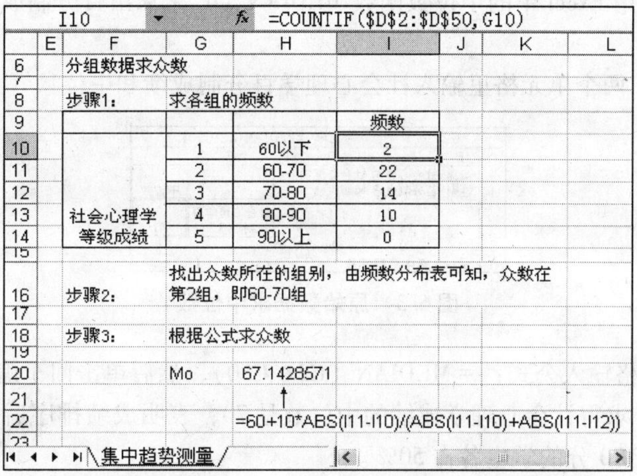

图 6.2 分组数据求众数

二、中位数（Median）

中位数就是在一个已排序的数据序列中的中央位置的值，即高于此值的有 50% 的研究个案，低于此值的也有 50%。也就是说将所有数据排序后，把这个排序位置长度看出 100%，而处在 50% 位置处对应的数值，就是中位数。中位数的优缺点与众数的优缺点类似，都是不受极端值影响，也容易取得，尤其是分布不对称的数据，中位数比平均数更好代表集中趋势，另一方面缺点也是很明显的，仅注重中间数字，忽略了两段的所有数据，对数据变动不是很敏感。

中位数适合于定序数据，也可以用于定距数据，但不能用于定类数据。

如果是原始数据，首先对原始数据进行排序，然后求出 50% 位置的秩序号，计算公式如下：

$$M_d（位置）= \frac{n+1}{2} \tag{6.2}$$

其中 n 为原始数据的个数。

若待处理的原始数据的个数 n 是奇数，中位数就是大小排序后第 (n+1)/2 个 (50%) 位置的秩序号对应的观测值。若待处理的原始数据的个数 n 是偶数，中位数就取第 n/2 与 (n+2)/2 对应的两个观测数据值的平均数。

如果是分组数据（定序变量），首先求出中位数对应的那一组，然后可用公式计算中位数的近似值，计算公式是：

$$M_d \approx L_i + \frac{\frac{n}{2} - cf_i}{f_i} \times w \tag{6.3}$$

其中，L_i 为中位数组的下限，n 为个案数，cf_i 为中位数组一下的累计频数（中位数组的频数不能算在内），f_i 为中位数组的频数，w 为中位数组的组距。

（一）原始数据求中位数

案例：现有 2004 级劳动与社会保障专业社会心理学百分制成绩，求数据文件中社会心理学百分制成绩的中位数。

解决方案：利用 Excel 中的中位数函数 MEDIAN（）来求出百分制成绩变量的中位数。

操作步骤：

1. 在 F2 和 G1 两个单元格里输入社会心理学百分制成绩和中位数（见图 6.3）。

图 6.3　原始数据求中位数

2. 在 G2 单元格输入公式：＝MEDIAN（C2：C50），然后单击回车确认公式。

3. 结果解释：求得社会心理学成绩的中位数是 70，表明成绩排序后位于中点的成绩是 70 分，高于和低于 70 分的学生各占 50%。

4. 调用函数说明。＝MEDIAN（C2：C50）是中位数函数，C2：C50 表示需要参与计算的原始数据，函数的含义为计算指定区域中所有数值的中位数。

（二）分组数据求中位数

案例：现有 2004 级劳动与社会保障专业社会心理学等级成绩数据，求数据文件中社会心理学等级成绩的中位数。

解决方案：利用 Excel 中的中位数公式来求出各变量的中位数。

操作步骤：

1. 在 F6：I21 区域录入相应的文本数据信息（见图 6.4）。

图 6.4　分组数据求中位数

2. 在 I10 单元格输入公式：＝COUNTIF（＄D＄2：＄D＄50，G10），回车确认公式，然后把鼠标放在 I10 右下角，向下复制拖曳公式至 I14，求出各组的频数。

3. 在 J10 单元格输入公式：＝FREQUENCY（＄D＄2：＄D＄50，G10），回车确认公式，然后把鼠标放在 J10 右下角，向下复制拖曳公式至 J14，求出各组的累计频数。

4. 找出中位数的位置是 n/2＝48/2＝24，由上述的累计频数分布表可知，中位数在第2组，即60－70组。

5. 根据分组数据众数公式，在 H2 单元格输入公式：＝60＋10＊（（48/2）－J10）/I11，确认公式后，得到众数70。

6. 结果解释：求得分社会心理学分组成绩的中位数为70，表明成绩排序后位于中点的成绩是70分，高于和低于70分的学生各占50％。

7. 调用函数说明。上述求众数的过程中，使用了连续变量的条件计数函数 FREQUENCY（），该函数与 COUNTIF（）函数的语法结构一样，但含义有所不同，也将在下章详细介绍。

三、平均数（Average）

（一）平均数的含义

平均数一般指算术平均数，是指将总和除以个数。按照约定俗成的统计习惯，总体数据的描述指标，叫参数，用希腊字母来表示；样本数据的描述指标叫统计量值，用英文字母表示。因此总体平均数用 μ 表示，而样本平均数用 x̄ 表示。

平均数是利用最为广泛的一个反映集中趋势的指标，其优点是代表性容易被接受，永远只有1个，灵敏度高，因为所有数值都参加运算，不似众数和中位数，忽略了两端的数据。平均数的缺点是极易受到极端值的影响。

（二）平均数的求法

1. 原始数据求平均数。根据未分组的原始统计资料，将总体各单位的标志值简单加总，形成总体标志总量，然后除以总体单位总数，这种方法为简单算术平均法，其公式是：

$$\bar{x} = \frac{\sum x}{n} \tag{6.4}$$

（1）连续变量的原始数据求平均数。

案例：现有2004级劳动与社会保障专业社会心理学百分制成绩数据，求数据文件中社会心理学百分制成绩的平均数。

解决方案：利用 Excel 中的平均数函数 AVERAGE（）来求出各变量的平均数。

操作步骤：

①在 F2、G1 和 H1 三个单元格里输入社会心理学百分制成绩和平均数1、平均数2。见图6.5。

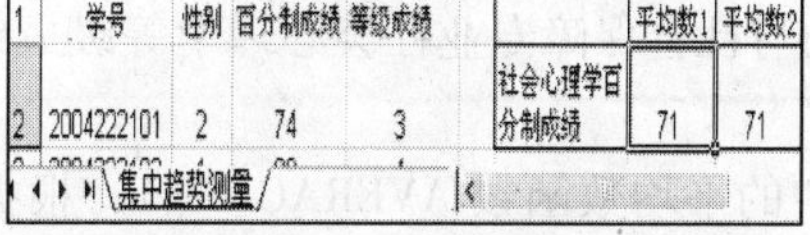

图6.5 连续变量原始数据求平均数

②在 G2 单元格输入公式：＝AVERAGE（C2：C50），在 H2 单元格输入公式：＝AVERAGEA（C2：C50），然后单击回车确认公式。

③结果解释：求得社会心理学的平均成绩为71分。

④调用函数说明。这里需要说明的是，函数 AVERAGE（C2：C50）表示 C2：C50 单元格区域中所有含数值数据的单元格平均数；而函数 AVERAGEA（C2：C50）表示 C2：C50 单元格区域中所有非空白单元格的平均数。在本例结果一样，是因为数据区域中非空白单元格和数值数据单元格是一样的。

（2）离散变量原始数据求平均数。

案例：现有2004级劳动与社会保障专业社会心理学等级成绩数据，求数据文件中社会心理学等级成绩的平均数。

解决方案：利用 Excel 中的平均数函数 AVERAGE（） 来求出离散变量原始数据的平均数。

操作步骤：

①在 E1 单元格输入"组中值"，而在 E2 单元格里边输入公式：= IF（D2 = 1，55，IF（D2 = 2，65，IF（D2 = 3，75，IF（D2 = 4，85，95）））），回车确认公式，然后把鼠标放在 E2 右下角，向下拖曳复制公式，求出各个值相应的组中值。

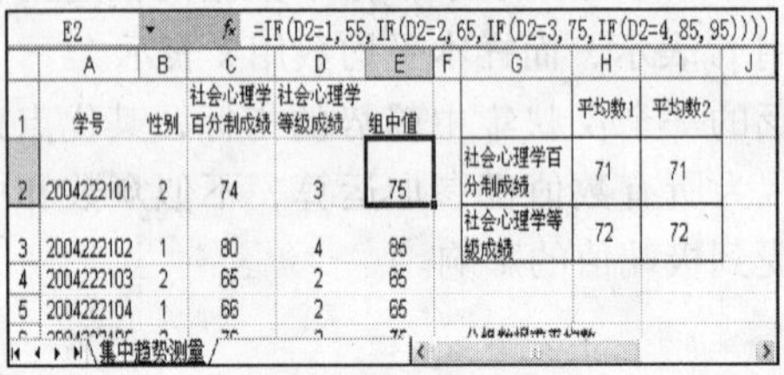

图6.6 离散变量原始数据求平均数

②在 G3 单元格输入"社会心理学等级成绩"，在 H3 单元格输入公式：= AVERAGE（E2：E50），在 I3 单元格输入公式：= AVERAGEA（E2：E50），然后单击回车确认公式。得到社会心理学等级成绩的平均成绩72。

③结果解释：求得社会心理学的平均成绩为72分，与连续变量原始数据求的平均数71有一点差异。

2. 分组数据求平均数。经过分组整理而编制的单项数列或组距数列，并且每组次数不同时，就应采用加权算术平均数的方法计算平均数，又称加权算术平均数。分组数据求平均数的公式是：

$$\bar{x} = \frac{\sum fx_m}{n} \qquad (6.5)$$

其中，f 表示每组的频数，x_m 表示组中值，n 表示个案数目。所以分组数据是定序层次数据，只能用组中值来代替原值进行计算了。

案例：现有2004级劳动与社会保障专业社会心理学等级成绩数据，求数据文件中社会心理学等级成绩的平均数。

解决方案：利用 Excel 中的平均数函数 AVERAGE（），根据等级成绩频数分布数据来求出平均数。

操作步骤：

（1）在 G6：L18 区域录入相应的数据信息（见图6.7）。

（2）在 J10 单元格输入公式：= COUNTIF（＄D＄2：＄D＄50，G10），回车确认公

式，然后把鼠标放在 J10 右下角，向下复制拖曳公式，求出各组的频数。

（3）在 K10 单元格输入公式：=55 +（H10 -1）*10，回车确认公式，然后把鼠标放在 K10 右下角，向下复制拖曳公式，求出各组的组中值。

K10　=55+(H10-1)*10

	F	G	H	I	J	K	L
6		分组数据求平均数					
7							
8		步骤1:	求各组的频数、组中值和二者的积				
9					频数	组中值	频数*组中值
10			1	60以下	2	55	110
11			2	60-70	22	65	1430
12			3	70-80	14	75	1050
13		社会心理学等	4	80-90	10	85	850
14		级成绩	5	90以上	0	95	0
15		合计			48		3440
16		步骤2:	频数*组中值之和			3440	
17							
18		步骤3:	根据公式求平均数			72	

集中趋势测量

图 6.7　分组数据求平均数

（4）在 L10 单元格输入公式：=J10 * K10，回车确认公式，然后把鼠标放在 L10 右下角，向下复制拖曳公式。

（5）在 J15 和 L15 单元格分别输入公式 =SUM（J10：J14）和 =SUM（L10：L14），求出 n 和 $\sum fx_m$。

（6）在 K18 单元格输入公式：=L15/J15，得到社会心理学等级成绩的平均数 72，这与离散变量原始数据求出的结果是一样的。

（7）调用公式说明。=55 +（H10 -1）*10 的基本思路是，以 55 分为基数，每升一级增加 10 分。此公式适用于等距分组，本例的组距为 10 分。

四、各种集中趋势指标的适用范围

（1）算术平均数易受极端变量值影响，使其代表性变小；当组距数列为开口组时，由于组中值不易确定，使其代表性变得不可靠。

（2）众数适用于总体的单位数较多，各标志值的次数分配又有明显的集中趋势的情况。

（3）中位数属于位置平均数，它与众数一样，都是从数据位置的角度来反映数据的代表水平，中位数不受极端值的影响，各个变量值相对其中位数的绝对离差之和为最小。

第二节　Excel 的离散趋势测量

所谓离散趋势测量是指求出一个值来表示个案与个案之间的差异情况，与集中趋势测量互为补充，集中趋势指标把总体各单位标志值的差异抽象化，能够反映总体的一般水平，然而平均指标不能反映各单位标志值间的离散性、差异性。其代表性受限于个案之间的差异情况。而离散趋势指标则能综合反映数据的差异性，它们反映总体中各单位标志值差别大小的程度。集中趋势指标与离散趋势指标从两个不同的侧面描述了总体分布的特征，统计分析时需将两者结合起来应用。总的来说，离散趋势指标是评价集中趋势指标代表性的依据，离散趋势指标愈大，集中趋势指标代表性愈小，反之亦然。

离散趋势指标主要有极差、四分位差、方差和标准差等指标。

一、极差（range）

（一）极差的含义

极差也称全距，是指总体分布中最大标志值与最小标志值之差，用以说明标志值变动范围的大小，通常用 R 来表示，R 值大，表明数据分布中数据高端值很高，而低端值又很低，R 值越小，表示数据分布越集中。

极差的优缺点都很明显，用极差反映总体分布的离散程度虽然简便，但它只从两端数值考察，忽略了中间数据的变动，不能说明整体的差异程度，尤其是存在极端值情况下，使用极差往往会产生错误的结论，显示出灵敏度不够。

（二）极差的计算方式

1. 原始资料数据求极差

原始资料数据求极差，就是最大值减去最小值，其计算公式为：

$$R = MAX - MIN \tag{6.6}$$

案例：现有 2004 级劳动与社会保障专业社会心理学百分制成绩和社会心理学等级成绩，求数据文件中社会心理学百分制成绩极差。

解决方案：利用 Excel 中的最大值和最小值函数公式来求出社会心理学成绩的极差。

操作步骤：

（1）在 F2、F3、F4 和 G1 单元格依次输入"最大值"、"最小值"、"极差"和"社会心理学百分制成绩"（见图 6.8）。

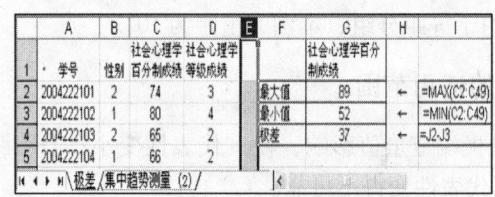

图 6.8　原始数据求极差

（2）在 G2 输入公式：= MAX（C2∶C49），得到最大值 89；在 G3 单元格输入公式：= MIN（C2∶C49），得到最小值 52；在 G4 输入公式：= G2 - G3，得到极差 37。

（3）结果解释：说明全部学生的成绩的最大差距是 37 分。但是不能反映中间数据分布的离散情况。

（4）调用函数说明。= MAX（C2∶C49）是最大值函数，C2∶C49 表示参与计算的数据，返回数据的最大值。= MIN（C2∶C49）是最小值函数，返回数据的最小值。

2. 分组数据求极差

分组数据求极差，通常的方法是用最大组的上限减去最小组下限，其计算公式为：

$$R = 最大组上限 - 最小组下限 \tag{6.7}$$

其中开口组的组限的确定比较不好确定，向下开口组（最小组）的下限会好一点，一般会找到，比如0，向上开口组（最大组）的上限不好确定，可以近似用前一组上限加上组距来确定。

案例：现有2004级劳动与社会保障专业社会心理学等级成绩，求数据文件中社会心理学等级成绩极差。

解决方案：利用Excel中的公式来求出社会心理学成绩的极差。

操作步骤：

（1）在F7∶H20单元格区域输入如图的文本信息。

（2）在单元格G18输入最大组的上限100，由于最大组是向上开口组90分以上，按照一般的方法可以确定该组的上限为95，为了保险起见，本例把上限确定为100。同理在G19输入最小组的下限0。

（3）在单元格G20输入公式：=G18-G19，求出极差100（见图6.9）。

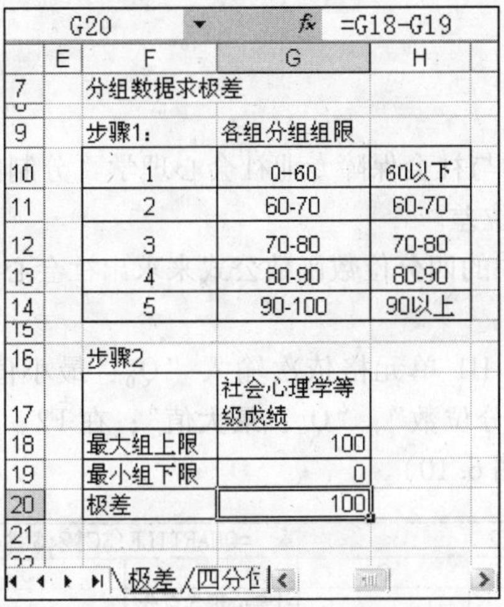

图6.9　分组数据求极差

（4）结果解释：由原始数据百分制成绩算出的极差37和等级成绩算出的极差100误差相差很大，如果把最大组上限确定为90+5=95，把最小组的下限确定为60-5=55，由此得出的极差95-55=40，这样计算的极差的误差要小一些，但是我们又不能确定是否有学生的成绩小于55或大于95。

二、四分位差（quartile）

（一）四分位差的含义

将数据由低到高排列，然后分成4个等分（每个等分包括25%的个案），即按0%、25%、50%、75%和100%得到5个四分位数，分别记为Q_0、Q_1、Q_2、Q_3和Q_4，Q_3与Q_1之差就是四分位差。

其实0%处的Q_0是最小值，50%的Q_2就是中位数，100%处的Q_4是最大值，为了区分，我们把25%处的Q_1称为第一个四位数，又叫下四分位数，把75%处的Q_3称为第3四分位数，又叫上四分位数，因此一般统计书籍把四分位差定义为上四分位数语下四分位数之差。

可见，四分位差反映了中间50%数据的离散程度，其数值越小，说明中间的数据越集中；其数值越大，说明中间的数据越分散。四分位差不受极值的影响。此外，由于中位数处于数据的中间位置，因此，四分位差的大小在一定程度上也说明了中位数对一组数据的代表程度。四分位差主要用于测度顺序数据的离散程度。对于数值型数据也可以计算四分位差，但不适合分类数据。缺点就是只反映中间50%数据的离散程度，而不是全部数据，另外计算比较麻烦。

（二）四分位差的计算

1. 原始数据求四分位差

原始未分组的数据，计算公式为：

$$Q = Q_3 - Q_1 \tag{6.8}$$

为了求出 Q_1 和 Q_3，需计算出它们所处的位置，计算公式为：

$$Q_1 \text{位置} = \frac{n+1}{4} \tag{6.9}$$

$$Q_3 \text{位置} = \frac{3(n+1)}{4} \tag{6.10}$$

案例：现有2004级劳动与社会保障专业社会心理学百分制成绩成绩，求数据文件中社会心理学百分制成绩的四分位差。

解决方案：利用Excel中的四分位数函数公式来求出社会心理学成绩的四分位差。

操作步骤：

（1）在G2、G3、G4和H1单元格依次输入"Q_0：最小值"、"Q_1：下四分位数"、"Q_2：中位数"、"Q_3：上四分位数"、"Q_4：最大值"；在F2、F3、F4、F5和F6单元格依次输入0、1、2、3、4（见图6.10）。

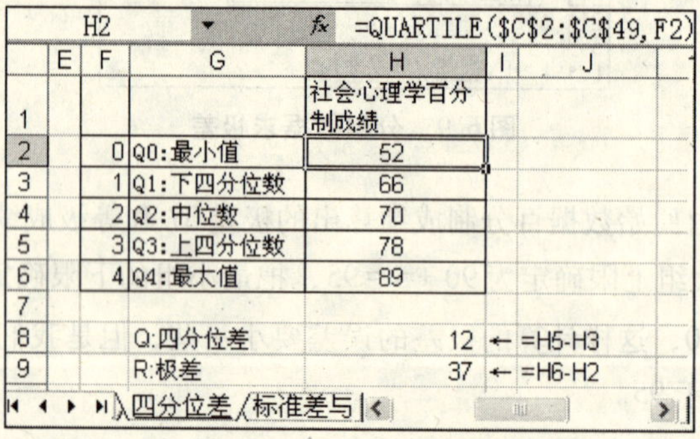

图6.10 原始数据求四分位差

（2）在H2输入公式：=QUARTILE（\$C\$2：\$C\$49，F2），得到"Q_0：最小值"52；在H3单元格输入公式：=QUARTILE（\$C\$2：\$C\$49，F3），得到"Q_1：下四分位数"66；在H4输入公式：=QUARTILE（\$C\$2：\$C\$49，F4），得到"Q_2：中位数"70；在H5输入公式：=QUARTILE（\$C\$2：\$C\$49，F5），得到"Q_3：上四分位数"78；在H6输入公式：=QUARTILE（\$C\$2：\$C\$49，F6），得到"Q_4：最大值"89。

（3）在H8单元格输入公式：=H5－H3，得到四分位差12，在H9单元格输入公式：=H6－H2，得到极差37，这是另一种极差的计算方法。

（4）结果解释：求得四分位差 12 分，说明成绩排序后居中 50% 的学生的成绩差距是 12 分。

（5）调用函数说明。= QUARTILE（＄C＄2：＄C＄49，F2）是四分位数函数，有两个参数，其中参数＄C＄2：＄C＄49 表示待计算的原始数据，参数 F2 表示百分位点，包含 0、1、2、3、4 等五种情况，分别计算 0%、25%、50%、75% 和 100% 处的变量值。

2. 分组数据求四分位差

分组数据的四分位差的计算公式与原始数据求四分位差的公式一样，都是上四分位数减去下四分位数（参见公式 6.8），但是 Q_1 和 Q_2 的位置计算公式有点不一样，具体公式是：

$$Q_1\text{位置}=\frac{n}{4} \tag{6.11}$$

$$Q_3\text{位置}=\frac{3(n)}{4} \tag{6.12}$$

$$Q_1=L_{Q_1}+\frac{\frac{n}{4}-cf_{Q_1}}{f_{Q_1}}\times w_{Q_1} \tag{6.13}$$

$$Q_3=L_{Q_3}+\frac{\frac{3n}{4}-cf_{Q_3}}{f_{Q_3}}\times w_{Q_3} \tag{6.14}$$

其中，L_{Q_1} 是 Q_1 所在组的下限，L_{Q_3} 是 Q_3 所在组的下限，cf_{Q_1} 是低于 Q_1 所在组的累计频数，cf_{Q_3} 是低于 Q_3 所在组的累计频数，w_{Q_1} 为 Q_1 所在组的组距，w_{Q_3} 为 Q_3 所在组的组距，f_{Q_1} 为 Q_1 所在组的频数，f_{Q_3} 为 Q_3 所在组的频数。

案例：现有 2004 级劳动与社会保障专业社会心理学等级成绩，求数据文件中社会心理学等级成绩的四分位差。

解决方案：利用 Excel 中的四分位数函数公式来求出社会心理学成绩的四分位差。

操作步骤：

（1）在 G14：K34 单元格区域输入如图的文本信息（见图 6.11）。

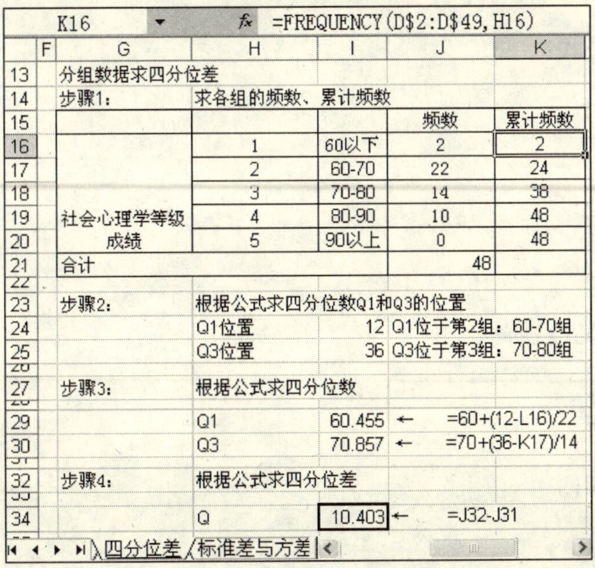

K16　=FREQUENCY(D$2:D$49,H16)

	F	G	H	I	J	K
13		分组数据求四分位差				
14		步骤1:	求各组的频数、累计频数			
15					频数	累计频数
16			1	60以下	2	2
17			2	60-70	22	24
18			3	70-80	14	38
19		社会心理学等级	4	80-90	10	48
20		成绩	5	90以上	0	48
21		合计			48	
23		步骤2:	根据公式求四分位数Q1和Q3的位置			
24			Q1位置	12	Q1位于第2组：60-70组	
25			Q3位置	36	Q3位于第3组：70-80组	
27		步骤3:	根据公式求四分位数			
29			Q1	60.455	←	=60+(12-L16)/22
30			Q3	70.857	←	=70+(36-K17)/14
32		步骤4:	根据公式求四分位差			
34			Q	10.403	←	=J32-J31

四分位差 / 标准差与方差

图 6.11　分组数据求四分位差

(2) 在 J16 单元格输入公式：=COUNTIF（$D$2：$D$49，H16），回车确认公式，然后把鼠标放在 J16 右下角，向下复制拖曳公式至 J20，求出各组的频数。

(3) 在 K16 单元格输入公式："=FREQUENCY（D$2：D$49，H16）"然后把鼠标放在 K16 单元格右下角向下复制拖曳公式至 K20，求出各组的累计频数。

(4) 在 I_{24} 和 I_{25} 单元格分别输入公式：=48/4 和 =3*48/4，回车确认公式，得到上四分位数位于第 3 组：70－80 组和下四分位数位于第 2 组：60－70 组。

(5) 在 I_{29} 单元格输入公式：=60＋（12－K16）/22，得到下四分位数 60.455；在 I30 单元格输入公式：=70＋（36－K17）/14，得到上四分位数 70.857（见图 6.11）。

(6) 在 I_{34} 单元格输入公式：=I_{30}－I_{29}，得到四分位差 10.403。

(7) 结果解释：求得四分位差 10.4，说明成绩中间 50% 的学生的成绩差距为 10.4 分，与原始数据求出的四分位差有一定的误差。

三、标准差（standard deviation）和方差（variance）

对于定距变量和定比变量而言，方差是最常用的反映离散趋势的指标，其含义是各数据与平均数之差的平方和除以全部个案数目，由于方差是数据的平方，与检测值本身相差太大，人们难以直观的衡量，所以常用方差开根号换算回来，因此我们常常把方差取其平方根，换成标准差。

用方差和标准差衡量数据的离散程度，其优点很明显，比如灵敏度高、严密精确，适用代数处理，受抽样变动的影响比较小。当然也有一定的缺点：不简明易懂、计算复杂和受极端值影响大。

标准差的计算和平均数计算一样，分成原始连续性数据和分组数据两种。

（一）原始数据求方差和标准差

利用原始数据求总体和样本的标准差和方差有点不一样，约定俗成，总体标准差用 σ 表示，总体方差用 $σ^2$，样本标准差用 s 表示，样本方差用 s^2 表示。它们的公式也有所区别。

总体标准差的公式：

$$\sigma = \sqrt{\frac{\sum_{i=1}^{n}(x_i - \bar{x})^2}{n}} \qquad (6.15)$$

总体方差的公式：

$$\sigma^2 = \frac{\sum_{i=1}^{n}(x_i - \bar{x})^2}{n} \qquad (6.16)$$

样本标准差的公式：

$$s = \sqrt{\frac{\sum_{i=1}^{n}(x_i - \bar{x})^2}{n-1}} \qquad (6.17)$$

样本方差的公式：

$$s^2 = \frac{\sum_{i=1}^{n}(x_i - \bar{x})^2}{n-1} \qquad (6.18)$$

公式以 n 为分母，是要求出各个个案的数值与均值之间的差异"平均"有多少，反映均值的代表性。两者公式不同之处在分母，总体分母为 n，样本分母为 n-1，当样本个数 n 越大，样本方差（标准差）和总体方差（标准差）就越趋于相等。这是因为在统计学中样本的均差多是除以自由度（n-1），它的意思是样本能自由选择的程度。当选到只剩一个时，它不可能再有自由了，所以自由度是 n-1。

1. 连续变量原始数据求方差和标准差。

（1）利用传统方法求方差和标准差。完全根据标准差和方差的公式求出，这样可以很好地反映方差和标准差的含义。

案例：现有2004级劳动与社会保障专业社会心理学百分制成绩数据，求数据文件中社会心理学百分制成绩的总体方差、总体标准差、样本方差和样本标准差。

解决方案：利用 Excel 根据方差和标准差公式求出各变量的总体方差、总体标准差、样本方差和样本标准差。

操作步骤：

①在 O3 单元格输入公式：= AVERAGE（C3：C50），求出社会心理学百分制成绩71。

②在 P3 单元格输入并回车确认公式：= C3-＄O＄3，在 Q3 单元格输入并回车确认公式：= P3^2，然后选中 P3 和 Q3 两个单元格，把鼠标放在选中区域的右下角，复制拖曳公式至 Q50（见图6.12）。

③在 R3 单元格输入公式：= SUM（Q3：Q50），求得离差平方和3503.917。

④在 T3 单元格输入并回车确认总体方差函数公式：= R3/48，求得总体方差72.99；在 U3 单元格输入并回车确认总体标准差函数公式：= SQRT（T3），求得总体标准差8.54；在 V3 单元格输入并回车确认样本方差函数公式：= R3/47，求得样本方差74.55；在 W3 单元格输入并回车确认样本标准差函数公式：= SQRT（V3），求得样本标准差8.63（见图6.12）。

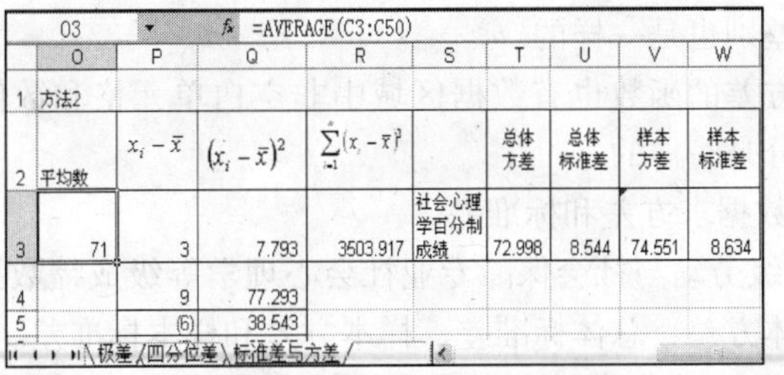

图6.12 传统方法求连续变量数据的方差和标准差

⑤结果解释：从图6.12可以看出，总体和样本的方差、标准差差距不是很大，因为从公式上看，它们只有分母不一样，前者是 n，后者是 n-1，随着 n 的增大，二者的差异就变小，所以当样本为大样本时，尤其是上百上千的样本，样本方差和总体方差的差异是很小很小的，以至于在某些情况下我们不知道总体方差的时候，就用样本方差来代替。

⑥调用函数说明。= P3^2 是求幂的公式，"^"是幂运算符，本例是平方；= SQRT（V3）是平方根函数，V3 单元格的值作为需要计算的数据，函数会返回正平方根。语法 SQRT（Number），其中 Number 要计算平方根的数。如果参数 Number 为负值，函数 SQRT 返回错误值 #NUM！。

（2）利用 Excel 方差和标准差函数求方差和标准差。

案例：现有 2004 级劳动与社会保障专业社会心理学百分制成绩数据，求数据文件中社会心理学百分制成绩的总体方差、总体标准差、样本方差和样本标准差。

解决方案：利用 Excel 中的方差和标准差函数来求出各变量的总体方差、总体标准差、样本方差和样本标准差。

操作步骤：

①在 G3、G4、H2、I2、J2 和 K2 六个单元格里输入相应的文本数据（见图 6.13）。

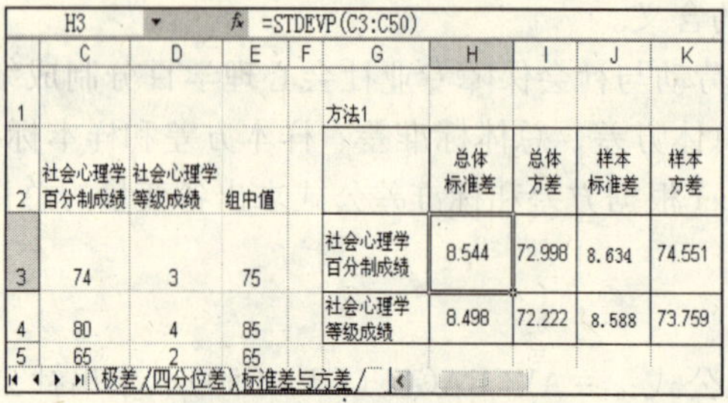
H3 =STDEVP(C3:C50)

	C	D	E	F	G	H	I	J	K
1					方法1				
2	社会心理学百分制成绩	社会心理学等级成绩	组中值			总体标准差	总体方差	样本标准差	样本方差
3	74	3	75		社会心理学百分制成绩	8.544	72.998	8.634	74.551
4	80	4	85		社会心理学等级成绩	8.498	72.222	8.588	73.759
5	65	2	65						

极差 / 四分位差 / 标准差与方差

图 6.13　用方差、标准差函数求方差和标准差

②在 H3 单元格输入总体标准差函数公式：= STDEVP（C3：C50），在 I3 单元格输入总体方差函数公式：= VARP（C3：C50），在 J3 单元格输入样本标准差函数公式：= STDEV（C3：C50），在 K3 单元格输入样本方差函数公式：= VAR（C3：C50），各自单击回车确认公式（见图 6.13）。

③结果解释：得到的结果与传统方法计算的结果一样。

④调用函数说明。= STDEVP（C3：C50）是总体标准差函数，需要的参数只有一个，参数 C3：C50 表示待计算的数据；而函数 = STDEV（C3：C50）表示 C3：C50 单元格区域中所有含数值数据单元格的样本标准差。二者的区别是总体标准差函数中多了一个 P，总体方差和样本方差的差别也是一样的。

⑤另外标准差和方差的函数也有数据区域中非空白单元格和数值数据单元格之分，方法与平均数函数的区分是一样的。

2. 离散变量原始数据求方差和标准差。

案例：现有 2004 级劳动与社会保障专业社会心理学等级成绩数据，求数据文件中社会心理学等级成绩的总体方差、总体标准差、样本方差和样本标准差。

解决方案：利用 Excel 中的方差和标准差函数来求出各变量的总体方差、总体标准差、样本方差和样本标准差。

操作步骤：

（1）在 E3 单元格输入“组中值”，而在 E2 单元格里边输入公式：= IF（D3 = 1，55，IF（D3 = 2，65，IF（D3 = 3，75，IF（D3 = 4，85，95）））），回车确认公式，然后把鼠标放在 E2 右下角，向下复制拖曳公式，求出各个等级成绩的相应组中值（见图 6.14）。

（2）在 G4 单元格输入“社会心理学等级成绩”，在 H4 单元格输入总体标准差函数公式：= STDEVP（E3：E50）；在 I4 单元格输入总体方差函数公式：= VARP（E3：E50），在 J4 单元格输入样本标准差函数公式：= STDEV（E3：E50），在 K4 单元格输入样本方差函数公式：= VAR（E3：E50），各自单击回车确认公式（见图 6.14）。

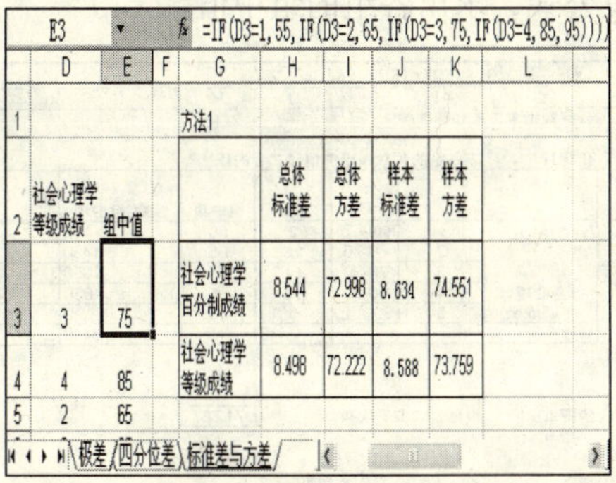

图6.14 离散变量原始数据求方差和标准差

（3）调用函数说明。= IF（D3 = 1，55，IF（D3 = 2，65，IF（D3 = 3，75，IF（D3 = 4，85，95)))），是条件函数，即把等级成绩1替换成组中值55分，2替换成组中值65分，依次类推。IF（）函数的语法和功能等将在下一章中详细介绍。

（二）分组数据求方差和标准差

如果直接用频数分布表来求方差，公式做细微的改动。

总体标准差公式：

$$\sigma = \sqrt{\frac{\sum_{i=1}^{n}(x_i - \bar{x})^2 \times f_i}{n}} \qquad (6.19)$$

总体方差差公式：

$$\sigma^2 = \frac{\sum_{i=1}^{n}(x_i - \bar{x})^2 \times f_i}{n} \qquad (6.20)$$

样本标准差公式：

$$s = \sqrt{\frac{\sum_{i=1}^{n}(x_i - \bar{x})^2 \times f_i}{n-1}} \qquad (6.21)$$

样本方差公式：

$$s^2 = \frac{\sum_{i=1}^{n}(x_i - \bar{x})^2 \times f_i}{n-1} \qquad (6.22)$$

其中f_i为各组的频数，x_i为各组的组中值，n为观测记录数。

案例：现有2004级劳动与社会保障专业社会心理学等级成绩数据，求数据文件中社会心理学等级成绩的总体方差、总体标准差、样本方差和样本标准差。

解决方案：利用Excel来求出分组变量的总体方差、总体标准差、样本方差和样本标准差。

操作步骤：

1. 在G23：M44区域录入相应的文本数据信息（见图6.15）。

2. 在J27单元格输入公式：= COUNTIF（＄D＄3：＄D＄50，H27），回车确认公式，然后把鼠标放在J27右下角，向下复制拖曳公式，求出各组的频数。

3. 在K27单元格输入公式：= 55 +（H27 - 1）* 10，回车确认公式，然后把鼠标放在

K27 右下角，向下复制拖曳公式，求出各组的组中值。

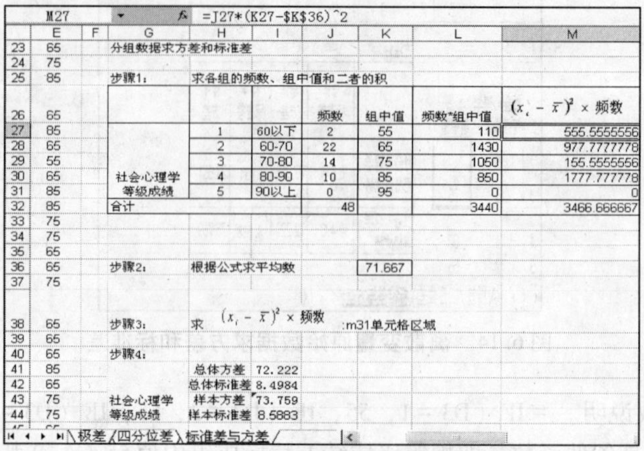
M27 =J27*(K27-$K$36)^2

	E	F	G	H	I	J	K	L	M
23	65		分组数据求方差和标准差						
24	75								
25	85		步骤1：	求各组的频数、组中值和二者的积					
26	65					频数	组中值	频数*组中值	$(x_i - \bar{x})^2 \times$ 频数
27	85			1	60以下	2	55	110	555.5555556
28	65			2	60-70	22	65	1430	977.7777778
29	55			3	70-80	14	75	1050	155.5555556
30	65		社会心理学	4	80-90	10	85	850	1777.777778
31	85		等级成绩	5	90以上	0	95	0	0
32	85		合计			48		3440	3466.666667
33	75								
34	75								
35	65								
36	65		步骤2：	根据公式求平均数			71.667		
37	75								
38	65		步骤3：	求 $(x_i - \bar{x})^2 \times$ 频数			:m31单元格区域		
39	65								
40	65		步骤4：						
41	85			总体方差	72.222				
42	65			总体标准差	8.4984				
43	75		社会心理学	样本方差	73.759				
44	75		等级成绩	样本标准差	8.5883				

极差 / 四分位差 / 标准差与方差

图 6.15　分组数据求方差和标准差

4. 在 L27 单元格输入公式：= J27 * K27，回车确认公式，然后把鼠标放在 L27 右下角，向下复制拖曳公式（见图 6.15）。

5. 在 J32 和 L32 单元格分别输入公式 = SUM（J27：J31）和 = SUM（L27：L31），求出 n 和 $\sum fx_m$。

6. 在 K36 单元格输入公式：= L32/J32，得到社会心理学等级成绩的平均数 72（见图 6.15）。

7. 在 M27 输入公式：= J27 * （K27 - $ K $ 36）^2，回车确认公式，然后把鼠标放在 M27 右下角，向下复制拖曳公式。求出 $(x_i - \bar{x})^2 \times f_i$ 各个值，然后在 M32 单元格求出其总和：= SUM（M27：M31）（见图 6.15）。

8. I41、I42 、I43 和 I44 四个单元格分别输入并回车确认公式：= M32/J32、= SQRT（I41）、= M32/（J32 - 1）和 = SQRT（I43），以求得总体方差、总体标准差、样本方差和样本标准差。这与方法一求出的结果是一样的（见图 6.15）。

一般来讲，定距数据比定序数据处理的结果要精确一些，不过从本案例的处理结果来看，等级成绩（定序变量分组数据）和百分制成绩（定距变量数据）在平均数、标准差等方面的计算结果相差不大。这是因为分组的组距（10 分）不大，等级成绩转换为相应的组中值时误差不是很大。

第三节　Excel 的数据分布形态测量

算术平均数、众数和中位数都反映被研究现象数量分布的集中趋势，这三者的关系与数据分布的特征有关，而数据分布由偏度（skew）和峰度（kurt）两个指标来反映。

一、偏度

（一）偏度含义及偏度系数的公式

变量数列的单峰钟形分布有对称分布和非对称分布，非对称分布包括不同程度的左偏态分布和右偏态分布。偏度是指以其平均数为中心的不对称程度的数据水平分布状况，也就是说在水平方向上，偏离其平均数的程度。其偏离程度可以用偏度系数来表示，偏度系数的公式：

$$\mathrm{Sk} = \frac{\frac{1}{n}\sum_{i=1}^{n}(x_i - \bar{x})^3}{\sigma_x^3} \tag{6.23}$$

（二）对偏态的具体评判标准

正偏斜度表示不对称部分的分布更趋向正值。负偏斜度表示不对称部分的分布更趋向负值。对偏态的具体评判标准包括：

1. 偏度系数为0，表示数据分布为对称分布。
2. 偏度系数大于0，表示数据分布为左偏分布，指分布集中在低端值方向，不对称的尾部向较大值方向（正数方向）延伸。
3. 偏度系数小于0，表示数据分布为右偏分布，指分布集中在高端值方向，不对称的尾部向较小值方向（负数方向）延伸。

（三）偏度方向

至于偏度方向的确定，取决于偏态波峰（众数值）和正态波峰（中位数）之间的位置比较，其中，当偏态波峰（众数值）在正态波峰（中位数）的左边，我们把这时的偏态称为左偏，即数据集中在低值方向（众数在低值方向），不对称的尾端向高值端延伸，表明极端值在高值端，这样就把算术平均数拉高了，这样算术平均数＞众数，偏度系数为正数，因此又称为正偏；当偏态波峰（众数值）在正态波峰（中位数）的右边，我们把这时的偏态称为右偏，即数据集中在高值方向（众数在高值方向），不对称的尾端向低值端延伸，表明极端值在低值端，这样就把算术平均数拉低了，这样算术平均数＜众数，偏度系数为负数，因此又称为负偏。

（四）数据分布于平均数、中位数和众数的关系

对偏度判断的描述不同的书描述不一样，容易引起混乱，有必要在此澄清一下。中位数是位置平均数，只和个案数目n有关，因此对于n不变的一组数据而言，改变数据值，中位数是不变的，算术平均数和众数在不断地变化。算术平均数＝中位数＝众数，数据分布是正态分布，偏度系数为0；当是偏态时，三个指标存在一定的差异，中位数居于算术平均数和众数之间，算术平均数与众数之差，就表示偏度的大小，算术平均数与众数之差越大，偏度就越大。平均数、中位数和众数的关系会随数据分布的不同而有所不同：

1. 单峰对称分布时，算术平均数＝中位数＝众数。
2. 单峰左偏分布时，算术平均数＞＝中位数＞＝众数。
3. 单峰右偏分布时，算术平均数＜＝中位数＜＝众数。

二、峰度

（一）峰度的含义

峰度是用于衡量分布的集中程度或分布曲线的尖削程度的指标，分布曲线的尖峭程度与偶数阶中心矩的数值大小有直接的关系。峰度是垂直方向上数据分布的波峰形状（尖削

或平坦），与正态分布相比较，波峰分布的尖锐或平坦程度，用峰度系数表示，峰态可以用对均值的四阶中心距的相对数来描述，这个相对数是：

$$\frac{\frac{1}{n}\sum_{i=1}^{n}(x_i-\bar{x})^4}{\sigma_x^4} \tag{6.24}$$

（二）峰度的评判标准

由于正态分布的四阶中心距的相对数等于常数 3 的，因此峰度系数就表现为峰态的相对系数与 3 之间的比较，具体评判标准是：

1. 峰度系数为 3，表示数据分布为正态峰。
2. 峰度系数大于 3，表示数据分布为尖锐峰，表示分布比正态分布更集中在平均数周围，分布呈尖峰状态。
3. 峰度系数小于 3，表示数据分布为平坦峰，表示分布比正态分布更分散，分布呈低峰状态。

有的书中把峰度系数与 0 比较，那是因为在峰度系数公式中已经把 3 减去了，公式变成：

$$Ku = \frac{\frac{1}{n}\sum_{i=1}^{n}(x_i-\bar{x})^4}{\sigma_x^4} - 3 \tag{6.25}$$

三、利用 Excel 计算数据分布的偏度和峰度

（一）Excel 偏度和峰度函数公式说明

需要注意的是，Excel 中偏度函数 SKEW（）和峰度系数所使用的公式与第二、三节所介绍的公式有所不用。Excel 中偏度函数 SKEW（）所采用的公式是：

$$Sk = \frac{n}{(n-1)(n-2)} \times \frac{\sum_{i=1}^{n}(x_i-\bar{x})^3}{s_x^3} \tag{6.26}$$

Excel 中峰度系数函数 KURT（）所使用的公式是：

$$Ku = \frac{n(n+1)}{(n-1)(n-2)(n-3)} \times \frac{\sum_{i=1}^{n}(x_i-\bar{x})^3}{s_x^3} - \frac{3(n-1)^2}{(n-2)(n-3)} \tag{6.27}$$

二者的差异是由样本形态估计总体形态而作的纠正所产生的，两者差异不大，不影响对偏态和峰度的判断。

很明显，峰度系数函数 KURT（）的公式中已经减去了正态分布的四阶中心距的相对数，因此用 Excel 的 KURT（）函数求出的峰度值应与 0 做比较。

（二）利用 ExcelA 函数计算数据分布的偏度和峰度

案例：现有 2004 级劳动与社会保障社会心理学百分制成绩，求数据文件中社会心理学百分制成绩平均数、中位数和众数，偏度系数和峰度系数，试分析数据分布情况和平均数、中位数和众数三者的关系。

解决方案：利用 Excel 中的各个相应的函数公式来求出社会心理学成绩的平均数、中位数、众数、偏度和峰度。

操作步骤：

1. 在 E2、E3、E4、E5 和 E6 单元格依次输入"平均数"、"中位数"、"众数"、"偏度"和"峰度"（见图 6.16）。

2. 在 F2、F3、F4、F5 和 F6 单元格依次输入公式：=AVERAGE（C2：C49）；=MEDIAN（C2：C49）；=MODE（C2：C49）；=SKEW（C2：C49）；=KURT（C2：C49），求出各个指标值。

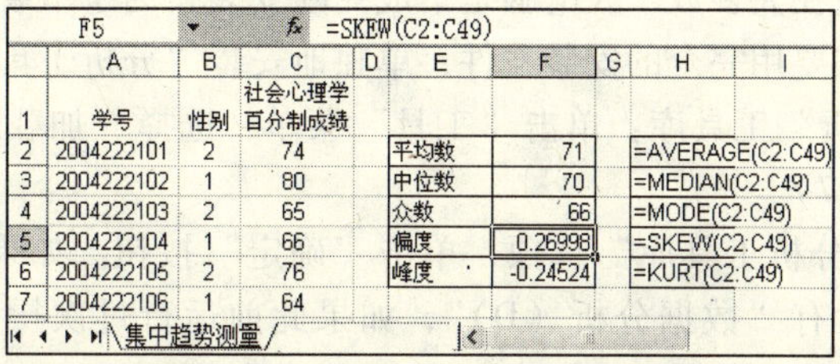

图 6.16　利用 Excel 求偏度和峰度

3. 结果解释：由于偏度系数 skew=0.27>0，表明社会心理学成绩呈左偏，成绩分布偏向低分端，不对称的尾端向高分端延伸。由于 kurt=-0.25<0，表明社会心理学成绩分布是平坦峰。

平均数（71）>中位数（70）>众数（66），符合成绩数据左偏分布特征。

4. 调用函数说明。

（1）=SKEW（C2：C49）是偏度函数，返回分布的偏斜度。

语法为 SKEW（number1，number2，…），其中，Number1、number2……为需要计算偏斜度的 1 到 30 个参数。参数可以是数字，或者是包含数字的名称、数组或引用；也可以不用这种用逗号分隔参数的形式，而用单个数组或对数组的引用。

如果数组或引用参数包含文本、逻辑值或空白单元格，则这些值将被忽略；但包含零值的单元格将计算在内。

如果数据点个数少于 3 个，或样本标准偏差为零，函数 SKEW 返回错误值#DIV/0！。

（2）峰度函数。=KURT（C2：C49）表示是峰度函数，返回数据集的峰值。语法是 KURT（number1，number2，…），其中，Number1、number2……是用于计算峰值的 1 到 255 个参数。参数可以是数字或者是包含数字的名称、数组或引用。也可以不使用这种用逗号分隔参数的形式，而用单个数组或对数组的引用。

逻辑值和直接键入到参数列表中代表数字的文本被计算在内。如果数组或引用参数包含文本、逻辑值或空白单元格，则这些值将被忽略；但包含零值的单元格将计算在内。如果参数为错误值或为不能转换为数字的文本，将会导致错误。如果数据点少于 4 个，或样本标准偏差等于 0，函数 KURT 返回错误值 #DIV/0！。

第四节　Excel 的一般描述统计方法

在前面三节中，我们详细介绍了集中趋势和离散趋势的计算方法，还介绍了数据分布的测量，有助于大家理解统计基础知识，但从操作上讲还有更有简便的方法一次性求出数据的描述统计指标值。具体方法就是利用 Excel 中加载宏里面的"描述统计"宏命令来完成。

一、调用宏命令

Excel 不是专业的统计软件,主要的统计分析功能集成在"加载宏"的"分析工具库"里边,一般的统计分析工具在这里都有。不过一般的 Excel 默认安装模式下没有加载这些统计分析模块,尤其是现在大多数个人电脑是集成克隆安装,为了节省空间,Excel 的很多功能都被卸掉了,因此需要用完全的安装文件,单独地安装"分析工具库"。具体的步骤是:

1. 调出"数据分析"工具库:单击"工具"菜单,选择"加载宏(I)",弹出"加载宏"对话框(见图 6.17)。

2. 勾(√)选"分析工具库"选项,单击"确定"按钮。如果是第一次运行此操作过程,"工具"菜单没有"数据分析(D)",如果此前运行过次操作,可忽略 1、2 步骤(见图 6.18)。

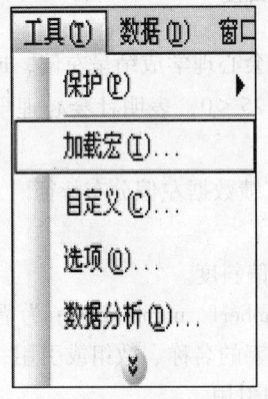
图 6.17 调出"加载宏"

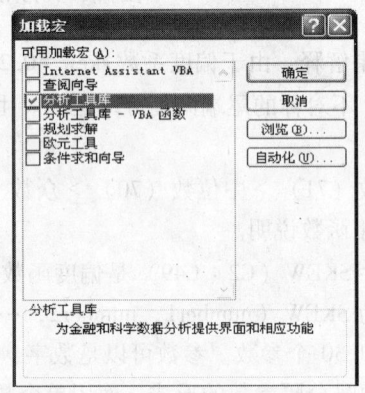
图 6.18 "加载宏"对话框

二、利用 Excel"描述统计"宏命令进行描述统计

(一)原始数据的一般描述统计

案例:现有 2004 级劳动与社会保障专业社会心理学百分制成绩和等级成绩数据,求数据文件中社会心理学百分制成绩和等级成绩的反映集中趋势和离散趋势的指标值。

解决方案:利用 Excel 中的加载宏里面的"描述统计"宏命令求出各变量的描述统计指标值。

操作步骤:

1. 单击"工具(T)"菜单,选择"数据分析(D)",调出"数据分析"对话框(见图 6.19)。

2. 在"数据分析"对话框中,选中"描述统计",然后单击"确定"按钮,弹出"描述统计"对话框(见图 6.20)。

第六章 调查研究数据的描述统计

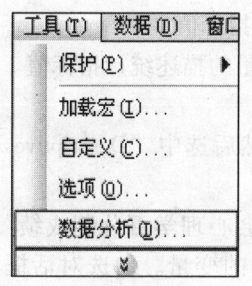
图6.19 调出"数据分析"

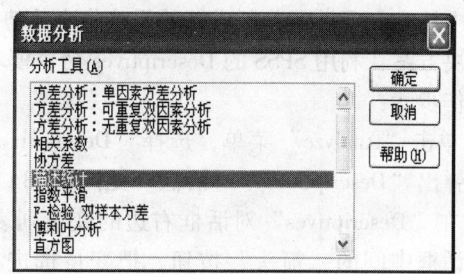
图6.20 选择"描述统计"选项

3. 在"描述统计"对话框的上方"输入"矩形框里，定义输入区域：＄C＄2：＄C＄49，分组方式选择"逐列"。

4. 在输出选项矩形框中，定义好输出区域：＄F＄3；其余选项以默认即可，单击"确定"按钮，得到描述统计的结果（见图6.22）。

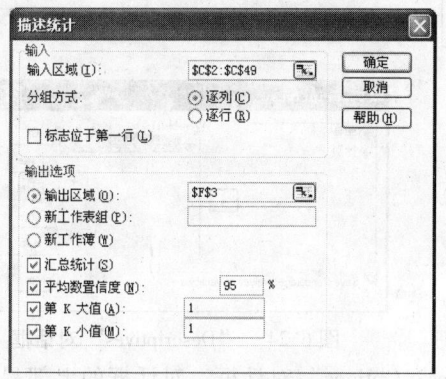
图6.21 "描述统计"对话框

图6.22 描述统计结果

描述统计的结果中有平均数、标准误差、中位数、众数、标准差、方差、峰度、偏度、区域、最小值、最大值、求和、观测数、最大（1）、最小（1）、置信度（95.0％）等指标值。

（二）分组数据的一般描述统计

等级成绩（分组数据）使用加载宏进行描述统计，首先要把等级成绩的分组数据的组中值计算出来，计算方法在本章前面已有介绍，其余的操作步骤与百分制成绩的定距数据进行"加载宏"描述统计的操作步骤一样。

第五节 SPSS 进行描述统计

由上述论述可知，对数据进行描述统计，我们可以得到集中趋势指标、离散趋势指标和分布指标。与 Excel 相比较，SPSS 进行描述统计更为简单，只是 SPSS 软件没有把各类统计指标完整地放在一个命令模块当中。

一、利用 Descriptives 命令模块描述统计

案例：现有2004级劳动与社会保障专业社会心理学百分制成绩和等级成绩数据，求数

163

据文件中社会心理学百分制成绩的反映集中趋势和离散趋势的指标值。

解决方案：利用 SPSS 的 Descriptives 命令模块和求出各变量的描述统计指标值。

操作步骤：

1. 单击"Analyze"菜单，选择"Descriptive Statistics"，然后选中"Descriptives"命令模块，弹出"Descriptives"对话框（见图 6.23）。

2. 在"Descriptives"对话框右边的变量列表，选择"社会心理学百分制成绩"变量，单击对话框中间的"箭头"按钮，把变量选进右边的待计算的变量。勾选对话框下方的"Save standardized values as variables"表示要求生成标准 Z 分，默认的变量名称为"Z 成绩"（命名规则是 Z + 原始分数变量名称）（见图 6.24）。

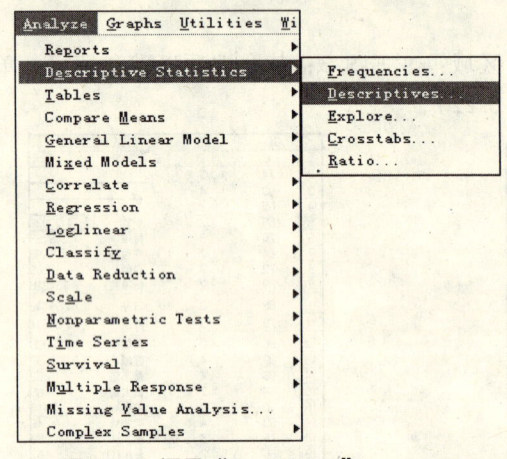
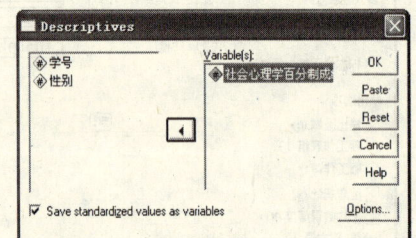

图 6.23 调用"Descriptives"　　　　图 6.24 "Descriptives"对话框

3. 单击"Options"按钮，弹出"Descriptives：Options"对话框，对话框的上部是集中趋势指标，但是这里只列出了平均数（Mean）和总和（Sum）；紧接下边是离散趋势（Dispersion）矩形框，包括标准差（Std. deviation）、方差（Variance）、极差（Range）、最小值（Minimum）、最大值（Maximum）和标准误（S. E. mean），标准误表示样本均数的离散程度；再下边是"Distribution"分布指标矩形框，包含指标有峰度系数（Kurtosis）和偏度系数（Skewness）。勾选上述所有指标。

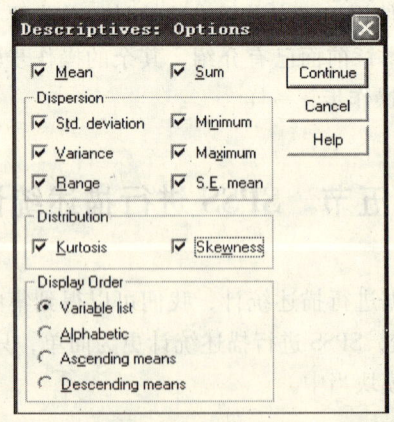

图 6.25 "Descriptives：Options"对话框

对话框最下边的矩形框是定义显示顺序的，有四种显示顺序可供选择，一是变量列表的顺序显示计算结果；二是阿拉伯字母顺序显示计算结果；三是平均数升序显示；四是平均数降序显示。这里以默认选项即可。

4. 单击"Continue"按钮，返回"Descriptives"对话框，然后单击"OK"按钮，得到描述统计指标计算结果，见表6.1。

表6.1 描述统计

	N	极差	最小值	最大值	总和	Mean 均值	Mean 均误	标准差	方差	偏度 系数	偏度 标准误 r	峰度 系数	峰度 标准误
社心理学成绩	48	37	52	89	3418	71.21	1.25	8.63	74.55	0.27	0.34	-0.245	0.67
Valid N	48												

表6.1给出了描述统计的一些指标值和相应的标准误。

二、利用"Frequencies"命令模块描述统计

案例：现有2004级劳动与社会保障专业社会心理学百分制成绩和等级成绩数据，求数据文件中社会心理学百分制成绩的反映集中趋势和离散趋势的指标值。

解决方案：利用SPSS的Frequencies命令模块和求出各变量描述统计指标值。

操作步骤：

1. 单击"Analyze"菜单，选择"Descriptive Statistics"，然后选中"Frequencies"命令模块，弹出"Frequencies"对话框（见图6.26）。

2. 在"Frequencies"对话框左边的变量列表，选择"社会心理学百分制成绩"变量，单击对话框中间的"箭头"按钮，把变量选进右边的待计算的变量（见图6.27）。

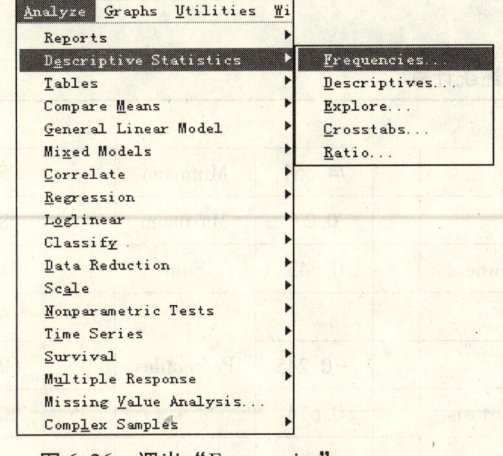

图6.26 调出"Frequencies"

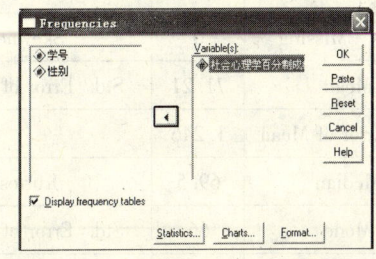

图6.27 "Frequencies"对话框

3. 单击"Statistics"按钮，弹出"Frequencies：Statistics"对话框，对话框的左上部矩形框是百分位数指标（Percentile Values），定义需要输出的百分位数，包含三个指标：一是四分位数指标（Quartiles）；二是以分成若干相等组（默认是10组）的分割点（Cut points for 10 equal groups）；三是百分位数指标［Percentile（s）:］，直接指定某个百分位数（Per-

165

centile），如直接指定输出 P2.5 和 P97.5，由自己定义。在这里勾选四分位数指标（见图6.28）。

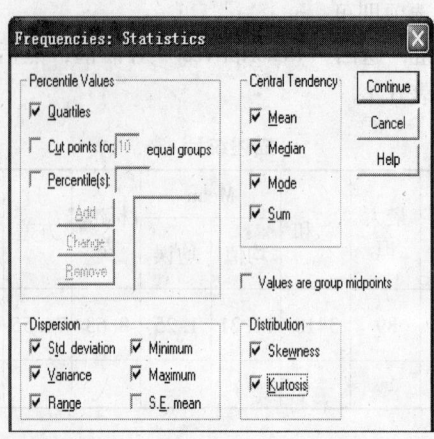

图6.28 "Frequencies：Statistics" 对话框

4. 对话框的右上部矩形框是定义集中趋势（Central Tendency）指标的，这里列出了平均数（Mean）、中位数（Median）、众数（Mode）和总和（Sum），这里勾选全部集中趋势指标。

5. 对话框的左下边是离散趋势（Dispersion）矩形框，用于定义描述离散趋势的一组指标；右下边是"Distribution"分布指标矩形框，用于定义描述分布特征的两个指标。这两个矩形框所含指标与"Descriptive：Options"对话框中相应的指标相同。勾选上述所有指标。

"Values are group midpoints" 复选框：当你输出的数据是分组频数数据，并且具体数值是组中值时，选中该复选框以通知 SPSS，免得它犯错误。

6. 单击"Continue"按钮，返回"Frequencies"对话框，然后单击"OK"按钮，得到描述统计指标计算结果（见表6.2）。

表6.2　　　　　　　　　　描述统计表

社会心理学百分制成绩

N	Valid	48	Variance	74.551	Minimum		52
	Missing	0	Skewness	0.27	Maximum		89
Mean		71.21	Std. Error of kewness	0.343	Sum		3418
Std. Error of Mean		1.246				25	66
Median		69.5	Kurtosis	−0.245	Percentiles	50	69.5
Mode		66	Std. Error of Kurtosis	0.674		75	78.75
Std. Deviation		8.634	Range	37			

表6.2从上到下，从左到右给出了样本数及其确实样本、均值及其标准误、中位数、众数、标准差、方差、偏度及其标准误、峰度及其标准误、极差、最小值、最大值、总和。最后是三个四分位数。

三、利用"Reports"命令模块描述统计

案例：现有2004级劳动与社会保障专业社会心理学百分制成绩和等级成绩数据，求数据文件中社会心理学百分制成绩的反映集中趋势和离散趋势的指标值。

解决方案：利用SPSS的"Case Sumaries"命令模块和求出成绩的描述统计指标值。

操作步骤：

1. 单击"Analyze"菜单，选择"Reports"，然后选中"Case Summaries"命令模块，弹出"Summarize Cases"对话框（见图6.29）。

2. 在"Summarize Cases"对话框左边的变量列表，选择"社会心理学百分制成绩"变量，单击对话框中间的 ▶ 按钮，把变量选进右边的待计算的变量（见图6.30）。

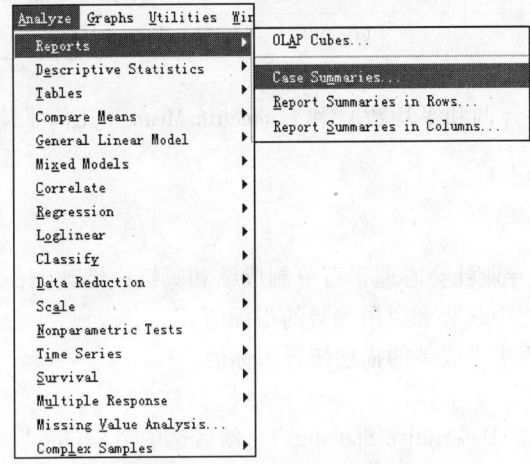

表6.29　调出"Case Sumaries"

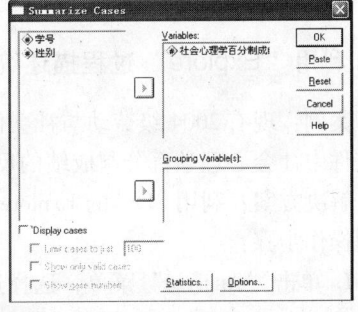

表6.30　"Sumaries Cases"对话框

3. 单击"Statistics"按钮，弹出"Summary Report：Statistics"对话框，对话框的左边是"Statistics"统计指标矩形框，里边包含绝大部分的描述统计指标，选中平均数、中位数等常见的描述统计指标，单击对话框中间的 ▶ 按钮，把变量选进右边的"Cell Statistics:"矩形框内。见图6.31。

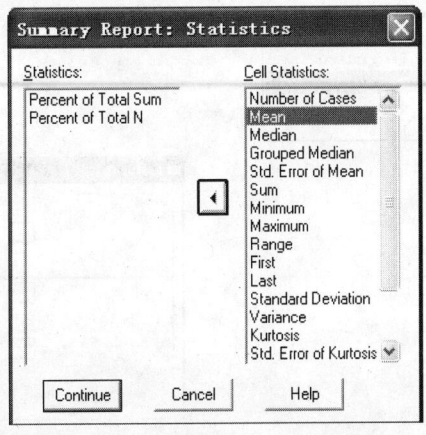

图6.31　"Statistics"对话框

4. 单击"Continue"按钮,返回"Summarize Cases"对话框,然后单击"OK"按钮,得到描述统计指标计算结果(见表6.3)。

表6.3　　　　　　　　　　　　　Case Summaries

N	Mean	Median	Std. Error of Mean
48	71.208	69.5	1.246
Sum	Minimum	Maximum	Range
3418	52	89	37
Std. Deviation	Variance	Kurtosis	Std. Error of Kurtosis
8.634	74.551	−0.245	0.674
Skewness	Std. Error of Skewness	Harmonic Mean	Geometric Mean
0.270	0.343	70.189	70.698

与表6.2比较,多了 Harmonic Mean(调和平均数)和 Geometric Mean(几何平均数)两个指标。

四、利用"Explore"过程描述统计

案例:现有2004级劳动与社会保障专业社会心理学百分制成绩和等级成绩数据,求数据文件中社会心理学百分制成绩的反映集中趋势和离散趋势的指标值。

解决方案:利用 SPSS 的 Explore 过程求出成绩的描述统计指标值。

操作步骤:

1. 单击"Analyze"菜单,选择选择"Descriptive Statistics",然后选中"Explore"命令模块,弹出"Explore"对话框(见图6.32)。

2. 在"Explore"对话框左边的变量列表,选择"社会心理学百分制成绩"变量,单击对话框中间的箭头按钮,把变量选进右边的"Dependent List"矩形框中,在左下角的"Display"矩形框定义显示方式。在这里有三个选项,一个是只显示统计指标,二是显示统计图,三是两者都显示待计算的变量,这里点选"Statistics"单选项(见图6.33)。

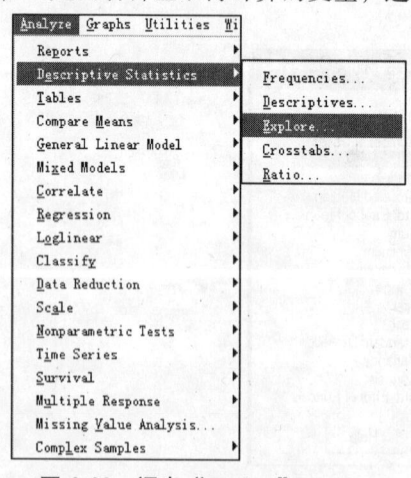

图6.32　调出"Explore"

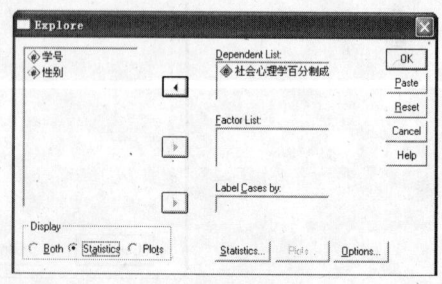

图6.33　"Explore"对话框

3. 单击"Statistics"按钮,弹出"Explore:Statistics"对话框,对话框包含四个复选

项：第一个是"Descriptives"选项，这里面包含绝大部分描述统计指标，该选项的下面还定义了平均数的置信区间的置信度，默认为95％。

第二个选项是"M-estimators"，表示对集中趋势的最大稳健估计。

第三个选项是"Outliers"，表示输出5个最大值和5个最小值。

第四个选项是"Percentiles"选项，表示将计算5％、10％、25％、50％、75％、90％和95％的百分位数。见图6.34。

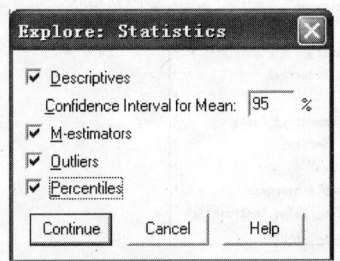

图6.34　"Explore：Statistics"对话框

4. 单击"Continue"按钮，返回"Explore"对话框，然后单击"OK"按钮，得到描述统计指标计算结果，见表6.4。

表6.4　　　　　　　　　　　　　Descriptives

			Statistic	Std. Error
社会心理学百分制成绩	Mean		71.21	1.246
	95% Confidence Interval for Mean	Lower Bound	68.70	
		Upper Bound	73.72	
	5% Trimmed Mean		71.24	
	Median		69.50	
	Variance		74.551	
	Std. Deviation		8.634	
	Minimum		52	
	Maximum		89	
	Range		37	
	Interquartile Range		13	
	Skewness		0.270	0.343
	Kurtosis		-0.245	0.674

五、利用"Means"命令模块描述统计

案例：现有2004劳动与社会保障专业社会心理学百分制成绩和等级成绩数据，求数据文件中社会心理学百分制成绩的反映集中趋势和离散趋势的指标值。

解决方案：利用SPSS的Mean命令模块和求出成绩的描述统计指标值。与"Case Summaries"命令模块求描述统计量值基本相同

操作步骤：

1. 单击"Analyze"菜单，选择"Compare Means"，然后选中"Mean"，弹出"Mean"

对话框（见图 6.35）。

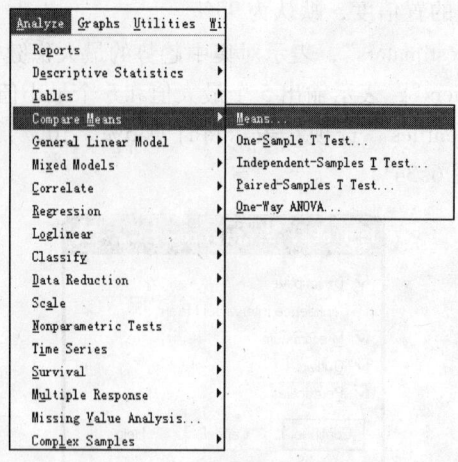

图 6.35　调出"Means"

2. 在"Mean"对话框左边的变量列表，选择"社会心理学百分制成绩"变量，单击对话框中间的"箭头"按钮，把变量选进右边的"Dependent List"矩形框中（见图 6.36）。

3. 单击"Options"按钮，弹出"Means：Options"对话框，对话框的左边是"Statistics"统计指标矩形框，里面包含绝大部分描述统计指标，选中平均数、中位数等常见的描述统计指标，单击对话框中间的"箭头"按钮，把变量选进右边的"Cell Statistics："矩形框内。见图 6.37。

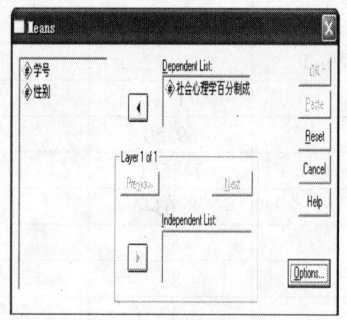
　　图 6.36　调出"Means"

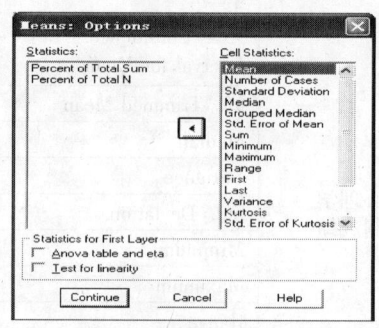
　　图 6.37　"Means：Options"对话框

4. 单击"Continue"按钮，返回"Means"对话框，这时需要设置自变量（省略），然后单击"OK"按钮，得到描述统计指标计算结果与前面的计算结果一样。

第七章 频数分析

频数分析是所有问卷调查中使用最广泛的数据处理技术，建表方式简单，容易阅读，是普通人都能接受、都能看懂的分析结果，所以普通的报纸杂志的调查结果一般就是频数分析。其他方式，读者看不懂，也就失去意义。

第一节 频数分析概述

一、频数分析的含义

频数分析具体的含义是什么？对于一组数据，考察不同的数值出现的频数，或者数据落入指定区域内的频数，可以了解数据的分布状况。通过频数分析，用户在得到描述性统计结果的同时，还能使用户了解变量取值的分布情况，从而使总体数据的分布频数分析出的数字得到更为清晰、准确的输出。

对于频数分析的理解，举个例子，在某个问卷数据分析中，应首先对本次调查的被调查者的状况进行分析和总结（如被调查者的年龄、职业、性别等）。通过这些分析，能在一定程度上反映出样本是否具有总体代表性，抽样是否存在系统偏差等，并以此证明以后相关问题分析的代表性和可信性，这些分析都可以通过频数分析来实现。

二、频数分析的任务

频数分析有两个主要的任务：

（一）编制频数分布表

频数分析的第一个基本任务是编制频数分布表。频数分布表主要包括有频数、百分比、累计百分比，SPSS 的频数分布表还包括有效百分比。下面对这些参数进行详细的介绍。

频数：频数即是指变量值落在某类别或某个区间中的次数。

百分比：百分比是指各频数占总样本数的百分比。

有效百分比：有效百分比是指各频数占总有效样本数的百分比。这里的有效样本数应等于总样本减去缺失样本数。如果所分析的数据在频数分析变量上有缺失值，那么有效百分比更能准确地反映变量的取值分布情况。有效百分比计算的是在不包含缺失值个案的所有个案中各频数变量取值的比例。

累计百分比：累计百分比是指各百分比逐级累加起来的结果。

（二）绘制频数分布统计图

频数分析的第二个基本任务是绘制统计图。统计图是一种最为直接的数据处理方式，可以非常直观地显示变量的取值状况。统计图中主要包括以下几种类型。

条形图：条形图是用宽度相同的条形的高度或长短来表示频数分布变化的图形，适用于定序和定类变量的分析。条形图的纵坐标可以是频数，也可以是百分比。条形图包括单式条形和复式条形图两种。

饼图：饼图是用圆形及圆内扇形的面积来表示频数百分比变化的图形，便于研究事物内在结构组成等问题。饼图中圆内的扇形面积可以表示频数，也可以表示百分比。

直方图：直方图是用矩形的面积来表示频数分布变化的图形。适用于定距变量的分析。可以在直方图上附加正态分布曲线，便于与正态分布的比较。

频数分布主要适用于定类变量数据和定序变量数据，如果是定比或定距变量数据，我们需要首先把定距/定比变量数据转换成定序变量数据，即分组数据；其次才以定类/定序变量数据进行频数分析。

传统的频数分布表的制作主要是人工统计方法，通过画“正”字法进行频数统计，现在可以用 Excel 频数分析或 SPSS 频数分析。

第二节　Excel 单选题的频数分析

用 Excel 进行频数分析，所涉及的函数主要有 COUNTIF（）、FREQUENCY（）和 IF（）函数，各个函数含义各有不同。

一、利用 COUNTIF（）函数做频数分析

COUNTIF（）函数可用一般函数求频数，也可用数组公式求频数。

（一）用 COUNTIF（）一般函数进行频数分析

案例：现有西部公务员人力资源能力建设调查部分数据（见第三章），需要对政治面貌和文化程度进行频数分析。

解决方案：利用 Excel 中的 COUNTIF（）一般函数进行频数分析。

操作步骤：

1. 在 A4：E9 输入相应的文本信息和编码信息，具体文本数据录入见图 7.1。

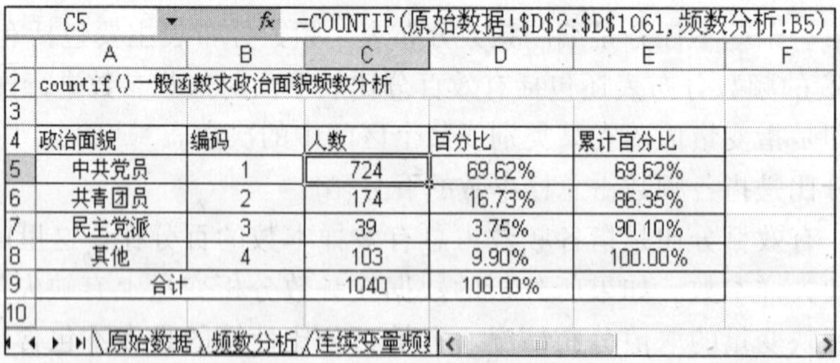
C5　fx =COUNTIF(原始数据!$D$2:$D$1061,频数分析!B5)

	A	B	C	D	E	F
2	countif()一般函数求政治面貌频数分析					
3						
4	政治面貌	编码	人数	百分比	累计百分比	
5	中共党员	1	724	69.62%	69.62%	
6	共青团员	2	174	16.73%	86.35%	
7	民主党派	3	39	3.75%	90.10%	
8	其他	4	103	9.90%	100.00%	
9	合计		1040	100.00%		
10						

原始数据 / 频数分析 / 连续变量频

图 7.1　COUNTIF（）求频数

2. 在 C5 单元格输入并回车确认公式：= COUNTIF（原始数据！$ D $ 2：$ D $ 1061，频数分析！B5），表示在“原始数据”电子表格的 $ D $ 2：$ D $ 1061 单元格区域内，“频数分析”电子表的 B5 单元格的数据（即编码 1，代表中共党员）有多少个，目

的是要求出中共党员的频数。

3. 把鼠标放在 C5 单元格右下角，通过拖曳功能，复制公式至 C8。

4. 选中 C9 单元格，单击“自动求和”按钮，求出总计。

5. 在 D5 单元格输入并回车确认公式：= C5/ $ C $ 9，求出相应的比例，同样拖曳复制公式至 D9，这时注意把比例数值的格式设置成百分比即可。

6. 求累计百分比：在 E5 单元格输入并回车确认公式：= D5；在 E6 单元格输入并回车确认公式：= E5 + D6；然后拖曳复制公式至 E8。

7. 结果解释：由图 7.1 可知，西部公务员以中共党员最多，占 69.62%，共青团员其次，占 16.73%，二者累计 86.35%，民主党派和其他占的比例很少。

8. 调用函数说明。COUNTIF（）是条件计数函数，其语法为 COUNTIF（数据区域，条件），含义是可在指定的数据区域内，根据条件进行计算符合条件的个数。

	B	C	D	E	F	G
1	男	countif()的含义：				
2	女		1	←	=COUNTIF(B1:B6,"男")	恰好是男性的个数
3	2		2	←	=COUNTIF(B1:B6,2)	恰好等于2的数值的个数
4	2		1	←	=COUNTIF(B1:B6,">=8")	大于或等于8的数值的个数
5	4.3					
6	8.3					
7						

函数语法含义说明 / 原始数据

图 7.2　COUNTIF（）函数含义说明

比如图 7.2，B1∶B6 有 6 个数据值，是数据区域，D2 单元格输入的公式：= COUNTIF（B1∶B6，" 男"），表示在 B1∶B6 数据区域内，恰好是男性的个数，计算结果是恰好是男性有 1 个，这时的条件是文本“男”，需要用半角的双引号将其包围；D3 单元格输入的公式：= COUNTIF（B1∶B6，2），表示在 B1∶B6 数据区域内，恰好是等于 2 的个数，这时的条件是数字，不需要用半角的双引号将其包围，当然你非要用双引号也可以，不影响结果；D4 单元格输入的公式：= COUNTIF（B1∶B7，" > = 8"），表示在 B1∶B6 数据区域内，恰好是大于等于 8 的个数，这时的条件是表达式“ > = 8”，需要用半角的双引号将其包围。

COUNTIF（原始数据！ $ D $ 2∶ $ D $ 1061，频数分析！B5）表示的是在“原始数据！ $ D $ 2∶ $ D $ 1061”数据区域内，符合条件“频数分析！B5”的个数。

延伸阅读

选中单元格区域技巧：

定义区域（rang），即选中原始数据！ $ D $ 2∶ $ D $ 1061 数据区域的方法，有三种：

1. 单击第一个数据，按住鼠标左键不放，拖动鼠标至最后一个数据（当数据很大时，这种方法不好，容易跑到九霄云外）。

2. 单击第一个数据，然后按住 Shift + ↓键，至最后一个数据被选中（这种方法很保险，但是会一行一行的选中，速度较慢）。

3. 单击第一个数据，同时按住 Ctrl + Shift + ↓即可（这种方法非常棒，既快又准确）。

（二）用 COUNTIF（）数组公式进行频数分析

案例：现有西部公务员人力资源能力建设调查部分数据（见第三章），需要对政治面貌和文化程度进行频数分析。

解决方案：利用 Excel 中的 COUNTIF（）数组公式进行频数分析。

操作步骤：

1. 在 A15：E20 输入相应的文本信息和编码信息，具体文本数据录入见图 7.3。

2. 首先选中 C16：C19 单元格区域，直接输入公式：= COUNTIF（原始数据！ $ D $ 2：$ D $ 1061，频数分析！B16：B19），然后同时按住 Ctrl + Shift + Enter 键，把输入的公式确认为数组公式，这时公式被大括号圈住了（见图 7.3）。

用数组公式可以同时计算出 D16：D19 单元格区域的所有数据，如果你不是很明白单元格的应用，用数组公式为你免除这一烦恼。

后边的步骤与 COUNTIF（）一般函数求频数分析的相应步骤一样。

3. 选中 C20 单元格，单击“自动求和”按钮，求出总计。

4. 在 D16 单元格输入并回车确认公式：= C16/ $ C $ 20，求出相应的比例，同样拖曳复制公式至 D20，这时注意把比例数值的格式设置成百分比即可。

C16 fx {=COUNTIF(原始数据!$D$2:$D$1061,频数分析!B16:B19)}

	A	B	C	D	E	F
13	countif()数据公式求政治面貌频数分析					
14						
15	政治面貌	编码	人数	百分比	累计百分比	
16	中共党员	1	724	69.62%	69.62%	
17	共青团员	2	174	16.73%	86.35%	
18	民主党派	3	39	3.75%	90.10%	
19	其他	4	103	9.90%	100.00%	
20	合计		1040	100.00%		

原始数据 / 频数分析 / 连续变量频数分

图 7.3　COUNTIF（）数组公式求频数

5. 求累计百分比：在 E16 单元格输入并回车确认公式：= D16，在 E17 单元格输入并回车确认公式：= E16 + D17，然后拖曳复制公式至 E19。

文化程度的频数分析过程完全一样。

	B	C	D	E	F
8	countif()数组公式求政治面貌频数分析				
9					
10	政治面貌	编码	人数	百分比	
11	中共党员	1	724	69.62%	← 涵义：等于1的个数
12	共青团员	2	174	16.73%	← 涵义：等于2的个数
13	民主党派	3	39	3.75%	← 涵义：等于3的个数
14	其他	4	103	9.90%	← 涵义：等于4的个数
15	合计		1040	100.00%	

函数语法涵义说明 / 原始

图 7.4　COUNTIF（）数组公式说明

6. 调用函数说明：COUNTIF（原始数据！ $ D $ 2：$ D $ 1061，频数分析！B16：B19）是数组公式设置，包含两个参数：参数“原始数据！ $ D $ 2：$ D $ 1061”表示参与计算的数据；参数“频数分析！B16：B19”表示条件数组。

在图 7.4 中，政治面貌频数分析中，单元格 D11 输入的公式为 COUNTIF（原始数据！

$D$2：$D$1061，函数语法含义说明！C11：C14），表示等于1的个数，其他几个以此类推。

注意：数组公式需同时按住 Ctrl + Shift + Enter 键确认，否则是一般的公式。

二、利用 FREQUENCY（） 函数做频数分析

FREQUENCY（） 函数可以一般函数求频数，也可以数组公式求频数。

（一）用 FREQUENCY（） 一般函数进行频数分析

案例：现有西部公务员人力资源能力建设调查部分数据（见第三章），需要对文化程度进行频数分析。

解决方案：利用 Excel 中 FEEQUENCY（） 函数进行频数分析。

操作步骤：

1. 在 J4：O10 输入相应的文本信息和编码信息，具体文本数据录入见图 7.5。

2. 在 L5 单元格输入并回车确认公式：= FREQUENCY（原始数据！$E$2：$E$1061，频数分析！K5）。

3. 把鼠标放在 L5 单元格右下角，通过拖曳功能，复制公式至 L9。

4. 在 M5 单元格输入并回车确认公式：= L5，在 M6 单元格输入并回车确认公式：= L6 − L5，然后把鼠标放在 M6 单元格右下角，拖曳复制公式至 M9。

5. 选中 M10 单元格，单击"自动求和"按钮，求出总计。

6. 在 N5 单元格输入并回车确认公式：= M5/$M$10，求出相应的比例，同样拖曳复制公式至 N10，这时注意把比例数值的格式设置成百分比即可。

文化程度	编码	累计人数	人数	百分比	累计百分比
高中以下	1	17	17	1.61%	1.61%
高中、中专和中技	2	98	81	7.66%	9.27%
大专	3	498	400	37.84%	47.11%
本科	4	1025	527	49.86%	96.97%
硕士及以上	5	1057	32	3.03%	100.00%
合计			1057	100.00%	

图 7.5 FREQUENCY（） 一般函数求频数

7. 求累计百分比：在 O5 单元格输入并回车确认公式：= L5/$M$10，然后拖曳复制公式至 O9。

8. 结果解释：西部公务员的文化程度以本科最多，占 49.86%，其次是专科，比例占 37.84%，这两项共占 87.7%，而硕士及其以上的公务员不多。

9. 调用函数说明。FREQUENCY（数据，条件）表示返回一个在某个区域中，小于或等于该数值的个数（这种求频数的方法会多一步骤，即需用后面所获得的个数减去前面所获得的个数），这时是累计频数，所以 FREQUENCY（） 一般函数也可以叫累计频数函数。

比如图 7.6，B17：B22 有 6 个数据值，是数据区域，D19 单元格输入的公式：= FREQUENCY（B17：B23,"男"），含义是在 B1：B6 数据区域内，小于等于男性的个数，很显

然文本数据不能做大于或小于运算，因此条件不能是文本；D20 单元格输入的公式：= FREQUENCY（B17：B23，2），表示在 B1：B6 数据区域内，小于等于 2 的个数，结果为 2；D21 单元格输入的公式：= FREQUENCY（B17：B23，"＞=8"），返回的是错误信息，说明条件参数不能是表达式。

	B	C	D	E	F	G
16						
17	男		frequency()的涵义：			
18	女					
19	2		#VALUE!	←	=FREQUENCY(B17:B23,"男")	条件不能是文本
20	2		2	←	=FREQUENCY(B17:B23,2)	小于等于2的数值的个数
21	4.3		#VALUE!	←	=FREQUENCY(B17:B23,">=8")	条件不能是表达式
22	8.3					

函数语法涵义说明 / 原始数据 /

图 7.6　FREQUENCY（）一般函数说明

（二）用 FREQUENCY（）数组公式进行频数分析

案例：现有西部公务员人力资源能力建设调查部分数据（见第三章），需要对文化程度进行频数分析。

解决方案：利用 Excel 中的 FEEQUENCY（）数组公式进行频数分析。

操作步骤：

1. 在 J15：N21 输入相应的文本信息和编码信息，具体文本数据录入见图 7.7。

L16　fx {=FREQUENCY(原始数据!$E$2:$E$1061,频数分析!K16:K20)}

	J	K	L	M	N	O	P	Q
13	frequency()数组公式求文化程度频数分析							
14								
15	文化程度	编码	人数	百分比	累计百分比			
16	高中以下	1	17	1.61%	1.61%			
17	高中、中专和中技	2	81	7.66%	9.27%			
18	大专	3	400	37.84%	47.11%			
19	本科	4	527	49.86%	96.97%			
20	硕士及以上	5	32	3.03%	100.00%			
21	合计		1057	100.00%				
22								

函数语法涵义说明 / 原始数据 / 频数分

图 7.7　FREQUENCY（）数组公式求频数

2. 首先选中 L16：L20 单元格区域，直接输入公式：= FREQUENCY（原始数据！＄E＄2：＄E＄1061，频数分析！K16：K20），然后同时按住 Ctrl + Shift + Enter 键，把输入的公式确认为数组公式（见图 7.7）。

3. 在 C21 单元格输入并回车确认公式：= SUM（L16：L20），求出总计。

4. 在 M16 单元格输入并回车确认公式：= L16/＄L＄21，求出相应的比例，同样拖曳复制公式至 M21，把比例数值的格式设置成百分比即可。

5. 利用累计频数求累计百分比：在 N16 单元格输入并回车确认公式：= FREQUENCY（原始数据！＄E＄2：＄E＄1061，频数分析！K16）/＄L＄21，然后拖曳复制公式至 N20。

6. 调用函数说明：FREQUENCY（）数组公式的语法是：FREQUENCY（数据区域，条件数组），其含义是可用来计算某一个区域内各不同数值出现的频数，其返回值为一列垂直的数组，因此输入前应先选取适当的数组单元格。=FREQUENCY（原始数据！$E$2:$E$1061，频数分析！K16：K20）中参数“原始数据！$E$2：$E$1061”表示待计算的数据，参数“频数分析！K16：K20”表示的是间隔条件数组。

如图7.8，如果D27：D31是数组公式的话，D27单元格的含义就是计算“小于或等于1的个数”；D28单元格的数组公式的含义是“计算小于等于2且大于1的个数。得到的结果与前例的=FREQUENCY（原始数据！$E$2：$E$1061，频数分析！K5）是不一样的，本例的数组公式得到的是各类别的频数，而前例得到的是累计频数。

	B	C	D	E	F	G
24	frequency()数组公式求文化程度频数分析					
25						
26	文化程度	编码	人数	百分比		
27	高中以下	1	17	1.61%	← 涵义：小于或等于1的个数	
28	高中、中专和中技	2	81	7.66%	← 涵义：小于或等于2的个数，且大于1的个数	
29	大专	3	400	37.84%	← 涵义：小于或等于3的个数，且大于2的个数	
30	本科	4	527	49.86%	← 涵义：小于或等于4的个数，且大于3的个数	
31	硕士及以上	5	32	3.03%	← 涵义：小于或等于5的个数，且大于4的个数	
32	合计		1057	100.00%		

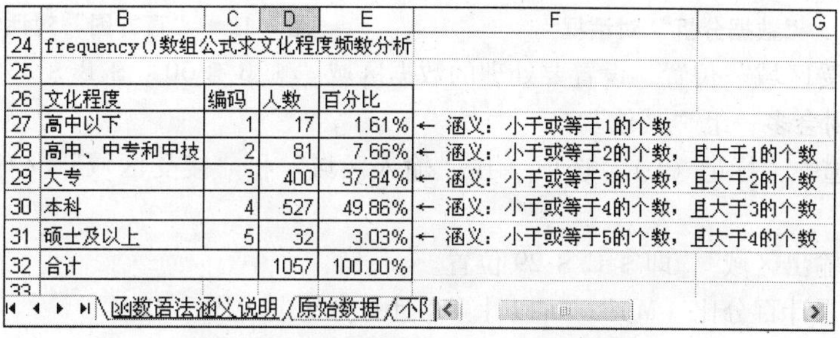

图7.8　FREQUENCY（）数组公式说明

三、利用宏工具——直方图做频数分析

案例：现有西部公务员人力资源能力建设调查部分数据（见第三章），需要对文化程度进行频数分析

解决方案：利用Excel中宏工具——直方图进行频数分析。

操作步骤：

1. 在A29：B34单元格区域建立“接收区域”，具体信息见图7.9。

2. 单击“工具（T）”菜单，选中“数据分析（D）”，调出“数据分析”对话框（见图7.10）。

	A	B
25		
26	直方图求文化程度频数分析	
27		
28	接收区域	
29	文化程度	编码
30	高中以下	1
31	高中、中专和中技	2
32	大专	3
33	本科	4
34	硕士及以上	5

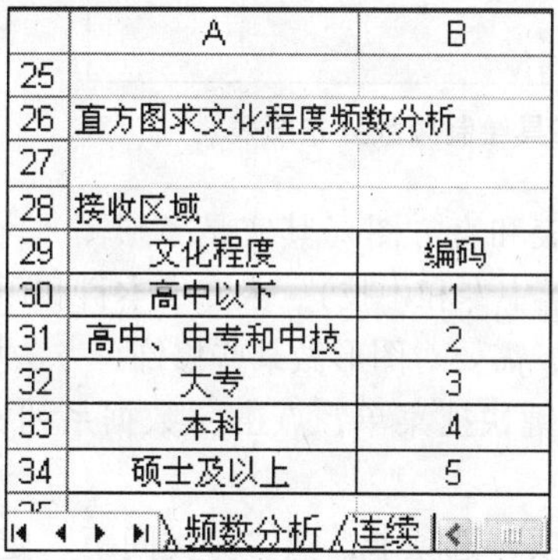

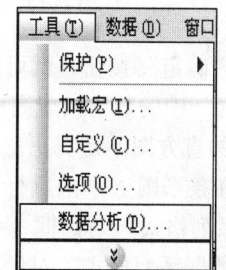

图7.9　构建接收区域

图7.10　调出“数据分析”

3. 在“数据分析”对话框中，选中“直方图”，单击“确定”按钮，弹出“直方图”对话框（见图7.11）。

4. 在“直方图”对话框中，定义“输入区域”，设置要处理的数据区域“原始数据！$E$2：$E$1061”（见图7.12）。

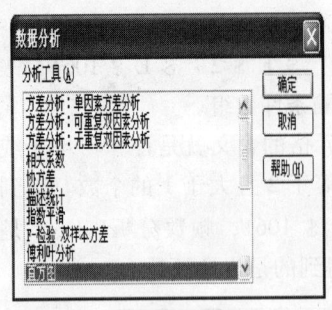
图 7.11 "数据分析"对话框

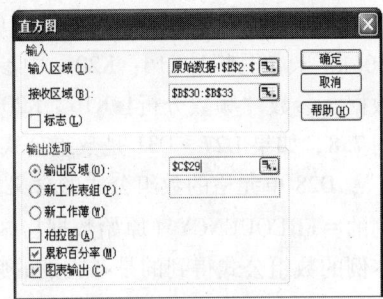
图 7.12 "直方图"对话框

5. 在"接受区域"位置,设置要处理的数据区域"＄B＄30：＄B＄33"(此处要少定义一组,否则会多一组"其他")。

这里不要选中"标记(L)"选项(在"输入区域"和"接受区域"没有选择文本标题)。

6. 设置"输出区域",即＄C＄29位置。

7. 选择"累计百分比(M)",可以计算累计百分比(见图7.12)。

8. 选择"图表输出(C)",根据原答案顺序绘制直方图(见图7.12)。

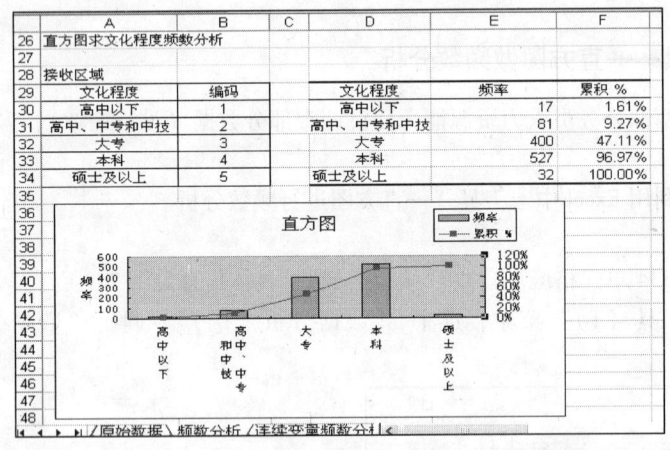
图 7.13 "直方图"宏工具绘制频数分布图表

9. 单击"确定"按钮,就可获得频数分布表和直方图(其实是条形图)。为了便于理解,把"分组"中的数值换成高中以下、高中(中专和中技)、大专、本科和硕士及以上。

图7.13的直方图不是真正意义上的直方图,需要对图形做某些修饰,方法如下:

1. 首先在条形图上单击鼠标右键,弹出右键快捷菜单,点击"数据系列格式(O)",调出"数据系列格式"对话框(见图7.14)。

2. 在"数据系列格式"对话框,选择"选项"选项卡,把"分类间距"定义为0(见图7.15)。

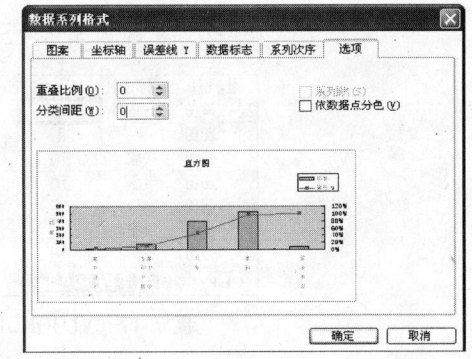

图 7.14　调出"数据系列格式"　　　图 7.15　"数据系列格式"对话框

3. 单击"确定"按钮，得到真正意义上的直方图（见图 7.16）。

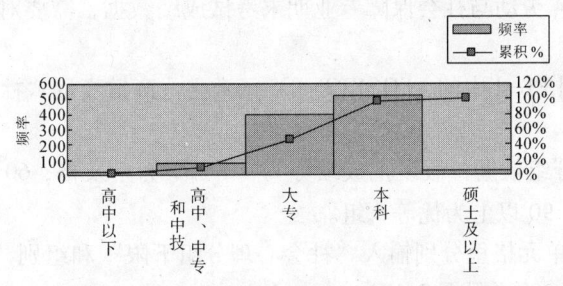

图 7.16　直方图效果 COUNTIF（ ）求频数

第三节　Excel 数值型填空题的频数分析

对于数值型填空题收集到的数据是定距或定比变量数据，是一种连续型数据，对该类数据进行频数分析，首先要对其分组，把它转换成定序变量数据，即分组数据之后才能进行频数分析。

一、利用 Excel 对连续型变量进行分组

（一）IF（ ）条件函数进行分组

案例：现有 2004 劳动与社会保障专业期末考试成绩数据，需要对社会心理学成绩转换成等级成绩。

解决方案：利用 Excel 中的 If（ ）生成离散变量"社心等级成绩"。

操作步骤：

1. 首先要确定分组依据：假设把成绩分为：0～59 为不及格，60～69 为及格，70～79 为中，80～89 为良，90 以上为优等 5 组。

2. 在 D2 单元格输入并回车确认公式：= IF（C2 < 60,"不及格"，IF（C2 < 70,"及格"，IF（C2 < 80,"一般"，IF（C2 < 90,"良","优"））））（见图 7.17）。

3. 把鼠标放在 D2 单元格右下角，通过拖曳功能，复制公式至 D50。

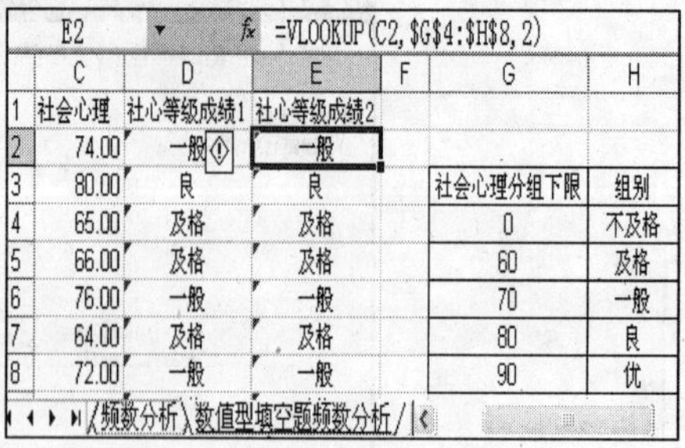

E2 =VLOOKUP(C2,$G$4:$H$8,2)

	C	D	E	F	G	H
1	社会心理	社心等级成绩1	社心等级成绩2			
2	74.00	一般	一般			
3	80.00	良	良		社会心理分组下限	组别
4	65.00	及格	及格		0	不及格
5	66.00	及格	及格		60	及格
6	76.00	一般	一般		70	一般
7	64.00	及格	及格		80	良
8	72.00	一般	一般		90	优

频数分析 / 数值型填空题频数分析

图 7.17　VLOOKUP（）分组

（二）VLOOKUP（）函数进行分组

案例：现有 2004 劳动与社会保障专业期末考试成绩数据，需要对社会心理学成绩转换成等级成绩。

解决方案：利用 Excel 中的 VLOOKUP（）函数生成离散变量“社心等级成绩”。

操作步骤：

1. 首先要确定分组依据：假设把成绩分为：0 ~ 59 为不及格，60 ~ 69 为及格，70 ~ 79 为中，80 ~ 89 为良，90 以上为优等 5 组。

2. 在 G3 和 H4 单元格里分别输入“社会心理分组下限”和组别，然后在 G4：G8 分别输入 0、60、70、80、90（见图 7.17）。

3. 在 E2 单元格输入并回车确认公式：= VLOOKUP（C2，$ G $ 4：$ H $ 8，2）。

4. 把鼠标放在 E2 单元格右下角，通过拖曳功能，复制公式至 E50。

二、利用 COUNTIF（）函数进行频数分析

案例：现有 2004 劳动与社会保障专业期末考试成绩数据，需要对社会心理学等级成绩进行频数分析。

解决方案：利用 Excel 中的 COUNTIF（）函数对“社心等级成绩”进行频数分析。

1. 在 G15：J21 单元格区域输入相关的文本信息（见图 7.18）。

2. 选中 H16：H20 区域，直接输入公式：= COUNTIF（D2：D50，G16：G20），然后同时按住 Ctrl + Shift + Enter 键，把输入的公式确认为数组公式（见图 7.18）。

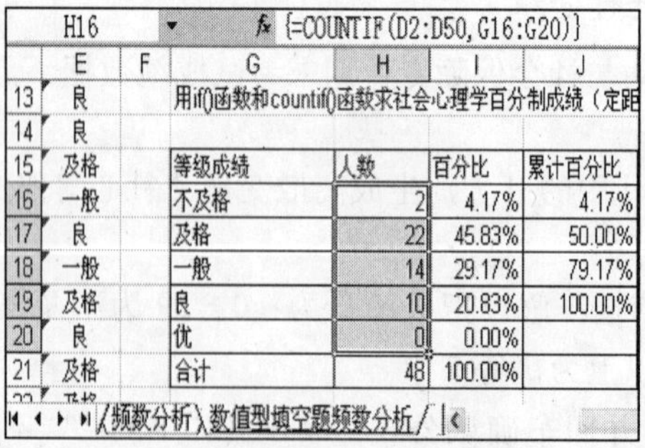

H16 {=COUNTIF(D2:D50,G16:G20)}

	E	F	G	H	I	J
13	良		用if()函数和countif()函数求社会心理学百分制成绩（定距			
14	良					
15	及格		等级成绩	人数	百分比	累计百分比
16	一般		不及格	2	4.17%	4.17%
17	良		及格	22	45.83%	50.00%
18	一般		一般	14	29.17%	79.17%
19	及格		良	10	20.83%	100.00%
20	良		优	0	0.00%	
21	及格		合计	48	100.00%	
22	及格					

频数分析 / 数值型填空题频数分析

图 7.18　COUNTIF（）函数频数分析

3. 选中 H21 单元格，单击“自动求和”按钮，求出合计。

4. 求出相应的比例：在 I16 单元格输入并回车确认公式：= H16/ $ H $ 21，拖曳复制公式；然后在 J16 单元格输入并回车确认公式：= I16，在 J17 单元格输入并回车确认公式：= I17 + J16，把鼠标放在 J17 单元格右下角拖曳复制公式。最后把比例数值的格式设置成百分比即可。

三、FREQUENCY（）函数对连续型变量进行频数分析

上述用 If（）和 COUNTIF（）函数进行频数分析，需要先进行分组，分组函数又比较复杂，我们当然也可以在分组的基础上，对离散变量进行频数分析，方法与前同。但这里介绍用 FREQUENCY（）函数的数组公式直接求出频数。

案例：现有 2004 劳动与社会保障专业期末考试成绩数据，需要对社会心理学百分制成绩进行频数分析。

解决方案：利用 Excel 中的 FREQUENCY（）函数数组公式进行定距数据的频数分析。

操作步骤：

1. 在 G26、H26 单元格分别输入“编码”和“等级成绩”，然后在表、“编码”下面的 G27：G30 输入 59.999、69.999、79.999 和 89.999，这是成绩分组的上限；然后在“等级成绩”下面的 H27：H31 区域分别输入不及格、及格、一般、良和优，见图

2. 选中 I27：I31 单元格区域，直接输入公式：= FREQUENCY（C2：C50，G27：G31），然后同时按住 Ctrl + Shift + Enter 键，把输入的公式确认为数组公式，见图 7.19。

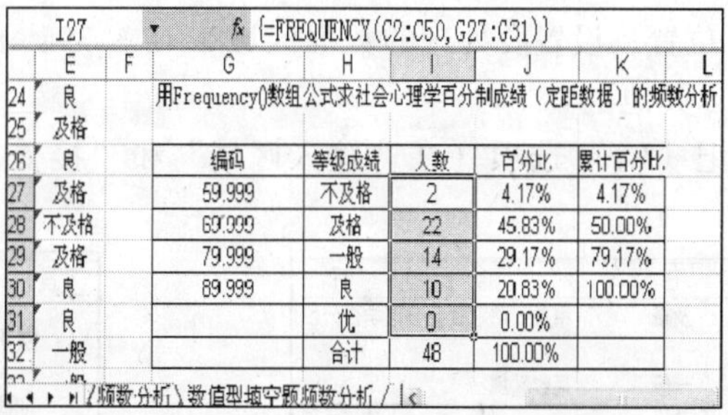
I27 {=FREQUENCY(C2:C50,G27:G31)}

	E	F	G	H	I	J	K	L
24	良		用Frequency()数组公式求社会心理学百分制成绩（定距数据）的频数分析					
25	及格							
26	良		编码	等级成绩	人数	百分比	累计百分比	
27	及格		59.999	不及格	2	4.17%	4.17%	
28	不及格		69.999	及格	22	45.83%	50.00%	
29	及格		79.999	一般	14	29.17%	79.17%	
30	良		89.999	良	10	20.83%	100.00%	
31	良			优	0	0.00%		
32	一般			合计	48	100.00%		

频数分析 / 数值型填空题频数分析

图 7.19 FREQUENCY（）函数频数分析

3. 选中 I32 单元格，单击“自动求和”按钮，求出合计。

4. 求出相应的比例：在 J27 单元格输入并回车确认公式：= I27/ $ I $ 32，拖曳复制公式。

5. 然后在 K27 单元格输入并回车确认公式：= FREQUENCY（$ C $ 2：$ C $ 50，G27）/ $ I $ 32，把鼠标放在 K27 单元格右下角拖曳复制公式；最后把比例数值的格式设置成百分比即可。

延伸阅读

为什么 FREQUENCY（）函数的分组编码要用分组的上限，而且把上限设置成 59.999、69.999 等？

1. 这与 FREQUENCY（）的含义有关，FREQUENCY（）求的是小于等于某个值的个数，因此需用每组的上限，而第五章的 VLOOKUP（）函数的分组编码要用分组的下限，也是因为在近似查询时，VLOOKUP（）函数是要查找小于查询依据的最大值，所以要用分组

的下限。

2. 通过 FREQUENCY（）的含义知道，FREQUENCY（）分组时是上限在内的，因此"不及格"组的上限就不能设置成 60，要设置成 59.999，否则 Excel 会把 60 归为不及格这组。

四、利用宏工具——直方图进行连续变量的频数分析

如果讨厌无休止的函数、公式等，想要进行定距数据的频数分析，还可以利用菜单式操作的"直方图"来进行频数分析。

案例：现有 2004 劳动与社会保障专业期末考试成绩数据，需要对社会心理学百分制成绩进行频数分析。

解决方案：利用 Excel 中加载宏"直方图"进行定距数据的频数分析。

操作步骤：

1. 在 A29：B34 单元格区域建立"接收区域"，具体信息见图 7.20。

2. 单击"工具（T）"菜单，选中"数据分析（D）"，调出"数据分析"对话框（见图 7.21）。

3. 在"数据分析"对话框中，选中"直方图"，单击"确定"按钮，弹出"直方图"对话框（见图 7.22）。

4. 在"直方图"对话框中，定义"输入区域"，设置要处理的数据区域 $C$2：$C$50。

5. 在"接受区域"位置，设置要处理的数据区域 $G$39：$G$42（此处要少定义一组，否则会多一组"其他"）。

这里不要选中"标记（L）"选项（在"输入区域"和"接受区域"没有选择文本标题）。

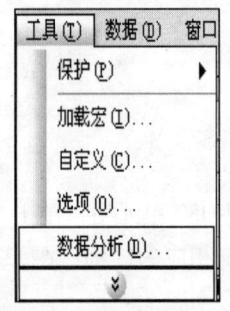

图 7.20　建立"接收区域"　　　　图 7.21　调用"数据分析"

6. 设置"输出区域"，即 $J$38 位置。

7. 选择"累计百分比（M）"，可以计算累计百分比。

8. 选择"图表输出（C）"，根据原答案顺序绘制直方图（见图 7.23）。

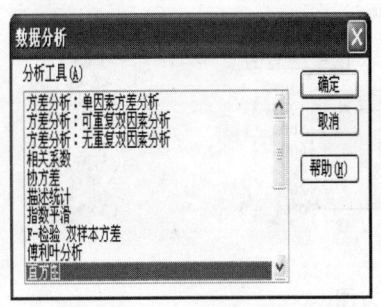
图 7.22　调用"直方图"

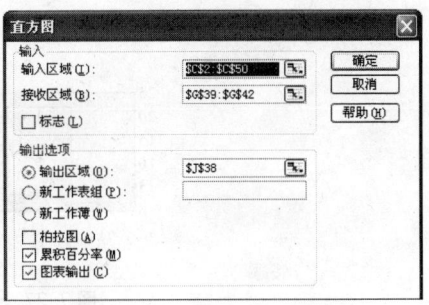
图 7.23　"直方图"对话框

9. 单击"确定"按钮，就可获得频数分布表和直方图。为了便于理解，把"分组"中的数值换成高中以下、高中（中专和中技）、大专、本科和硕士及以上。

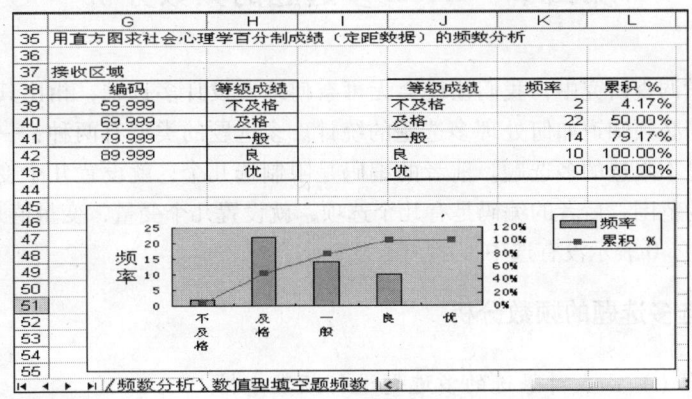
图 7.24　频数分布图表

10. 把鼠标放在柱形上面，单击右键，弹出右键"快捷菜单"，选中"数据系列格式"（见图 7.25），调出"数据系列格式"对话框（见图 7.26）。

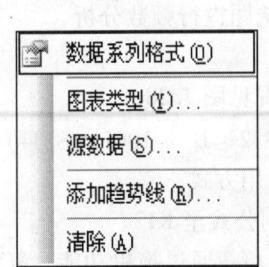
图 7.25　调用"数据系列格式"

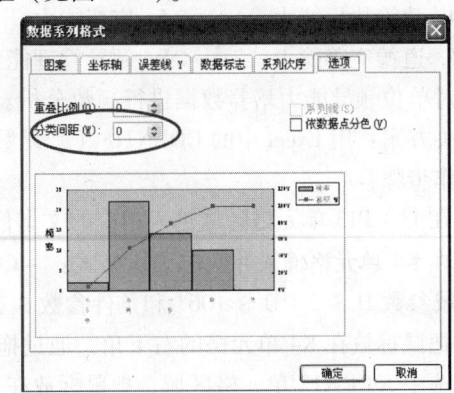
图 7.26　"数据系列格式"对话框

11. 在"数据系列格式"对话框中单击"选项"按钮，把"分类间距"设置为 0，这样就形成直方图了（见图 7.27）。

183

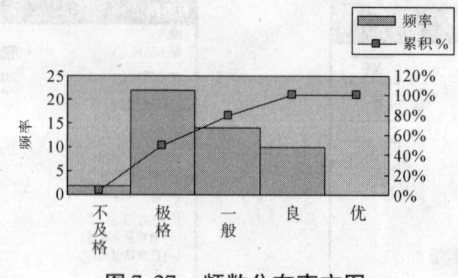

图 7.27 频数分布直方图

第四节 Excel 多选题的频数分析

在社会科学调查研究中,我们往往会无可奈何地要设计多选题,相比其他学科领域还不少,因此我们必须知道如何处理多选题的统计。多选题的类型有两种:一种是限选的多选题,另一种是不限选的多选题。前者的编码是限制选几个,就设置几个变量,变量的值范围就是选项的范围;后者的编码是有几个选项,就设置几个变量,变量值是二分的,即 1 表示该项被选中,0 表示没有选中。

一、Excel 限选多选题的频数分析

(一) COUNTIF ( ) 函数对限选的多选题进行频数分析

案例:西部公务员人力资源能力建设调查问卷第 7 题:您认为本单位领导,最需要加强下列哪些能力的培养?(限选三项)

◇1. 政治鉴别能力　　◇2. 科学决策能力　　◇3. 政策研究能力
◇4. 政策执行能力　　◇5. 应变能力　　　　◇6. 协调沟通能力
◇7. 道德完善能力　　◇8. 领导管理能力　　◇9. 其他

请对单位领导能力培养数据进行频数分析。

解决方案:用 Excel 中的 COUNTIF ( ) 函数对限选的多选题进行频数分析

操作步骤:

1. 在 I3:P13 单元格区域输入相应的文本信息,具体情况见图 7.28;

2. 在 K4 单元格输入并回车确认公式:= COUNTIF (D $ 2:D $ 1061, $ J4),注意数据区域参数 D $ 2:D $ 1061 和条件参数 $ J4 的单元格引用方式;

3. 把鼠标放在 K4 单元格的右下角,通过拖曳功能,复制公式至 K12。

4. 选中 K4:K12 单元格区域,把鼠标放在该区域的右下角,通过拖曳功能,复制公式至 M6:M12。

5. 选中 K4:N13,单击"自动求和"按钮,求出行总和与列总和。

6. 在 J15 单元格输入并回车确认公式:= COUNT (D2:D1061)。

7. 求出基于样本的百分比:在 O4 单元格输入并回车确认公式:= N4/ $ J $ 15,把鼠标放在 O4 的右下角,通过拖曳功能,复制公式至 O13,把比例数值的格式设置成百分比格式,这样就求得基于样本数的百分比。

第七章 频数分析

	I	J	K	L	M	N	O	P
1	用COUNTIF()求限选多选题频数分析							
2								
3	单位领导需提高的能力	代码	需能力培养1	需能力培养2	需能力培养3	合计	基于样本数n的百分比	基于反应的百分比
4	◇1.政治鉴别能力	1	287	1	2	290	27.83%	10.94%
5	◇2.科学决策能力	2	419	115	0	534	51.25%	20.15%
6	◇3.政策研究能力	3	73	114	32	219	21.02%	8.26%
7	◇4.政策执行能力	4	80	139	52	271	26.01%	10.23%
8	◇5.应变能力	5	86	123	42	251	24.09%	9.47%
9	◇6.协调沟通能力	6	62	271	143	476	45.68%	17.96%
10	◇7.道德完善能力	7	6	68	77	151	14.49%	5.70%
11	◇8.领导管理能力	8	11	50	369	430	41.27%	16.23%
12	◇9.其他	9	18	1	9	28	2.69%	1.06%
13	合计		1042	882	726	2650	254.32%	100.00%
14								
15	样本数		1042					

图7.28 COUNTIF() 限选多选题频数分析

8. 求出基于反应的百分比：在 P4 单元格输入并回车确认公式：= N4/＄N＄13，把鼠标放在 P4 的右下角，通过拖曳功能，复制公式至 P13，把比例数值的格式设置成百分比格式，这样求得基于反应的百分比。

（一）FREQUENCY() 函数限选多选题频数分析

案例：西部公务员人力资源能力建设调查问卷第 7 题：您认为本单位领导，最需要加强下列哪些能力的培养？（限选三项）

◇1. 政治鉴别能力　　◇2. 科学决策能力　　◇3. 政策研究能力
◇4. 政策执行能力　　◇5. 应变能力　　　　◇6. 协调沟通能力
◇7. 道德完善能力　　◇8. 领导管理能力　　◇9. 其他

请对单位领导能力培养数据进行频数分析。

解决方案：用 Excel 中的 FREQUENCY() 函数对限选多选题进行频数分析。

操作步骤：

1. 在 I40：P50 单元格区域输入相应的文本信息，具体情况见图 7.29。

2. 选中 K41：K49 单元格区域，直接输入公式：= FREQUENCY（D20：D1079，＄J41：＄J49），注意条件数组 ＄J41：＄J49 的单元格引用方式；然后同时按住 Ctrl + shift + Enter 键，把输入的公式确认为数组公式（见图 7.29）。

	I	J	K	L	M	N	O	P
38	用FREQUENCY()数组公式求限选多选题频数分析							
39								
40	单位领导需提高的能力	代码	需能力培养1	需能力培养2	需能力培养3	合计	基于样本数n的百分比	基于反应的百分比
41	◇1.政治鉴别能力	1	282	1	2	285	27.35%	10.93%
42	◇2.科学决策能力	2	411	115	0	526	50.48%	20.18%
43	◇3.政策研究能力	3	72	112	32	216	20.73%	8.29%
44	◇4.政策执行能力	4	78	137	52	267	25.62%	10.24%
45	◇5.应变能力	5	85	118	40	243	23.32%	9.32%
46	◇6.协调沟通能力	6	61	269	141	471	45.20%	18.07%
47	◇7.道德完善能力	7	6	67	74	147	14.11%	5.64%
48	◇8.领导管理能力	8	11	48	365	424	40.69%	16.26%
49	◇9.其他	9	18	1	9	28	2.69%	1.07%
50	合计		1024	868	715	2607	250.19%	100.00%
51								
52	样本数		1042					

图7.29 FREQUENCY() 函数限选多选题频数分析

3. 选中 K41：K49 单元格区域，把鼠标放在该区域的右下角，通过拖曳功能，复制公

185

式至 M41：M49。

4. 选中 K41：N50，单击"自动求和"按钮，求出行总和与列总和。

5. 在 J52 单元格输入并回车确认公式：= COUNT（D2：D1061）。

6. 求出基于样本的百分比：在 O41 单元格输入并回车确认公式：= N41/＄J＄52，把鼠标放在 O41 的右下角，通过拖曳功能，复制公式至 O50，把比例数值的格式设置成百分比格式，这样求得基于样本数的百分比。

7. 求出基于反应的百分比：在 P41 单元格输入并回车确认公式：= N41/＄N＄50，把鼠标放在 P41 的右下角，通过拖曳功能，复制公式至 P50，把比例数值的格式设置成百分比格式，这样求得基于反应的百分比。

其实 COUNTIF（）函数也可以用数组公式来求多选题的频数分析，过程与 RENQUENCY（）的数组公式完全一样，只把 = FREQUENCY（D20：D1079，＄J41：＄J49）换成 = COUNTIF（D20：D1079，＄J41：＄J49）。具体计算情况见图 7.30。

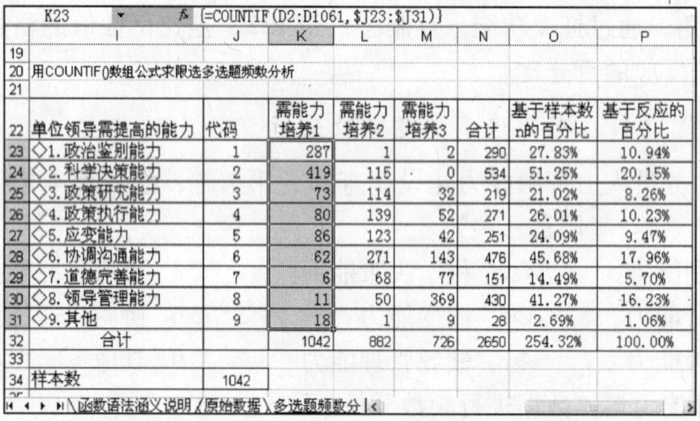

图 7.30 COUNTIF（）数组公式做频数分析

延伸阅读

Excel 单元格地址的引用：

Excel 单元格的引用包括绝对引用、相对引用和混合引用三种。

1. ＄A＄3 是绝对引用，把行（数字 3 表示）和列（字母 A 表示）都固定了，意味着如果公式所在单元格的位置改变，绝对引用的单元格始终保持不变。

2. ＄A3 和 A＄3 都叫混合引用，＄A3 是指把单元格的列（字母 A 表示，即 A 列）固定了，单元格的行（第 3 行）没有被固定，以此类推，A＄3 表示 A 列没有被固定，而第 3 行位置被固定了。

3. A3 是相对引用，如果公式所在单元格的位置改变，行号 3 和列号 A 都没有被固定，会相应地变动。

在拖曳复制公式时，如何确定应该使用哪一种单元格引用呢？

以本例为例，公式 = COUNTIF（D＄2：D＄1061，＄J4）需要垂直方向拖曳复制公式，然后还需要水平方向拖曳复制公式，确定单元格引用的方法是：

1. 垂直方向拖曳复制公式时，公式所涉及的单元格的列号没有变化，只有行号在变化，因此根据我们的目的，只考虑单元格的行是否需要固定，在本例中，不管是统计代码 1 还是代码 9 的个数，其数据区域始终是第 2 行到第 1061 行，拖曳复制公式时，数据区域的行号不能变动，需要固定。因此数据区域 D2：D1061 设置成 D＄2：D＄1061，固定"行"，同时条件参数 J4 中的行号 4 是需要变动的，因为如果我们在统计代码 9 的个数时，公式中的条件参数要相应的变为 J12，行号发生变动。因此我们把条件参数 J4 的行号 4 不能给美元符号予以固定。

2. 水平方向拖曳复制公式时，公式所涉及的单元格的行号没有变化，只有列号在变化，因此根据我们的目的，只考虑单元格的列号是否需要固定，在本例中，=COUNTIF（D2：D1061，J4）是统计需能力培养 1 的个数，如果向右拖曳一列，相应的公式应是=COUNTIF（E2：E1061，J4），以统计需能力培养 2 的个数，所以数据区域 D2：D1061 中的列号不能固定，拖曳复制公式是需要变动列号，而参数 J4 的列号 J 没有变动，需要固定，因此参数 J4 需要设置成 ＄J4，以固定行号。

综合考虑垂直方向和水平方向拖曳复制公式，需将=COUNTIF（D2：D1061，J4）设置成=COUNTIF（D＄2：D＄1061，＄J4）。

二、不限选的多选题的频数分析

案例：西部公务员人力资源能力建设调查问卷第 8 题：参加工作后，您参加过单位的什么培训？（可多选）

◇1. 新员工培训　　◇2. 各类职业资格考试　　◇3. 短期进修培训
◇4. 长期脱产进修（连续 1 个月以上）　　◇5. 自学考试
◇6. 研讨讲座报告会　　◇7. 在职函授、参加课程班等　　◇8. 其他

请对培训类型数据进行频数分析。

解决方案：用 Excel 中的 COUNTIF（）函数对不限选的多选题进行频数分析。

操作步骤：

1. 在 O3：Y9 单元格区域输入相应的文本信息，具体情况见图 7.31。

2. 在 Q4 单元格输入并回车确认公式：=COUNTIF（F＄2：F＄1061，＄P4），注意数据区域参数 F＄2：F＄1061 和条件参数 ＄P4 的单元格引用方式。

3. 把鼠标放在 Q4 单元格的右下角，通过拖曳功能，向右复制公式至 X4。

4. 选中 Q4：Y4，单击"自动求和"按钮，求出行总和。

5. 在 Q9 单元格输入并回车确认公式：=COUNT（F2：F1061）。

6. 求出基于样本的百分比：在 Q5 单元格输入并回车确认公式：=Q4/＄Q＄9，把鼠标放在 Q5 的右下角，通过拖曳功能，向右复制公式至 Y5，把比例数值的格式设置成百分比格式，这样求得基于样本数的百分比。

7. 求出基于反应的百分比：在 Q6 单元格输入并回车确认公式：=Q4/＄Y＄4，把鼠标放在 Q6 的右下角，通过拖曳功能，向右复制公式至 Y6，把比例数值的格式设置成百分比格式，这样求得基于反应的百分比。（见图 7.31）

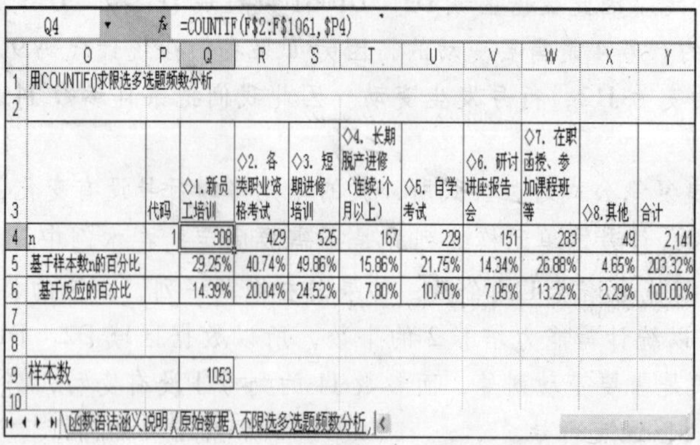

图 7.31 COUNTIF() 函数不限选多选题频数分析

第五节 SPSS 频数分析

频数分布表是描述性统计中最常用的方法之一，SPSS 中的 Frequencies 过程就是专门为产生频数表而设计的。它不仅可以产生详细的频数表，还可以按要求给出某百分位点的数值，以及常用的条图、圆图等统计图。

一、单选题的频数分析

案例：现有西部公务员人力资源能力建设调查部分数据（见第三章），需要对政治面貌和文化程度进行频数分析

解决方案：利用 SPSS 中的 Frequencies 过程进行频数分析

操作步骤：

1. 单击"Analyze"菜单，选择"Descriptive Statistics"，然后选中"Frequencies"命令模块，弹出"Frequencies"对话框（见图 7.32）。

2. 在"Frequencies"对话框左边的变量列表，选择"政治面貌"变量和"文化程度"变量，单击对话框中间的"箭头"按钮，把变量选进右边的待计算的变量［Variables（s）］（见图 7.33）。

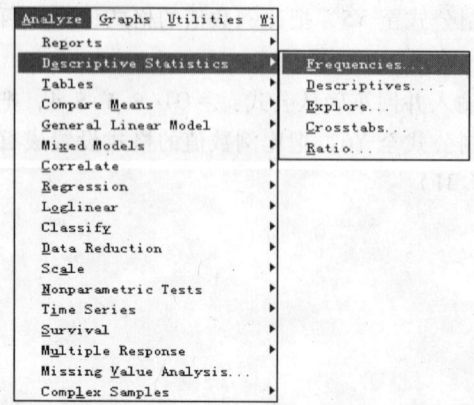

图 7.32 调出"Frequencies"

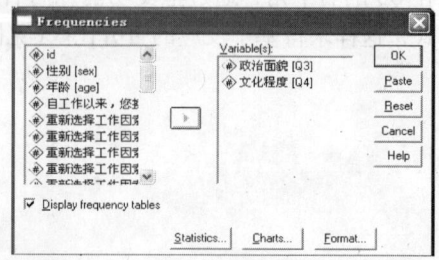

图 7.33 "Frequencies"对话框

3. 单击"Statistics"按钮,弹出"Frequency:Statistics"对话框,勾选集中趋势指标"中位数"和"众数"。

注意:政治面貌应是定类变量,不能计算"中位数"指标,这里计算政治面貌的"中位数"指标,只是为了方便下面做一比较,特作澄清。

4. 单击"Continue"按钮,返回"Frequencies"对话框,单击"Format"按钮,进入"Frequencies:Format"对话框(见图 7.34)。

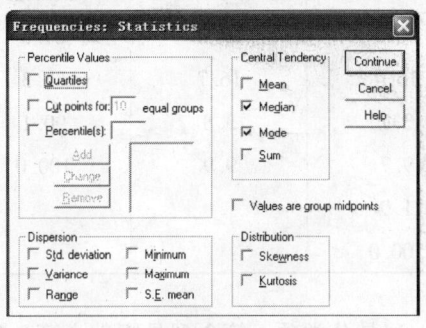

图 7.34 "Statistics"对话框

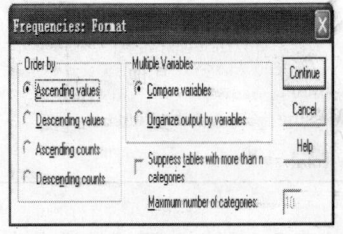

图 7.35 "Frequencies:Format"对话框

5. 在"Frequencies:Format"对话框中,我们在这里主要了解右边的"Multiple Variables"单选钮组。

如果选择了"Compare variables"可以将它们的结果在同一个频数表过程输出结果中显示,便于互相比较(见图 7.36)。

Statistics

		政治面貌	文化程度
N	Valid	1040	1057
	Missing	20	3
Median		1.00	4.00
Mode		1	4

图 7.36 描述统计值

如果选择了"Organize output by variables",则将结果在不同的频数表过程输出结果中显示(见图 7.37 和图 7.38)。

Statistics

文化程度

N	Valid	1057
	Missing	3
Median		4.00
Mode		4

图 7.37 文化程度的描述统计值

Statistics

政治面貌

N	Valid	1040
	Missing	20
Median		1.00
Mode		1

图 7.38 政治面貌描述统计值

另外,在"Frequencies:Format"对话框中,还有一个"Suppress table with than n categories"选项,表示当频数表的分组数大于下面设定数值时禁止它在结果中输出,这样可以避免产生巨型表格。

6. 本例选择"Compare variables"选项，单击"Continue"按钮，返回"Frequencies"对话框，然后单击"OK"按钮，得到频数分布表（见图7.35）。

表7.1　　　　　　　　　　　政治面貌频数分析表

		Frequency	Percent	Valid Percent	Cumulative Percent
Valid	中共党员	724	68.3	69.6	69.6
	共青团员	174	16.4	16.7	86.3
	民主党派	39	3.7	3.8	90.1
	其他	103	9.7	9.9	100.0
Missing	System	20	1.9		
Total		1060	100.0		

由表7.1可知，SPSS频数分布表的构成：第1列是分类项，第2列是频数，第3列是包含缺失值的百分比，第4列是排除缺失值的有效百分比，最后一列是排除缺失值的累计百分比。从频数分布表可以看出，西部公务员绝大部分是中共党员，占69.6%，而民主党派人士从事公务员职业的仅占9.9%。

文化程度上，近一半的西部公务员本科文化程度占49.9%，同时看到仍有37.8%的专科文化程度，其他文化程度极少（见表7.2）。

表7.2　　　　　　　　　　　文化程度频数分析表

		Frequencies	Percent	Valid Perent	Cumulative Percent
Valid	高中以下	17	1.6	1.6	1.6
	高中、中专、中技	81	7.6	7.7	9.3
	大专	400	37.7	37.8	47.1
	本科	527	49.7	49.9	97.0
	硕士及以上	32	3.0	100.0	
	Total	1057	99.7	100.0	
Missing	System	3	3		
Total		1060	100.0		

二、SPSS数值型填空题的频数分析

如果你愿意，SPSS的Frequencies过程能给出详细频数表，即并不按某种要求分组，而是按照数值精确一一列出频数分布表，但又有多大的意义呢？因此对于定距/定比变量数据，还是要通过Recode命令，先分组，把定距/定比变量数据转换成定序数据之后才进行频数分析。

案例：现有2004劳动与社会保障专业期末考试成绩数据，需要对社心成绩进行频数分析。

解决方案：利用SPSS中的Recode与Frequencies过程进行频数分析。

1. 单击"Transform"菜单，选择"Recode"命令模块，选中"Into Different Variable..."，调出"Recode into Different Variables"对话框（见图 7.39）。

2. 把变量列表中的"成绩"变量选入中间的"NumericVariable > Output Variable："矩形框，然后在右边的"Output Variable"矩形框的"Name"下边输入变量名称："等级成绩"，再输入变量标签："社会心理学等级成绩"，然后单击"Change"按钮（见图 7.40）。

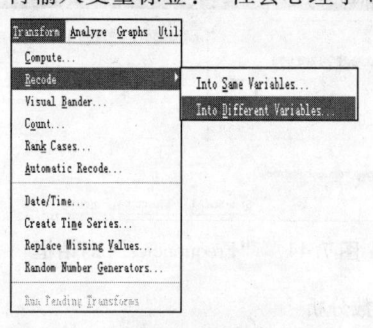
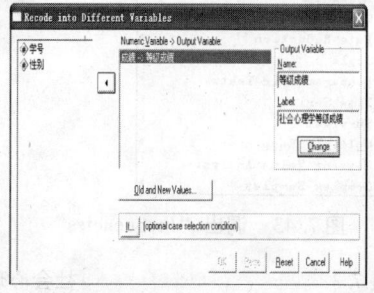

图 7.39　"Recode"命令　　　　　　　　图 7.40　"Recode into Different Variables"对话框

3. 单击"Old and New Values..."按钮，进入"Recode into Different Variables：Old and New Values"对话框。在"Old Value"矩形框中，点选"Range：Lowest though"，输入 59.999，然后在右边的"New Value"矩形框中，点选"Value："选项，输入 1，接下来在"Old→New"下边单击"Add"按钮（见图 7.41）。

然后点选封口组"Range"选项，分别录入 60 和 69.999，然后在右边的"New Value"矩形框中，点选"Value："选项，输入 2，接下来在"Old→New"下边单击"Add"按钮。以此类推设置好成绩段的上限和下限，见图 7.42。

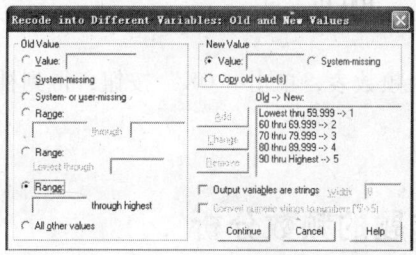
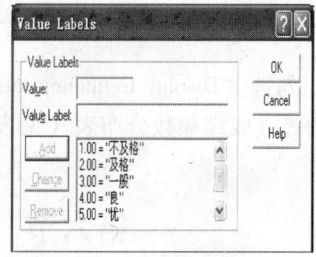

图 7.41　定义新旧变量转换关系　　　　图 7.42　新旧变量转换对应关系

4. 单击"Continue"按钮，返回"Recode into Different Variables"对话框，然后单击"OK"按钮。

5. 在 SPSS 的变量窗口，设置好变量值标签。

就此生成了一个新变量等级成绩，把社会心理学百分制成绩分成 5 个等级。

6. 单击"Analyze"菜单，选择"Descriptive Statistics"，然后选中"Frequencies"命令模块，弹出"Frequencies"对话框（见图 7.43）。

7. 在"Frequencies"对话框左边的变量列表，选择"社会心理学等级成绩"变量，单击对话框中间的箭头按钮，把变量选进右边的待计算的变量（Variables：）（见图 7.44）。

社会科学数据处理软件应用

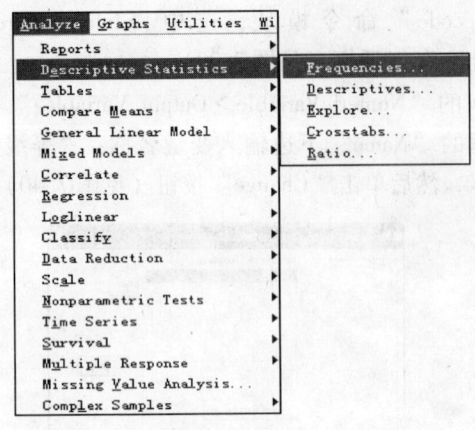

图 7.43 调出 "Frequencies"

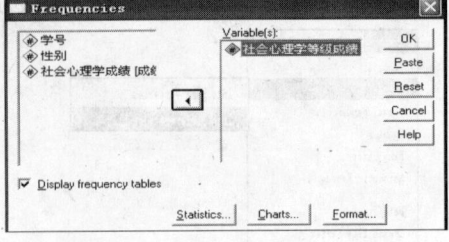

图 7.44 "Frequencies" 对话框

表 7.3 社会心理学等级成绩频数分析

		Frequency	Percent	Valid Percent	Cumulative Percent
Valid	不及格	2	4.1	4.2	4.2
	及格	22	44.9	45.8	50.0
	一般	14	28.6	29.2	79.2
	良	10	20.4	20.8	100.0
	Total	48	98.0	100.0	
Missing	System	1	2.0		
Total		49	100.0		

8. 勾选 "Display frequency tables"，表示显示频数表，单击 "OK" 按钮，得到社会心理学的等级成绩频数分布表（见表 7.3）。

第六节 SPSS 多选题的频数分析

实验或调查问卷中的多项选择题分为两类，一类是限选的多选题，一类是不限选的多选题，二类多选题的编码在第二章中已有详细的讲解。SPSS 对多选题的频数处理可以借助多重反应（Multiple Response）命令进行数据分析。多重反应的频数分析也是以多重二分法和多重分类法两种处理方法对应不限选多选题和限选的多选题，以此对每一项目对应多个反应（如多项选择题）的数据进行频数分析。

一、限选多选题频数分析

案例：西部公务员人力资源能力建设调查问卷第 7 题：Q7. 您认为本单位领导，最需要加强下列哪些能力的培养？（限选三项）

◇1. 政治鉴别能力　　◇2. 科学决策能力　　◇3. 政策研究能力
◇4. 政策执行能力　　◇5. 应变能力　　　　◇6. 协调沟通能力
◇7. 道德完善能力　　◇8. 领导管理能力　　◇9. 其他

请对单位领导能力培养数据进行频数分析。

解决方案：用 SPSS 中的 Multiple Response 命令对限选多选题进行频数分析。

操作步骤：

1. 单击"Analyze"菜单，选中"Multiple Response"，单击"Define Sets..."，弹出"Define Multiple Response Sets"对话框（见图 7.45）。

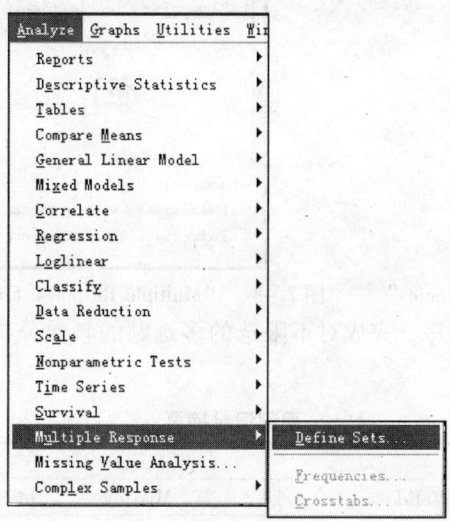

图 7.45 调用"Define Sets"

2. 定义变量集：在对话框左边的"Set Defintion"矩形框内把与该多选题有关的 3 个变量都选入右边的"Variables in Set："框中（见图 7.46）。

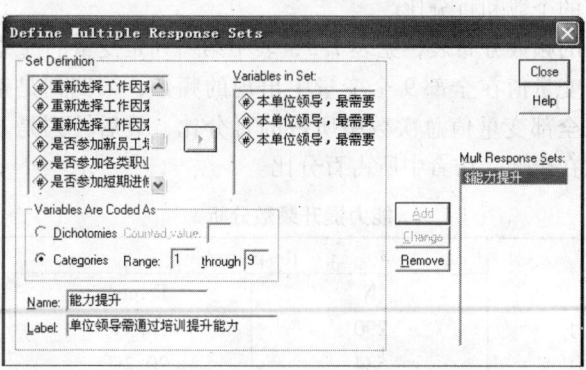

图 7.46 "Define Multiple Response Sets"对话框

3. 在"Set Defintion"矩形框下面，有一个"Variables Are Coded As"矩形框，点选"Categories"单选项，并输入变量值范围：最小变量值 1 和最大变量值 9。

4. 在最下方的"Name"及"Label"框中为变量集命名并加注标签，在此我们直接输入变量名"能力提升"，标签内容为"单位领导需通过培训提升能力"（见图 7.46）。

5. 单击对话框右侧的"Add"按钮，变量集名称显示在右侧"Mult Response Sets:"窗口中。

6. 单击"Close"按钮关闭对话框，多选题的定义过程顺利完成。

7. 频次分析：再次单击"Analyze"菜单，选择"Multiple Response"子菜单，这时会

193

发现"Frequencies"已经变黑,处于可以使用状态,单击"Frequencies",打开"Multiple Response Frequencies"对话框(见图7.47)。

8. 把对话框左侧的"Mult Response Sets:"框中的变量集"能力提升"选入右侧"Table(s) for:"框中。请注意不能选中下方的两个复选框(见图7.48)。

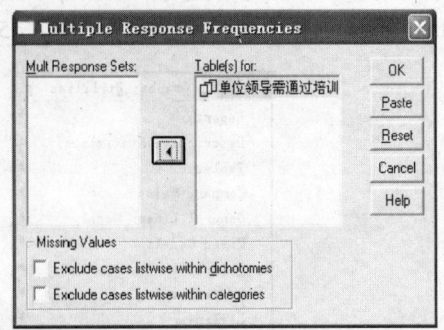

图7.47 调用"Frequencies"　　图7.48 "Multiple Response Frequencies"对话框

9. 单击"OK"运行程序,完成对不限选的多选题的频数分析,得到频数分布表(见表7.4)。

表7.4 观测记录摘要

	Cases					
	Valid		Missing		Total	
	N	Percent	N	Percent	N	Percent
$ 能力提升 a	1042	98.3%	18	1.7%	1060	100.0%

10. 输出结果说明。多选题的频数分析会产生两个表格,一是"Case Summary"表,说明有效样本和缺失值的个数和百分比。

另一个是多选题的频数分布表,见表7.5,表中第一列是变量的标签,第二列是变量值标签,第三列是每个变量值在全部9个变量中出现的频数,第四列是基于反应的百分比,即每个变量值频数在全部变量值总次数中所占的百分比,最后一列是基于样本的百分比,即每个变量值的次数在全部受访者中所占百分比。

表7.5 能力提升频数分析

		Responses		Percent of Cases
		N	Percent	
单位领导需通过培训提升能力	政治鉴别能力	290	10.9%	27.8%
	科学决策能力	534	20.2%	51.2%
	政策研究能力	219	8.3%	21.0%
	政策执行能力	271	10.2%	26.0%
	应变能力	251	9.5%	24.1%
	协调沟通能力	476	18.0%	45.7%
	道德完善能力	151	5.7%	14.5%
	领导管理能力	430	16.2%	41.3%
	其他	28	1.1%	2.7%
Total		2650	100.0%	254.3%

具体来说，51.2%的公务员认为单位领导需要提高科学决策能力，其次需提升的是协调沟通能力，占45.7%，另外有41.3%的受访者认为领导管理能力也是其领导需要提高的能力。

延伸阅读

对多选题进行频次分析时通常不应排除缺失值。因为几乎所有的多选题都遵循默认的假设：受访者选择某些选项是基于选项内容符合其观点或事实，不选择某些选项是基于选项内容不符合其观点或事实。在传统的问卷调查中，多选题通常都没有缺失值，因为录入数据时研究人员通常把没有选中的行为编码定为特定的变量值。但是在网页调查系统中，没有被选中的选项通常是空值，在SPSS数据中表现为系统缺失值。

二、不限选的多选题的频数分析

案例：西部公务员人力资源能力建设调查问卷第8题：Q8. 参加工作后，您参加过单位的什么培训？（可多选）

◇1. 新员工培训　　　　◇2. 各类职业资格考试　　　◇3. 短期进修培训

◇4. 长期脱产进修（连续1个月以上）　　　◇5. 自学考试

◇6. 研讨讲座报告会　　　◇7. 在职函授、参加课程班等　　　◇8. 其他

请对培训类型数据进行频数分析。

解决方案：用SPSS中的Multiple Response命令对不限选的多选题进行频数分析。

操作步骤：

1. 单击"Analyze"菜单，选中"Multiple Response"，单击"Define Sets..."，弹出"Define Multiple Response Sets"对话框（见图7.45）。

2. 定义变量集：在对话框左边的"Set Defintion"矩形框内把与该多选题有关的8个变量都选入右边的"Variables in Set"框中（见图7.49）。

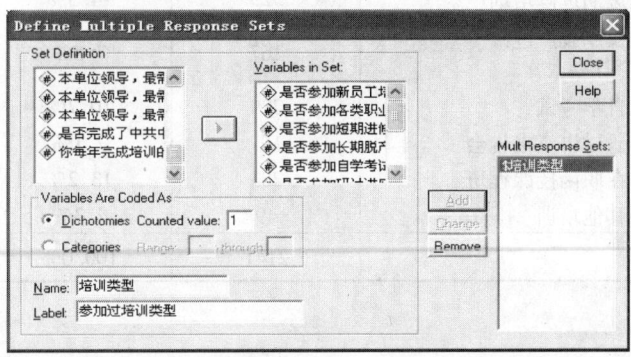

图7.49　"Define Multiple Response Sets"对话框

3. 在"Set Defintion"矩形框下边，有一个"Variables Are Coded As"矩形框，点选"Dichotomies Counted value："单选项，并输入参加计数的值范围：1。

4. 在最下方的"Name"及"Label"框中为变量集命名并加注标签，在此我们直接输入变量名"培训类型"，标签内容为"参加过培训类型"。

5. 单击对话框右侧的"Add"按钮，变量集名称显示在右侧"Mult Response Sets："窗口中。

6. 单击"Close"按钮关闭对话框,多选题的定义过程顺利完成。

7. 频次分析:再次单击"Analyze"菜单,选择"Multiple Response"子菜单,单击"Frequencies",打开"Multiple Response Frequencies"对话框(见图7.50)。

8. 把对话框左侧的"Mult Response Sets:"框中的变量集"培训类型"选入右侧"Table(s) for:"框中。请注意不能同时选中下方的两个复选框(见图7.51)。

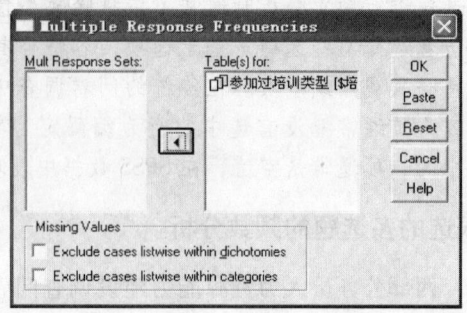

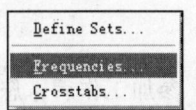

图7.50 调出"Frequencies"　　　　　图7.51 定义频数分析变量

9. 单击"OK"运行程序,完成对不限选的多选题的频数分析,得到频数分布表(见图7.51)。

10. 输出结果说明:频数分布表与限选多选题的频数表结构一样(见表7.6),只是在表底有个标注:Dichotomy group tabulated at value 1.,表示是对变量值1进行计数统计的。

表7.6　　　　　　　　　培训类型频数分析

		Responses		Percent of Cases
		N	Percent	
参加过培训类型	是否参加新员工培训	308	14.4%	29.3%
	是否参加各类职业资格考试	429	20.0%	40.8%
	是否参加短期进修培训	525	24.5%	50.0%
	是否参加长期脱产进修(连续1个月以上)	167	7.8%	15.9%
	是否参加自学考试	229	10.7%	21.8%
	是否参加研讨讲座报告会	151	7.1%	14.4%
	是否参加在职函授课程班	283	13.2%	26.9%
	是否参加其他培训	49	2.3%	4.7%
Total		2141	100.0%	203.7%

第七节　频数分布表排序与美化编辑

我们在撰写调查研究报告时,为了方便我们叙述和读者一目了然,如果频数项目很少,我们很容易就能看出来谁多谁少,但当项目很多的时候,一眼看不出来,该怎么办呢?这时我们需要对频数分布表按照某种标准进行排序。

一、Excel 频数分布表排序

在 Excel 中，对频数分布进行大小排序，可以用“排序键”或 RANK（）函数来实现。

（一）“排序键”排序

案例：现有西部公务员人力资源能力建设调查结果，对单位领导需提高的能力的频数分布表，请对频数分布中的“基于样本的百分比”进行大小排序。

解决方案：利用 Excel“排序键”对“基于样本的百分比”进行大小排序

操作步骤：

1. 选中 A2：H10 频数分布区域，注意不要选取标题行和合计行。
2. 单击“数据（D）”菜单，选中并单击“排序”，调出“排序”对话框。
3. 在“排序”对话框中，定义“主要关键字”为“基于样本数的百分比”，点选右边的“降序”（见图 7.52）。

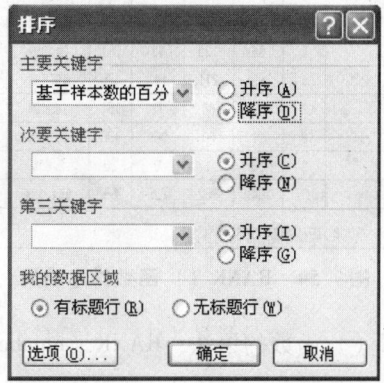

图 7.52　“排序”对话框

4. 在“我的数据区域”矩形框中，点选“有标题行”（见图 7.52）。
5. 单击“确定”按钮。具体结果见图 7.53。

	A	B	C	D	E	F	G	H
1	单位领导需提高的能力	代码	需能力培养1	需能力培养2	需能力培养3	合计	基于样本数的百分比	基于反应的百分比
2	◇2. 科学决策能力	2	419	115	0	534	51.25%	20.15%
3	◇6. 协调沟通能力	6	62	271	143	476	45.68%	17.96%
4	◇8. 领导管理能力	8	11	50	369	430	41.27%	16.23%
5	◇1. 政治鉴别能力	1	287	1	2	290	27.83%	10.94%
6	◇4. 政策执行能力	4	80	139	52	271	26.01%	10.23%
7	◇5. 应变能力	5	86	123	42	251	24.09%	9.47%
8	◇3. 政策研究能力	3	73	114	32	219	21.02%	8.26%
9	◇7. 道德完善能力	7	6	68	77	151	14.49%	5.70%
10	◇9. 其他	9	18	1	9	28	2.69%	1.06%
11	合计		1042	882	726	2650	254.32%	100.00%
12								

函数语法涵义说明 / 原始数据 / 不限选多

图 7.53　排序结果

这样频数分布表就按百分比的大小呈降序排序，使读者看起来一目了然了。

（二）RANK（）函数排序

“排序键”作频数分布等级处理的缺点有两个，一是当频数的分布发生变化时，排名不会自动更新；二是如果有两个频数数值相同时，“排序键”处理不会将其作同一排名。

如何克服这一缺点呢？可以使用 RANK（）函数作频数分布等级处理就可以了。

案例：现有西部公务员人力资源能力建设调查结果，对单位领导需提高的能力的频数分布表，请对频数分布中的“基于样本的百分比”进行大小排序。

解决方案：利用 Excel 的 RANK（）函数对“基于样本的百分比”进行大小排序。

操作步骤：

1. 在 I1 输入“排序”，在 I2 输入函数 = RANK（G2，$ G $ 2：$ G $ 10）。

2. 拖曳复制公式至 I10，这样也就知道了频数分布的排序了（见图 7.54）。

I2 =RANK(G2,$G$2:$G$10)

	A	B	C	D	E	F	G	H	I
1	单位领导需提高的能力	代码	需能力培养1	需能力培养2	需能力培养3	合计	基于样本数的百分比	基于反应的百分比	排序
2	◇1.政治鉴别能力	1	287	1	2	290	27.83%	10.94%	4
3	◇2.科学决策能力	2	419	115	0	534	51.25%	20.15%	1
4	◇3.政策研究能力	3	73	114	32	219	21.02%	8.26%	7
5	◇4.政策执行能力	4	80	139	52	271	26.01%	10.23%	5
6	◇5.应变能力	5	86	123	42	251	24.09%	9.47%	6
7	◇6.协调沟通能力	6	62	271	143	476	45.68%	17.96%	2
8	◇7.道德完善能力	7	6	68	77	151	14.49%	5.70%	8
9	◇8.领导管理能力	8	11	50	369	430	41.27%	16.23%	3
10	◇9.其他	9	18	1	9	28	2.69%	1.06%	9
11	合计		1042	882	726	2650	254.32%	100.00%	
12									

函数语法涵义说明 / 原始数据 / 不限选多选是

图 7.54 RANK（）函数排序结果

3. 调用函数说明。RANK（）函数的语法：RANK（number，ref，order）或 RANK（数值，区域，顺序），其含义为：

（1）数值是要安排等级的数字；

（2）区域表示标定要进行排位次的数值区域，非数值将被忽略；

（3）顺序是指指定排位的方式，0 或省略，表示降序排列，若不为 0，则是升序排列；

（4）相同频数数值，认作同一等级。

二、SPSS 频数分布表排序

SPSS 频数表排序功能是在 FREQUENCY（）过程中的“Format”命令模块来实现的，显得更为方便。

案例：现有西部公务员人力资源能力建设调查部分数据（见第三章），需要对文化程度进行频数分析并排序。

解决方案：利用 SPSS 中的 FREQUENCIES 过程进行频数分析并对频数分布排序。

操作步骤：

1. 单击“Analyze”菜单，选择“Descriptive Statistics”，然后选中“Frequencies...”命令模块，弹出“Frequencies”对话框（见图 7.55）。

2. 在“Frequencies”对话框左边的变量列表，选择“文化程度”变量，单击对话框中间的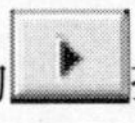按钮，把变量选进右边的待计算的变量（Variables：）（见图 7.56）。

第七章　频数分析

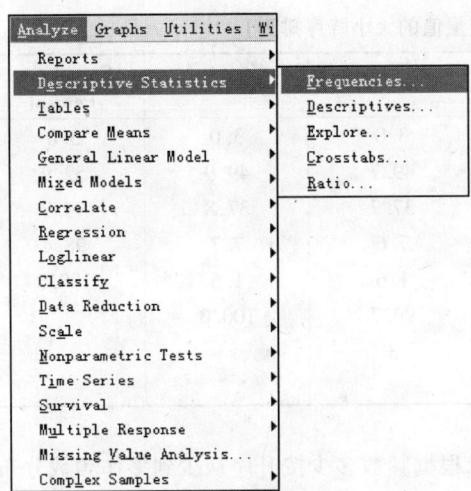

图 7.55　调出 "Frequencies"

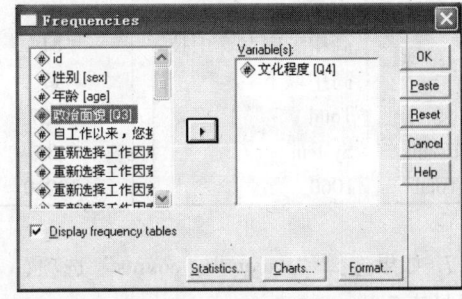

图 7.56　"Frequencies" 对话框

3. 单击 "Format" 按钮，调出 "Frequencies：Format" 对话框。

4. 对频数分布的排序设置主要是在 "Frequencies：Format" 对话框左边的 "Order by" 单选钮组，以此定义频数表的排列次序（图 7.57）。

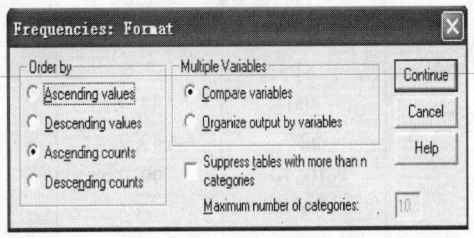

图 7.57　"Frequencies：Format" 对话框

5. 如果选择 "Ascending values"，表示根据变量值的大小按升序从小到大作频数分布，结果见表 7.7。

表 7.7　文化程度频数分布表（按变量值的大小升序排列）

		Frequency	Percent	Valid Percent	Cumulative Percent
Valid	高中以下	17	1.6	1.6	1.6
	高中、中专、中技	81	7.6	7.7	9.3
	大专	400	37.7	37.8	47.1
	本科	527	49.7	49.9	97.0
	硕士及以上	32	3.0	3.0	100.0
	Total	1057	99.7	100.0	
Missing	System	3	3		
Total		1060	100.0		

6. 如果选择 "Descending values"，为根据变量值大小按降序从小到大降序的频数分布，结果见表 7.8。

199

表 7.8　　　　　　　文化程度频数分布表（按变量值的大小降序排列）

		Frequency	Percent	Valid Percent	Cumulative Percent
Valid	硕士及以上	32	3.0	3.0	3.0
	本科	527	49.7	49.9	52.9
	大专	400	37.7	37.8	90.7
	高中、中专、中技	81	7.6	7.7	98.4
	高中以下	17	1.6	1.6	100.0
	Total	1057	99.7	100.0	
Missing	System	3	3		
Total		1060	100.0		

7. 如果选择"Ascending counts"选项，表示根据频数多少按升序从少到多作频数分布，结果见表 7.9。

表 7.9　　　　　　　文化程度频数分布表（按频数的大小升序排列）

		Frequency	Percent	Valid Percent	Cumulative Percent
Valid	高中以下	17	1.6	1.6	1.6
	硕士及以上	32	3.0	3.0	4.6
	高中、中专、中技	81	7.6	7.7	12.3
	大专	400	37.7	37.8	50.1
	本科	527	49.7	49.9	100.0
	Total	1057	99.7	100.0	
Missing	System	3	3		
Total		1060	100.0		

8. 如果选择"Descending counts"选项，表示根据频数多少按降序从多到少作频数分布，结果见表 7.10。

表 7.10　　　　　　文化程度频数分布表（按频数的大小降序排列）

		Frequency	Percent	Valid Percent	Cumulative Percent
Valid	本科	527	49.7	49.9	49.9
	大专	400	37.7	37.8	87.7
	高中、中专、中技	81	7.6	7.7	95.4
	硕士及以上	32	3.0	3.0	98.4
	高中以下	17	1.6	1.6	100.0
	Total	1057	99.7	100.0	
Missing	System	3	3		
Total		1060	100.0		

三、Word 频数分布表美化编辑

Excel 和 SPSS 统计出来的频数分布表，最终目的是要撰写调查研究报告，而这只能在

Word 中进行。制作统计表不仅格式要规范，设计要合理，而且数字一定要吻合，达到整洁、美观的要求，因此有必要对 Word 的编辑美化技术做一介绍。

(一) 频数分布表的格式要求

1. 表的总标题要写在表上的中央位置，标题要简明扼要。
2. 如果不是一张表，每张表要标明编号，并把编号写在总标题的一边。
3. 引用的资料需要注明来源。
4. 变量的名称要简明，重要的变量列在前面，次要的变量列在后面；如果变量频数的大小很重要，需按频数大小排序。
5. 表内各项所含的内容和数字绝对不能重复，否则在合计或总计栏内就会出现差错。

(二) 频数分布表的编辑要求

1. 根据已获得的统计材料，确定制表的目的和表的样式

在决定表的样式时，对于表格要分多少个项目，每个项目所占纸面的大小以及行间距离等，必须先进行总体设计，务必使表格目的明确，每栏和每行大小适度，使制作的表格不仅整洁美观，而且一目了然。

2. 表内变量和频数，要按照从左向右的顺序填写，遇到重要的需要突出的数字，为了醒目，可用粗体显示。

3. 表的线条要简洁，一般要求统计表格是三线表格。

(三) 频数分布表的编辑实例分析

案例：现有一西部公务员认为单位领导需要提高能力的频数分布表（见图 7.58），请按统计表要求进行编辑。

	A	B	C	D	E	F	G	H
1	单位领导 需提高的能力	代码	需能力 培养1	需能力 培养2	需能力 培养3	合计	基于样本数的 百分比	基于反应的 百分比
2	◇2.科学决策能力	2	419	115	0	534	51.25%	20.15%
3	◇6.协调沟通能力	6	62	271	143	476	45.68%	17.96%
4	◇8.领导管理能力	8	11	50	369	430	41.27%	16.23%
5	◇1.政治鉴别能力	1	287	1	2	290	27.83%	10.94%
6	◇4.政策执行能力	4	80	139	52	271	26.01%	10.23%
7	◇5.应变能力	5	86	123	42	251	24.09%	9.47%
8	◇3.政策研究能力	3	73	114	32	219	21.02%	8.26%
9	◇7.道德完善能力	7	6	68	77	151	14.49%	5.70%
10	◇9.其他	9	18	1	9	28	2.69%	1.06%
11	合计		1042	882	726	2650	254.32%	100.00%

图 7.58 待编辑的频数分布表

解决方案：利用 Word 的强大的表格编辑功能进行编辑。

操作步骤：

1. 选中 A1：H11 单元格区域，通过鼠标右键，对频数分布进行复制，然后粘贴到 Word 之中。

2. 在表的上面添加并居中表号和标题："表 1　单位领导需提高的能力"。

3. 把鼠标放在表格的左上角，单击四向箭头，选中整个表格，然后点击鼠标右键，调出右键快捷菜单，选择"单元格对齐方式（G）"，选中"居中对齐"（见图 7.59）。

4. 把鼠标放在表格的左上角，单击四向箭头，选中整个表格，然后点击鼠标右键，调

出右键快捷菜单,选择"自动调整",选中"根据内容调整表格";以同样的程序运行"根据窗口调整表格"(见图7.60)。

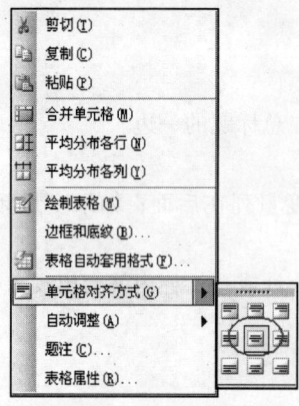
图7.59 居中对齐

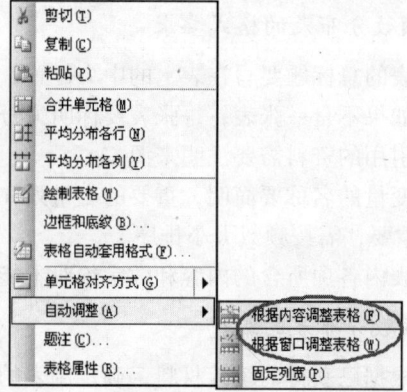
图7.60 按内容和窗口调整

5. 把鼠标放在表格的左上角,单击四向箭头,选中整个表格,然后点击鼠标右键,调出右键快捷菜单,选择"表格自动套用格式",弹出"表格自动套用格式"对话框(见图7.61)。

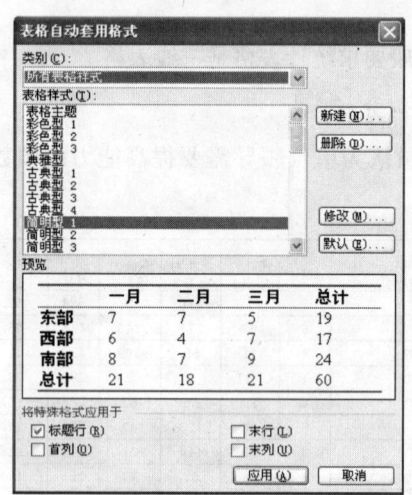
图7.61 "表格自动套用格式"对话框

6. 在对话框的"表格样式(T):"矩形框内,选择"简明型1",在"将特殊格式应用于"矩形框内,选择"标题行(R)"(见图7.61)。

7. 单击"应用"按钮。最后的编辑结果见表7.11。

表 7.11　　　　　　　　　　单位领导需提高的能力

单位领导 需提高的能力	代码	需能力 培养 1	需能力 培养 2	需能力 培养 3	合计	基于样本数 的百分比	基于反应 的百分比
◇2. 科学决策能力	2	419	115	0	534	51.25%	20.15%
◇6. 协调沟通能力	6	62	271	143	476	45.68%	17.96%
◇8. 领导管理能力	8	11	50	369	430	41.27%	16.23%
◇1. 政治鉴别能力	1	287	1	2	290	27.83%	10.94%
◇4. 政策执行能力	4	80	139	52	271	26.01%	10.23%
◇5. 应变能力	5	86	123	42	251	24.09%	9.47%
◇3. 政策研究能力	3	73	114	32	219	21.02%	8.26%
◇7. 道德完善能力	7	6	68	77	151	14.49%	5.70%
◇9. 其他	9	18	1	9	28	2.69%	1.06%
合计		1042	882	726	2650	254.32%	100.00%

第八节　绘制频数分布统计图

我们做调查、做研究统计的目的是为了与人交流，给别人看的，因此研究报告的表现形式就非常重要。就一般经验来讲，能用统计表显示的时候，尽量不用文字表达，能用统计图表示的时候，尽量不用统计表来显示。因此绘制频数分布统计图是很重要的。

一、频数分布统计图的类型

数据的图形表示能以直观的方式揭示频数（率）分布的基本特性，可以将复杂的数据用生动的图形表现出来，主要的频数分布的统计图形有以下几种：

（一）条形图（bar chart）

条形图常用于描述离散型数据的情况，是我们经常见到的一种图形，它是用宽度相等而高度为频数（率）来表示各类数据的大小。

（二）直方图（histogram）

直方图表征数据的频数分布特征，它与条形图在形式上有类似之处，都是用条形来表示数据特征，但直方图中的条形之间是没有间隔的；条形图与直方图的长条高度均与类频数（或类相对频数）成比例，但长条图中各个类之间并无关联，而定量数据的直方图则不同，其中的各个类就是实轴上一系列相互连接的区间，即一个区间的类上界就是下一个区间的类下界。

（三）饼图（pie chart）

饼图经常用来表示各成分在总体中所占的百分比。

虽然统计图生动、形象、简单易懂，但如果绘制不当，就容易产生错觉和错误，这体现在：指标选择得不合适；绘图时不够科学规范；坐标轴刻度的选取不当等。绘制统计图时要满足指标选取适当、尺寸比例准确、图形清洁美观、标题定义简明扼要等基本要求。

这些是常见的统计图，在 SPSS、Excel 等软件包中能找到。

二、Excel 绘制频数分析的统计图

Excel 绘制图的功能很强大，比一些专业的统计软件的统计图要美观得多。

（一） Excel 绘制频数分析的条形图

案例：现有一文化程度频数分布数据，请绘制该频数分布数据的条形图。

解决方案：用 Excel 中图表向导功能来实现文化程度频数分布条形图绘制。

	A	B	C	D	E
1	文化程度	编码	人数	百分比	累计百分比
2	高中以下	1	17	1.61%	1.61%
3	高中、中专和中技	2	81	7.66%	9.27%
4	大专	3	400	37.84%	47.11%
5	本科	4	527	49.86%	96.97%
6	硕士及以上	5	32	3.03%	100.00%
7	合计		1057	100.00%	

图 7.62　文化程度频数分析

操作步骤：
1. 选中 A1：A6 和 D1：D6，作为数据制作频数分布统计图。
2. 调出"图表向导"的"簇状柱形图"（见图 7.63）。

图 7.63　选择图表类型

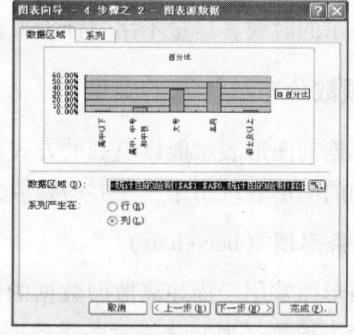

图 7.64　定义数据区域

3. 单击"下一步"，进入"图表源数据"对话框，默认的定义为"数据区域"和"系列"（见图 7.64）。
4. 单击"下一步"，进入"图表选项"对话框，添加标题"文化程度频数分布图"（见图 7.65），取消"显示图例"（见图 7.66），并加上数据标志的值（见图 7.67）。

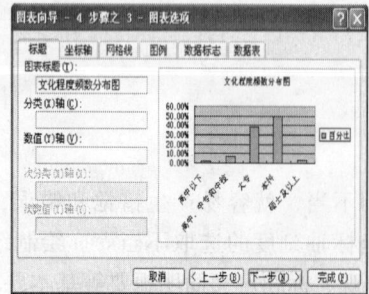

图 7.65　设置图表选项之标题

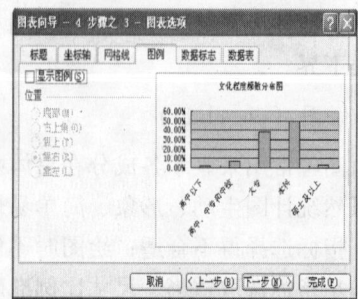

图 7.66　设置图表选项之图例

5. 单击"下一步",继而单击"完成",结束图表向导(见图7.68)。

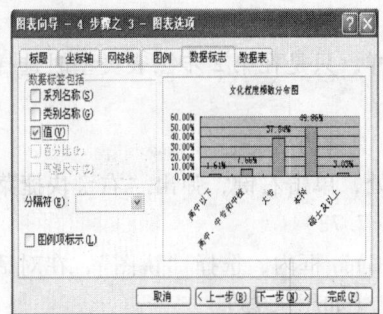
图7.67 设置图表选项之数据标志

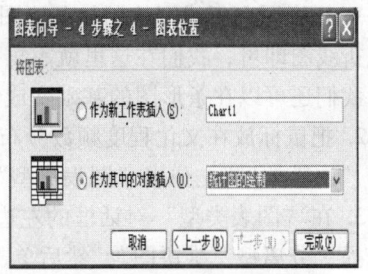
图7.68 定义图表位置

6. 调整图表文字大小,以便显示出 X 轴和 Y 轴上所有的信息。

7. 双击 Y 轴,进入"坐标轴格式"对话框,单击"数字"按钮,选中"分类"框中的"百分比,右边设置小数位数为0"(见图7.69)。

8. 双击 X 轴,进入"坐标轴格式"对话框,单击"对齐"按钮,设置对齐方式为竖对齐(见图7.70)。

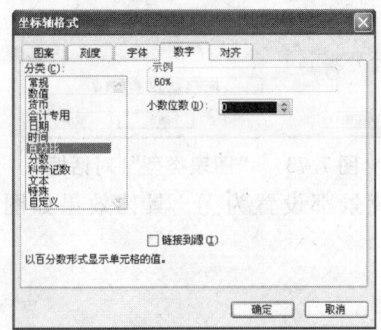
图7.69 坐标轴格式之"数字"格式

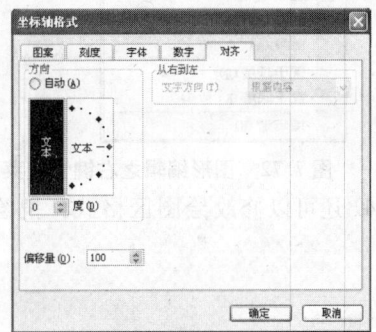
图7.70 坐标轴格式之"对齐"格式

最后结果见图7.71。

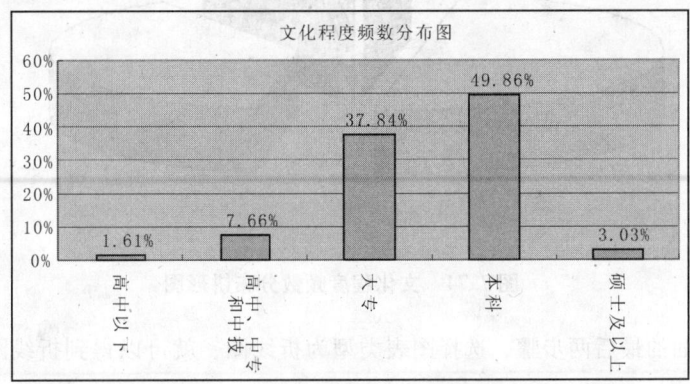
图7.71 文化程度频数分布条形图

(二)Excel 绘制频数分析的饼形图和折线图

案例:现有一文化程度频数分布数据,请绘制该频数分布数据的饼形图和折线图。

解决方案:用 Excel 中的图表向导功能来实现文化程度的频数分布的饼形图和折线图

205

绘制。

操作步骤：

1. 饼形图和折线图绘制与条形图的绘制步骤一样，只是在第 2 步图表类型时选择饼形图或折线图即可，我们在这里就不再赘述了。

我们还可以在条形图的基础变成饼图和折线图，具体方法是：

2. 把鼠标放在文化程度频数分布条形图的空白处，单击右键，弹出"右键快捷菜单"，选择"图表类型"，弹出"图表类型"对话框（见图 7.72）。

3. 在"图表类型"对话框的左边"图表类型（C）"框内，选择"饼图"，在对话框右边选择"分离型三维饼图"，然后单击"确定"按钮（如图 7.73）。

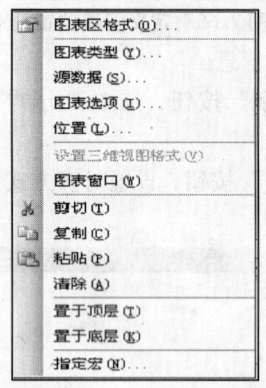 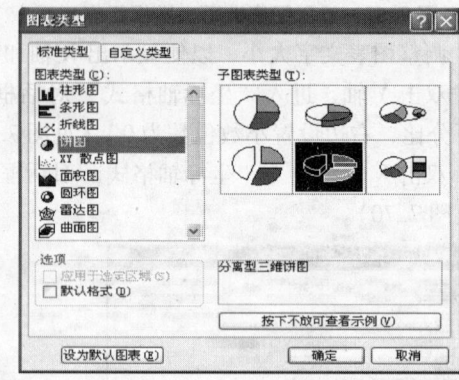

图 7.72　图形编辑之右键快捷菜单　　　　图 7.73　"图表类型"对话框

4. 还可以修改绘图区格式，把绘图区边框和背景都设置为无，具体效果如图 7.74 所示。

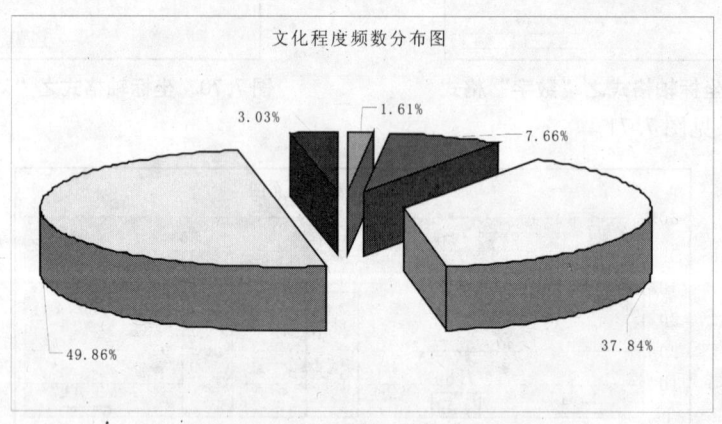

图 7.74　文化程度频数分布饼形图

5. 重复上面的最后两步骤，选择图表类型为折线图，就可以得到折线图。具体图效果见图 7.75。

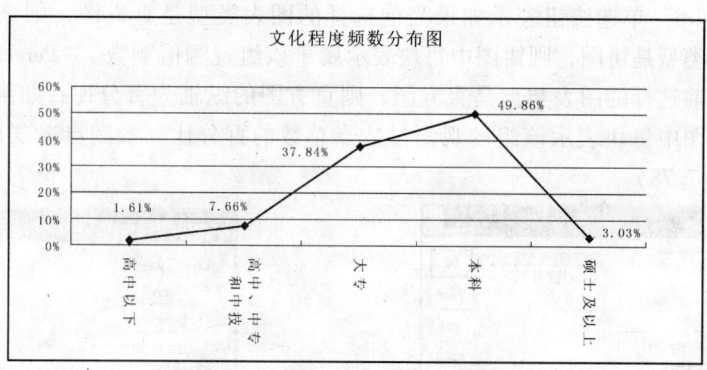

图 7.75 文化程度频数分布折线图

三、SPSS 绘制频数分析的统计图

SPSS 频数分布绘图是通过 FREQUENCY（）过程中的"Charts"命令模块来实现的。

（一）SPSS 绘制频数分析的条形图

案例：现有西部公务员人力资源能力建设调查部分数据（见第三章），需要对文化程度进行频数分析并绘制条形图。

解决方案：利用 SPSS 的 FREQUENCIES 过程根据频数分布绘制条形图。

操作步骤：

1. 单击"Analyze"菜单，选择"Descriptive Statistics"，然后选中"Frequencies"命令模块，弹出"Frequencies"对话框（见图 7.76）。

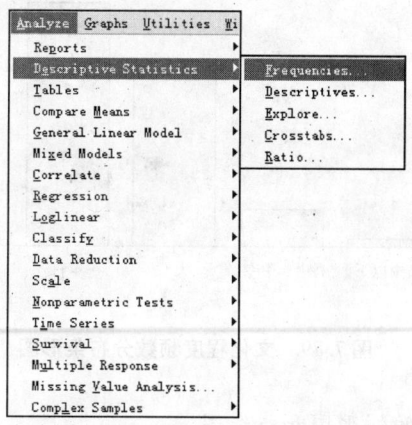

图 7.76 调出"Frequencies"

2. 在"Frequencies"对话框左边的变量列表，选择"文化程度"变量，单击对话框中间的箭头按钮，把变量选进右边的待计算的变量（Variables：）（见图 7.77）。

3. 单击"Charts..."按钮，调出"Frequencies：Charts"对话框。

4. 绘制频数分布的统计图功能主要是在"Frequencies：Charts"对话框里边。在对话框下边是"图形数值"（Chart Values）矩形框。该选项可用来选择图形中分类值的表现形式，有两个单选按钮。

207

"Frequencies"单选按钮表示如果当前选择的图表类型是直方图,则该图的纵轴为频数;如果图表类型是饼图,则饼图中每块表示属于该组观测值频数。"Percentages"单选按钮表示如果当前选择的图表类型是直方图,则直方图的纵轴为百分比;如果图表类型是饼形图,则饼形图中每块表示该组的观测量数点总数的百分比。本例点选"Percentages"单选按钮(见图7.78)。

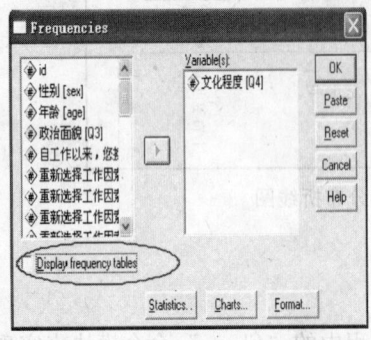
图7.77 "Frequencies"对话框

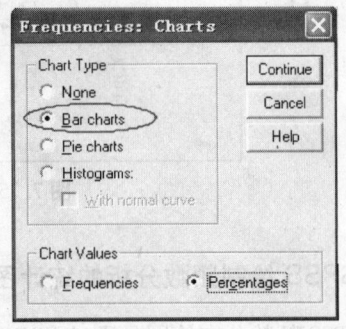
图7.78 "Frequencies:Charts"对话框

5. "Frequencies:Charts"对话框上边是"Chart Type"(图表类型)单选钮组,包含4个单选按钮,分别是 None(无)、Bar charts(条形图)、Pie charts(饼形图)和 Histograms(直方图)。点选"Bar charts",表示根据频数分布的百分比来绘制条形图(见图7.78)。

6. 单击"Continue"按钮,返回"Frequencies"对话框,不勾选对话框下边的"Display frequencies tables"选项,表示不显示频数分析表。

7. 单击"OK"按钮结束。结果见图7.79。

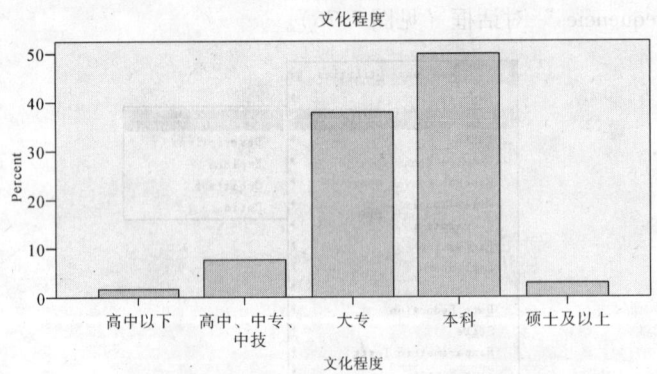
图7.79 文化程度频数分布条形图

(二)SPSS 绘制频数分析的饼形图和折线图

案例:现有西部公务员人力资源能力建设调查部分数据(见第三章),需要对文化程度进行频数分析并绘制饼形图和折线图。

解决方案:利用 SPSS 的 Frequencies 过程根据频数分布绘制饼形图和折线图。

操作步骤:

绘制饼形图和折线图与绘制条形图的前三步是一样的。然后继续以下步骤:

1. 在"Frequencies:Charts"对话框,如果点选"Pie charts",表示根据频数分布的百分比来绘制饼图。

2. 接下来的操作步骤同上，结果见图7.80。

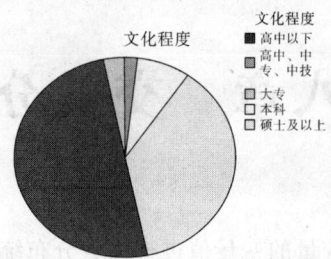

图7.80 文化程度频数分布饼形图

其实各个图形之间可以相互转换，方法是：

3. 双击饼图的图形区，调出"Chart Editor"窗口，然后把鼠标放在"Chart Editor"窗口的图形区，弹出"右键快捷菜单"，单击"Change to Line"选项，就可以把饼图转换成折线图，见图7.81。具体效果见图7.82。

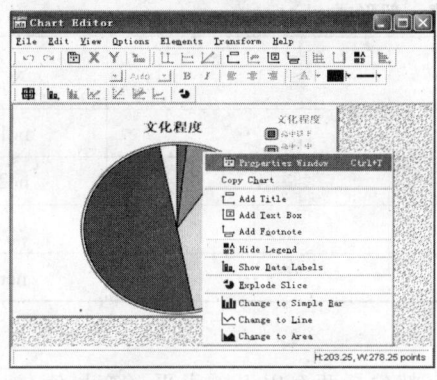

图7.81 图形编辑

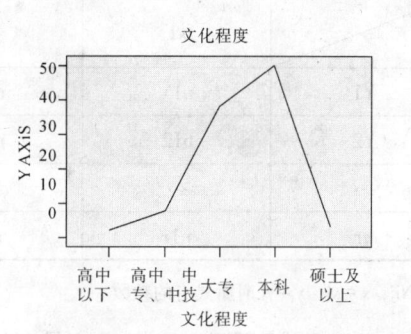

图7.82 文化程度频数分布折线图

4. 如果是分组数据的频数分布，可以绘制直方图。以表7.5的2004劳动与社会保障专业期末考试成绩数据的频数分布表绘制直方图，其他操作一样，只是在"Frequencies：Charts"对话框的"Chart Type"矩形框中，选择"直方图"（Histogram），其中直方图还可以选择是否加上正态曲线（With normal curve）。这时的"Chart Values"不能选择，只能根据频数（Frequencies）来绘制直方图（见图7.83）。运行结果见图7.84。

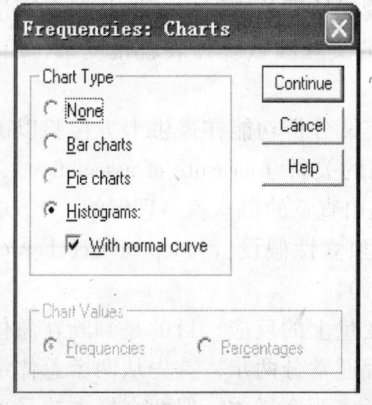

图7.83 "Frequencies：Charts"对话框

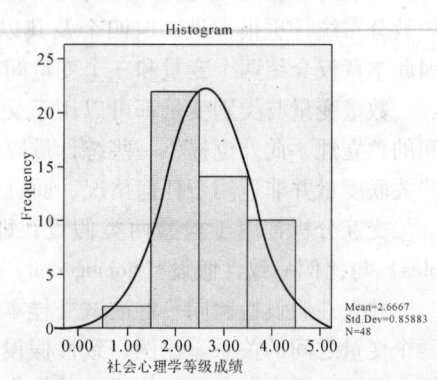

图7.84 频数分布直方图

第八章 交叉分析

上一章频数分析是对单一变量的变量值进行频数分布统计，但是我们在很多时候需要对两个及其以上变量进行交叉分析，比如想知道男女之间换工作次数的分布差异，这就涉及两个变量（性别和换工作次数）之间频数交叉分析。

因此交叉分析的主要功能是用以探讨多个变量的关联分布，并以表格的形式显示，交互分析又称为列联表分析（contingency table analysis）。按两个定类变量进行交叉分类的频次分配表，即二维列联表。二维列联表的一般形式如下：

表 8.1　　　　　　　　　　二维列联表一般形式

Y＼x	x1	x2	…	xc
Y1	n11	n21	…	nc1
Y2	n12	n22	…	nc2
…	…	…	…	…
yr	n1r	n2r	…	ncr

Nij：x = xi　y = yj 时所具有的频数

在上述二维列联表中，每个变量（因素）都包括两个以上的水平（变量值）。二维列联表常称为 r×c 表，r 代表行数（rows），c 代表列数（columns）。例如 3×4 列联表是指第一个变量有 3 个水平，第二个变量有 4 个水平，两变量各水平的交互形成 12 个单元格。在一项研究中，每个行单元格或列单元格的次数代表着属于行变量或列变量特定水平的个体（被试、受访者）数量。交叉分析就是根据单元格的次数判断行变量与列变量的关系，并计算相应的百分数指标。

一般两个变量间的交叉分类统计比较多，在数据处理的实践中，涉及三个变量的交叉频数分布统计也很常见，但四个及其以上的变量的交互频数统计表就很复杂，用得很少，因此本章仅介绍两个变量和三个变量间的交叉分析。

数量变量与类别变量都可以用于交互分析。交叉分析功能亦提供卡方检验以确定变量间的独立性，此外也提供一些统计量以度量变量间的关联（measure of association），只是这些关联度量并非适用于任何情况，而且往往也不是由直觉的概念就可理解的。

交互分析常用于检验两类假设，即变量间的独立性假设（independence between variables）与比例一致性假设（homogeneity of proportions）。

独立性假设检验同一群被试（样本）在两个变量上的反应，目的是判断在总体范围内两个变量之间的关系。比例一致性假设检验的过程通常分两步，首先从两个总体中分别抽样获得两个样本，也可以从同一总体中随机抽样形成两个样本，但两个样本接受不同的实验处理；然后根据两个样本在同一变量上的反应推论两个总体是否相同。

如果检验结果显示两变量不独立或者两总体存在差异,通常需要作进一步检验,包括我们常用的 χ^2 检验、Kappa 值,分层 χ^2 (X^2M-H),找出具体差异所在。

第一节 两变量的交叉分析

一、两个离散变量间的交叉分析

(一) Excel 两变量的交叉分析

案例:现有一工作跳槽现象的调查数据,需要对男女不同性别间的换工作次数进行频数分布统计。

解决方案:利用 Excel 中的数据透视表功能实现对男女间的换工作次数进行频数分布统计。

操作步骤:

1. 单击问卷数据任一单元格,本例选中 E5 单元格(见图8.1)。

2. 单击"数据"菜单,选择"数据透视表和数据透视图",进入"数据透视表和枢纽分析图向导 - 步骤3 之1"对话框。见图8.1。

3. 在"数据透视表和枢纽分析图向导 - 步骤3 之1"对话框中,选择"Microsoft Office Excel 数据列表或数据库(M)"和"数据透视表(T)"(见图8.2)。

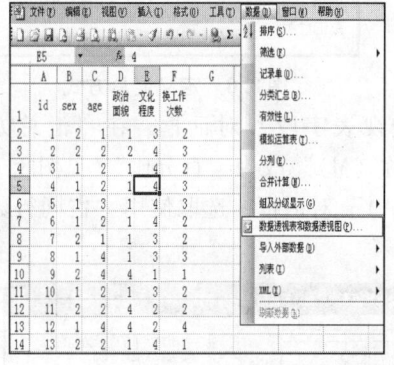

图8.1 调出"数据透视表和数据透视图"

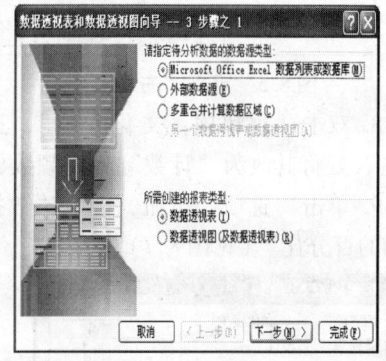

图8.2 "数据透视表和数据透视图向导-3步骤之1"对话框

4. 单击"下一步",进入"数据透视表和数据透视图向导-3步骤之2"对话框,定义要处理的数据区 $A$1:$F$1061,如果数据是连续的,程序会自动识别数据源区域(见图8.3)。

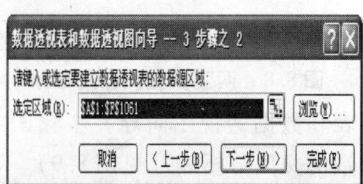

图8.3 "数据透视表和数据透视图向导-3步骤之2"对话框

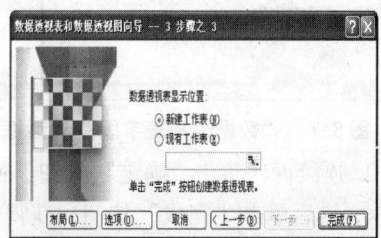

图8.4 "数据透视表和数据透视图向导-3步骤之3"对话框

5. 单击"下一步",进入"数据透视表和数据透视图向导-步骤3之3"对话框,定义数据透视表显示的位置,有两个选项供选择,一是新建工作表,二是数据透视表在现有工作表的位置显示,这里选择的是新建工作表显示数据透视表(见图8.4)。

6. 单击"布局",进入"数据透视表和数据透视图向导-布局"对话框,以拖曳方式定义透视表内各部分的内容,即把"sex"拖曳到"列(C)"的位置;将"换工作的次数"拖曳到"行(R)"位置;将"政治面貌"拖曳到"数据(D)"位置;将"文化程度"拖曳到"数据(D)"位置,这里需要注意的是"数据(D)"区域的内容可以随便选择变量拖曳进去,不影响统计结果,比如也可以把"AGE"或"换工作次数"变量拖曳到"数据(D)"位置(见图8.5)。

7. 双击"求和项:政治面貌",进入"数据透视表字段"对话框,在"汇总方式(S):"处选择"计数"计算出现频数,默认的是求和项,因此需要把求和项改为计数项。并将其"名称(M)"改为"人数",见图8.6。

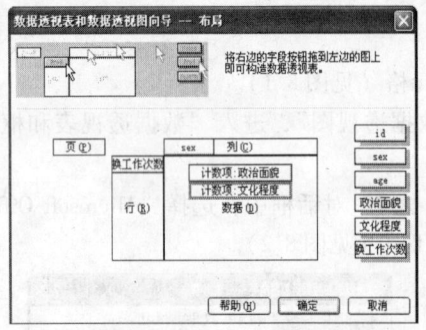
图8.5 定义"布局"

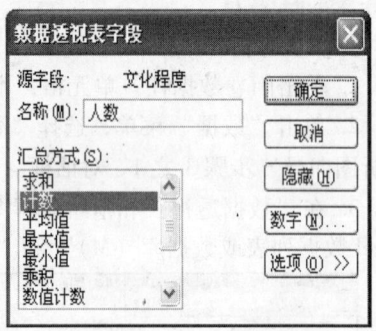
图8.6 定义汇总方式

8. 双击"求和项:文化程度",进入"数据透视表字段"对话框,在"汇总方式(S):"处将其改为"计数"计算频数,并将其"名称(M)"改为"百分比"(见图8.7)。

9. 单击"选项"按钮,进入"数据显示方式(A)"对话框,选取使用"占同行数据总和的百分比"(见图8.7)。

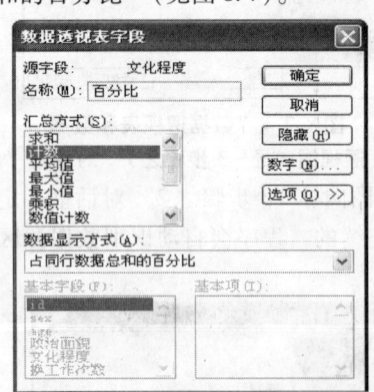
图8.7 "数据透视表字段"对话框

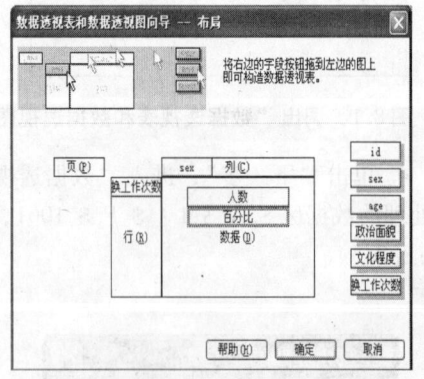
图8.8 两变量交叉布局结果

10. 连续两次单击"确定"按钮,回到"数据透视表和数据透视图向导-步骤3之3"对话框,然后单击"完成"按钮,获得性别和换工作次数的交叉分析表(见图8.9)。

最后把透视表中的编码换成变量的值标签,比如J3单元格的1置换成"男",L3单元格的2置换成"女"。从交叉分析的结果中看出,男性比女性更有可能跳槽。

	G	H	I	J	K	L	M
2				sex			
3		换工作	数据	1	2	(空白)	总计
4		1	人数	178	184	2	364
5			百分比	48.90%	50.55%	0.55%	100.00%
6		2	人数	161	151	3	315
7			百分比	51.11%	47.94%	0.95%	100.00%
8		3	人数	111	69	5	185
9			百分比	60.00%	37.30%	2.70%	100.00%
10		4	人数	58	23	2	83
11			百分比	69.88%	27.71%	2.41%	100.00%
12		(空白)	人数	57	53		110
13			百分比	51.82%	48.18%	0.00%	100.00%
14		人数汇总		565	480	12	1057
15		百分比汇总		53.45%	45.41%	1.14%	100.00%

图 8.9 性别与换工作次数交叉分析表

延伸阅读：

数据透视表的制作，还可以先建立空白数据透视表，然后通过拖曳的方式添加内容，具体步骤如下：

1. 单击问卷数据任一单元格。
2. 执行"数据/数据透视表和数据透视图"，进入"数据透视表和枢纽分析图向导－步骤3之1"对话框。
3. 选择"Microsoft Office Excel 数据列表或数据库（M）"和"数据透视表"。
4. 单击"下一步"，进入"数据透视表和枢纽分析图向导－步骤3之2"对话框，定义要处理的数据区域。
5. 单击"下一步"，进入"数据透视表和枢纽分析图向导－步骤3之3"对话框。
6. 定义数据透视表显示的位置。
7. 单击"完成"，获得空白数据透视表。
8. 从"数据透视表字段列表"上，将"性别"拖曳到"将列字段拖至此处"；从"数据透视表字段列表"上，将"换工作次数"拖曳到"将行字段拖至此处"，即可获得一个数据透视表。
9. 由于默认是计算加总，所以选取数据内容的任一单元格，单击"字段设置"按钮，设置所需的统计指标（同前面的第6步骤）。

（二）SPSS 两变量交叉分析

案例：现有一组工作跳槽现象的调查数据，需要对男女不同性别间换工作次数的频数分布进行统计。

解决方案：利用 SPSS 中的 CROSSTABS 模块实现对男女间的换工作次数进行频数分布统计。

操作步骤：

1. 单击"Analyze"菜单，选择"Descriptive Statistics"，选中"Crosstabs"模块，进入"Crosstabs"对话框（见图 8.10）。
2. 把对话框左边的变量列表中的 sex 变量，选进"Columns"矩形框中，作为选择行﹡列表中的列变量（见图 8.11）。

■ 社会科学数据处理软件应用

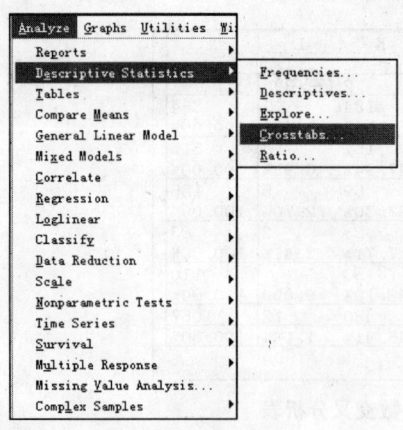

图 8.10　调出"Crosstabs"

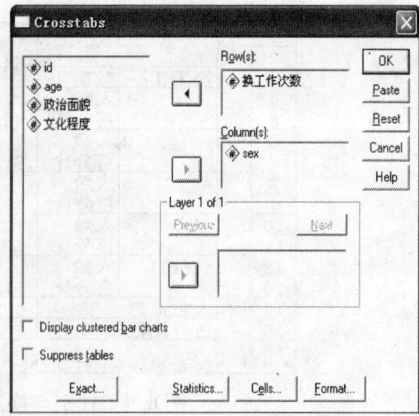

图 8.11　"Crosstabs"对话框

3. 把对话框左边的变量列表中的"换工作次数"变量，选进"Rows"矩形框中，作为选择行 * 列表中的行变量（见图 8.11）。

4. 在对话框的下边有两个复选框："Display clustered bar charts"复选框，显示重叠条图；"Suppress table"复选框，禁止在结果中输出行 * 列表。在这里两个都不选（见图 8.11）。

5. 单击"Cells"按钮，进入"Crosstabs：Cell Display"对话框。定义列联表单元格中需要计算的指标（见图 8.12）。

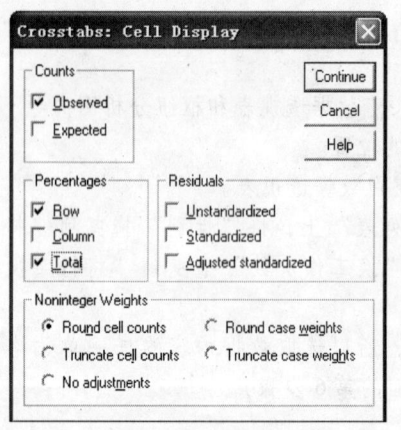

图 8.12　"Crosstabs：Cell Display"对话框

6. 在对话框上部的"Counts"复选矩形框组里，勾选"Observed"选项（实际观测值），这里不勾选"Expected"选项（期望值或理论值），表示只输出观测值；然后在对话框中部左边的"Percentages"复选矩形框组里，勾选"Row"选项（行百分数）和"Total"选项（合计百分数），不勾选"Column"选项（列百分数），表示只输出行百分数（Row）和合计百分数（Total）（见图 8.12）。

7. 在对话框中部右边的"Residuals"复选矩形框组里，选择残差的显示方式，可以是实际数与理论数的差值（Unstandardized）、标化后的差值（Standardized，实际数与理论数的差值除理论数），或者由标准误确立的单元格残差（Adjusted standardized），在这里都不用勾选（见图 8.12）。

8. 单击"Continue"按钮，返回"Crosstabs"对话框，这里还有"Format"按钮，用于选择行变量是升序还是降序排列。此处采用默认选项。

9. 单击"Continue"按钮，得到了交叉分析表，见表8.2和表8.3。

表 8.2　　　　　　　　　　　　　观测记录数摘要

	\multicolumn{6}{c|}{Cases}
	\multicolumn{2}{c|}{Valid}	\multicolumn{2}{c|}{Missing}	\multicolumn{2}{c|}{Total}
	N	Percent	N	Percent	N	Percent
换工作次数 * sex	936	88.3%	124	11.7%	1060	100.0%

表 8.3　　　　　　　　　　　　性别与换工作次数交叉分析

			sex 1.00	sex 2.00	Total
换工作次数	1.00	Count % within 换工作次数 % of Total	179 49.3% 19.1%	184 50.7% 19.7%	363 100.0% 38.8%
	2.00	Count % within 换工作次数 % of Total	161 51.6% 17.2%	151 48.4% 16.1%	312 100.0% 33.3%
	3.00	Count % within 换工作次数 % of Total	111 61.7% 11.9%	69 38.3% 7.4%	180 100.0% 19.2%
	4.00	Count % within 换工作次数 % of Total	58 71.6% 6.2%	23 28.4% 2.5%	81 100.0% 8.7%
Total		Count % within 换工作次数 % of Total	509 54.4% 54.4%	427 45.6% 45.6%	936 100.0% 100.0%

二、两个连续变量间交叉分析

前面例子中的变量都是离散变量，如果两个变量中一个或两个是定距或定比变量，交叉分析会怎么样呢？

同频数分析一样，首先都要对连续变量转换成离散变量之后，才作交叉分析，与频数分析一样，定距变量的交叉分析只比定类和定序变量的交叉分析多一个分组的步骤，其他操作完全相同，至于分组方法参见上一章的相关内容。比如求男女学生的社会心理学成绩的频数分布，得到的结果见图8.13。

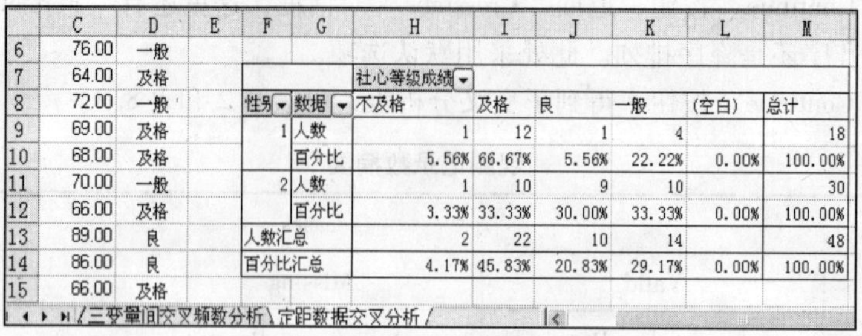

	C	D	E	F	G	H	I	J	K	L	M
6	76.00	一般									
7	64.00	及格				社心等级成绩					
8	72.00	一般		性别	数据	不及格	及格	良	一般	(空白)	总计
9	69.00	及格		1	人数	1	12	1	4		18
10	68.00	及格			百分比	5.56%	66.67%	5.56%	22.22%	0.00%	100.00%
11	70.00	一般		2	人数	1	10	9	10		30
12	66.00	及格			百分比	3.33%	33.33%	30.00%	33.33%	0.00%	100.00%
13	89.00	良		人数汇总		2	22	10	14		48
14	86.00	良		百分比汇总		4.17%	45.83%	20.83%	29.17%	0.00%	100.00%
15	66.00	及格									

图 8.13　连续变量间交叉分析

第二节　三变量的交叉分析

一、Excel 三变量的交叉分析

案例：现有一工作跳槽现象的调查数据，需要对不同年龄段的男女性别的换工作次数的频数分布统计。

解决方案：利用 Excel 中的数据透视表功能实现对不同年龄段的男女间换工作次数进行频数分布统计。

操作步骤：

1 ~5 步与前面 Excel 求两变量交叉分析的前 5 步完全一样。然后继续进行以下步骤：

1. 单击“布局”，进入“数据透视表和数据透视图向导 - 布局”对话框，以拖曳方式定义透视表内各部分的内容，即把“sex”拖曳到“页”(P)的位置；将“换工作的次数”拖曳到“行(R)”位置；将“Age”变量拖曳到“列(C)”位置，将任意两个变量拖曳到“数据(D)”位置，这里是将“政治面貌”和“文化程度”拖曳到“数据(D)”位置(见图 8.14)。

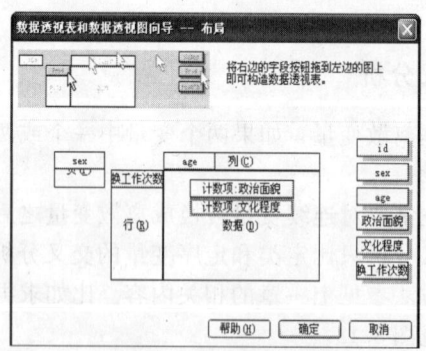

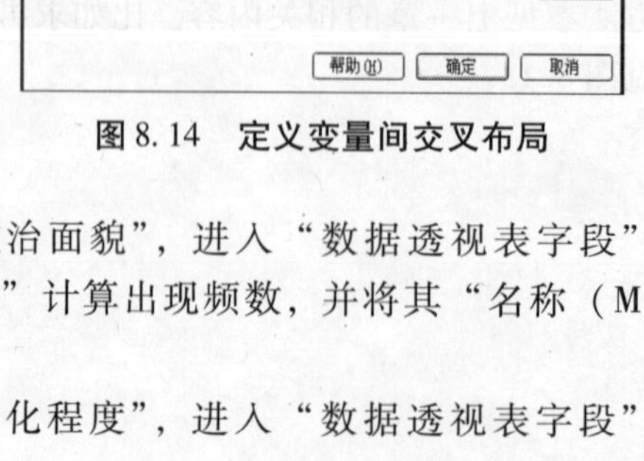

图 8.14　定义变量间交叉布局

2. 双击“求和项：政治面貌”，进入“数据透视表字段”对话框，在“汇总方式(S)：”处将其改为“计数”计算出现频数，并将其“名称(M)”改为“人数”(见图 8.15)。

3. 双击“求和项：文化程度”，进入“数据透视表字段”对话框，在“汇总方式

(S):”处将其改为“计数”计算频率，并将其“名称（M）”改为“百分比”（见图8.16）。

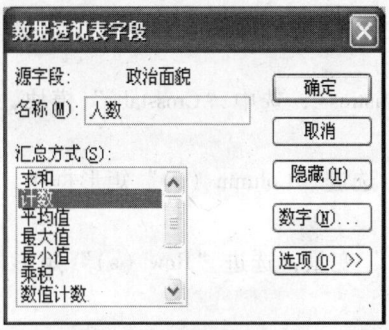

图 8.15 定义汇总方式

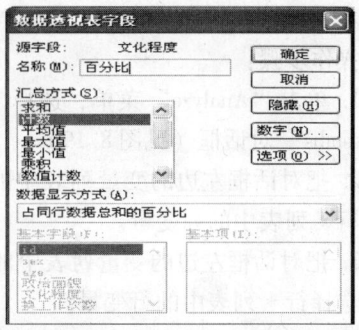

图 8.16 定义百分比显示方式

4. 单击“选项”按钮，进入“数据显示方式（A）”对话框，选取使用“占同行数据总和的百分比”（见图8.16）。

5. 连续两次单击“确定”按钮，回到“数据透视表和数据透视图向导”对话框，定义数据透视表显示的位置（见图8.17）。

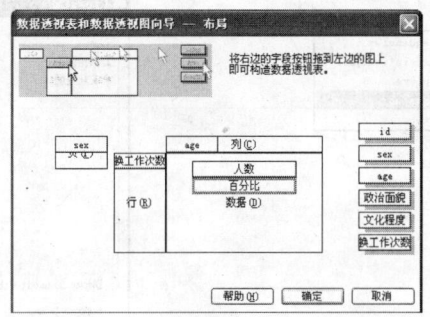

图 8.17 变量间交叉布局结果

6. 单击“完成”，获得性别、年龄和换工作的次数的交叉分析表（见图8.18）。

	G	H	I	J	K	L	M	N	O	P
3					换工作次数					
4		sex	age	数据	1	2	3	4	(空白)	总计
5		1	1	人数	83	31	8	3	21	146
6				百分比	56.46%	21.77%	5.44%	2.04%	14.29%	100.00%
7			2	人数	58	76	34	17	22	207
8				百分比	28.91%	36.02%	16.11%	8.06%	10.90%	100.00%
9			3	人数	23	37	52	26	7	145
10				百分比	16.44%	25.34%	35.62%	17.81%	4.79%	100.00%
11			4	人数	6	13	15	11	2	47
12				百分比	12.50%	27.08%	31.25%	25.00%	4.17%	100.00%
13			(空白)	人数	3	3	2		4	12
14				百分比	30.77%	23.08%	15.38%	0.00%	30.77%	100.00%
15		1 人数			173	160	111	57	56	557
16		1 百分比			31.50%	28.50%	19.65%	10.27%	10.09%	100.00%
17		2	1	人数	93	36	9	2	26	166
18				百分比	56.80%	21.30%	5.33%	1.18%	15.38%	100.00%
19			2	人数	52	79	36	1	21	189
20				百分比	27.23%	41.88%	19.37%	0.52%	10.99%	100.00%

\两变量间交叉频数分析\三变量间交叉频数分

图 8.18 三变量间交叉分析

二、SPSS 三变量交叉分析

案例：现有一工作跳槽现象的调查数据，需要对不同年龄段的男女性别的换工作次数的频数分布统计。

解决方案：利用 SPSS 中的 Crosstabs 模块实现对不同年龄段的男女间换工作次数进行频数分布统计。

操作步骤：

1. 单击"Analyze"菜单，选择"Descriptive Statistics"，选中"Crosstabs"模块，进入"Crosstabs"对话框（见图 8.19）。

2. 把对话框左边的变量列表中的"sex"变量，选进"Column（s）"矩形框中，作为选择行*列表中的列变量。

3. 把对话框左边的变量列表中的"换工作次数"变量，选进"Row（s）"矩形框中，作为选择行*列表中的行变量。

4. 把对话框左边的变量列表中的"Age"变量，选进"Layer 1 of 1"矩形框中，作为选择行*列表中的行变量。Layer 指的是层，对话框中的许多设置都可以分层设定，在同一层中的变量使用相同的设置，而不同层中的变量分别使用各自层的设置。如果要让不同的变量做不同的分析，则将其选入"Layer"框，并用"Previous"和"Next"按钮设为不同层（见图 8.20）。

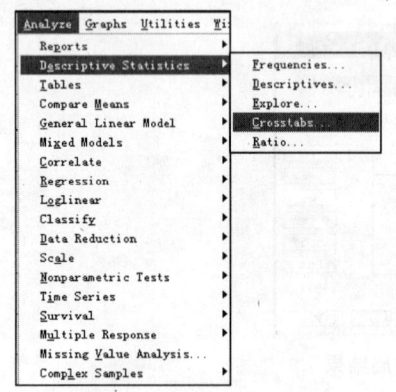

图 8.19 调出"Crosstabs"

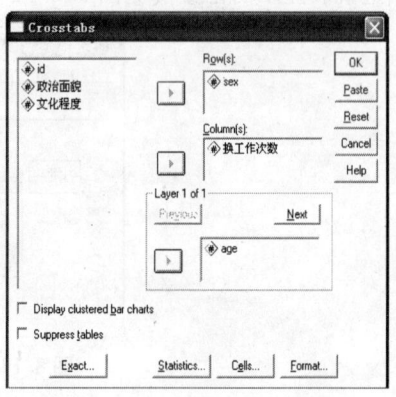

图 8.20 "Crosstabs"对话框

5~9 步与 SPSS 求两变量交叉分析的后 5 个步骤完全相同。最后结果见表 8.4。

表 8.4　　　　　　　　　不同年龄和性别换工作次数交叉分析

age				换工作次数				Total
				1.00	2.00	3.00	4.00	
1.00	sex	1.00	Count % within sex % of Total	84 66.1% 11.9%	32 25.2% 11.9%	8 6.3% 3.0%	3 2.4% 1.1%	127 100.0% 47.0%
		2.00	Count % within sex % of Total	96 67.1% 35.6%	36 25.2% 13.3%	9 6.3% 3.3%	2 1.4% .7%	143 100.0% 53.0%
	Total		Count % within sex % of Total	180 66.7% 66.7%	68 25.2% 25.2%	17 6.3% 6.3%	5 1.9% 1.9%	270 100.0% 100.0%

表8.4(续)

age				换工作次数				Total
				1.00	2.00	3.00	4.00	
2.00	sex	1.00	Count % within sex % of Total	61 32.4% 17.0%	76 40.4% 21.2%	34 18.1% 9.5%	17 9.0% 4.7%	188 100.0% 52.5%
		2.00	Count % within sex % of Total	52 30.6% 14.5%	80 47.1% 22.3%	37 21.8% 10.3%	1 .6% .3%	170 100.0% 47.5%
	Total		Count % within sex % of Total	113 31.6% 31.6%	156 43.6% 43.6%	71 19.8% 19.8%	18 5.0% 5.0%	358 100.0% 47.5%
3.00	sex	1.00	Count % within sex % of Total	24 17.3% 10.8%	37 26.6% 16.7%	52 37.4% 23.4%	26 18.7% 11.7%	139 100.0% 62.6%
		2.00	Count % within sex % of Total	28 33.7% 12.6%	25 30.1% 11.3%	18 21.7% 8.1%	12 14.5% 5.4%	83 100.0% 37.4%
	Total		Count % within sex % of Total	52 23.4% 23.4%	62 27.9% 27.9%	70 31.5% 31.5%	38 17.1% 17.1%	222 100.0% 100.0%
4.00	sex	1.00	Count % within sex % of Total	6 13.0% 8.2%	13 28.3% 17.8%	15 32.6% 20.5%	12 26.1% 16.4%	46 100.0% 63.0%
		2.00	Count % within sex % of Total	5 18.5% 6.8%	9 33.3% 12.3%	5 18.5% 6.8%	8 29.6% 11.0%	27 100.0% 37.0%
	Total		Count % within sex % of Total	11 15.1% 15.1%	22 30.1% 30.1%	20 27.4% 27.4%	20 27.4% 27.4%	73 100.0% 100.0%

从表8.4可以看出，三个变量交叉分析的列联表比较大，内容也较复杂，如果是四个变量，甚至更多的变量，列联表会更大，看起来也很费劲，因此一般超过三个变量的交叉分析是很少用的。

Excel用数据透视表功能只能处理最多三个变量的交叉分析，而SPSS能处理若干个变量间的交叉分析，功能要强大得多。

延伸阅读

改变数据透视表的布局方法：

1. 在数据透视表和数据透视图向导中的"数据透视表和数据透视图向导－布局"对话框，可以通过拖曳的方式改变布局。
2. 直接在建立好的数据透视表上进行拖曳来改变布局。

第三节 多选题的交叉分析

多选题可以多选择几个答案，但分析时却多了很多的限制，Excel不能很好地处理多选题的交叉分析，如果非要用Excel来处理，过程比较复杂，要增加许多额外的步骤。

即便是SPSS专门的统计软件，多选题也只能进行单变量的频数分析和双变量或多变量的交叉分析，无法进行卡方检验。如果不能进行相关的检验，使用结果时总会感到信心不够。

在SPSS中，有专门的多重反应的交叉分析（Multiple Response：Crosstabs）模块来处理多选题的交叉分析。

一、限选的多选题的交叉分析

案例：西部公务员人力资源能力建设调查问卷第7题：您认为本单位领导，最需要加强下列哪些能力的培养？（限选三项）

◇1. 政治鉴别能力　　◇2. 科学决策能力　　◇3. 政策研究能力
◇4. 政策执行能力　　◇5. 应变能力　　　　◇6. 协调沟通能力
◇7. 道德完善能力　　◇8. 领导管理能力　　◇9. 其他

请对性别与单位领导能力培养数据进行交叉分析。

解决方案：用SPSS中的Multiple Response过程对限选多选题进行交叉分析。

操作步骤：

1. 定义多选题的选项集

（1）单击"Analyze"菜单，选中"Multiple Response"，单击"Define Sets..."，弹出"Define Multiple Response Sets"对话框（见图8.21）。

（2）定义变量集：在对话框左边的"Set Defintion"矩形框内把与该多选题有关的3个变量都选入右边的"Variables in Set"框中（见图8.22）。

（3）在"Set Defintion"矩形框下边，有一个"Variables Are Coded As"矩形框，点选"Categories"单选项，并输入变量值范围：最小变量值1和最大变量值9（见图8.22）。

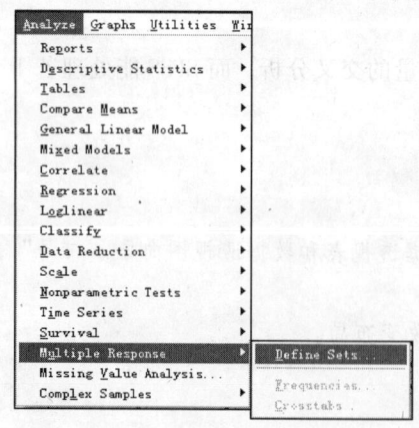

图8.21 调用"Define Sets"

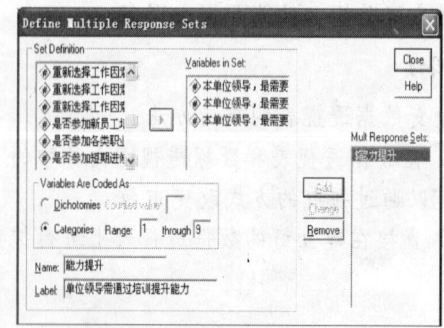

图8.22 定义多选题的选项集

（4）在最下方的"Name"及"Label"框中为变量集命名并加注标签，在此我们直接输入变量名"能力提升",标签内容为"单位领导需通过培训提升能力"。

(5) 单击对话框右侧的"Add"按钮,变量集名称显示在右侧"Mult Response Sets:"窗口中(见图8.22)。

(6) 单击"Close"按钮关闭对话框,多选题的定义过程顺利完成。

2. 进行交叉分析

(1) 再次单击"Analyze"菜单,选择"Multiple Response"子菜单,这时会发现"Crosstabs"已经变黑,处于可以使用状态,单击"Crosstabs",打开"Multiple Response Crosstabs"对话框。

(2) 把对话框左侧的"Mult Response Sets:"框中的变量集"能力提升"选入右侧"Row(s)"框中。然后把对话框左侧的变量列表中的"sex"选入右侧"Column(s)"框中(见图8.23)。

(3) 单击选中"Column(s):"框中的性别变量,附后的两个问号表示还没有定义该变量用于交互分析的取值范围。单击"Define Ranges"按钮,打开子对话框定义变量的取值范围:在"Minimum"与"Maximum"框中分别输入性别变量的两个值1和2。单击"Continue"返回主对话框(见图8.24)。

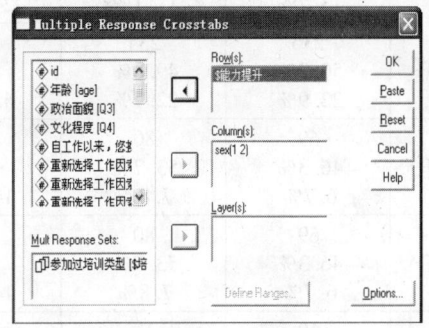

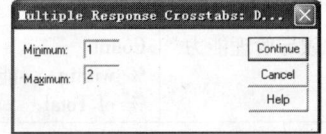

图8.23 定义交叉分析变量　　　　图8.24 定义分类变量的变量

(4) 定义输出内容:单击"Options"按钮打开子对话框,在"CellPercentages"中选中Row和Total,即要求输出基于行百分数和合计百分数。同时注意在"Percentages Based on"中选中"Cases",即要求输出基于受访者人数的百分比,单击"Continue"返回"Multiple Response Crosstabs"主对话框;最后单击"OK"按钮。运行程序,完成对不限选的多选题的频数分析,得到交叉分类频数分布表(见表8.5)。

221

表 8.5　　　　　　　　　性别与领导能力提升交叉分析

			性别		Total
			男	女	
单位领导需通过培训提升能力	政治鉴别能力	Count % within $ 能力提升 % of Total	181 63.1% 17.6%	106 36.9% 10.3%	287 27.9%
	科学决策能力	Count % within $ 能力提升 % of Total	286 54.5% 27.8%	239 45.5% 23.2%	525 51.0%
	政策研究能力	Count % within $ 能力提升 % of Total	121 56.5% 11.7%	93 43.5% 9.0%	214 20.8%
	政策执行能力	Count % within $ 能力提升 % of Total	153 57.1% 14.9%	115 42.9% 11.2%	268 26.0%
	应变能力	Count % within $ 能力提升 % of Total	136 54.4% 13.2%	114 45.6% 11.1%	250 24.3%
	协调沟通能力	Count % within $ 能力提升 % of Total	236 50.2% 22.9%	234 49.8% 22.7%	470 45.6%
	道德完善能力	Count % within $ 能力提升 % of Total	69 46.3% 6.7%	80 53.7% 7.8%	149 14.5%
	领导管理能力	Count % within $ 能力提升 % of Total	69 46.3% 6.7%	80 53.7% 7.8%	149 14.5%
	其他	Count % within $ 能力提升 % of Total	10 35.7% 1.0%	18 64.3% 1.7%	28 2.7%
Total		Count % of Total	556 54.0%	474 46.0%	1030 100.0%

Percentages and totals are based on respondents.

a. Group

二、不限选的多选题的交叉分析

案例：西部公务员人力资源能力建设调查问卷第 8 题：参加工作后，您参加过单位的什么培训？（可多选）

◇1. 新员工培训　　◇2. 各类职业资格考试　　◇3. 短期进修培训
◇4. 长期脱产进修（连续 1 个月以上）　　◇5. 自学考试
◇6. 研讨讲座报告会　　◇7. 在职函授、参加课程班等　　◇8. 其他
请对培训类型数据进行频数分析。

解决方案：用 SPSS 中的 Multiple Response 命令对不限选的多选题进行不同性别的培训类型的交叉频数分析。

操作步骤：

1. 定义不限选多选题的选项集。

(1) 单击"Analyze"菜单，选中"Multiple Response"，单击"Define Sets..."，弹出"Define Multiple Response Sets"对话框（见图 8.25）。

(2) 定义变量集：在对话框左边的"Set Defintion"矩形框内把与该多选题有关的 8 个变量都选入右边的"Variables in Set"框中（见图 8.26）。

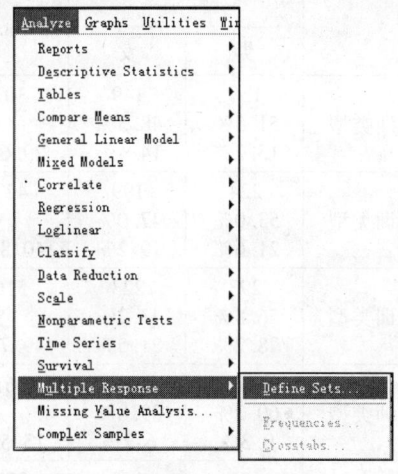
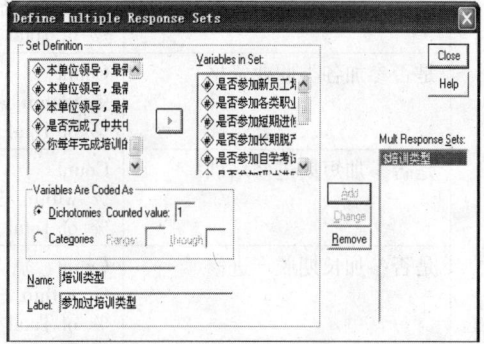

图 8.25　调用"Define Sets"　　　　图 8.26　定义多选题选项集

(3) 在"Set Defintion"矩形框下边，有一个"Variables Are Coded As"矩形框，点选"Dichotomies Counted value："单选项，并输入参加计数的值范围：1（见图 8.26）。

(4) 在最下方的"Name"及"Label"框中为变量集命名并加注标签，在此我们直接输入变量名"培训类型"，标签内容为"参加过培训类型"（见图 8.26）。

(5) 单击对话框右侧的"Add"按钮，变量集名称显示在右侧"Mult Response Sets："窗口中。

(6) 单击"Close"按钮关闭对话框，多选题的定义过程顺利完成（见图 8.26）。

2. 交叉分析。这部分与限选多选题的交叉分析步骤完全一样。

(1) 再次单击"Analyze"菜单，选择"Multiple Response"子菜单，这时会发现"Crosstabs"已经变黑，处于可以使用状态，单击"Crosstabs"，打开"Multiple Response Crosstabs"对话框。

(2) 把对话框左侧的"Mult Response Sets："框中的变量集"培训类型"选入右侧"Row (s)"框中；然后把对话框左侧的变量列表中的"sex"选入右侧的"Column (s)"框中。

(3) 单击选中"Column"框中的性别变量，附后的两个问号表示还没有定义该变量用于交互分析的取值范围。单击"Define Ranges"按钮，打开子对话框定义变量的取值范围：在"Minimum"与"Maximum"框中分别输入性别变量的两个值 1 和 2。单击"Continue"返回主对话框。

(4) 定义输出内容：单击"Options"按钮打开子对话框，在"CellPercentages"中选中"Row"和"Total"，即要求输出基于行百分数和合计百分数。同时注意在"Percentages Based on"中选中"Cases"，即要求输出基于受访者人数的百分比，单击"Continue"返回"Multiple Response Crosstabs"主对话框。

(5) 最后单击"OK"按钮。运行程序，完成对不限选的多选题的交叉分析，得到交叉分析的频数分布表（见表 8.6）。

(6) 输出结果说明。不限选的多选题的交叉分析的频数分布表与限选多选题的频数表结构一样，只是在表底有个标注：Dichotomy group tabulated at value 1.，表示是对变量值 1 进行计数统计的。

表 8.6　　　　　　　　　性别与培训类型间的交叉分析

			性别 男	性别 女	Total
参加过培训类型	是否参加新员工培训	Count % within $ 培训类型 % of Total	158 51.5% 15.2%	149 48.5% 14.4%	307 29.6%
	是否参加各类职业资格	Count % within $ 培训类型 % of Total	224 53.0% 21.6%	199 47.0% 19.2%	423 40.8%
	是否参加短期进修培训	Count % within $ 培训类型 % of Total	293 56.8% 28.2%	223 43.2% 21.5%	516 49.7%
	是否参加长期脱产进修	Count % within $ 培训类型 % of Total	97 60.2% 9.3%	64 39.8% 6.2%	161 15.5%
	是否参加自学考试	Count % within $ 培训类型 % of Total	123 54.2% 11.8%	104 45.8% 10.0%	227 21.9%
	是否参加研讨讲座报告	Count % within $ 培训类型 % of Total	99 66.4% 9.5%	50 33.6% 4.8%	149 14.4%
	是否参加在职函授、课	Count % within $ 培训类型 % of Total	144 51.2% 13.9%	137 48.8% 13.2%	281 27.1%
	是否参加其他培训	Count % within $ 培训类型 % of Total	26 53.1% 2.5%	23 46.9% 2.2%	49 4.7%
Total		Count % of Total	562 54.1%	476 45.9%	1038 100.0%

Percentages and totals are based on respondents.

a. Dichotomy group tabulated at value 1.

第四节　交叉分析的卡方独立性检验

一、χ^2 独立性检验概述

（一）χ^2 独立性检验含义

χ^2 独立性检验是以 χ^2 分布为基础的一种假设检验方法，χ^2 分布是概率论与统计学中常用的一种概率分布。k 个独立的标准正态分布变量的平方和服从自由度为 k 的卡方分布。χ^2 独立性检验的自由度 df 为（列数 -1）×（行数 -1），即 (r-1)×(c-1)。

在自由度固定时，每个 χ^2 值与一个概率值（P 值）相对应，此概率值即为在 H_0 成立的前提下，出现这样一个样本或偏离假设总体更远的样本的概率。

χ^2 独立性检验主要用于分类变量，根据样本数据推断总体的分布与期望分布是否有显著差异，或推断两个分类变量是否相关或相互独立。其原假设为：观察频数与期望频数没有差别（H_0）。χ^2 独立性检验的基本思想是这样的：首先假设 H_0 成立，计算出 χ^2 值，它表示观察值与理论值之间的偏离程度。χ^2 值由英国统计学家 Karl Pearson 首次提出，故被称为 Pearsonχ^2，具体判断方法是：

如果 P 值小于或等于显著性水准，则拒绝 H_0，接受 H_1，即观察频数与期望频数不一致。

如果 P 值大于显著性水准，则不拒绝 H_0，认为观察频数与期望频数无显著性差异。

P 值越小，说明 H_0 假设正确的可能性越小；P 值越大，说明 H_0 假设正确的可能性越大。

（二）传统计算 χ^2 独立性检验方法

独立性检验是对两个总体，或两组资料，或一总体的两种指标（分类、特性、特征）等之间的独立性所进行的检验。

1. 确定原假设：若设 X 和 Y 是两个总体（或一个总体的两个指标），则其假设应为：

H_0：两总体 X 与 Y 相互独立。

2. 期望值计算：以第一格为例，其余类推。

$$E_{1,1} = \frac{(n_{c1} \times n_{1r})}{n} \tag{8.1}$$

其中 n 为样本总数，n_{c1} 是第一行行总和；n_{1r} 为第一列的列总和。概括期望值公式：

$$E_{c,r} = \frac{(n_{cr} \times n_{rc})}{n} \tag{8.2}$$

3. 计算统计量 χ^2。让观察值区域的每一个格减去期望值区域对应的每一格的值，求平方后再除以，将这些值逐一求和，即为卡方值，其计算公式：

$$\chi^2 = \sum_{allcell} \frac{(O-E)^2}{E} \tag{8.3}$$

或

$$\chi^2 = \frac{(O_{1,1}-E_{1,1})^2}{E_{1,1}} + \frac{(O_{1,2}-E_{1,2})^2}{E_{1,2}} + \cdots + \frac{(O_{r,c}-E_{r,c})^2}{E_{r,c}} \tag{8.4}$$

二、Excel 求 χ^2 独立性检验

（一）Excel 传统方法求 χ^2 独立性检验

案例：现已求得西部地区公务员男女不同性别间的换工作次数的频数分布列联表，见图 8.27，请用 χ^2 独立性检验验证男女之间换工作次数是否有性别差异。

解决方案：利用 Excel，根据 χ^2 独立性检验传统方法对男女间的换工作次数进行 χ^2 独立性检验验，显著水平为 0.05。

操作步骤：

1. 对交叉分析的数据透视表进行编辑。

（1）选中单元格区域 B2：G16，由于数据透视表不能局部的改动，注意需要比数据透

视表的区域（B2：G15）多选择一点，这样才能运行复制功能（见图 8.27）。

	A	B	C	D	E	F	G
2				sex			
3		换工作次	数据	1	2	(空白)	总计
4		1	人数	178	184	2	364
5			百分比	48.90%	50.55%	0.55%	100.00%
6		2	人数	161	151	3	315
7			百分比	51.11%	47.94%	0.95%	100.00%
8		3	人数	111	69	5	185
9			百分比	60.00%	37.30%	2.70%	100.00%
10		4	人数	58	23	2	83
11			百分比	69.88%	27.71%	2.41%	100.00%
12		(空白)	人数	57	53		110
13			百分比	51.82%	48.18%	0.00%	100.00%
14		人数汇总		565	480	12	1057
15		百分比汇总		53.45%	45.41%	1.14%	100.00%
16							

定距数据交叉分析 卡方检验

图 8.27　复制粘贴透视表

（2）单击鼠标右键，调出右键快捷菜单，选中“复制”。

（3）然后选中 B19 单元格，单击鼠标右键，调出右键快捷菜单，选中“选择性粘贴”，弹出“选择性粘贴”对话框，选中“数值”选项，最后单击“确定”按钮，完成对数据透视表的“数值”的复制粘贴。

（4）再运行一次“选择性粘贴”命令，在“选择性粘贴”对话框中选择“格式”选项，单击“确定”按钮，完成对数据透视表的“格式”的复制粘贴（见图 8.28）。

2. 计算卡方检验统计量值。

（1）获得观测值：由于卡方值的计算只需要频数，不需要百分比，在这里删除行百分比和合计百分比，另外数据透视表里边有“空白”行和“空白”列，这是缺失值，由于缺失值不很多，在做卡方独立性检验时也把“空白”行和“空白”列删除，最终获得不同性别换工作次数的交叉分析的观测值的数据。具体结果见图 8.28。

	B	C	D	E	F
19			sex		
20	换工作次数	数据	1	2	总计
21	1	人数	178	184	362
22	2	人数	161	151	312
23	3	人数	111	69	180
24	4	人数	58	23	81
25	人数汇总		508	427	935

定距数据交叉分析 卡方

图 8.28　获得频数表的观测值

D32　=$F21*D$25/$F$25

	B	C	D	E
28	求期望值			
29				
30			sex	
31	换工作次数	数据	1	2
32	1	人数	196.68	165.32
33	2	人数	169.51	142.49
34	3	人数	97.80	82.20
35	4	人数	44.01	36.99

定距数据交叉分析 卡方

图 8.29　获得频数表的期望值

（2）求期望值：首先先选中 B19：F25，复制粘贴到 B30：F35，注意不需要“总计”列、“人数汇总”行和交叉分类的频数，直接删除，这样就完成了复制粘贴观测值区域结构（B30：E35）。然后选中 D32 单元格，输入并回车确认公式：=＄F21＊D＄25/＄F＄25，接下来把鼠标放在 D32 单元格右下角，向右向下拖曳复制公式至 E35（见图 8.29）。

（3）求单元格卡方：通过同样的方式，复制粘贴期望值区域 B30：E35 的结构至 B40：E45，然后选中 D42 单元格，输入并回车确认公式：=（D21－D32）^2/D32，把鼠标放在 D42 单元格右下角，向右向下拖曳复制公式至 E45（见图 8.30）。

（4）求统计量卡方值：选中 D48 单元格，输入并回车确认公式：=SUM（D42：E45），得到 χ^2 为 18.46（见图 8.31）。

（5）求自由度 df 和 0.05 显著水平的临界值：选中 D51 单元格，输入并回车确认公式：=（2-1）*（4-1），即性别变量的类别（2）与换工作次数类别（4）分别减 1，然后相乘，得到自由度为 3；选中 D52 单元格，输入并回车确认公式：=CHIINV（D50/2，D51），得到临界值为 9.35。注意由于本例是双尾检验，这里通过卡方分布的反函数求的是 0.025 对应的卡方临界值，单尾和双尾检验的区分在下一章论述，临界值的求得还可以通过查询卡方分布表获得（见图 8.31）。

D42　fx =(D21-D32)^2/D32

	B	C	D	E
38	求单元格卡方值			
39				
40			sex	
41	换工作次数	数据	1	2
42	1	人数	1.77	2.11
43	2	人数	0.43	0.51
44	3	人数	1.78	2.12
45	4	人数	4.45	5.29

定距数据交叉分析 / 卡方:

图 8.30　求单元格卡方

D54　fx =CHITEST(D21:E24,D32:E35)

	B	C	D	E	F	G	H
48	求统计量卡方值		18.46	←	=SUM(D42:E45)		
49							
50	显著水平a		0.05	←	0.05		
51	自由度df		3	←	=(2-1)*(4-1)		
52	临界值(双尾)		9.34840357	←	=CHIINV(F50/2,F51)		
53	p值方法1		0.00035267	←	=CHIDIST(F48,F51)		
54	p值方法2		0.00035267	←	=CHITEST(D21:E24,D32:E35)		

定距数据交叉分析 / 卡方检验

图 8.31　求得卡方统计量值和 p 值

3. 结果判定。

（1）判定检验结果方法 1：可以发现 $\chi^2=18.46>6.35$，落在危险阈，应推翻原假设 H_0：男女间的换工作次数是没有差异的，也就是说不同性别在工作跳槽方面是有显著差异的。

（2）判定检验结果方法 2：为了免去查表的麻烦，还可以直接求出 χ^2（18.46）对应的概率 p 值，然后与显著水平相比较。求 p 值：选中 D53 单元格，输入并回车确认公式：=CHIDIST（D48，D51），得到 p 值为 0.00035。

（3）判定结果：由于求得的 p 值为 0.00035267，小于 0.025（由于是双尾检验，应与显著水平 0.05 的一半比较），落在危险阈，应推翻原假设 H_0：男女间的换工作次数是没有差异的，也就是说不同性别在工作跳槽方面是有显著差异的。

4. 调用函数说明。

（1）CHIDIST（）函数是卡方分布函数，其语法是 CHIDIST（χ^2，df），第一个参数是卡方值，第二个参数是自由度。含义：根据卡方值 χ^2 和自由度 df 求 χ^2 值以外的右尾概率，也就是返回卡方分布的单尾概率值。

（2）CHIINV（）是卡方分布反函数，语法是 CHIINV（p，df），第一个参数是累计概率值，第二个参数是自由度。含义：已知 p 值和自由度求 χ^2 值，与 CHIDIST（）函数刚好相反。

延伸阅读

利用卡方分布反函数 CHIINV（）制作卡方分布表

运用 CHIINV（）函数可以制作卡方分布表。具体方法是：

1. 在 A1：H22 区域建立表结构，确定 df 和 p 值（见图 8.32）。

	A	B	C	D	E	F	G	H
1			χ２（Chisquare）分布表					
2	df＼p	0.25	0.1	0.05	0.025	0.01	0.005	0.001
3	1	1.3233	2.7055	3.8415	5.0239	6.6349	7.8794	10.828
4	2	2.7726	4.6052	5.9915	7.3778	9.2103	10.597	13.816
5	3	4.1083	6.2514	7.8147	9.3484	11.345	12.838	16.266
6	4	5.3853	7.7794	9.4877	11.143	13.277	14.86	18.467
7	5	6.6257	9.2364	11.07	12.833	15.086	16.75	20.515
8	6	7.8408	10.645	12.592	14.449	16.812	18.548	22.458
9	7	9.0371	12.017	14.067	16.013	18.475	20.278	24.322
10	8	10.219	13.362	15.507	17.535	20.09	21.955	26.124
11	9	11.389	14.684	16.919	19.023	21.666	23.589	27.877
12	10	12.549	15.987	18.307	20.483	23.209	25.188	29.588
13	11	13.701	17.275	19.675	21.92	24.725	26.757	31.264
14	12	14.845	18.549	21.026	23.337	26.217	28.3	32.909
15	13	15.984	19.812	22.362	24.736	27.688	29.819	34.528

图 8.32 制作卡方分布表

2. 其次选中单元格 B3，输入并回车确认公式：=CHIINV（B$2，$A3），接下来把鼠标放在 B3 单元格右下角，向右向下拖曳复制公式至 H22，得到卡方分布表。

（二）CHITEST（）函数求 χ^2 独立性检验

案例：现已求得西部地区公务员男女不同性别间的换工作次数的频数分布列联表，请用 χ^2 独立性检验验证男女之间换工作次数是否有性别差异。

解决方案：利用 Excel 中的 CHITEST（）对男女间的换工作次数进行 χ^2 独立性检验，显著水平为 0.05。

操作步骤：

1. 获取观测值，方法见上例。

2. 求取期望值，方法见上例。

3. 选中 D53 单元格，输入并回车确认公式：=CHITEST（D21：E24，D32：E35），得到 p 值为 0.00035267（见图 8.31）。

可见上例求 p 值的方法是通过卡方分布函数，由统计量 χ^2 值和自由度 df 求得 p 值的，本例求 p 值的方法是通过卡方检验函数，根据观测值和期望值两个参数直接求出 p 值的，不需要计算出统计量 χ^2 值，比前者要简单得多。

4. 具体判定检验结果是：由于求得的 p 值为 0.00035，小于 0.025（由于是双尾检验，应与显著水平 0.05 的一半比较），落在危险阈，应推翻原假设 H_0：男女间的换工作次数是没有差异的，也就是说不同性别在工作跳槽方面是有显著差异的。

5. 调用函数说明。CHITEST（）是卡方检验函数，语法是 CHITEST（观测值数据区域，期望值数据区域），第一个参数是观测值数据，第二个参数是期望值数据。含义是通过观测值和期望值两个参数直接求出统计量 χ^2 值对应的右尾概率 p 值。

三、SPSSD 的 χ^2 独立性检验

（一）SPSS 二手资料 χ^2 独立性检验

用 Excel 求交叉分析的 χ^2 独立性检验，不管是一手原始数据还是引用文献中的二手数据，都需要先知道交叉分析的频数分布列联表，然后在此基础上求各单元格观测值对应的

期望值，在由观测值和期望值求出统计量 χ^2 值。而 SPSS 求交叉分析的 χ^2 独立性检验，原始数据和二手频数分布数据的 χ^2 独立性检验在操作上有所不同。

案例：现有 100 名年轻人的性别与志愿的频数分布表的二手数据，请用 χ^2 独立性检验验证男女之间志愿选择是否有差异。

表 8.7　　　　　　　　　　　　100 名年轻人的性别与志愿

志愿	性别 男	性别 女	总数
快乐家庭	10	30	40
理想工作	40	10	50
增广见闻	10	0	10
总数	60	40	100

数据来源：李沛良《社会研究的统计应用》，p82 表 4-1。

解决方案：利用 SPSS 中的对男女间的志愿选择进行 χ^2 独立性检验验，显著水平为 0.05。

操作步骤：

1. 建立数据文件：由于上表给出的不是原始数据，而是频数表数据，应该进行预处理，建立数据文件。首先建立性别、志愿和 count 三个变量，根据频数表内容输入数据，比如第一行"性别"变量列输入"男"，第一行"志愿"变量列输入"快乐家庭"，第一行"count"变量列输入"10"，表示性别为男，志愿选择为"快乐家庭"的人数为 10 人，以此穷尽性别变量和志愿变量的各类别的交叉组合，分别输入其相应的频数，然后整理数据文件，对性别和志愿变量的变量名标签和变量值标签进行设置（见图 8.33）。

	性别	志愿	count
1	男	快乐家庭	10.00
2	男	理想工作	40.00
3	男	增广见闻	10.00
4	女	快乐家庭	30.00
5	女	理想工作	10.00
6	女	增广见闻	.00

图 8.33　输入数据格式

2. 对频数变量加权：单击"Data"菜单，选择"Weight Cases…"，弹出"Weight Cases"对话框（见图 8.34）。

3. 在对话框中部的矩形框里，点选"Weight cases by Frequency Variable"选项，把"count"变量选进指定频数变量下边的空白框里，最后单击"OK"按钮，完成对频数变量加权。见图 8.35。

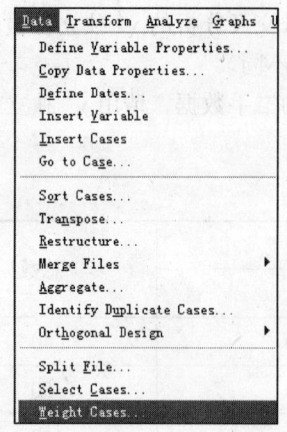
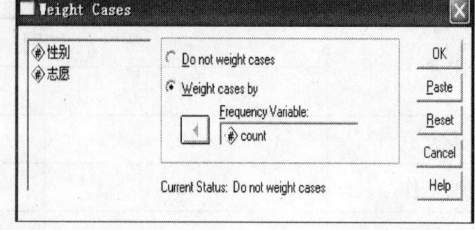

图 8.34　调用"Weight Cases"　　　　　图 8.35　"Weight Cases"对话框

4. 单击"Analyze"菜单，选择"Descriptive Statistics"，选中"Crosstabs"模块，进入"Crosstabs"对话框（见图 8.36）。

5. 把对话框左边的变量列表中的"性别"变量，选进"Columns"矩形框中，作为选择行﹡列表中的列变量；把对话框左边的变量列表中的"志愿"变量，选进"Rows"矩形框中，作为选择行﹡列表中的行变量（见图 8.37）。

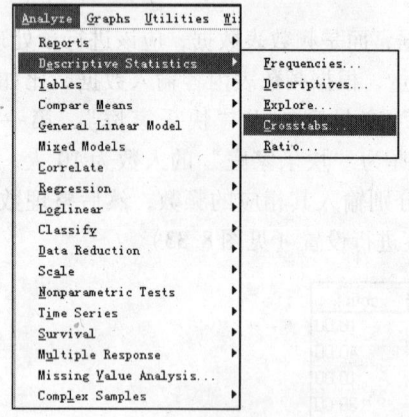
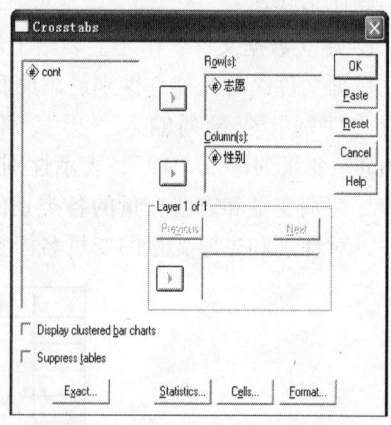

图 8.36　调用"Crosstabs"　　　　　　图 8.37　"Crosstabs"对话框

6. 单击"Cells"按钮，进入"Crosstabs: Cell Display"对话框。定义列联表单元格中需要计算的指标。在对话框上部的"Counts"复选矩形框组里，勾选"Observed"选项（实际观测值）和"Expected"选项（期望值或理论值），单击"Continue"按钮，返回"Crosstabs"对话框（见图 8.38）。

7. 单击"Statistics"按钮，进入"Crosstabs: Statistics"对话框。卡方检验的功能都集成在这一模块里面。在对话框上部，勾选"Chi-square"复选项（见图 8.39）。

8. 单击"Continue"按钮，返回"Crosstabs"对话框，单击"OK"按钮，得到了交叉分析卡方检验结果表等系列检验表（见图 8.37）。

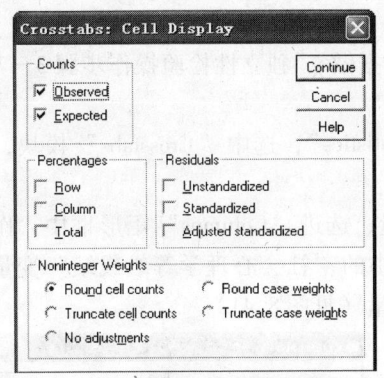

图 8.38　定义单元格显示项

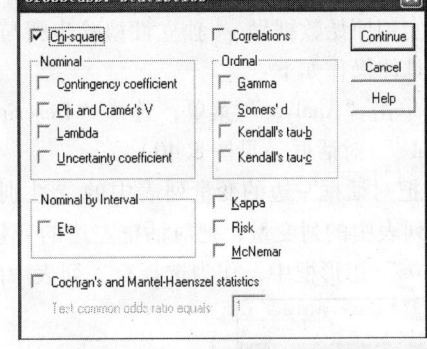

图 8.39　选择卡方选项

9. 结果解释："Case Processing Summary"表和"志愿＊性别 Crosstabulation"交叉列联表，前面已做说明，这里只对"Chi－square Tests"等表做一个说明（见表 8.8）。

表 8.8　　　　　　　　　　　　性别与志愿卡方检验

	Value	df	Asymp. Sig. (2－sided)
Pearson Chi－Square	35.417[a]	2	.000
Likelihood Ratio	39.575	2	.000
Linear－by－Linear Association	32.598	1	.000
N of Valid Cases	100		

a. 1 cells (16.7%) have expected count less than 5. The minimum expected count is 4.00.

在卡方检验表中，皮尔逊卡方（Pearson Chi－Square）值为 35.417，$p = 0.000 < 0.05$，落在拒绝阈，应否定卡方检验的零假设 H_0：男女间的志愿选择没有差异，因此不同性别的被调查者的志愿选择有显著差异。似然比的估计（Likelihood Ratio）结果和线性相关卡方值（Linear－by－Linear Association）都与卡方估计值相近似，三者的 p 值都为 0.000，都达到显著水平，证明了同一结论。

当卡方检验的自由度（df）大于 1 时，表明本次卡方检验是对多个假设的综合检验。因此如果检验结果证明存在显著差异，有必要对每个假设分别进行检验。

表格中皮尔逊卡方（Pearson Chi－Square）值处有标注 a，表格下边有相应的解释"1 cells (16.7%) have expected count less than 5. The minimum expected count is 4.00."，表示有 1 个单元格的期望值频数小于 5，占 16.7%；最小期望值频数为 4，这说明有高于 80% 的单元格期望值频数是大于 5 的，符合卡方使用的条件，本例中的卡方检验结果有效。

（二）SPSS 求原始数据 χ^2 独立性检验及其相关性检验

原始数据的格式是每一行一个记录，而由频数表得到的数据格式是每一行代表按变量类别的一个组合。

案例：现有某班社会心理学等级成绩（以 70 分为分割点把成绩分为 70 分以下和 70 分及其以上两个分数段）。请用 χ^2 独立性检验验证等级成绩是否有性别差异。

解决方案：利用 SPSS 中的对男女间的等级成绩进行 χ^2 独立性检验，显著水平为 0.05。

操作步骤：

其实用原始数据做 χ^2 独立性检验步骤与二手数据做 χ^2 独立性检验操作步骤 3－7 完全相同，具体操作如下：

1. 单击"Analyze"菜单，选择"Descriptive Statistics"，选中"Crosstabs"模块，进入"Crosstabs"对话框（见图 8.40）。

2. 把对话框左边的变量列表中的"性别"变量，选进"Columns"矩形框中，作为选择行＊列表中的列变量；把对话框左边的变量列表中的"社会心理学等级成绩"变量，选进"Rows"矩形框中，作为选择行＊列表中的行变量（见图 8.41）。

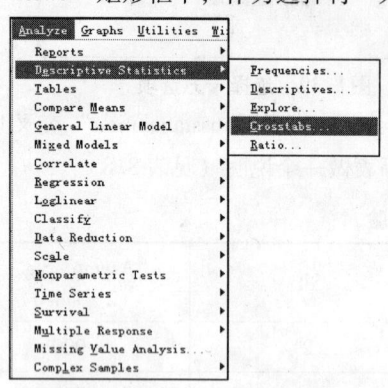
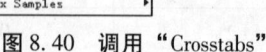

图 8.40　调用"Crosstabs"

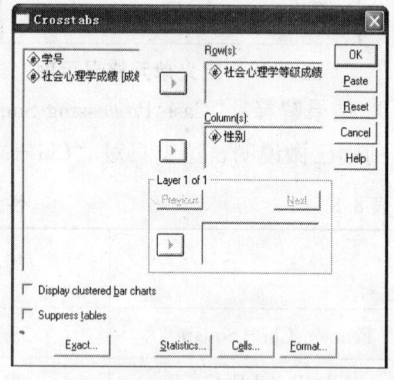

图 8.41　"Crosstabs"对话框

3. 单击"Cells"按钮，进入"Crosstabs：Cell Display"对话框。定义列联表单元格中需要计算的指标。在对话框上部的"Counts"复选矩形框组里，勾选"Observed"选项（实际观测值），在实际数据处理中一般不选择"Expected"选项（期望值或理论值），上例选择该项是有助于读者明白卡方检验的条件和环节。在"Percentages"复选矩形框组里，勾选"Column"和"Total"两个选项（见图 8.42）。

4. 单击"Continue"按钮，返回"Crosstabs"对话框。

5. 单击"Statistics"按钮，进入"Crosstabs：Statistics"对话框。在对话框上部，勾选"Chisquare"复选项（见图 8.43）。

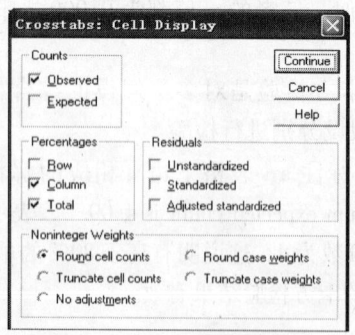
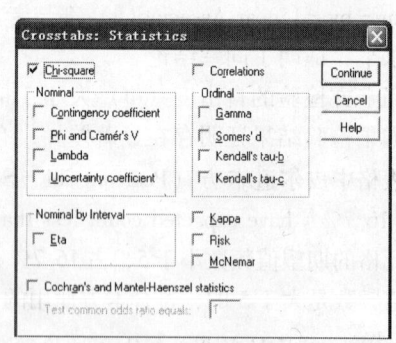

图 8.42　定义单元格显示项　　　　图 8.43　定义卡方选项

6. 单击"Continue"按钮，返回"Crosstabs"对话框、然后单击"OK"按钮，得到交叉分析卡方检验结果表等系列检验表（见表 8.9）。

7. 结果解释。 由表 8.9 可知,男生 70 分以下的占 72.2%,女生占 36.7%;而 70 分及其以上成绩男生只有 27.8%,女生有 63.3%,可见女生成绩比男生成绩要好,当然这需要做进一步的卡方检验和相关性检验。

表 8.9　　　　　　　　　　　　　性别与成绩交叉分析

			性别 男	性别 女	Total
社会心理学等级成绩	70 分以下	Count % within 性别 % of Total	13 72.2% 27.1%	11 36.7% 22.9%	24 50.0% 50.0%
	70 分及其以上	Count % within 性别 % of Total	5 27.8% 10.4%	19 63.3% 39.6%	24 50.0% 50.0%
Total		Count % within 性别 % of Total	18 100.0% 37.5%	30 100.0% 62.5%	48 100.0% 100.0%

从卡方检验的结果表(见表 8.10)下方的注释可见,本例没有单元格期望值频数小于 5,符合卡方检验条件。由表可知,皮尔逊卡方(Pearson Chi – Square)值为 5.689,$p = 0.017 < 0.05$,落在拒绝阈,应否定卡方检验的零假设 H_0:男女间的等级成绩没有差异,因此社会心理学的成绩有显著性别差异。

表 8.10　　　　　　　　　　　　　性别与成绩卡方检验

	Value	df	Asymp. Sig. (2 – sided)	Exact Sig. (2 – sided)	Exact Sig. (1 – sided)
Pearson Chi – Square	5.689[b]	1	0.017		
Continuity Correction[a]	4.356	1	0.037		
Likelihood Ratio	5.842	1	0.016		
Fisher's Exact Test				0.036	0.018
Linear – by – Linear Association	5.570	1	0.018		
N of Valid Cases	48				

a. Computed only for a 2 × 2 table

b. 0 cells (.0%) have expected count less than 5. The minimum expected count is 9.00.

似然比的估计(Likelihood Ratio)结果和线性相关卡方值(Linear – by – Linear Association)都与卡方估计值相近似,其 p 值都达到显著水平,证明了同一结论。

四、不符合卡方检验条件的处理

我们知道卡方检验需要一定的条件,第一是适用于定类变量,这个一般都会满足。第二是单元格的期望值次数不少于 5 的比例应在 80% 以上。如果不符合条件的怎么办呢?主要有三种方法来处理:

第一,把期望值频数小于 5 的那一类别的观测值频数与邻近行或列中的观测值频数合并。

第二，删除期望值频数小于5的那一类别，不过这一处理方法有争议。

第三，改用费舍尔确切概率检验。

（一）判定卡方检验是否符合条件

案例：现有西部地区公务员文化程度和换工作次数数据，请用 χ^2 独立性检验验证不同文化程度公务员的换工作次数是否具有差异。

解决方案：利用 SPSS 对文化程度与其换工作次数两个变量进行 χ^2 独立性检验验，显著水平为 0.05。

操作步骤：

1. 单击"Analyze"菜单，选择"Descriptive Statistics"，选中"Crosstabs"模块，进入"Crosstabs"对话框（见图 8.44）。

2. 把对话框左边的变量列表中的"文化程度"变量，选进"Column（s）"矩形框中，作为选择行 * 列表中的列变量；把对话框左边的变量列表中的"换工作次数"变量，选进"Row（s）"矩形框中，作为选择行 * 列表中的行变量（见图 8.45）。

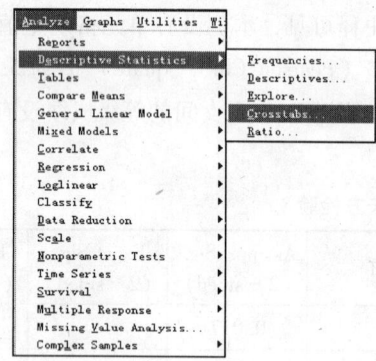

图 8.44　调用"Crosstabs"

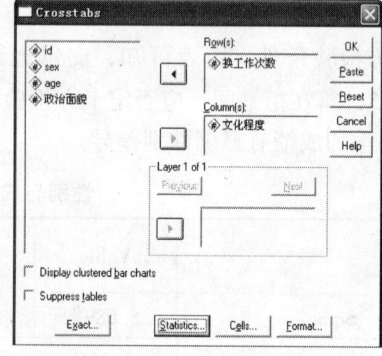

图 8.45　"Crosstabs"对话框

3. 单击"Cells"按钮，进入"Crosstabs：Cell Display"对话框。定义列联表单元格中需要计算的指标。在对话框上部的"Counts"复选矩形框组里，勾选"Observed"选项（实际观测值）和"Expected"选项（期望值或理论值）。

4. 单击"Continue"按钮，返回"Crosstabs"对话框（见图 8.46）。

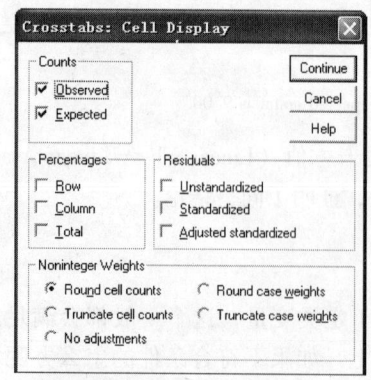

图 8.46　定义单元格显示项

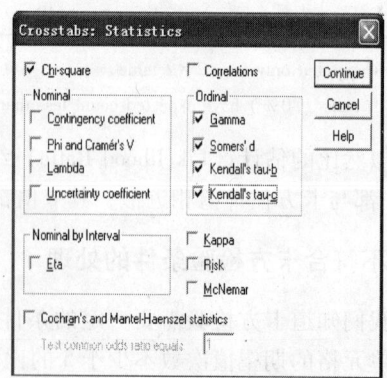

图 8.47　选择卡方选项

5. 单击"Statistics"按钮，进入"Crosstabs：Statistics"对话框。在对话框上部，勾选

"Chi‑square"复选项（见图8.47）。

6. 单击"Continue"按钮，返回"Crosstabs"对话框。

7. 单击"OK"按钮，得到交叉分析卡方检验结果表等系列检验表（见表8.11）。

8. 结果判定

这里忽略对交叉分析频数分布表做说明，卡方检验的结果也与前例类似，有20%的单元格期望频数小于5，不适合做卡方检验。

表8.11　　　　　　　　文化程度与换工作次数卡方检验

	Value	df	Asymp. sig. (2‑sided)
Pearson Chi‑Square	25.237^a	12	.014
Likelihood Ratio	25.507	12	.013
Linear‑by‑Linear Association	.304	1	.581
N of Valid Cases	947		

a. 4 cells (20.0%) have expected count less than 5. The minimum expected count is 1.31.

（二）不符合卡方检验的条件的处理

1. 费舍尔确切概率检验。方法如下：

前6步与前述步骤一样。之后继续以下步骤：

（1）在"Crosstabs"对话框，单击"Exact"按钮，进入"Exact Tests"对话框（见图8.48）。

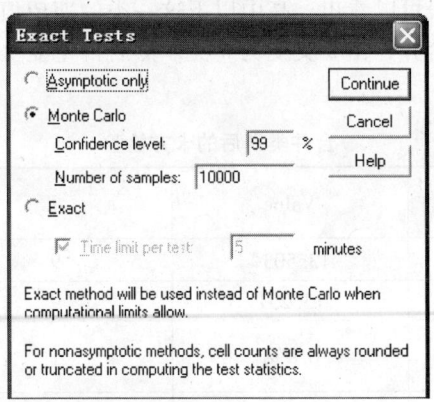

图8.48　"Exact Tests"对话框

（2）对话框包含三个选项：

第一个"Asymptotic only"选项是"Exact"模块默认选项，指计算近似的概率值，不计算确切概率。

第二个"Monte Carlo"选项是采用蒙特卡罗模拟方法计算确切概率值。

第三个"Exact"选项是计算确切概率值，默认计算时间为5分钟，超过5分钟就停止。

这里选择"Monte Carlo"选项。

(3) 单击"Continue"按钮，返回"Crosstabs"对话框。

(4) 单击"OK"按钮，得到费舍尔确切概率卡方检验结果表等系列检验表（见表8.12）。

表8.12　　　　　　　　　　　费舍尔确切概率卡方检验

	Value	df	symp. Sig (2-sided)	Sig.	Monte Carlo Sig. (2-sided) % Confidence Interv Lower Bound	Monte Carlo Sig. (2-sided) % Confidence Interv Upper Bound	Sig.	Monte Carlo Sig. (1-sided) % Confidence Interv Lower Bound	Monte Carlo Sig. (1-sided) % Confidence Interv Upper Bound
Pearson Chi-Sq	25.237[a]	12	0.014	0.013[b]	0.010	0.016			
Likelihood Ratio	25.507	12	0.013	0.017[b]	0.013	0.020			
Fisher's Exact To	23.199			0.018[b]	0.014	0.021			
Linear-by-Linear Association	0.304[c]	1	0.581	0.593[b]	0.580	0.606	0.302[b]	0.290	0.314
N of Valid Cases	947								

a. 4 cells (20.0%) have expected count less than 5. The minimum expected count is 1.31.
b. Based on 10000 sampled tables with starting seed 2000000.
c. The standardized statistic is -551.

由表8.12可知，费舍尔确切概率卡方值为23.199，p值为0.013达到显著水平，说明不同文化程度公务员换工作次数是有显著差异的。

2. 合并单元格期望值小于5的类别。

其实对不符合卡方检验条件的也可以合并某些类别，然后再用卡方检验的方法。

本例中，从交叉分析表可以看出，高中以下这一类的期望值频数比较小，这里我们可以把高中及其以下的两类合并，由5类变为4类。然后再重复上述的步骤，具体卡方检验结果见表8.13。

表8.13　　　　　　　　　　　合并类别后的卡方检验

	Value	df	Asymp. Sig. (2-sided)
Pearson Chi-Square	13.503[a]	9	0.141
Likelihood Ratio	13.251	9	0.152
Linear-by-Linear Association	0.998	1	0.318
N of Valid Cases	947		

a. 1 cells (6.3%) have expected count less than 5. The minimum expected count is 2.72.

从合并部分类别之后的卡方独立性检验来看，二者的结论是一致的，即文化程度和换工作次数的相关性不高，这可能跟公务员的行业特征有关。

可以看出，对于处理不符合卡方检验的条件的方法，最好还是采用合并期望值频数低的类别的方法最好。

第五节 两个离散变量间的相关性检验

一、相关性检验概述

在社会科学研究领域，我们首先要简化单一变量的分布，然后了解一个变量与另一个变量间的关系，交叉分析就是计算出交互分类频数分布，以此比较变量间的关系，很多时候，我们还需要根据这些频数计算出一个系数值，以表示变量间相关的强度和方向。

（一）相关的概念

所谓相关是指一个变量的值与另一个变量的值有连带性，即，如果一个变量的值发生变化验，另一个变量的值也有变化，则两个变量就是相关了。

1. 相关程度强弱

（1）可以用统计法予以测量，指标是相关系数。

（2）相关程度强弱是用来分析两个因素相关的密切程度的。

系数的大小代表了相关程度的强弱，数据的范围是 $-1 \leqslant$ 相关系数 $\leqslant 1$ 或 $0 \leqslant$ 相关系数 $\leqslant 1$，以 0 代表无相关；以 1 代表全相关。

2. 相关方向

（1）变量与变量之间的关系，可以分为正方向和负方向。

（2）相关方向是针对定序、定距变量而言，定类变量无方向。

3. 自变量与依变量的关系表示如下：

（1）不对称关系：$X \rightarrow Y$，如：性别 $\rightarrow$ 吸烟。

（2）对称关系或因果关系：$X \longleftrightarrow Y$。例：同学间交往频次 $\longleftrightarrow$ 友谊程度。

（二）消减误差比例 PRE

在选择相关测量法时，首先要考虑的是变量的测量层次，其次是关系是否对称。在社会科学研究中，常用的是具有消减误差比例意义的相关测量法，

1. 什么是消减误差比例 PRE

即用一种现象来解释另一种现象时，理应减少的误差。消减误差比例公式：

$$\text{PRE} = \frac{E_1 - E_2}{E_1} \tag{8.5}$$

其中，E_1 表示在不知道 X 的情况下，我们预测 Y 值所产生的全部误差；E_2 表示在知道 X 的情况下，我们可以根据 X 的每个值来预测 Y 值时产生的误差。$E_1 - E_2$ 表示在知道 X 的情况下用 X 预测 Y 比不知道 X 预测 Y 比所减少的误差。

2. PRE 与相关程度

（1）如果 $E_2 = 0$，即以 X 预测 Y 不会产生任何误差，则 PRE = 1，反映 X 与 Y 是全相关。

（2）如果 $E_2 = E_1$，即以 X 预测 Y 所产生的误差等于不以 X 预测 Y 所产生的误差，则 PRE = 0，反映 X 与 Y 是无相关。

（3）从上面公式可知：$0 \leqslant \text{PRE} \leqslant 1$。

（三）定类变量间相关测验方法

1. 四格表相关测量。四格表是指当列联表中的两个变量都只有两种取值时，就称作 2×2 表，其格式见表 8.14。

表 8.14　　　　　　　　　　　2×2 表格式

Y \ X	X1	X2	Σ
Y1	a	b	a+b
Y2	c	d	c+d
Σ	a+c	b+d	N=a+b+c+d

（1）φ 系数：测量四格表相关系数。其公式：

$$\varphi = \frac{ad - bc}{\sqrt{(a+b)(c+d)(a+c)(b+d)}} \tag{8.6}$$

φ 系数取值范围在 [-1, +1] 之间，当 φ=1 时，称作全相关，为了要达到完全相关，必须做到有一组对角线上的值都为零，即 b、c 同时为零或 a、d 同时为零；φ=0，两变量相互独立，即 ad=bc。

（2）Q 系数（尤拉的 Q 系数）：测量四格表相关系数。其公式：

$$Q = \frac{ad - bc}{ad + bc} \tag{8.7}$$

Q 系数取值范围在 [-1, +1] 之间，对于 Q 系数，只要 a、b、c、d 中有一个是零，则 Q=1。

（3）在一般情况下如何选择 φ 系数和 Q 系数

当自变量的不同取值都会影响因变量时，则因用 φ 系数。

如果我们关心的重点是：自变量取某种值对依变量存在影响，应选择 Q 系数。

2. r×c 表的相关系数测量。上述 φ 系数和 Q 系数，仅适用地 2×2 表，对于 r×c 表，有两类讨论方法。一类是以卡方值，即 X^2 为基础来讨论变量的相关性，这在上一节中已做论述。另一类是以减少误差比例（PRE）为准则来讨论变量间的相关性。其测量的系数主要有以下几种：

（1）Lambda 系数相关测量法（λ），又称为格特曼的可预测度系数（Guttmans coefficient of presictability），其基本逻辑是：以一个定类变量的值来预测另一个定类变量的值时（以众值为预测的准则），可以减少多少误差，消减的误差在全部误差中所占的比例愈大，就表示这两个变量的相关愈强。适用于分析两个定类变量的关系，也有用来分析一个定类变量与一个定序变量的关系。这种测量法有两种形式：对称关系和不对称关系。

如果在对称情况下，即 x 与 y 可相互预测，不分自变量与依变量，则公式为：

$$\lambda = \frac{\sum m_x + \sum m_y - (M_x + M_y)}{2N - (M_x + M_y)} \tag{8.8}$$

如果在不对称情况下，即 x 预测 y，自变量为 x，依变量为 y，则公式为：

$$\lambda_y = \frac{\sum m_y - M_y}{N - M_y} \tag{8.9}$$

在公式 8.8 和公式 8.9 中，M_x 为 x 变量的众值次数；M_y 为 y 变量的众值的次数；m_x 为 y 变量的每个值之下的 x 变量的众值次数；m_y 为 x 变量的每个值之下 y 变量的众值次数；N 为全部个案数目。

λ 系数的性质表现在以下几个方面：
① 系数的取值范围 $0 \leq \lambda \leq 1$；
② 具有 PRE 意义；
③ 对称与不对称的情况下，有不同的公式；
④ 以众数作预测，不理会众数以外的分布；
⑤ 当众数集中在一行或一列时，会使得 λ=0，这使 λ 的灵敏度有问题。

(2) tau-y 系数。统计值的范围和变量的测量层次，都是与 Lambda 系数相同。但这种方法只适合于分析不对称的关系。在分析两变量间的相关时，计算系数值时会包含所有的边缘次数和条件次数，所以 tau-y 的敏感度高于 Lambda。其公式：

$$\text{tau} - y = \frac{E_1 - E_2}{E_1} \tag{8.10}$$

其中：

$$E_1 = \sum \frac{(n - F_y)F_y}{n} \tag{8.11}$$

$$E_2 = \frac{(F_x - f)f}{F_x} \tag{8.12}$$

上述三个公式中，n 为全部个案数；f 为某条件次数；F_x 为 x 变量的某个边缘次数；F_y 为 y 变量的某个边缘次数。

(四) 定序变量间相关测验方法

定序变量比定类变量多了方向等数学特性，其相关测量依据同序对、异序对和同分对实现的。

同序对的含义是指单元 A 变量 X 和 Y 具有等级 (xi, yi)，单元 B 变量 X 和 Y 具有等级 (xj, yj)，如果 xi>xj，则 yi>yj，称 A 和 B 为同序对。

异序对的含义是，设单元 A 变量 X 和 Y 具有等级 (xi, yi)，单元 B 变量是 X 和 Y 具有等级 (xj, yj)，如果 xi>xj，则 yi<(yj)，称 A 和 B 是异序对。

同分对的含义是，如果单元 A 与单元 B 中，变量 X 具有相同的等级，则称 X 同分对；如果单元 A 与单元 B 中，变量 y 具有相同的等级，则称 y 同分对；如果单元 A 与单元 B 中，变量 X 与变量 Y 等级都相同，则称 X、Y 同分对。

1. Gamma 系数。统计值由 -1 至 +1，表示相关的程度与方向，最适用于分析两个定序变量之间的对称关系。其公式是：

$$G = \frac{N_s - N_d}{N_s + N_d} \tag{8.13}$$

其中 N_s 表示同序对数目；N_d 表示异序对数目，可见 Gamma 系数不考虑同分对。

2. d_y 系数，又称萨默斯 (Somers) 系数，其统计值的范围和变量的测量层次，与 Gamma 系数相同。所不同的是这种方法假定两变量之间的关系不对称。其公式：

$$d_y = \frac{N_s - N_d}{N_s + N_d - T_y} \tag{8.14}$$

其中，x 是自变量，y 为依变量；N_s 表示同序对数目；N_d 表示异序对数目；T_y 是只在 y 方向上的同分对的对数。

（五）定距变量间相关测验方法[①]

1. 简单线性回归分析。要求两个变量都是定距变量，而且彼此的关系是不对称的。其作用是以直线回归方程式（$Y' = bX + a$）来运算自变量（X）的数值，从而预测或估计依变量（Y）的数值。方程式中的回归系数（b），显示自变量对依变量的影响的大小和方向，但其数值的大小却随着变量的衡量单位而定，不是由 -1 至 +1 的。

2. 积矩相关系数。适合于分析两个定距变量的对称关系，统计值是由 -1 至 +1，其平方值（r^2）有消减误差比例的意义。除了表示相关的程度与方向以外，r 系数值也可表示简单线性回归方程式在预测时的准确程度。但 r 系数是假定两个变量之间具有直线关系，如果两者的关系显然是非直线性，则要用其他方法，如相关比率（E_2）。

（六）定序与定距变量间相关测验方法——相关比率

相关比率适用定序变量与定距变量的关系。这种方法的统计值是由 0 至 1，其数值（E_2）具有消减误差的意义。

本节仅对定类变量和定序变量的相关检验做一介绍，涉及定距变量的不做介绍。请参看其他相关书籍。

二、两个定类变量间的相关性检验

（一）r×c 表的两个定类变量间相关性检验

案例：现有 100 名年轻人的性别与志愿的频数分布表的二手数据，请验证性别与志愿选择间的相关性。数据见表 8.7。

解决方案：利用 SPSS 中的"Crosstabs"过程中的"Statistics"选项对性别与志愿的相关性检验，显著水平为 0.05。

操作步骤：

1. 按照本章第四节 SPSS 二手资料做卡方分布所介绍的方法，在 SPSS 中输入数据。

2. 单击"Analyze"菜单，选择"Descriptive Statistics"，选中"Crosstabs"模块，进入"Crosstabs"对话框。

3. 把对话框左边的变量列表中的"性别"变量，选进"Columns"矩形框中，作为选择行*列表中的列变量；把对话框左边的变量列表中的"志愿"变量，选进"Rows"矩形框中，作为选择行*列表中的行变量。

4. 单击"Statistics"按钮，进入"Crosstabs: Statistics"对话框。在对话框上部，勾选"Chisquare"复选项；在"Norminal"矩形框里，选择是否输出反映分类资料相关性的指标，勾选"Contingency coefficient"、"Phi and Cramer's V"、"Lambda"和"Uncertainty coefficient"等四个复选框（见图 8.49）。

5. 单击"Continue"按钮，返回"Crosstabs"对话框。

6. 然后单击"OK"按钮结束。

[①] 李沛良. 社会研究的统计应用. 北京：社会科学文献出版社，2002：115.

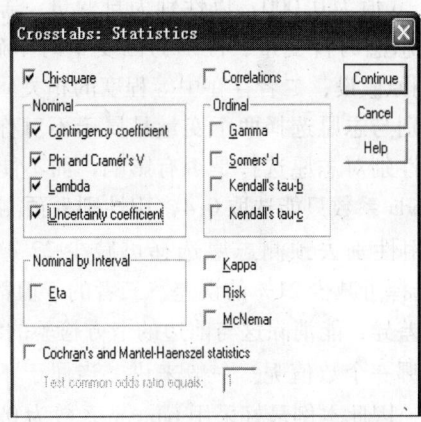

图 8.49 "Crosstabs：Statistics" 选项

7. 结果解释：卡方检验结果表在上一节已作说明，这里不再赘述。

表 8.15 定类变量间相关性检验

			Value	Asymp. std. Error [a]	Approx. T [b]	Approx. Sig.
Nominal by Nominal	Lambda	Symmetric	0.444	0.100	3.592	0.000
		志愿 Dependent	0.400	0.098	3.333	0.001
		性别 Dependent	0.500	0.112	3.333	0.001
	Goodman and Kruskal tau	志愿 Dependent	0.224	0.069		0.000 [c]
		性别 Dependent	0.354	0.091		0.000 [c]
	Uncertainty Coefficient	Symmetric	0.245	0.062	3.856	0.000 [d]
		志愿 Dependent	0.210	0.053	3.856	0.000 [d]
		性别 Dependent	0.294	0.075	3.856	0.000 [d]

a. Not assuming the mull hypothesis.
b. Using the asymptotic standard error assuming the null hypothesis.
c. Based on chi-square approximation
d. Likelihood ratio chi-square probability.

表 8.15 反映的是 Lambda 系数、tau-y 系数（Goodman and Kruskal tau）和不确定系数。由表 8.15 可知：

（1）Lambda 系数表示自变量对因变量的预测效果，具有消除误差比例的意义（PRE）。对称关系时的 $\lambda = 0.444$，p 值为 0.000；以性别为自变量，志愿为因变量时的 $\lambda x = 0.4$，p 值为 0.001；以志愿为自变量，性别为因变量时的 $\lambda y = 0.5$，p 值为 0.001，都落在危险阈，推翻原假设，二者存在中等程度的相关。

（2）tau-y 系数是针对两个变量具有不对称关系给出的相关系数，具有消除误差比例的意义（PRE），由表可以看出，以性别为自变量，志愿为因变量时的 tau-y 系数为 0.224，p 值为 0.000；以志愿为自变量，性别为因变量时的 tau-y 系数为 0.354，p 值为 0.000，也都落在危险阈，推翻原假设，二者存在中等程度的相关。

（3）不确定系数（Uncertainty Coefficient）表示当用变量 X 去预测变量 Y 时，相对于不知道 X 去预测变量 Y 时能够减去百分之几的误差，具有消除误差比例的意义（PRE）。对称关系时不确定系数为 0.245，p 值为 0.000；以性别为自变量，志愿为因变量时不确定系数为 0.210，p 值为 0.000；以志愿为自变量，性别为因变量时不确定系数为 0.294，p 值为 0.000，都落在危险阈，推翻原假设，二者存在中等程度的相关。

但是仅就本例而言，性别与志愿选择两个变量是属于不对称关系：性别为自变量，而志愿为依变量，即只能探讨性别对志愿选择是否有影响，而不能去探讨志愿选择对性别的影响。由此可知，本例 Lambda 系数只能选取 0.4，用性别去预测志愿选择可减少 40% 的误差；tau-y 系数为 0.224，用性别去预测志愿选择可减少 22.4% 的误差；不确定系数为 0.210，用性别去预测志愿选择可减少 21% 的误差。三者的 p 值都达到显著水平，反映了不同性别的志愿选择有一定的差异，能消除这与前边的卡方检验的结果是一样的。

但是三个数值到底选用哪一个数值呢？一般来讲，当属于不对称关系时，使用 tau-y 系数比其他两个要敏感一些，因此本例最好采用 tau-y 系数为 0.224，p 值为 0.000 来解释性别与志愿选择两个变量之间的关系。

表 8.16　　　　　　　　　　定类变量间对称关系相关性检验

		Value	Approx. Sig.
Nominal by Nominal	Phi	.595	.000
	Cramer's V	.595	.000
	Contingency Coefficient	.511	.000
N of Valid Cases		100	

a. Not assuming the null hypothesis.
b. Using the asymptotic standard error assuming the null hypothesis.

表 8.16 反映的是 φ 系数（Phi Coefficient of Association）、克拉默的 v 相关系数（Cramer's V）和列联相关系数（Contingency Coefficient），这三个指标没有消除误差意义（PRE），它们的假设检验都是通过对卡方检验来实现的。

(1) φ 系数只有一个变量为二分变量时（比如本例中性别变量就是二分变量：男性和女性），φ 系数的范围是 0~1，随着列联表的行数和列数增多，φ 系数可能大于 1，没有一个上限。

(2) 列联相关系数 c 系数最小值是 0，随着列联表的行数和列数增多，c 系数接近 1，但如果是 2*2 的四格表时，c 系数上限为 0.707，如果是 3*3 列联表时，c 系数上限为 0.816，可见只有列联表的行数和列数相同时，才能对列联表相关系数进行比较。

(3) 克拉默的 v 相关系数的范围是 0~1，且不受表的大小的影响，由于社会科学的研究的列联表通常很大，又不规则，因此 v 系数最适合社会科学研究。

由 Symmetric Measures 表可知，φ 系数为 0.595，p 值 0.000；列联相关系数 c = 0.511，p 值为 0.000；v 系数为 0.595，p 值为 0.000，三个值都比较接近，p 值都达到显著水平（0.05），说明性别与志愿选择之间存在中等程度相关，与前面的结论一致。相比较而言，在本例中，交叉分析的列联表是属于 2*4，最好采用拉默的 v 相关系数来说明本例中两个变量间的关系。

延伸阅读

φ 系数、ν 系数和 c 系数适用条件

1. 首先满足卡方检验条件：适用于定类变量和定序变量；单元格期望值频数不应小于 1；80% 以上的单元格期望值频数≥5。

2. φ 系数最好用于 2*2 的列联表，如果其中一个变量的类别超过 2，就改用 c 系数。

3. c 系数适用于方形列联表，比如 3*3、4*4、5*5 等。

4. 如果列联表是不规则的，就使用 ν 系数。

5. 如果你实在搞不清楚，就直接用 ν 系数吧。

（二）2×2 四格表的两个定类变量间相关性检验

案例：现有某班社会心理学等级成绩（以 70 分为分割点把成绩分为 70 分以下和 70 分及其以上两个分数段），请对性别与等级成绩进行相关性检验。

解决方案：利用 SPSS 中的对男女间的等级成绩进行相关性检验，显著水平为 0.05。

操作步骤：

调用"Crosstabs"过程与上一节 SPSS 原始数据做卡方检验步骤一样。

1. 单击"Analyze"菜单，选择"Descriptive Statistics"，选中"Crosstabs"模块，进入"Crosstabs"对话框。

2. 把对话框左边的变量列表中的"性别"变量，选进"Column（s）"矩形框中，作为选择行*列表中的列变量；把对话框左边的变量列表中的"社会心理学等级成绩"变量，选进"Row（s）"矩形框中，作为选择行*列表中的行变量。

3. 单击"Statistics"按钮，进入"Crosstabs：Statistics"对话框。在对话框上部，勾选"Chisquare"复选项；在"Norminal"矩形框里，选择是否输出反映分类资料相关性的指标，勾选"Contingency coefficient"、"Phi and Cramer's V"、"Lambda"和"Uncertainty coefficient"等四个复选框。设置与上例一样（见图 8.49）。

4. 单击"Continue"按钮，返回"Crosstabs"对话框。

5. 单击"OK"按钮结束，得到交叉分析卡方检验结果表等系列检验表。

6. 结果解释：

表 8.17　　　　　　　　　　　2×2 表卡方检验结果

	Value	df	Asymp. Sig. (2-sided)	Exact. Sig. (2-sided)	Exact. Sig. (1-sided)
Pearson Chi-Square	5.689[b]	1	.017		
Continuity Correction[a]	4.356	1	.037		
Likelihood Ratio	5.842	1	.016		
Fisher's Exact Test					
Linear-by-L	5.570	1	.018		
N of Valid Cases	48				

a. Computed only for a 2×2 table.

b. 0 cells (.0%) have expected count less than 5. The minimum expected count is 00.

表 8.17 反映的是四格表的卡方检验结果，与上例比较，本例多了两个相关性指标，连续性校正卡方值（Continuity Correction）和费舍尔确切概率检验（Fisher's Exact Test），前者仅适合于 2×2 列联表，卡方值为 4.356，p 值为 0.037，达到显著水平（0.05），印证了前边的结论。后者的双尾确切概率值为 0.036，单尾确切概率值为 0.018，均达到显著水平。

本例中总体样本数 48，大于 40，且没有单元格期望频数小于 5，因此可采用皮尔逊卡方值来说明性别和成绩之间的关系。

延伸阅读

皮尔逊卡方、连续性校正卡方值和费舍尔确切概率检验适用条件：

1. 总体样本数 N<20，采用费舍尔确切概率检验。
2. 20≤N<40，且存在单元格期望频数小于 5 时，选择费舍尔确切概率检验。
3. 20≤N<40，如果没有单元格期望频数小于 5 时，采用皮尔逊卡方。
4. N≥40，如果没有单元格期望频数小于 5 时，采用皮尔逊卡方；如果 p 值接近显著水平，可采用费舍尔确切概率检验。
5. N≥40，如果存在单元格期望频数小于 5 时，采用连续性校正卡方值。

表 8.18　　　　　　　　　　　　四格表相关性检验

			Value	Asymp. Std. Error[a]	Approx. T[b]	Approx. Sig.
Nominal by Nominal	Lambda	Symmetric 社会心理学等级成绩 Dependent 性别 Dependent	0.238 0.333 0.111	0.190 0.186 0.257	1.163 1.494 0.409	0.245 0.135 0.683
	Goodman and Kruskal tau	社会心理学等级成绩 Dependent 性别 Dependent	0.119 0.119	0.092 0.092		0.018[c] 0.018[c]
	Uncertainty Coefficier	Symmetric 社会心理学等级成绩 Dependent 性别 Dependent	0.090 0.088 0.092	0.071 0.070 0.073	1.254 1.254 1.254	0.016[d] 0.016[d] 0.016[d]

a. Not assuming the null hypothesis.
b. Using the asymptotic standard error assuming the null hypothesis.
c. Based on chi-square approximation.
d. Likelihood ratio chi-square probability.

表 8.18 反映的是性别与成绩两个二分变量间的相关关系。性别与成绩两个变量是不对称的关系，并且只能是"性别"作为自变量对"成绩"这个依变量的影响，不能反过来。加之不对称关系时 Tau-y 系数比 Lambda 系数要敏感一些，所以我们在这里采用 Tau-y 系数为 0.119，p 值为 0.018，达到显著水平，用性别去预测成绩可减少 11.9% 的误差。与前边的结论一致。

表 8.19　　　　　　　　　　　　　与卡方有关的相关检验

		Value	Approx. Sig.
Nominal by	Phi	0.344	0.017
Nominal	Cramer's V	0.344	0.017
	Contingency Coefficient	0.326	0.017
N of Valid Cases		48	

a. Not assuming the null hypothesis.
b. Using the asymptotic standard error assuming the null hypothesis.

根据 φ 系数、ν 系数和 c 系数适用条件，本例交叉分析频数分布表属于 2*2 的四格表，此处应采用 φ 系，其值为 0.344，p 值为 0.017，达到显著水平，所以社会心理学成绩存在显著的性别差异，女生比男生的成绩要好（见表 8.19）。

三、定序变量间的相关性检验

前两节所举案例中的定序变量均以定类变量数据来计算，但是忽略了定序变量数据可以比较大小等特性，降低了分析的精确性，并且有时候需要把定距变量或定比变量分组转换成定序数据来探讨两个变量间的相关关系，所以我们在本节专门介绍一下两个定序变量间的 χ^2 独立性检验及其相关性检验。

案例：现有西部地区公务员文化程度和换工作次数数据，请验证文化程度与换工作次数两个定序变量间的相关性。

解决方案：利用 SPSS 对文化程度与其换工作次数两个变量进行相关性检验，显著水平为 0.05。

操作步骤：

调用"Crosstabs"的过程与前同。

1. 单击"Analyze"菜单，选择"Descriptive Statistics"，选中"Crosstabs"模块，进入"Crosstabs"对话框。

2. 把对话框左边的变量列表中的"文化程度"变量，选进"Column（s）"矩形框中，作为选择行*列表中的列变量；把对话框左边的变量列表中的"换工作次数"变量，选进"Row（s）"矩形框中，作为选择行*列表中的行变量。

3. 单击"Statistics"按钮，进入"Crosstabs：Statistics"对话框。在对话框上部，勾选"Chi－square"复选项；在"Ordinal"矩形框里，选择是否输出反映定序资料相关性的指标，勾选"Gamma"、"Somers'd"、"Kendall's tau－b"和"Kendall's tau－c"等四个复选框（见图 8.50）。

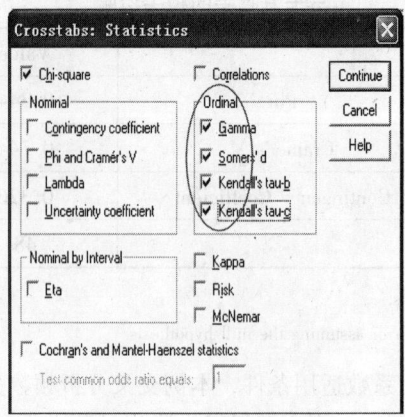

图 8.50 "Statistics"对话框

4. 单击"Continue"按钮,返回"Crosstabs"对话框。
5. 单击"OK"按钮,得到了交叉分析卡方检验结果表等系列检验表(见表 8.20)。
6. 结果解释:这里不对卡方检验结果做重复说明。

表 8.20　　　　　　　　　定序变量间 Somers´d 系数检验

		Value	Asymp. Std. Error[a]	Approx.[b]	Approx. Sig	Monte Carlo Sig		
						Sig.	99% Confidence Interval	
							Lower Bound	Upper Bound
Ordinal by Oro Somers'	Symmetric	-0.027	0.029	-0.0936	0.349	0.342[c]	0.330	0.354
	换工作次数 Depend	-0.029	0.031	-0.936	0.349	0.342[c]	0.330	0.354
	文化程度 Depend	-0.026	0.027	-0.936	0.349	0.342[c]	0.330	0.354

a. Not assuming the null hypothesis.
b. Using the asymptotic standard error assuming the null hypothesis.
c. Based on 10000 sampled tables with starting seed 2000000.

表 8.20 反映的是 Somers´d 系数,有三种:第一种是对称关系时的 Somers´d 系数为 -0.27,p 值为 0.342;第二种是不对称关系,文化程度是自变量,预测换工作次数的 Somers´d 系数为 -0.29,p 值为 0.342;第三种是不对称关系,换工作次数是自变量,预测文化程度的 Somers´d 系数为 -0.26,p 值为 0.342。三个数据 p 值都没有达到显著水平,表明二者没有显著相关。

表 8.21 包含了 Gamma 系数、Kendall's tau-b 系数和 Kendall's tau-c 系数。Gamma 系数为 -0.42,p 值为 0.346;Kendall's tau-b 系数为 -0.27,p 值为 0.342;Kendall's tau-c 系数为 -0.24,p 值为 0.342。均未达到显著水平,也表明二者没有显著相关。

表 8.21　　　　　　　　定序变量间 Gamma、Kendall 系数检验

		Value	Asymp. Std. Error[a]	Approx.[b]	Approx. Sig	Sig.	Monte Carlo Sig		
								99% Confidence Interva	
								Lower Bound	Upper Bound
Ordinal by Ordinal	Kendall's tau-b	-0.027	0.029	-0.0936	0.349	0.342[c]	0.330	0.354
	Kendall's tau-b	-0.024	0.025	-0.936	0.349	0.342[c]	0.330	0.354
	Gamma	-0.042	0.044	-0.936	0.349	0.342[c]	0.330	0.354
N of Valid Cases		947						

a. Not assuming the null hypothesis.
b. Using the asymptotic standard error assuming the null hypothesis.
c. Based on 10000 sampled tables with starting seed 2000000.

在本例中，文化程度和换工作次数是对称关系，根据相关标准，最好采信 Gamma 系数和 tau-c 系数。值得注意的是卡方检验与后边的相关关系分析的结论不一致，说明用确切概率法代替 Pearson Chi-Square 检验还是存在一定的问题。

延伸阅读

Gamma 系数、Kendall's tau-b 系数、Kendall's tau-c 系数和 Somers′d 系数适用条件：
1. 两个变量的测量层次应是定序变量。
2. Gamma 系数适用于对称关系。
3. Somers′d 系数适用于不对称关系。
4. tau-b 系数适用于对称关系，且 r=c，即方形列联表。
5. tau-c 系数适用于对称关系，不管是否有同分对和列联表是否规则都可以，因此使用最广。

第九章 均值差异检验

在社会科学领域，进行实质性的数据差异比较统计分析是一种非常普遍的、重要的数据处理策略，其内容可能是经济的、心理、政治和社会，群体可能是种族、民族、性别等群体。在统计数据的处理上，均值差异比较是建立在假设检验的基础上的。

第一节 假设检验概述

一、假设检验概念

由于对总体的不了解，任何有关总体的叙述，都只是假设而已（统计假设）。除非进行全面普查，否则一个统计假设是对或错根本就不可能获得正确的答案。但因为绝大多数情况是不允许也无法进行普查，所以才会通过抽样调查，用抽查结果所获得的数据，来检验先前的统计假设，以判断其对或错。

假设检验是用来判断样本与样本，样本与总体的差异是由抽样误差引起还是本质差别造成的统计推断方法。其基本原理是先对总体的特征做出某种假设，然后通过抽样研究的统计推理，对此假设应该拒绝还是接受做出推断。

二、假设检验的基本思路：建立在小概率原理的证伪法

可是我们怎么才能通过样本来推论总体的情况呢？

英国哲学家K.波普尔认为科学理论不断通过有限的、个别的经验事实而被证实，但个别的经验事实都能证伪普遍命题，即如果根据演绎推理得出的结论是假的，其前提必假。比如我们想知道某地区的人均收入水平，我们没有精力和条件去普查出人均收入是多少，只能通过抽样调查来进行。假设我们随机抽取的该地区1000人，得到人均收入为1100元，我们能不能仅凭1000人样本得到的人均收入1100元数据就归纳推论证实为该地区的人均收入是1100元，这样的推论显然是有问题的。但是我们可以通过1000人样本的人均收入1100元的数据去否定该地区的人均收入是1200元（或者其他的一个不等于1100元的数字）。

因此我们进行假设检验时需要通过证伪的方式，即反证法。举一个例子来说明：某官员声称，某地区生活水平明显提高，平均人均月收入已达1200元，某研究者对此怀疑，以抽样调查的方法去验证官员的结论。他从该区随机抽1000人，调查得平均人均月收入1100元，标准差800元，根据这个结果，能否证实或否定该官员的结论？怎么做呢？

1. 确定研究假设和虚拟假设。根据研究目的，得出研究假设是：该地区的人均收入不是1200，官员提供的数据是有问题的。实际上我们抽样调查结果是1100元，但不能直接证实这个假设是成立的。但是我们可以通过样本数据1100元直接否定人均收入为1200元。

所以我们要把研究假设转换为它的对立假设：假定该地区的人均收入就是1200元，官员发布的统计数据没有问题，这样我们试图对研究假设的证实转换为对其对立假设的证伪。因此在社会科学研究统计中，把需要用样本判断正确与否的命题称为一个假设。

在进行各种统计假设检验时，检验者通常将要否定（放弃）的事实当做虚拟假设（null hypothesis，以H_0代表）。既然希望它不对，而将其否定，那就表示会有一个希望它是对的对立假设（以H_1为代表），一般是根据研究目的提出的假设。当检验结果，得否定该虚拟假设时，就等于接受对立假设。注意，虚拟假设与对立假设间必须是互斥，其间绝无重叠的模糊地带，也无任何无法涵盖的真空地带。如：

H_0：$\mu_1 = \mu_2$
H_1：$\mu_1 \neq \mu_2$

若安排成：

H_0：$\mu_1 = \mu_2$
H_1：$\mu_1 \leq \mu_2$

就有等相等时会发生重叠，而无法互斥。但若安排成：

H_0：$\mu_1 < \mu_2$
H_1：$\mu_1 > \mu_2$

则当两者恰好相等时，就变成真空地带，没有被任一个假设涵盖。

2. 判定差异来源。确定样本均数（率）与已知总体均数（率）有差异来源，比如，1000人的抽样样本得到的1100元人均收入和这一地区（总体）的人均收入1200元，相差100元，这种差异是什么造成的呢？是官员提供的数据有误，该地区的人均收入就只有1100元，还是抽样时，抽取的是该地区收入偏低的1000人呢？总的来说这种差异有两种原因：一是这两个或几个样本均数（或率）来自同一总体，其差别仅仅由于抽样误差即偶然性所造成；二是这两个或几个样本均数（或率）来自不同的总体，即其差别不仅由抽样误差造成，而主要是由总体本身具有的差异造成的。假设检验的目的就在于，区分差别在统计上是否成立。

需要注意的是，统计上的这种排除抽样误差的影响是相对的，不是绝对的，因为抽样误差是不可能完全排除的，只能是在多大概率上排除，基于此，假设检验是基于小概率原理基础之上的。小概率事件的基本思想有两点：

（1）小概率事件：在日常生活中，人们习惯于把概率很小的事件，当做在一次观察中是不可能出现的事件。

（2）如果在一次观察中出现了小概率事件，那么，合理的想法是否定原有事件具有小概率的说法（或称假设）。

可是怎么判定小概率事件呢？统计上约定俗成为0.05和0.01，这就是显著性水平（significant level），记为α，如果达到0.05水平，就称为达到显著水平，如果达到0.01，称为达到非常显著水平，因此假设检验也称为显著性检验（significance test）

如果检验后发现抽样结果与统计假设间的差异很大，就无法接受该统计假设（即否定或放弃该假设）。反之，若检验后发现抽样结果与统计假设间的差异不大，就无法放弃（否定该统计假设）。不过通常检验者会比较保守地说，无充分证据证明该假设是错的，而不直接说接受该统计假设。

三、假设检验中的两种错误

由于假设检验是建立在小概率基础之上的，误差不可避免，因此接受或拒绝虚无假设都会犯错误，只是不知道错误在哪里而已。主要存在两种错误：

1. 甲种误差（弃真的错误，又称第一类错误）。所谓甲种误差，是指 H_0 为真，但小概率事件发生了，拒绝了 H_0，即把真的当成了假的，它是在拒绝原假设时出现的错误。

犯甲种误差的概率就是显著性水平 α。

2. 乙种误差（纳伪的错误，又称第二类错误）。所谓乙种误差是指 H_0 为假，但小概率事件没有发生，接受 H_0 即把假的当成真的，它是在接受原假设时出现的错误。

犯乙种误差的概率为 β，β 的数值随着真实 μ 的假设中 μ_0 的偏离程度而变化，$\Delta\mu = \mu - \mu_0$ 越小，β 的数值就越大。

表9.1　　　　　　　　　　　假设检验两种错误

判断＼假设	H_0 为真	H_0 为假
接受 H_0	正确	乙种误差（存伪）
拒绝 H_0	甲种误差（弃真）	正确

接受原假设并不意味着证明原假设：因为当拒绝 H_0 接受 H_1 时，所犯甲种误差的概率 α 是很小的，而当接受 H_0 时，所犯纳伪即乙种误差则有很大可能。

因此，H_0 和 H_1 在假设检验中所承担的作用是不对称的，H_0 受到保护的假设，没有充分依据是否定不了的。

四、假设检验的基本步骤

一般来说，假设检验需要经过以下操作步骤：

1. 构造假设。根据研究目的确定研究假设 H_1，在此基础上确定虚无假设 H_0。

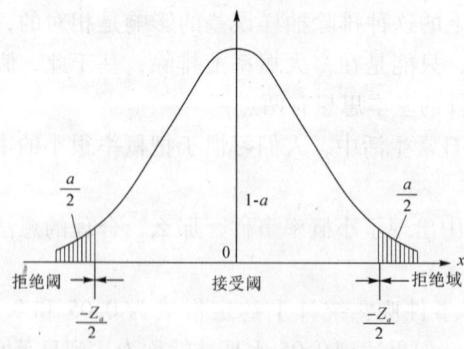

图9.1　确定双尾拒绝阈

2. 确定检验的统计量及其分布。根据样本构成选择合适的、能反映 H_0 的统计量（z、t、F…），并在 H_0 成立的条件下，确定统计量的分布。

3. 确定显著性水平。根据问题的需要，给出小概率的大小标准，即显著水平 α。

4. 根据2、3两点求出拒绝阈和临界值。临界值（critical value）是由分布类型、检验的类型（单尾还是双尾）和显著水平 α 确定的，α 在分布图数轴上所对应的值，可以通过查表可以查到。在没有统计软件的条件下，通过临界值在数轴上划分出对零假设的接受阈和拒绝阈是通过拒绝阈。

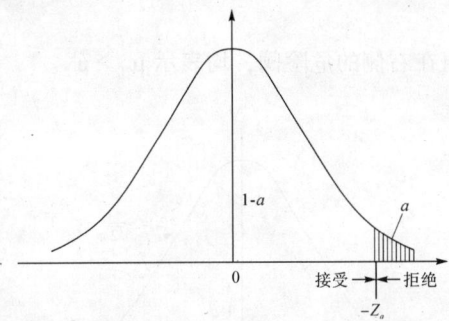

图 9.2　确定单尾拒绝阈

5. 计算出相应的统计量值和相应的 p 值。
6. 确定决策规则。判定是否拒绝零假设，有两种标准：一是统计量值与临界值比较，如果统计量值大于临界值，说明所计算出的统计量值落在的拒绝阈，出现了小概率事件，应拒绝零假设，反之落在了接受阈，就应接受零假设；二是 p 值与 α 值比较，若 p 值小于 α 值，说明所计算出的统计量值落在的拒绝阈，出现了小概率事件，应拒绝零假设，反之落在了接受阈，就应接受零假设。
7. 判断决策。根据决策规则和研究假设，得出实际的结论。

五、假设检验的类型与单/双尾检验

1. 等于与不等于的双尾检验。
H_0：$\mu_1 = \mu_2$
H_1：$\mu_1 \neq \mu_2$

无论检验统计量的观察值落在左侧或右侧的危险阈（或称放弃阈、拒绝阈），均表示 $\mu_1 \neq \mu_2$。更详细一点，若落在左侧的危险阈，表示 $\mu_1 < \mu_2$。若落在右侧的危险阈，表示 $\mu_1 > \mu_2$。

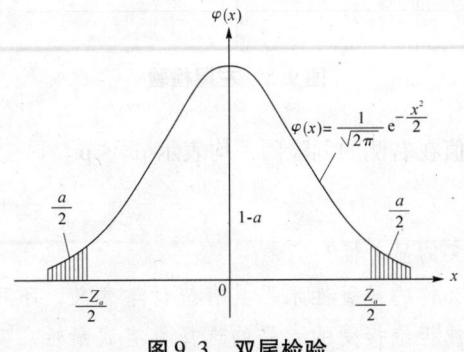

图 9.3　双尾检验

2. 等于与大于的右侧单尾检验。
H_0：$\mu_1 \leqslant \mu_2$

$H_1: \mu_1 > \mu_2$

或

$H_0: \mu_1 = \mu_2$

$H_1: \mu_1 > \mu_2$

当检验统计量的观察值在右侧的危险阈,均表示 $\mu_1 > \mu_2$。

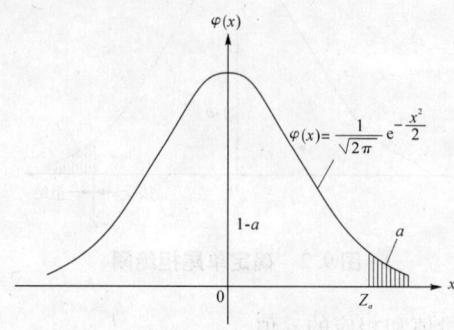

图9.4 右尾检验

3. 等于与小于的左侧单尾检验。

$H_0: \mu_1 \geqslant \mu_2$

$H_1: \mu_1 < \mu_2$

或

$H_0: \mu_1 = \mu_2$

$H_1: \mu_1 < \mu_2$

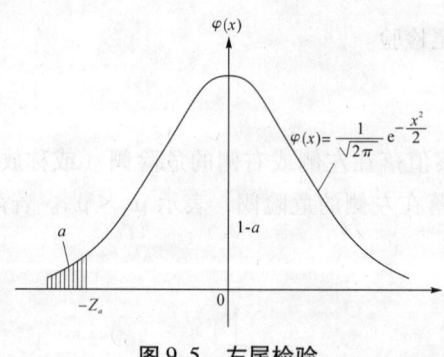

图9.5 左尾检验

当检验统计量的观察值在右侧的危险阈,均表示 $\mu_1 < \mu_2$

延伸阅读

如何判定结果具有真实的显著性?

在最后结论中判断什么样的显著性水平具有统计学意义,不可避免地带有武断性。换句话说,认为结果无效而被拒绝接受的水平的选择具有武断性。实践中,最后的决定通常依赖于数据集比较和分析过程中结果是先验性还是仅仅为均数之间的两两比较,依赖于总体数据集里结论一致的支持性证据的数量,依赖于以往该研究领域的惯例。通常,许多的科学领域中产生 p 值的结果≤0.05 被认为是统计学意义的边界线,但是这显著性水平还包含了相当高的犯错可能性。结果 $0.05 \geqslant p > 0.01$ 被认为是具有统计学意义,而 $0.01 \geqslant p \geqslant 0.001$ 被认为具有高度统计学意义。但要注意这种分类仅仅是研究基础上非正规的判断常规。

第二节 假设统计前提条件考察

假设检验大致可分为参数检验和非参数检验。

1. 参数检验要求总体具备某些条件,如 t 检验要求总体的数值成正态分布,参数检验一般要求变量的数值具有定距测量层次的性质。若总体满足参数检验的要求,参数检验能相当准确地判断原假设的正误。

2. 非参数检验不要求总体数值具备特殊的条件,如卡方检验法,不要求变量是定距测量层次。不理会总体情况,非参数检验在推论总体时较困难,准确性受影响。只有加大样本的容量,检验力才加强。

一、数据正态分布检验

正态分布是许多检验的基础,比如 F 检验、t 检验、卡方检验等在总体不是正态分布是没有任何意义。因此,对一个样本是否来自正态总体的检验是至关重要的。若不符合上述条件便应进行数据转换,否则便会导致错误。很多统计方法的前提是变量服从正态分布,大家应该建立这种意识,变量是否服从正态分布应该通过检验确定。在 SPSS 中有很多方法可以进行正态分布的检验,在使用中可以根据自己对 SPSS 熟悉程度选择一种方法对正态分布进行检验。当然在实践过程中,有时候对于大样本数据,我们可以近似地认为其为正态分布,而不用去进行正态性检验。

(一) 用偏度指标对数据资料进行正态性分布

偏度和峰度是描述统计中的分布指标,偏度是指偏离正态分布的程度,峰度是数据分布的波峰尖锐或平坦程度,都是针对正态分布而言的,因此可以用偏度和峰度对正态分布进行检验。

第六章介绍了在 Excel 和 SPSS 中如何求得偏度,方法很多我们在这里就不再对偏度和峰度的计算方法一一做描述了。

以本章的社会心理学成绩为例,社会心理学百分制成绩的偏度及其标准误为 0.270、0.343。有两种判定方法:一是偏度在 ±0.5 之间(也有文献设定在 ±1),可认定数据的分布是正态分布;二是用偏度的绝对值除以标准误,所得值小于 2.5(本例中该值为 0.787),可认定数据的分布是正态分布。因此在本例中可以基本认定社会心理学成绩成正态分布。

(二) 图形直观判定数据资料的正态性分布

在 SPSS 中,我们通过直方图、箱形图(Boxplot)、Q - Q 进行数据分布的近似判定。

案例:现有 2004 劳动与社会保障专业社会心理学成绩,请判定该班社会心理学成绩分布是否呈正态分布。

解决方案:利用 SPSS 的"Explore"过程的"Plots"模块的制图功能来判定成绩是否符合正态分布。

操作步骤：

1. 单击"Analyze"菜单，选择选择"Descriptive Statistics"，然后选中"Explore"命令模块，弹出"Explore"对话框（见图 9.6）。

2. 在"Explore"对话框左边的变量列表，选择"社会心理学百分制成绩"变量，单击对话框中间的"箭头"按钮，把变量选进右边的"Dependent List"矩形框中，在左下角的"Display"矩形框定义显示方式，在这里有三个选项一个是只显示统计指标，二是显示统计图，三是两者都显示待计算的变量，这里点选"Plots"单选项（见图 9.7）。

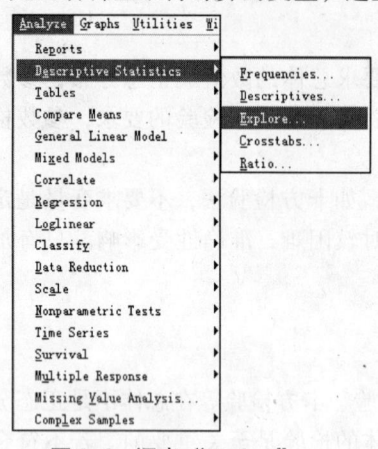
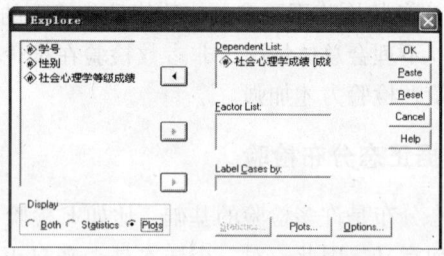

图 9.6　调出"Explore"　　　　　　　图 9.7　"Explore"对话框

3. 单击对话框下边的"Plots"按钮，调出"Explore：Plots"对话框，在对话框的左边的"Boxplots"矩形框内，系统默认的选项是"Factor levels together"，表示在分组计算时，以分组绘制图形，以便比较不同组变量值的分布。在这里选择第二个选项"Dependents together"，表示输出所有参与分析的变量数据分布图形，即同一组内变量值数据的分布图（见图 9.8）。

4. 在对话框右边的"Descriptive"矩形框中，选择茎叶图（Stem – and – leaf）和直方图（Histogram）（见图 9.8）。

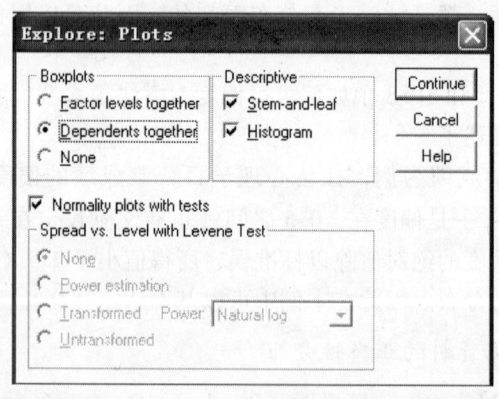

图 9.8　"Explore：Plots"对话框

5. 在对话框中间，勾选"Normality plots with tests"复选项，结果会输出两种正态概率图 Normal Q – Q 图、Detrended Normal Q – Q 图和"Tests of Normality"正态检验表（见图 9.8）。

6. 单击"Continue"按钮，返回"Explore"对话框。

7. 单击"OK"按钮,得到数据分布图。
8. 结果解释

图9.9反映的是直方图,本例中的直方图中没有正态曲线,不方便观测,因此上图是利用"Frequency"过程得来的,在第七章中描述"Frequency"过程时已有涉及(图9.10),这个图还能通过单击"Graphs"菜单,选择"Legacy dialogs",然后点击"Histogram"求得(见图9.10)。

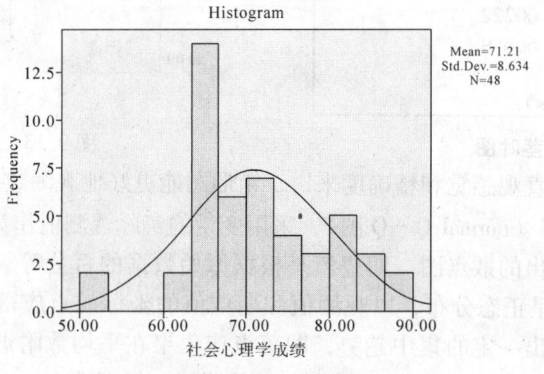

图9.9　直方图

由图9.9可以看出2004劳动与社会保障专业社会心理学的平均成绩为71.2,众数接近平均数,从形态上看成绩分布近似正态分布。

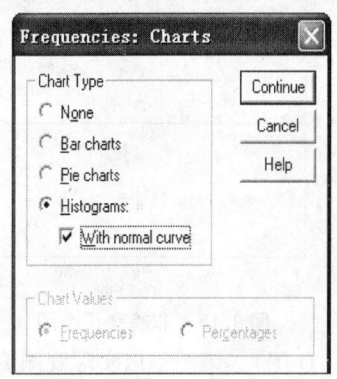 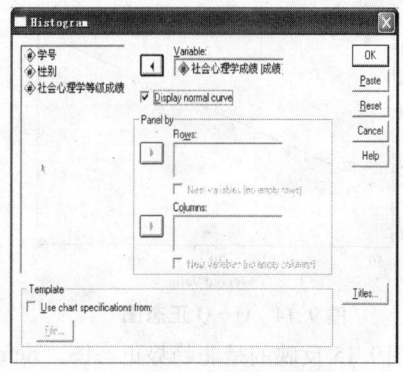

图9.10　"Frequencies:Charts"对话框　　　　图9.11　"Histogram"对话框

图9.12反映的是茎叶图,通过数据构成的"茎"与"叶"绘制出数据的分布图,可以看出,茎的宽度是10,没有极端值,也是比较符合正态分布的。

图9.13是成绩分布箱形图(box plot),箱形图是由一组数据的最大值、最小值、中位数和两个四分位数5个特征值绘制的一个箱子和两条线段的图形。这种直观的箱形图不仅能反映出一组数据的分布特征,而且还可以进行多组数据的分析比较。由图可知,成绩的中位数有点偏下,离散程度有点高不过没有奇异值,有点正偏分布。

```
社会心理学成绩 Stem - and - Leaf Plot
  Frequency         Stem & Leaf
    2.00       5 .  23
     .00       5 .
    5.00       6 .  01444
   17.00       6 .  55556666666778889
    8.00       7 .  00000124
    6.00       7 .  566899
    5.00       8 .  00222
    5.00       8 .  66689
 Stem width:    10.00
 Each leaf:      1 case（s）
```

图9.12　茎叶图

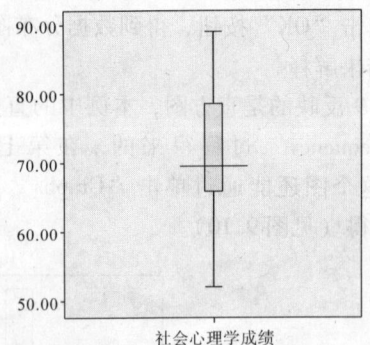

图9.13　箱形图

从前三个图形的直观感觉和精确度来讲，箱形图能更好地观测数据是否符合正态分布。

图9.14为正态图（normal Q - Q 图），采用变量的实际观测值作为横坐标，以变量的期望值为纵坐标，绘制出的散点图。期望值是根据原始数据的百分等级在标准正态分布下的Z分。如果数据分布呈正态分布，以观测值和期望值的坐标的点应落在从左下角到右上角的对角线上，并表现出一定的集中趋势，即落点应集聚在平均数附近，而两端的落点应较少。从图9.14中可以看出，落点主要落在对角线附近，但两端有一些落点，可以看出近似正态分布。

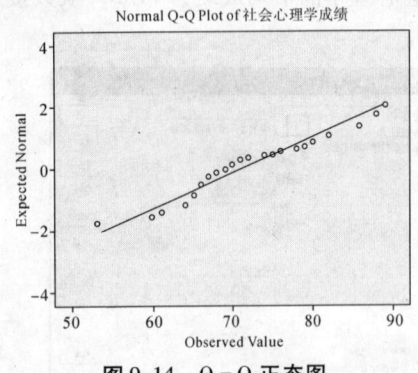

图9.14　Q - Q 正态图

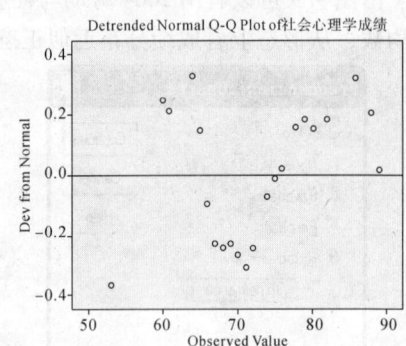

图9.15　非趋势正态图

图9.15反映的是非趋势正态图（detrended normal Q - Q 图），该图是以实际观测值为横坐标，以实际观测值和期望值之差为纵坐标。当数据分布符合正态分布时，坐标落点应分布在纵坐标等于0的水平线附近，甚至与这条线重合，并且没有任何规律，否则就不是正态分布。由图可知，图中的坐标落点距离水平线没有超过0.4的，也不规则，也可印证成绩分布呈近似正态分布。

另外勾选的"Normality Plots with Tests"选项还输出了"Tests of Normality"正态检验表，见表9.2。检验表列出了两种正态检验结果，二者的零假设是数据分布服从正态分布。

表9.2　正态检验

	Kolmogorov - Smirnov[a]			Shapiro - Wilk		
	Statistic	df	Sig.	Statistic	df	Sig.
社会心理学成绩	0.160	48	0.004	0.948	48	0.033

a. Lilliefors Significance Correction

"Kolmogorov - Smirnov"检验表列出了统计量值、自由度和 p（Sig）值，本例中的 p 值为 0.004 < 0.05，拒绝零假设，即成绩分布不是状正态分布。

"Shapiro - Wilk"检验表同样列出了统计量值、自由度和 p（Sig）值，本例中的 p 值为 0.033 < 0.05，拒绝零假设，即成绩分布不是正态分布。如果显著水平为 0.01，p 值为 0.033 > 0.01，接受零假设，也就是说成绩分布呈正态分布。

这两个检验数据用哪一个呢？

如果样本在 50 以上，就用"Kolmogorov - Smirnov"检验，小于 50 就用"Shapiro - Wilk"检验，本例有效样本为 48，当然用"Shapiro - Wilk"检验，其 p 值介于 0.05 与 0.01 之间，也只能说明 2004 劳动与社会保障专业社会心理学成绩分布大致符合正态分布。

当然在实际运用中，只要样本很大，都可以看出是近似正态分布，而一般来讲假设检验不需要完全符合正态分布。

延伸阅读

所有的检验统计都是正态分布的吗？

并不完全如此，但大多数检验都直接或间接与之有关，可以从正态分布中推导出来，如 t 检验、F 检验或卡方检验。这些检验一般都要求：所分析变量在总体中呈正态分布，即满足所谓的正态假设。许多观察变量的确是呈正态分布的，这也是正态分布是现实世界的基本特征的原因。当人们用在正态分布基础上建立的检验分析非正态分布变量的数据时问题就产生了。这种条件下有两种方法：

1. 用替代的非参数检验（即无分布性检验），但这种方法不方便，因为从它所提供的结论形式看，这种方法统计效率低下、不灵活。

2. 当确定样本量足够大的情况下，通常还是可以使用基于正态分布前提下的检验。后一种方法是基于一个相当重要的原则产生的，该原则对正态方程基础上的总体检验有极其重要的作用。即，随着样本量的增加，样本分布形状趋于正态，即使所研究的变量分布并不呈正态。

二、数据方差齐性检验

案例：现有 2004 劳动与社会保障专业社会心理学成绩，请判定该班男女生社会心理学成绩方差是否齐性。

解决方案：利用 SPSS 的"Explore"过程的"Plots"模块的制图功能来判定男女生成绩是否齐性。

操作步骤：

1. 设置数据方差齐性检验的零假设：方差具有齐性（如 $\sigma_男 = \sigma_女$）。

2. 单击"Analyze"菜单，选择选择"Descriptive Statistics"，然后选中"Explore"命令模块，弹出"Explore"对话框（见图 9.16）。

3. 在"Explore"对话框左边的变量列表，选择"社会心理学百分制成绩"变量，单击对话框中间的"箭头"按钮，把该变量选进右边的"Dependent List"矩形框中；同样的办法把"性别"变量，选进右边的"Factor List"矩形框中；在左下角的"Display"矩形框点选"Both"单选项（见图 9.17）。

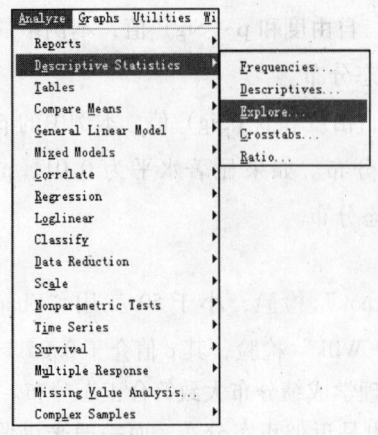

图 9.16 调出"Explore"

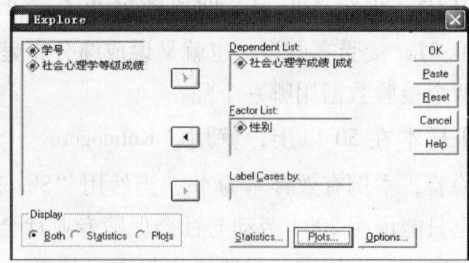

图 9.17 "Explore"对话框

4. 单击对话框下边的"Plots..."按钮，调出"Explore：Plots"对话框，在对话框的左边的"Boxplots"矩形框内，选择系统默认的选项"Factor levels together"，表示在分组计算时，以分组绘制图形，以便比较不同组变量值的分布。

5. 在对话框下边"Spread vs. Level with Levene tests"矩形框中，有四个选项："None"选项表示不进行方差齐性检验；"Power estimation"选项表示为使每组中的数据方差齐性，要对数据做幂变换，输出的是对转换的幂值进行估计；"Transformed"选项对原始数据进行变换，提供了6种变换方式，即自然对数（natural log）、平方根的倒数（1/sfquare root）、取倒数（reciprocal）、取平方根（square root）、取平方（square）和取立方（cube），若SPSS 提供的 6 种变换均不能满足要求，应考虑采用非参数统计的方法。在处理不符合正态分布数据的方法与此相同。本例选择"Power estimation"选项（见图 9.18）。

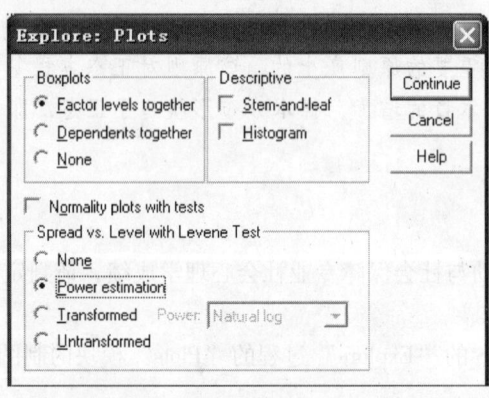

图 9.18 "Explore：Plots"对话框

6. 单击"Continue"按钮，返回"Explore"对话框，然后单击"OK"按钮，得到男女成绩方差齐性检验结果。

7. 结果解释。表 9.3 就是方差齐性检验的结果，有四个指标，分别是基于平均数、中位数、中位数与调整后自由度、截尾平均数计算出来的统计值，四种方差齐性检验指标的 p 值皆为 0.006，拒绝零假设，说明男女生的成绩方差是不齐性的。

表9.3 方差齐性检验

		Levene Statistic	df1	df2	Sig.
社会心理学成绩	Based on Mean	8.246	1	46	0.006
	Based on Median	8.379	1	46	0.006
	Based on Median and with adjusted df	8.379	1	45.789	0.006
	Based on trimmed mean	8.196	1	46	0.006

第三节 单一总体平均值检验

单一总体均值检验是指样本均值与总体均值（给定的常数）的差异检验，其适用条件：样本是随机抽样；参与检验的变量是定量变量；总体服从正态分布。

一、Excel 大样本 Z 检验

单一总体，若总体标准差 σ 已知，其各项检验所使用的检验统计量为：

$$Z = \frac{\overline{X} - \mu}{\sigma/\sqrt{n}} \tag{9.1}$$

如果处理对象为大样本（n > 30），且总体标准差 σ 未知，则可使用样本标准差 S 来替代：

$$Z = \frac{\overline{X} - \mu}{S/\sqrt{n}} \tag{9.2}$$

在未使用电脑的情况下，可以查"标准正态分布表"，如果 Z 值大于查表所得的临界值（critical value），则放弃虚拟假设。

（一）利用 Excel 传统计算 Z 统计量

案例：为了估计某学院学生大学英语学习比上学期是否有进步，上学期大学英语平均成绩为65分。在全院随机抽取49位学生大学英语成绩，请问在 a = 0.05 的显著水平，是否可接受全院学生大学英语成绩为65分的假设。

解决方案：利用 Excel 传统计算 Z 统计量。

操作步骤：

1. 设定虚拟假设 H_0 和对立假设 H_1。

H_0：μ = 65

H_1：μ ≠ 65

2. 计算均值、标准差等参数：在单元格区域 E3：F11，录入相应的文本数据，见图（9.19）；然后在 G3 单元格输入 65，在 G4 单元格输入并回车确认公式：= AVERAGE（C2：C50），求得 $\overline{X}$ = 63.35；在 G5 单元格输入并回车确认公式：= STDEV（C2：C50），求得 S = 11.93；在 G6 单元格输入并回车确认公式：= COUNT（C2：C50），求得 n = 49（见图 9.19）。

社会科学数据处理软件应用

	C	D	E	F	G	H	I
1	英语	解决方案1					
2	74.00						
3	71.00	总体均值	μ		65	←	已知
4	64.00	样本平均数	x̄		63.35		=AVERAGE(C2:C50)
5	76.00	样本标准差	S		11.92782		=STDEV(C2:C50)
6	50.00	样本数	n		49		=COUNT(C2:C50)
7	52.00	检验统计量	Z		-0.97012		=(G4-G3)/(G5/SQRT(G6))
8	53.00	检验类型		双尾检验		←	由假设得知
9	55.00	显著水平	α		0.05		已知
10	45.00	临界值	zα		1.959964		=NORMSINV(1-0.025)
11	82.00	SIG.	P值		0.165993		=MIN(NORMSDIST(G7),1-NORMSDIST(G7))

图 9.19 传统计算 Z 值

3. 选择适当的检验统计量，并计算所选的检验统计量。由于 n = 49 > 30，用 Z 检验统计量，把相应的参数代入 Z 检验统计量，在 G7 单元格输入并回车确认公式：=（G4 - G3）/（G5/SQRT（G6）），求得 Z 检验统计量 -0.97。

4. 确定检验类型，根据假设本例判定为双尾检验（既要检验 μ_1 是否小于 65，还要检验 μ_1 是否大于 65）。

5. 决定显著水平（a），以及决定危险阈。α = 0.05，采用双尾检验，应查 α/2 = 0.025 的表。

查"标准正态分布表"，累积概率为 0.475 时，其放弃阈的临界点为 1.96。也可以通过正态分布反函数求得临界值：在 G10 单元格输入并回车确认公式：= NORMSINV（1 - 0.025），求得临界值 $Z_{0.025}$ = 1.96。所以，若 Z 检验统计量 < -1.96 或 > 1.96，应该放弃虚拟假设。

6. 或者通过 Z 值直接求出 p 值，以 p 值和 α 值比较，如果 p < α，就应该放弃虚拟假设。在 G11 单元格输入并回车确认公式：= MIN（NORMSDIST（G7），1 - NORMSDIST（G7）），求得 p = 0.17。

7. 结果解释：检验统计量值 |Z| = 0.97 < 1.96 的临界值，或者 p = 0.17 > 0.025，没有落入危险阈，故应接受虚拟假设 H_0：μ = 65。全院学生大学英语的成绩与上学期相比，没有什么变化。

8. 调用函数说明：标准正态分布函数 NORMSDIST（z）表示已知 Z 值求相应的概率值，这个概率值表示自标准状态分布的左边累计到 Z 值处的概率，即小于 Z 值区域的概率，而 1 - NORMSDIST（z）表示右尾概率，即大于 Z 值区域概率。

由图 9.20 可见，SIG. P 值 1 是由公式 = NORMSDIST（F6）计算出来的，SIG. P 值 2 是由公式 = 1 - NORMSDIST（F6）计算出来的，随着总体均值 μ 的变化，p 值在有些时候会在 0.5 - 1 的范围，μ ≤ 57 分，p 值恒为 1。为了避免这种情况，需把公式矫正为 = MIN（NORMSDIST（F6），1 - NORMSDIST（F6）），就保证了 p 值在 0.5 以内了。

标准正态分布反函数 NORMSINV（1 - α），由于 NORMSINV（1 - α）与 NORMSDIST（z）是对应的，反函数的计算参数应该是累计概率，所以应是 1 - α，NORMSINV（1 - α）含义是已知概率求 Z 值，最大的一个好处是在假设检验时避免查表的麻烦。

图 9.21 就是通过 NORMSINV（1 - α）函数求出了常见的显著水平与相应的临界值，具

体方法是：首先选中待计算的区域B3：B8，其次在B3单元格输入数组公式：=NORMSINV（1－A3：A8），同时按Ctrl＋Shift＋Enter键确认数组公式，双尾检验时的临界值计算过程一样。

H6　=1-NORMSDIST(F6)

标准正态分布函数NORMSDIST()说明

样本平均数	63.35	样本标准差	11.927823	样本数n	49

总体均值μ	检验统计量Z	SIG.P值1	SIG.P值2	SIG.P值3
50	7.83282684	1.000	0.000	0.000
58	3.13792146	0.999	0.001	0.001
60	1.96419511	0.975	0.025	0.025
65	-0.9701208	0.166	0.834	0.166
68	-2.7307103	0.003	0.997	0.003
75	-6.8387525	0.000	1.000	0.000
80	-9.7730684	0.000	1.000	0.000
85	-12.707384	0.000	1.000	0.000
90	-15.6417	0.000	1.000	0.000
95	-18.576016	0.000	1.000	0.000
100	-21.510332	0.000	1.000	0.000

=NORMSDIST(F16)

=1-NORMSDIST(F6)

=MIN(NORMSDIST(F6),1-NORMSDIST(F6))

标准正态分布函数NORMSDIST(

图9.20　标准正态分布函数说明

B3　{=NORMSINV(1-A3:A8)}

α	Z 单尾	Z 双尾
0.10	1.28	1.64
0.05	1.64	1.96
0.025	1.96	2.24
0.01	2.33	2.58
0.005	2.58	2.81
0.001	3.09	3.29

单一总体均值检验

图9.21　单尾双尾临界值

延伸阅读：

利用Excel制作标准正态分布表

由于正态分布是对称的，一般的统计文献中列出的都是正态分布的右边的一半区域的分布表，因此我们可以通过Excel中的标准正态分布函数求得标准正态分布表，具体步骤如下：

1. 在A列和第1、2行输入各个Z值，A列输入Z值的整数和第1小数位，在B2：K2单元格区域输入Z值的第2位小数（见图9.22）。

B3　=ABS(0.5-NORMSDIST($A3+B$2))

Z	0.00	0.01	0.02	0.03	0.04	0.05	0.06	0.07	0.08	0.09
0.0	.0000	.0040	.0080	.0120	.0160	.0199	.0239	.0279	.0319	.0359
0.1	.0398	.0438	.0478	.0517	.0557	.0596	.0636	.0675	.0714	.0753
0.2	.0793	.0832	.0871	.0910	.0948	.0987	.1026	.1064	.1103	.1141
0.3	.1179	.1217	.1255	.1293	.1331	.1368	.1406	.1443	.1480	.1517
0.4	.1554	.1591	.1628	.1664	.1700	.1736	.1772	.1808	.1844	.1879
0.5	.1915	.1950	.1985	.2019	.2054	.2088	.2123	.2157	.2190	.2224
0.6	.2257	.2291	.2324	.2357	.2389	.2422	.2454	.2486	.2517	.2549
0.7	.2580	.2611	.2642	.2673	.2704	.2734	.2764	.2794	.2823	.2852
0.8	.2881	.2910	.2939	.2967	.2995	.3023	.3051	.3078	.3106	.3133
0.9	.3159	.3186	.3212	.3238	.3264	.3289	.3315	.3340	.3365	.3389
1.0	.3413	.3438	.3461	.3485	.3508	.3531	.3554	.3577	.3599	.3621
1.1	.3643	.3665	.3686	.3708	.3729	.3749	.3770	.3790	.3810	.3830
1.2	.3849	.3869	.3888	.3907	.3925	.3944	.3962	.3980	.3997	.4015
1.3	.4032	.4049	.4066	.4082	.4099	.4115	.4131	.4147	.4162	.4177
1.4	.4192	.4207	.4222	.4236	.4251	.4265	.4279	.4292	.4306	.4319
1.5	.4332	.4345	.4357	.4370	.4382	.4394	.4406	.4418	.4429	.4441
1.6	.4452	.4463	.4474	.4484	.4495	.4505	.4515	.4525	.4535	.4545
1.7	.4554	.4564	.4573	.4582	.4591	.4599	.4608	.4616	.4625	.4633
1.8	.4641	.4649	.4656	.4664	.4671	.4678	.4686	.4693	.4699	.4706
1.9	.4713	.4719	.4726	.4732	.4738	.4744	.4750	.4756	.4761	.4767
2.0	.4772	.4778	.4783	.4788	.4793	.4798	.4803	.4808	.4812	.4817
2.1	.4821	.4826	.4830	.4834	.4838	.4842	.4846	.4850	.4854	.4857
2.2	.4861	.4864	.4868	.4871	.4875	.4878	.4881	.4884	.4887	.4890
2.3	.4893	.4896	.4898	.4901	.4904	.4906	.4909	.4911	.4913	.4916
2.4	.4918	.4920	.4922	.4925	.4927	.4929	.4931	.4932	.4934	.4936
2.5	.4938	.4940	.4941	.4943	.4945	.4946	.4948	.4949	.4951	.4952
2.6	.4953	.4955	.4956	.4957	.4959	.4960	.4961	.4962	.4963	.4964

单一总体均值检验　正态分布表

图9.22　制作标准正态分布表

2. 在B3单元格输入并回车确认公式：=ABS（0.5－NORMSDIST（$A3＋B$2）），公式中，$A3＋B$2表示Z值，0.5－NORMSDIST（$A3＋B$2）是为了求正态分布

的右半边的概率，ABS（）是绝对值函数，消除负数。这样就得到 Z＝0 对应的 p 值，也为 0.000。

3. 把鼠标放在 B3 单元格右下角，向左向下拖曳复制公式至 K26 即可。

（二）利用 ZTEST（）函数进行 Z 检验

在 Excel 中，大样本单一总体的检验结果可直接用 ZTEST（）函数来计算。既然有 ZTEST（），即可不用再查表决定危险阈（放弃阈的临界点），也不用再计算所选的检验统计量的观察值，而可直接用 ZTEST（）的概率值来判断检测结果。

案例：为了估计某学院学生大学英语学习比上学期是否有进步，上学期大学英语平均成绩为 65 分。在全院随机抽取 49 位学生大学英语成绩，请问在 a＝0.05 的显著水平，是否可接受全院学生大学英语成绩为 65 分的假设。

解决方案：利用 ZTEST（）函数直接求出 p 值。

操作步骤：

1. 在 E15：F17 输入文本数据，如图 9.23 所示。

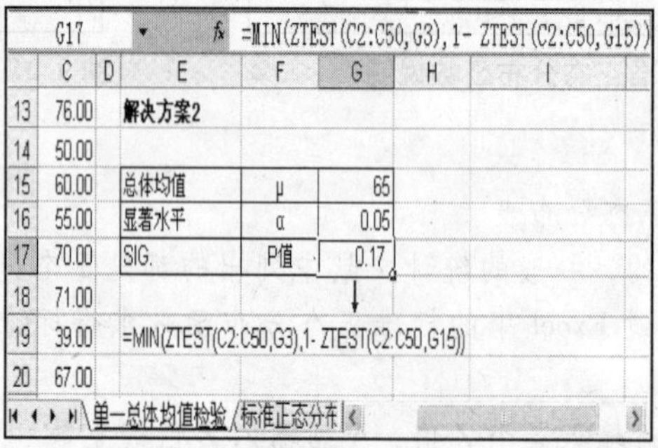

图 9.23　ZTEST（）函数求 Z 值

2. 在 G15 单元格录入总体均值（μ）65；在 G16 单元格录入显著水平 0.05。

3. 在 G17 单元格输入并回车确认公式：＝MIN（ZTEST（C2：C50，G3），1－ZTEST（C2：C50，G3）），求得 p 值为 0.17。

4. 结果解释：判断检验结果时很简单，只需看此 p 值是否小于所指定的 a 值（单尾检验），或小于所指定的 a 值的一半（双尾检验）。如：在双尾检验时，p 若为 0.17＞（a/2＝0.025），即表示在 a＝0.05 时，此检验结果没有落入否定阈，接受零假设，可以接受本期学生大学英语成绩为 65 分。

5. 调用函数说明。ZTEST（）函数的语法为：

ZTEST（序列，μ，σ）

ZTEST（array，μ，sigma）

将返回单尾 Z 检验的 p 值（正态分布的单尾概率值）。即 1－NORMSDIST（z）的结果。式中 Z 即正态分布的 Z 值。所以本函数即算出：1－自标准正态分布的左尾累加到 Z 值处的概率（见图 9.24）。

序列是要检验相对于 μ 的数组或数据区域。μ 是要检验的总体平均值。σ 是总体已知的标准差。若输入 σ，本函数采用的公式为公式 9.1；若省略 σ，则自动使用样本标准差，本函数采用公式 9.2。

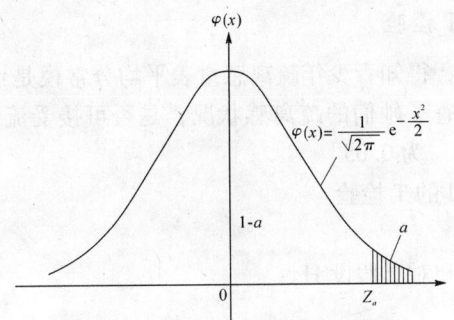

图9.24 ZTEST（）函数示意图

比如：ztest（序列，μ），表示用样本标准差代替总体标准差，取抽样的序列的平均值 $\bar{X}$ 与总体平均值（μ）进行检验。

不过，本函数的计算基础为 $μ≤\bar{X}$，若 $μ>\bar{X}$，将会返回大于 0.5~1 的值。如将上例的 μ 改为 80，其结果为 0.9899，若将 μ 改为 >84 的任一值，其结果将恒为 1。这与 NORMSDIST（）函数一样，需要将公式进行修正为：= MIN（ZTEST（array, x, sigma），1 - ZTEST（array, x, sigma）），则无论 $μ≤\bar{X}$ 或 $μ>\bar{X}$，均可算出正确值。

因此本例 p 值计算公式为：= MIN（ZTEST（C2：C50, G3），1 - ZTEST（C2：C50, G3））

延伸阅读

p 值的统计学意义

结果的统计学意义是结果真实程度（能够代表总体）的一种估计方法。专业上，p 值为结果可信程度的一个递减指标：p 值越大，我们越不能认为样本中变量的关联是总体中各变量关联的可靠指标。p 值是将观察结果认为有效即具有总体代表性的犯错概率。如 p = 0.05 提示样本中变量关联有 5% 的可能是由于偶然性造成的。即假设总体中任意变量间均无关联，我们重复类似实验，会发现约 20 个实验中有一个实验，我们所研究的变量关联将等于或强于我们的实验结果。（这并不是说如果变量间存在关联，我们可得到 5% 或 95% 次数的相同结果，当总体中的变量存在关联，重复研究和发现关联的可能性与设计的统计学效力有关。）在许多研究领域，0.05 的 p 值通常被认为是可接受错误的边界水平。

二、小样本 T 分布

如果样本为抽取自正态总体的小样本（n≤30），且总体标准差 σ 和总体平均值 μ 未知。其均值检验使用 T 检验，其检验统计量公式：

$$t = \frac{\bar{X} - μ}{S/\sqrt{n}} \tag{9.3}$$

T 检验统计量 t 值服从自由度为 n-1 的 T 分布，当自由度 df = n-1 > 30 时，T 分布与正态分布近似，自由度越大，越接近正态分布。

在很多研究中，由于对总群体的标准差未知，再加上对大样本采样的不易，所以通常用小样本数据来评估总群体的标准差。为了避免小样本采样的平均值及标准差所产生的误差，故才有 t 分布的产生。

（一）Excel 的单一总体 T 检验

案例：根据相关文献，得知青少年疏离感量表平均分常模是 4 分，现随机抽样 27 名流动女青少年作为样本，调查了她们的疏离感状况，是否可接受流动女青少年的疏离感比常模分要高？［显著水平（a）为 0.05］

解决方案：利用 Excel 的 T 检验。

操作步骤：

1. 设定虚拟假设 H_0 和对立假设 H_1：

H_0：$\mu = 4$

H_1：$\mu > 4$

2. 计算均值、标准差等参数：在单元格区域 F3：H12，录入相应的文本数据（见图 9.25）；然后在 H3 单元格输入 4，在 H4 单元格输入并回车确认公式：= AVERAGE（D2：D28），求得 $\bar{X} = 4.18$；在 H5 单元格输入并回车确认公式：= STDEV（D2：D28），求得 $S = 1.01$；在 H6 单元格输入并回车确认公式：= COUNT（D2：D28），求得 $n = 26$（见图 9.25）。

3. 选择适当的检验统计量，并计算所选的检验统计量。由于 $n = 26 < 30$，用 T 检验统计量，把相应的参数代入 T 检验统计量，在 H7 单元格输入并回车确认公式：=（H4 - H3）/（H5/SQRT（H6）），求得 T 检验统计量 0.922。

4. 确定自由度和检验类型：在 H8 单元格输入并回车确认公式：= H6 - 1，求得 df = 26；根据假设本例判定为单尾右尾检验。

5. 决定显著水平（a），以及决定危险阈。$\alpha = 0.05$，采用单尾检验，应查 $\alpha = 0.025$ 的 T 分布表，得到放弃阈的临界值 $t_{0.05} = 1.701$。也可以通过正态分布反函数求得临界值：在 H11 单元格输入并回车确认公式：= TINV（H10 * 2，H8），求得临界值 $Z_{0.025} = 1.71$。所以，若 T 检验统计量 < -1.96 或 > 1.96，应该放弃虚拟假设。

H11　fx =TINV(H10*2,H8)

	D	E	F	G	H	I	J
1	疏离感平均分		解决方案				
2	3.77						
3	3.98		总体均值	μ	4	←	已知
4	3.42		样本平均数	$\bar{X}$	4.18	←	=AVERAGE(D2:D28)
5	5.62		样本标准差	S	1.010316	←	=STDEV(D2:D28)
6	4.62		样本数	n	27	←	=COUNT(D2:D28)
7	2.56		检验统计量	t	0.921948	←	=(H4-H3)/(H5/SQRT(H6))
8	4.46		自由度	df	26	←	=H6-1
9	4.65		检验类型	右尾检验		←	由假设得知
10	4.02		显著水平	α	0.05	←	已知
11	3.15		临界值	tα	1.705618	←	=TINV(H10*2,H8)
12	4.60		SIG.	P值	0.182516	←	=TDIST(H7,H8,1)

单一总体均值T检验 / T分布表 / 单

图 9.25　传统方法进行单一总体 T 检验

6. 或者通过 Z 值直接求出 p 值，以 p 值和 α 值比较，如果 $p < \alpha$，就应该放弃虚拟假设。在 H12 单元格输入并回车确认公式：= TDIST（H7，H8，2），求得 $p = 0.183$。

7. 结果解释：检验统计量值 t = 0.922 < 1.7 的临界值，或者 p = 0.183 > 0.05，没有落入危险阈，故应接受虚拟假设 H_0：μ = 4。也就是说流动女青少年疏离感与常模数据一样，没有表现出比大多数一般青少年更高的疏离感。

8. 调用函数说明：

（1）T 分布 TDIST（）函数的语法为：TDIST（t，自由度，单尾或双尾），或 TDIST（t，degrees of freedom，tails），t 是要用来计算累计概率的 t 值。

自由度（d. f.，degrees offreedom）是指一统计量中各变量可以自由变动的个数，当统计量中每多一个限制条件（即 t 已知条件），自由度就减少一个。（t 分布的自由度为样本数 - 1，即为 n - 1）

单尾或双尾指定要返回单尾或双尾的累计概率：值为 1，表示返回单尾分布；值为 2，表示返回双尾分布。

（2）T 分布反函数 TINV（）。语法为：TINV（p，自由度），或 TDIST（p，degrees of freedom）；含义是已知分布概率 p 值和自由度求 t 值。在本例中，使用反函数公式为 = TINV（H10 * 2，H8），原因是 t 检验的临界值是根据双尾累计概率来求得的，若要求单尾的 t 值，得将累计概率乘以 2。

延伸阅读

用 Excel 中的 T 分布反函数求 T 分表

T - 分布（T - distribution）是一种非正态但连续对称分布，是由英国学者 W. S. Gosset 以 Student 的笔名发表的，故也称 student t distribution。其特点是以 0 对称分布，且具有比正态分布大的方差。其分布的状态又取决于样本的大小。可以用 TINV（）函数就得，具体步骤如下：

1. 在 A1 单元格输入表头：T 分布表，然后合并 A1 : G1；同理在 B2 : G2 输入并编辑好“p（单尾检验）”，在 B4 : G4 输入并编辑好“p（双尾检验）”；在 B3 : G3 和 B5 : G5 单元格区域输入各个 p 值，注意单尾和双尾对应的 p 值刚好相差一半（见图 9.26）。

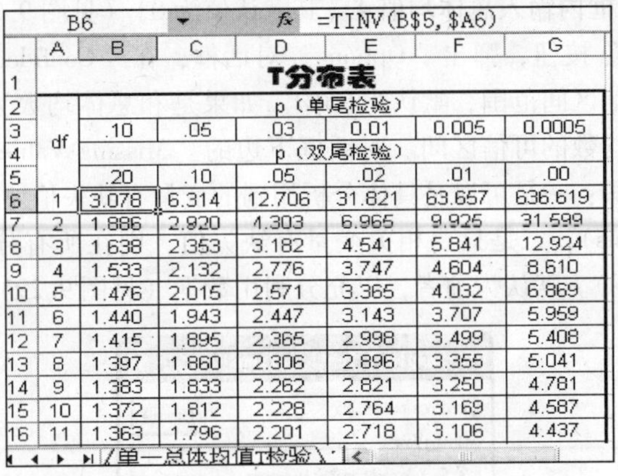
B6　=TINV(B$5, $A6)

	A	B	C	D	E	F	G
1	T分布表						
2		p（单尾检验）					
3	df	.10	.05	.03	0.01	0.005	0.0005
4		p（双尾检验）					
5		.20	.10	.05	.02	.01	.00
6	1	3.078	6.314	12.706	31.821	63.657	636.619
7	2	1.886	2.920	4.303	6.965	9.925	31.599
8	3	1.638	2.353	3.182	4.541	5.841	12.924
9	4	1.533	2.132	2.776	3.747	4.604	8.610
10	5	1.476	2.015	2.571	3.365	4.032	6.869
11	6	1.440	1.943	2.447	3.143	3.707	5.959
12	7	1.415	1.895	2.365	2.998	3.499	5.408
13	8	1.397	1.860	2.306	2.896	3.355	5.041
14	9	1.383	1.833	2.262	2.821	3.250	4.781
15	10	1.372	1.812	2.228	2.764	3.169	4.587
16	11	1.363	1.796	2.201	2.718	3.106	4.437

单一总体均值T检验

图 9.26　制作 T 分布表

2. 在 A 列设置好自由度 df（见图 9.26）。

3. 选中 B6 单元格，输入并回车确认公式：= TINV（B $ 5，$ A6），得到自由度为 1，单尾 p 值为 0.1，或双尾 p 值为 0.2 的 t 值 3.078（见图 9.26）。

4. 把鼠标放在 B6 单元格的右下方，分别向右向下拖曳复制公式至 G30。

（二）SPSS 单一总体 T 检验

One - Samples T Test 过程用于进行样本所在总体均数与已知总体均数的比较，可以自行定义已知总体均数为任意值，该对话框的界面非常简单。

案例：根据相关文献，得知青少年疏离感量表平均分常模是 4 分，现随机抽样 27 名流动女青少年作为样本，调查了她们的疏离感状况，是否可接受流动女青少年的疏离感比常模分要高？［显著水平（a）为 0.05］

解决方案：利用 SPSS 的 One - Samples T Test 过程进行单一总体的均值检验。

操作步骤：

1. 设定虚拟假设 H_0 和对立假设 H_1：

H_0：$\mu = 4$

H_1：$\mu > 4$

2. 单击"Analyse"菜单，选中"Compare Means"过程，点击"One - Samples T Test"模块，调出"One - Samples T Test"对话框（见图 9.27）。

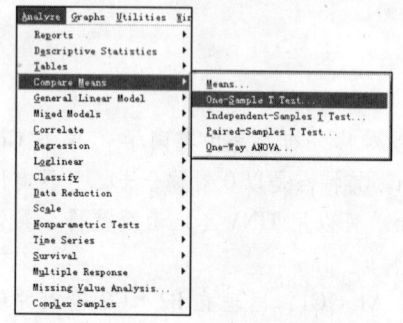

图 9.27　调出"One - Samples T Test" 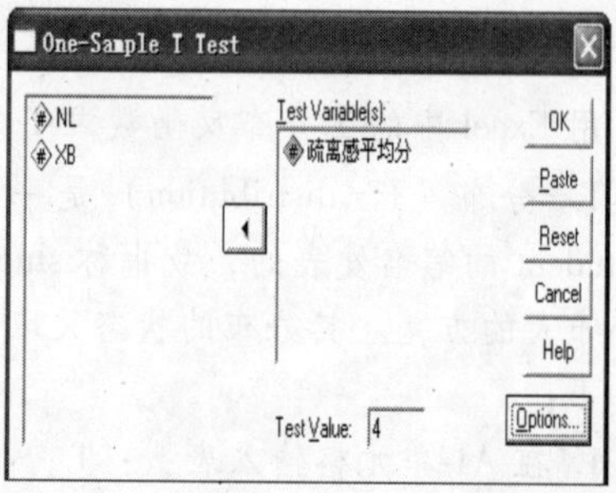　　　图 9.28　"One - Samples T Test"对话框

3. 在对话框左边的变量列表中，选中"疏离感平均分"，选入"Test Variables"矩形框内；在"Test Value"框内输入总体均值 4（其默认值为 0）（见图 9.28）。

4. 单击"Options"按钮，弹出"Options"对话框，在"Confidence Interval"框输入需要计算的均数差值可信区间范围，默认为 95%。如果是和总体均数为 4 相比，则此处计算的就是样本所在总体均数的可信区间。对话框下边的"Missing Values"单选框组定义分析中对缺失值的处理方法：一是可以是具体分析用到的变量有缺失值才去除该记录（Excludes cases analysis by analysis）；二是只要相关变量有缺失值，则在所有分析中均将该记录去除（Excludes cases listwise）。默认为前者，以充分利用数据（见图 9.29）。

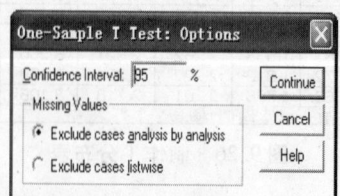

图 9.29　"One - Sample T Test：Options"对话框

5. 单击"Continue"按钮，返回"One - Samples T Test"对话框，然后单击"OK"按

钮，完成单一总体的 T 检验。

6. 决定显著水平（α），以及决定危险阈。由题意得知本例的显著水平为 0.05，由于 SPSS 能直接求出 p 值，危险阈为 p < α 的区域。

7. 结果解释：One – Samples T Test 过程的输出也是比较简单的，由描述统计表和 t 检验表组成。

表 9.4 是描述统计表，是对所分析变量的基本情况描述，从左到右的指标依次是样本量、均数、标准差和标准误。

表 9.4 描述统计

	N	Mean	Std. Deviation	Std. Error Mean
疏离感平均分	27	4.1793	1.01032	0.19444

表 9.5 为单样本 t 检验表，第一行注明了用于比较的已知总体均数为 4，下面从左到右依次为 t 值（t）、自由度（df）、p 值［Sig.（2 – tailed）］、两均数的差值（Mean Difference）、差值的 95% 可信区间。由上表可知：t = 0.922，p = 0.365，本例为单位检验，因此单尾概率 p = 0.365/2 = 0.1825，没落在拒绝阈，接受零假设，流动女青少年的疏离感与常模一样。这与 Excel 计算出的结果完全一致。

表 9.5 单一总体 T 检验

	Test Value = 4					
	t	df	Sig.（2 – tailed）	Mean Difference	95% Confidence Intenral of the Difference	
					Lower	Upper
疏离感平均分	0.922	26	0.365	0.17926	0.2204	0.5789

延伸阅读

Z 检验和 T 检验的使用说明

大家可能发现在 Excel 中，大样本均值检验和小样本的均值检验分别用了 Z 检验和 T 检验，但在 SPSS 中就没有 Z 检验，只有 T 检验，这是怎么回事呢？

从公式中可以看出 Z 检验和 T 检验所使用的公式一致，就是依据的分布不一样，前者是正态分布，后者是 T 分布。可是当样本较大时，T 分布呈近似正态分布，样本越大，越接近正态分布，因此可以说 T 检验的既可用于小样本，也可用于大样本，比 Z 检验适用范围要大，换句话说 Z 检验是 T 检验的一种特殊情况。

第四节 两总体平均值检验

在社会科学研究领域，很多时候需要对两个总体的特征进行比较，两个或两个以上概念间的关系的探讨，比如代际职业流动中，父辈与子辈职业关系、文化程度与收入、年龄与娱乐的爱好、个人品格与文化成就等。

两总体的均值检验的思路是将检验的两个总体均值的差异是否显著转化为检验两个总体的均值之差是否为零。具体途径是指从总体中随机抽取两个随机样本进行比较和研究，以此推论两总体的情况，抽取的两个随机样本有两种关系：一是独立样本；二是配对样本，前者是从两个总体中各抽取一个随机样本进行比较和研究，后者是只有一个样本，但样本中每个个体要先后观测两次，这样所有个体先观测的值来自第一个总体的样本值，所有个体后观测的值，看作是来自另一个总体的样本值，以此来比较研究两总体的不同。

因此两总体均值检验也就分为独立样本均值检验和配对样本均值检验。

一、独立样本均值检验

（一）大样本总体均值差检验概述

设有总体 A 和 B，它们的参数为 μ_A、σ_A^2；μ_B、σ_B^2。

现从两总体中分别独立抽取随机样本：来自总体 A 的样本：$\bar{x}_A$、s_A^2、n_A；来自总体 B 的样本：$\bar{x}_B$、s_B^2、n_B，当样本足够大，$\bar{x}_A$ 和 $\bar{x}_B$ 都趋于正态分布：

$$\bar{x}_A - \bar{x}_B \sim N = (\mu_A - \mu_B, \frac{\sigma_A^2}{n_A} + \frac{\sigma_B^2}{n_B}); 标准化后有$$

$$Z = \frac{(\bar{x}_A - \bar{x}_B) - (\mu_A - \mu_B)}{\sqrt{\frac{\sigma_A^2}{n_A} + \frac{\sigma_B^2}{n_B}}} \tag{9.4}$$

大样本均值差检验的步骤：

1. 原假设 H_0：$\mu_A - \mu_B = D_0$
2. 备择假设 H_1：
   （1）单尾检验：$\mu_A - \mu_B > D_0$ 或 $\mu_A - \mu_B < D_0$
   （3）双尾检验：$\mu_A - \mu_B \neq D_0$
3. 统计量：

$$Z = \frac{(\bar{x}_A - \bar{x}_B) - D_0}{\sqrt{\frac{\sigma_A^2}{n_A} + \frac{\sigma_B^2}{n_B}}} \tag{9.5}$$

4. 拒绝阈：
   （1）右尾：$z > Z_\alpha$；
   （2）左尾：$z < -Z_\alpha$；
   （3）双尾：$z > Z_\alpha$，$z < -Z_\alpha$

（二）小样本总体均值差检验概述

两总体 A、B 分别满足正态分布：$\xi_A \sim N(\mu_A, \sigma_A^2)$ 和 $\xi_B \sim N(\mu_B, \sigma_B^2)$，其检验步骤：

1. σ_A^2、σ_B^2 为已知，统计量：

$$Z = \frac{(\bar{x}_A - \bar{x}_B) - D_0}{\sqrt{\frac{\sigma_A^2}{n_A} + \frac{\sigma_B^2}{n_B}}} \tag{9.6}$$

$$s = \sqrt{\frac{(n_A-1)s_A^2 + (n_B-1)s_B^2}{n_A + n_B - 2}} \tag{9.7}$$

其余检验步骤与前同。

2. σ_A^2、σ_B^2 为未知,但 $\sigma_A^2 = \sigma_B^2$。从两总体中分别独立抽取随机样本 A：$\bar{x}_A$, s_A^2；B：$\bar{x}_B$, s_B^2。

统计量：$$t = \frac{(\bar{x}_A - \bar{x}_B)}{s\sqrt{\frac{1}{n_A} + \frac{1}{n_B}}} \tag{9.8}$$

其中：

d. f. $= n_A + n_B - 2 \tag{9.9}$

s 为汇总方差：

$$s = \sqrt{\frac{(n_A-1)s_A^2 + (n_B-1)s_B^2}{n_A + n_B - 2}} \tag{9.10}$$

其余检验步骤与前同。

(三) Excel 独立样本均值 Z 检验

1. Excel 的 Z 检验：双样本平均差检验

案例：现有某学校 157 名教师工作量数据，请验证男女教师实际完成的工作量是否有差异。

解决方案：利用 Excel 加载宏工具——Z 检验：双样本平均差检验。

操作步骤：

按照分类变量"性别"进行排序，把工作量变量的值能按男教师和女教师分别集中在一起。

(1) 把活动单元格停在"性别"列，单击"数据"菜单，选择"排序"，调出"排序"对话框（见图 9.30）。

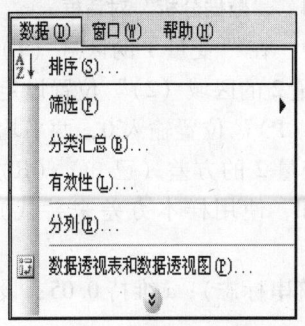

图 9.30 调出"排序"

图 9.31 "排序"对话框

(2) 在对话框下面的"我的数据区域"矩形框，点选"有标题行（R）"选项；在对话框上边的"主要关键字"矩形框里，选择性别，并在该矩形框的右边点选"升序（A）"排列，以便根据性别升序排序，使相同性别的数据能集中在一起（见图 9.31）。

(3) 单击"确定"按钮，完成排序。（别担心，所求得的标准差并不会因此而改变）

(4) 设定虚拟假设 H_0 和对立假设 H_1：

H_0：$\mu_男 = \mu_女$

H_1：$\mu_男 \neq \mu_女$

(5) 求分组均值和方差：在 K2：M5 单元格里输入如图的文本数据；在 L4 单元格里输入并回车确认公式：= DAVERAGE（$A$1：$H$157，$H1，K2：K3），拖曳复制公式 M4；在 L5 单元格里输入并回车确认公式：= DVAR（$A$1：$H$157，$H1，K2：K3），拖曳复制公式 M5（见图 9.32）。

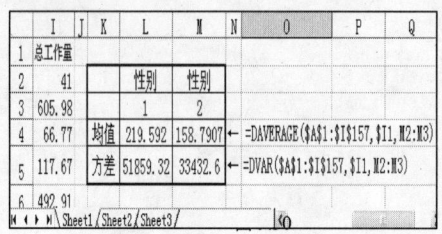

图 9.32 分类求均值和方差

(6) 单击"工具"菜单，选择"数据分析（D）"，调出"数据分析"对话框（见图 9.33）。

(7) 在"数据分析"对话框，选择"Z 检验：双样本平均差"宏工具，单击"确定"按钮，弹出"Z－检验：双样本平均差"对话框，以便进行检验两个总体的平均值差异（见图 9.34）。

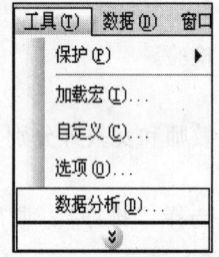
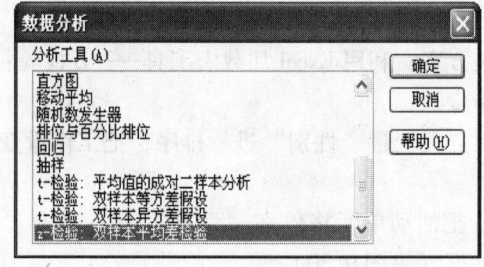

图 9.33 调出"数据分析"　　　　图 9.34 "数据分析"对话框

(8) 在"Z－检验：双样本平均差检验"对话框中，在"变量 1 的区域（1）"位置设定男性组数据的区域（$I$2：$I$86）；在"变量 2 的区域（2）"位置设定女性组数据的区域（$I$87：$I$157）；在"假设平均差（P）"位置输入 0，两平均值若相等其差为 0；在"变量 1 的方差（已知）（V）："与"变量 2 的方差（已知）（R）："位置，输入样本方差 51859.32 和 33432.6（因总体方差未知，使用样本方差来替代）（见图9.35）。

(9) 不单击"标志（L）"（因两组数据均不含字符串标志）；a 维持 0.05；设定输出区域 K7，最后单击"确定"按钮，即可获得检验结果。

(10) 结果解释：本例检验是否相等，所以是一个双尾检验，根据结果：z 值 1.849 < 双尾临界值 1.9599〔或 P（Z< = z）双尾 = 0.0644 < a/2 = 0.025〕，所以无法放弃虚拟假设，即男女教师的实际完成的工作量没有差别。

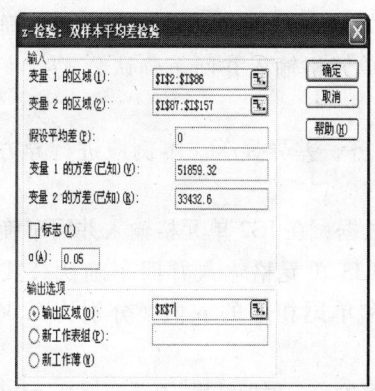

	I	J	K	L	M
7	449.36	z-检验：双样本均值分析			
8	47.67				
9	749.12			变量 1	变量 2
10	20.53		平均	219.592	158.7907
11	60.33		已知协方差	51859.32	33432.6
12	36.6		观测值	85	71
13	716.91		假设平均差	0	
14	48		z	1.849276	
15	209.9		P(Z<=z) 单尾	0.032209	
16	10.22		z 单尾临界	1.644854	
17	476.48		P(Z<=z) 双尾	0.064418	
18	98.53		z 双尾临界	1.959964	

图 9.35 "Z－检验：双样本平均差检验"对话框 图 9.36 双样本 Z 检验结果

(11) 调用函数说明：公式 = DAVERAGE（$A$1：$H$157，$H1，K2：K3）和公式 = DVAR（$A$1：$H$157，$H1，K2：K3），分别求分组平均数和分组方差，公式里边的参数是一样的，$A$1：$H$157 表示待计算的数据区域，$H1 表示定义要计算平均数和方差的变量，K2：K3 定义条件区域，表示给定条件是性别为 1（男）的学年工作量的平均数和方差。

2. TTEST（）函数双样本平均差检验。由于 t 分布取决于样本大小（n），当样本数超过 30（有的文献设成 n≥50），t 分布就接近正态分布。因此 TTEST（）函数可以用于小样本，也可以用于大样本，所以检验时可改查正态分布表。

两样本平均数的 t 检验，旨在比较方差相同的两个总体间平均数的差异，或比较来自同一总群的两个样本的平均值的不同。

如果两总群体的方差相同（$\sigma_1^2 = \sigma_2^2$），是采用汇总方差 t 检验（pooled - variance ttest）。如果两总体的方差不同（$\sigma_1^2 \neq \sigma_2^2$），则采用个别方差 t 统计量。因此独立样本 T 检验，有等方差 T 检验和异方差 T 检验，在进行独立样本 T 检验之前，需要先进行方差齐性检验。

案例：现有某学校 157 名教师工作量数据，请验证男女教师实际完成的工作量是否有差异。

解决方案：利用 Excel 的 TTEST（）函数，求双样本平均差检验

操作步骤：

前 5 步与上例同，结果见图 9.37。然后再继续进行以下步骤：

	H	I	J	K	L	M	N	O
21	64	方法2						
22	345.2							
23	45			性别	性别			
24	48.56			1	2			
25	147.49		均值	219.592	158.7907			
26	72		方差	51859.32	33432.6			
27	101.33							
28	888.22		方差检验	p值	0.029714	←=FTEST(H2:H86,H87:H157)/2		
29	53.22			F值	1.55116	←=K26/L26		
30	108.8		方差检验结论：0.029<0.05,方差不等，差异显著					
31	32.11							
32	37.67		T检验	双尾	0.066338	←=TTEST(H2:H86,H87:H157,2,3)		
33	30			单尾	0.033169	←=TTEST(H2:H86,H87:H157,1,3)		

图 9.37 TTEST（）函数独立样本 T 检验

（1）方差齐性检验：在 J28：K29 输入如图文本数据；在 L28 单元格输入并回车确认公式：= FTEST（H2：H86，H87：H157）/2；在 L29 单元格输入并回车确认公式：= K26/L26，求得 F 值和相应的 p 值（见图 9.37）。

由于 p 值为 0.0297＜0.05，落在拒绝阈，方差不齐，差异显著。本例应进行异方差 T 检验。

（2）异方差 T 检验：在 J32：K33 输入如图文本数据；在 L32 单元格输入并回车确认公式：= TTEST（H2：H86，H87：H157，2，3）；在 L33 单元格输入并回车确认公式：= TTEST（H2：H86，H87：H157，1，3），求得双尾和单尾相应的 p 值，分别为 0.066 和 0.033（见图 9.37）。

（3）结果解释：本例检验是否相等，所以是一个双尾检验，根据结果：P（双尾）=0.066＜a/2 =0.025），所以无法放弃虚拟假设，即男女教师的实学年工作量没有差别。

（4）调用函数说明：= FTEST（H2：H86，H87：H157）/2 在下一章进行说明；= TTEST（H2：H86，H87：H157，2，3）为 T 检验函数。TTEST（）函数语法：= TTEST（第一个数据集，第二个数据集，单尾或双尾，类型）或 = TTEST（array1，array2，tails，type），是用来进行两组小样本（n＜30）或大样本数据的平均值检验，或成对样本的平均差检验。除成对样本外，两组数据的样本数允许不同。

单尾或双尾以 1 或 2 来标志。

类型则可分为下列 3 种：①成对；②等方差双样本检验；③异方差双样本检验。

在本例中，L32 单元格输入 = TTEST（H2：H86，H87：H157，2，3），表示 H2：H86 男教师工作量数据区域，H87：H157 表示女教师工作量数据区域，2 表示本例是双尾检验，3 表示本例是异方差双样本检验。

3. 宏工具——t 检验：双样本平均差检验。

案例：现有某学校 157 名教师工作量数据，请验证男女教师实际完成的工作量是否有差异。

解决方案：利用 Excel 的"t 检验"宏工具，求双样本平均差检验。

操作步骤：

前 6 步同上例，得到本例是异方差 T 检验。然后继续下面的步骤：

（1）单击"工具"菜单，选择"数据分析（D）"，调出"数据分析"对话框（见图 9.38）。

（2）在"数据分析"对话框中，选择"t - 检验：双样本异方差假设"宏工具，弹出"t - 检验：双样本异方差平均差"对话框。见图 9.39。

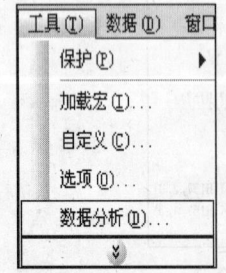

图 9.38　调出"数据分析"

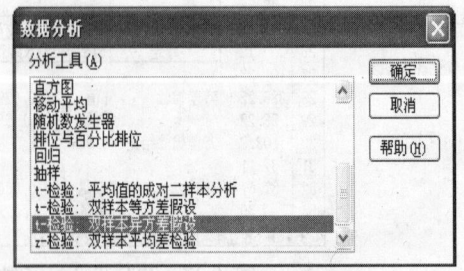

图 9.39　"数据分析"对话框

（3）在"t - 检验：双样本异方差平均差"对话框中，在"变量 1 的区域"位置设定男性组数据的区域（I2：I86）；在“变量 2 的区域”位置设定女性组数据的区域（I87：I157）；在“假设平均差”位置输入 0，两平均值若相等其差为 0。

（4）不单击“标志（L)”（因两组数据均不含字符串标志）；a 维持 0.05；设定输出区域 J38，最后单击“确定”按钮，即可获得检验结果（见图 9.40）。

（5）结果解释：本例检验是否相等，所以是一个双尾检验，根据结果：t 值 1.849 < 双尾临界值 1.9755 [或 p（T < = t）双尾 = 0.066 < a/2 = 0.025]，所以无法放弃虚拟假设，即男女教师的实际完成的工作量没有差别（见图 9.41）。

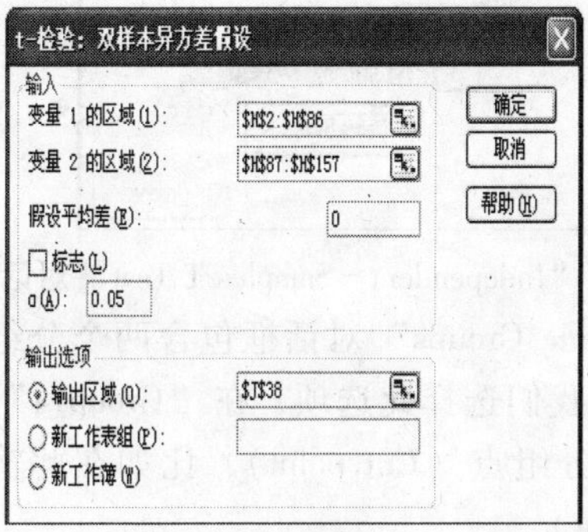

图 9.40　“t - 检验双样本异方差假设”对话框

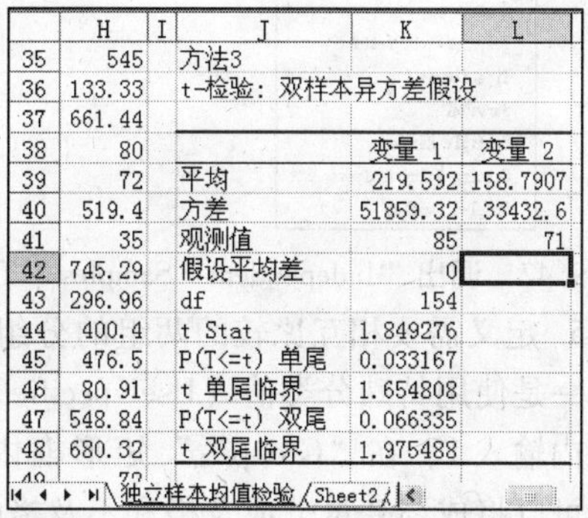

	H	I	J	K	L
35	545		方法3		
36	133.33		t-检验：双样本异方差假设		
37	661.44				
38	80			变量 1	变量 2
39	72		平均	219.592	158.7907
40	519.4		方差	51859.32	33432.6
41	35		观测值	85	71
42	745.29		假设平均差	0	
43	296.96		df	154	
44	400.4		t Stat	1.849276	
45	476.5		P(T<=t) 单尾	0.033167	
46	80.91		t 单尾临界	1.654808	
47	548.84		P(T<=t) 双尾	0.066335	
48	680.32		t 双尾临界	1.975488	

图 9.41　双样本异方差平均差检验结果

（四）SPSS 独立样本 T 检验

Independent - Samples T Test 过程用于进行两样本均数的比较，即常用的两样本 t 检验，和上面的 One - Samples T Test 对话框非常相似。

案例：现有某学校 157 名教师工作量数据，请验证男女教师实际完成的工作量是否有差异。

解决方案：利用 SPSS 的 Independent - Samples T Test 过程进行独立样本均值检验。

操作步骤：

1. 设定虚拟假设 H_0 和对立假设 H_1。

H_0：$\mu_{男} = \mu_{女}$

H_1：$\mu_{男} \neq \mu_{女}$

2. 单击“Analyze”菜单，选中“Compare Means”过程，点击“Independent - Samples T Test”模块，调出“Independent - Samples T Test”对话框（见图 9.42）。

3. 在对话框左边的变量列表中，选中“学年工作量”，选入“Test Variables”矩形框内，然后把变量列表中的“性别”变量选进“Grouping Variable”框（见图 9.43）。

4. 在“Grouping Variable”框内选中“性别”变量，单击“Define Groups”按钮，调出“Define Groups...”对话框（见图 9.43）。

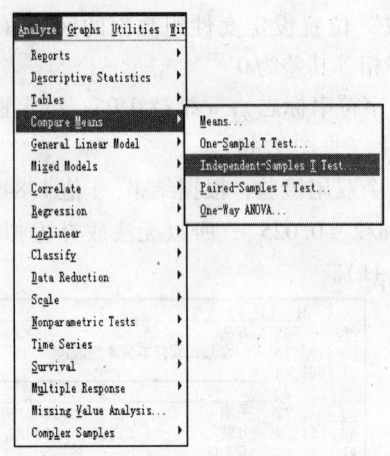
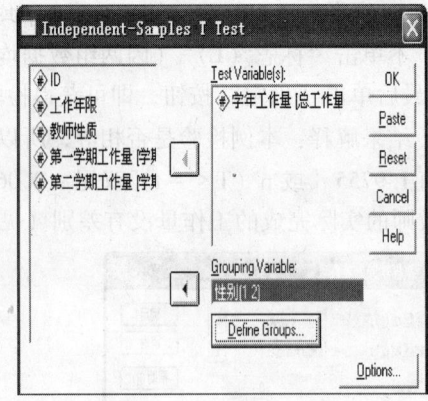

图 9.42　调出"Independent-Samples T Test"　　图 9.43　"Independent-Samples T Test"对话框

5. 定义需要相互比较的两组的分组变量值："Define Groups"对话框包含两个分组选项：一是使用特殊分类值（Use specified values），本例我们选择此选项，在"Group1："矩形框内输入1，在"Group2："矩形框内输入2；二是分组点（Cut point），比如在此输入60，可以将成绩变量分成及格和不及格两组（见图9.44）。

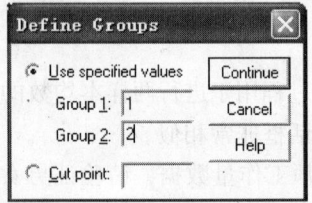

图 9.44　"Define Groups"对话框

6. 单击"Continue"按钮，返回"Independent-Samples T Test"对话框，点击"OK"按钮，完成独立样本均值检验。

7. 结果说明。表9.6是需检验变量的分组基本情况描述，从左至右依次是样本数（N）、平均数（Mean）、标准差（Std. Deviation）和标准误（Std. Error Mean）。

表 9.6　　　　　　　　　　　　　　　分组描述统计

	性别	N	Mean	Std. Deviation	Std. Error Mean
学年工作量	男	85	219.5920	227.72640	24.70040
	女	71	158.7907	182.84585	21.69981

表9.7反映的是独立样本均值检验的结果，由表可见，该结果分为两大部分：第一部分为Levene's方差齐性检验，用于判断两总体方差是否齐，这里的检验结果为 F = 6.684，p = 0.01，落在拒绝阈，本例中方差是不等的。

表9.7 独立样本 T 检验

		Levene's Test for quality of Variance		t-test for Equality of Means						
		F	Sig.	t	df	ig.(2-tailed)	Mean Difference	Std. Error Difference	95% Confidence Interval of the Difference	
									Lower	Upper
学年工作	Equal variar assumed Equal variar not assumed			1.849	53.777	.066	0.80130	2.87843	.15040	.75299

第二部分则分别给出两组所在总体方差齐性和方差不齐时的 t 检验结果, 由于前面的方差齐性检验结果为方差不齐性, 第二部分就应选用方差不齐性时的 t 检验结果, 即下面一行列出的 t = 1.849, p = 0.066。从而最终的统计结论为按 α = 0.05 水平, 接受 H_0, 认为男教师与女教师的实际完成的工作量是一样的, 没有差异。

最后面还附有一些其他指标, 如两组均数的可信区间等, 以对差异情况有更直观的了解。

本例涉及的是独立样本异方差均值 T 检验, 独立样本等方差均值 T 检验从操作过程和判定结果都是一样的, 因此这里没有专门对等方差均值检验做说明。

延伸阅读

独立样本均值检验需要满足一些条件:

(1) 样本数据为定距或定比数据。

(2) 经检验两总体服从正态分布 (normaldistribution)。

(3) 两个样本为的每个取样必须随机 (random) 且独立 (independent)。

(4) 若用 Z 检验, 总体方差必须为已知; 若处理对象为大样本 (n > 30), 而且总体方差 σ^2 未知, 则可使用样本方差 S^2 来替代。

(5) 若用 T 检验, 两个总体的方差为齐性; 如果方差不是齐性的, 需要通过修正公式来完成对均值的检验。

二、成对样本均值检验

前面两类"双样本平均差检验", 无论其方差是否相等, 其共同点为两组受测样本间为独立, 并无任何关联。如甲乙班、男女生、两不同年度、都市与乡村等。

但若同组人受培训后的打字速度是否高于受培训前。同一部车, 左右使用不同品牌轮胎, 经过一段时间后, 检查其磨损程度, 看甲品牌的轮胎是否优于乙品牌? ……诸如此类的例子, 两组受测样本间为相互关联 (同一个人、同一部车) 就要使用成对样本的 t 检验。其相关公式为:

$$t = \frac{\overline{d} - \mu_d}{s_d / \sqrt{n}} \tag{6.11}$$

其中 $d = x_1 - x_2$ (为同一成对的两数据相减的差); d.f. = n - 1。

(一) Excel 配对样本 T 检验

1. TTEST ( ) 函数配对样本 T 检

案例: 现有针对留守儿童情感缺陷的社会工作干预研究, 现对 8 名留守儿童的情感缺陷状况做一前测，经过两个月的社会工作干预，对他们的情感缺陷状况又做了一后测。请检验留守儿童干预前和干预后的情感缺陷有无改善。（显著水平为0.05）

解决方案：利用Excel的TTEST（）函数，求配对样本平均差检验。

操作步骤：

（1）设定虚拟假设H_0和对立假设H_1：

H_0：$\mu_d \leq 0$

H_1：$\mu_d > 0$，为右侧单尾检验。

（2）在L2：Q4单元格区域输入如图的文本数据；在M4单元格输入并回车确认公式：=AVERAGE（H3：H10），得到情感缺陷前测均值，然后把鼠标放在M4单元格右下角，拖曳复制公式至O4，依次求得情感缺陷后测均值和前后测差均值（见图9.45）。

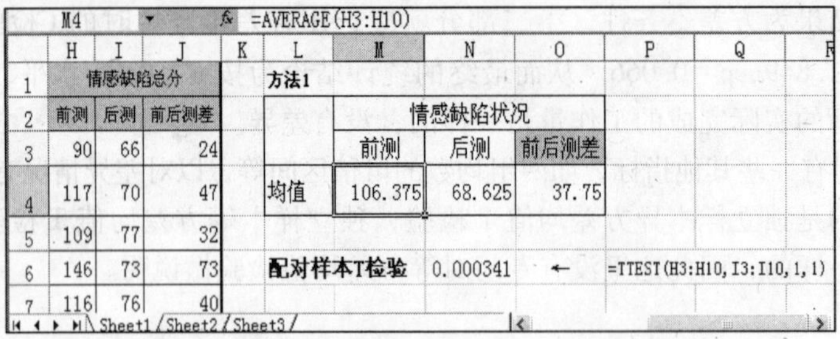

图9.45　TTEST（）函数配对样本T检验

（3）在N6单元格输入并回车确认公式：=TTEST（H3：H10，I3：I10，1，1），得到配对样本均值检验的p值，为0.00034。

（4）结果解释：由TTEST（）函数求得留守儿童情感缺陷前后测的差异检验的p=0.00034＜0.05，落在了拒绝域，否定虚拟假设H_0，说明留守儿童情感缺陷在社会工作干预后得到显著改善。

（5）调用函数说明：=TTEST（H3：H10，I3：I10，1，1）是配对样本T检验函数；H3：H10表示留守儿童情感缺陷前测数据；I3：I10表示留守儿童情感缺陷后测数据；第三个参数1表示是单尾检验；第四个参数1指明本例是属于配对样本均值检验。

2. 宏工具——t-检验：平均值的成对二样本分析。

案例：现有针对留守儿童情感缺陷的社会工作干预研究，现对8名留守儿童的情感缺陷状况做一前测，经过两个月的社会工作干预，对他们的情感缺陷状况又做了一后测。请检验留守儿童干预前和干预后的情感缺陷有无改善。（显著水平为0.05）

解决方案：利用Excel的"t检验"宏工具——t-检验：平均值的成对二样本分析，求配对样本平均差检验。

操作步骤：

（1）设定虚拟假设H_0和对立假设H_1：

H_0：$\mu_d \leq 0$

H_1：$\mu_d > 0$，为右侧单尾检验。

（2）单击"工具"菜单，选择"数据分析（D）"，调出"数据分析"对话框（见图9.46）。

（3）选择"Z检验：双样本平均差"宏工具，弹出"t-检验：平均值的成对二样本分析"对话框,以便进行检验两个总体的平均值差异(见图9.47)。

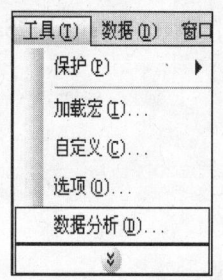
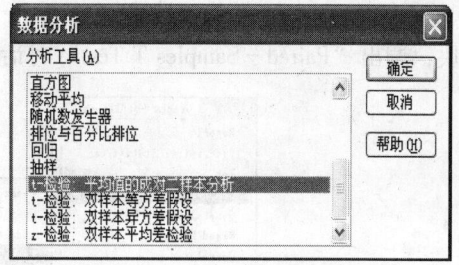

图9.46 调出"数据分析"　　　　图9.47 "数据分析"对话框

(4) 在对话框中,在"变量1的区域(1)"位置设定男性组数据的区域(I2:I86);在"变量2的区域(2)"位置设定女性组数据的区域(I87:I157);在"假设平均差"位置输入0,两平均值若相等其差为0(见图9.48)。

(5) 不单击"标志(L)"(因两组数据均不含字符串标志);a维持0.05;设定输出区域L9,最后单击"确定"按钮,即可获得检验结果(见图9.48)。

(6) 结果解释:本例检验验证干预前后情感缺陷是否有改善,所以是一个单尾检验,根据结果:t值5.771 > 单尾临界值1.894[或p(T < = t)单尾 = 0.00034 < a = 0.05],所以放弃虚拟假设,即干预后,留守儿童情感缺陷有明显的改善(见图9.49)。

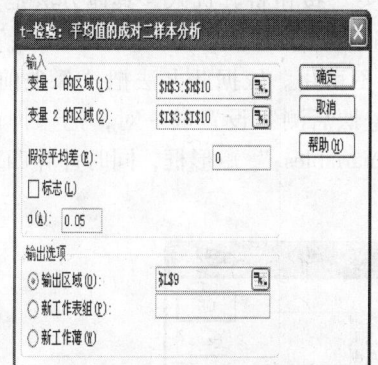

图9.48 "t-检验:平均值的成对二样本分析"对话框　　　　图9.49 成对样本T检验结果

3. SPSS 配对样本 T 检验。

SPSS 的 Paired-Samples T Test 过程用于进行配对设计的差值均数与总体均数0比较的t检验,其功能实际上是和 One-Samples T Test 过程相重复的(等价于已知总体均数为0的情况),但 Paired-Samples T Test 过程使用的数据输入格式和前者不同,因此仍然有存在的价值。

案例:现有针对留守儿童情感缺陷的社会工作干预研究,现对8名留守儿童的情感缺陷状况做一前测,经过两个月的社会工作干预,对他们的情感缺陷状况又做了一后测。请检验留守儿童干预前和干预后的情感缺陷有无改善。(显著水平为0.05)

解决方案:利用 SPSS 的 Paired-Samples T Test 过程,求配对样本平均差检验。
操作步骤:

(1) 设定虚拟假设 H_0 和对立假设 H_1:

$H_0: \mu_d \leq 0$

H_1：$\mu_d > 0$，为右侧单尾检验。

（2）单击"Analyze"菜单，选中"Compare Means"过程，点击"Paired - Samples T Test"模块，调出"Paired - Samples T Test"对话框（见图9.50）。

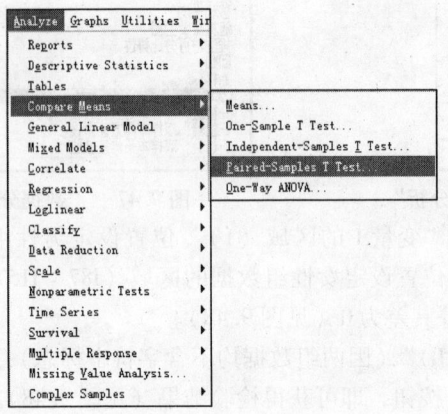

图9.50　调出"Paired - Samples T Test"

（3）定义要进行比较的一对或几对变量。在对话框左边的变量列表中，选入变量需要成对成对的选入，即选中两个成对变量，再单击"箭头"按钮将其选入。具体方法是：按住Ctrl键，同时选中"情感缺陷前测"和"情感缺陷后测"，选入"Paired Variables："矩形框内，如果只选中一个变量，则箭头按钮为灰色，不可用。依据此办法把"孤独前测"和"孤独后测"设置成一对，把"羞怯前测"和"羞怯后测"设置成一对，把"抑郁前测"和"抑郁后测"设置成一对，依次选入"Paired Variables："矩形框，同时计算四对配对样本的均值检验。

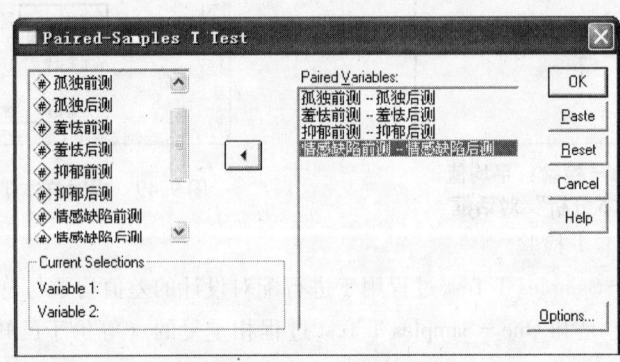

图9.51　定义配对变量

（4）把"Option..."模块设置成系统默认设置。说明见One - Samples T Test过程相关知识。

（5）单击"OK"按钮，完成配对样本均值检验。

（6）结果说明：表9.8是配对样本各自的统计描述，由于同时计算了四对，故此处有4对，从左到右依次是均值（Mean）、样本容量（N）、标准差（Std. Deviation）和标准误（Std. Error Mean）。

表9.8   独立样本描述统计

		Mean	N	Std. Deviation	Std. Error Mean
Pair 1	孤独前测	43.7500	8	10.76701	3.80671
	孤独后测	30.6250	8	4.89716	1.73141
Pair 2	羞怯前测	37.2500	8	7.62983	2.69755
	羞怯后测	22.5000	8	5.73212	2.02661
Pair 3	抑郁前测	25.3750	8	10.84880	3.83563
	抑郁后测	15.5000	8	5.04268	1.78285
Pair 4	情感缺陷前测	106.3750	8	26.22397	9.27157
	情感缺陷后测	68.6250	8	10.95364	3.87270

表9.9 是配对变量间的相关性分析。等价于 Analyze→Correlate→Bivariate。给出了前后测两个变量间的简单相关系数和相关系数检验的 p 值。

表9.9   配对样本相关分析

		N	Correlation	Sig.
Pair 1	孤独前测 & 孤独后测	8	0.423	0.296
Pair 2	羞怯前测 & 羞怯后测	8	0.706	0.051
Pair 3	抑郁前测 & 抑郁后测	8	0.816	0.013
Pair 4	情感缺陷前测 & 情感缺陷后测	8	0.810	0.015

四组中孤独感和羞怯感的前后测相关关系检验 p 值均大于 0.05，表明前后测的高低并很一致；而抑郁和情感缺陷总分的前后测相关度很高，均达到高度相关，二者的 p 值均小于 0.05，说明抑郁和情感缺陷得分的前测得分高，后测得分也高，还不能说明是社工干预能改善留守儿童的情感缺陷状况，还需看 T 检验的效果。

表9.10 是配对 t 检验表，给出最终的检验结果。由表9.10 可见，四组变量的配对样本 T 检验的 p 值均小于 0.01，落在否定阈，拒绝虚拟假设，因此可以认定社会工作干预留守儿童，对其情感缺陷有良好的效果，改善明显。

表9.10   配对样本 T 检验

	Paired Differences					t	df	Sig. (2-sided)
	Mean	Std. Deviation	Std. Error Mean	95% Confidence Interval of the Difference				
				Lower	Upper			
Pair 1 孤独前测 - 孤独后测	8.12500	9.76053	3.45087	4.96500	1.28500	3.803	7	0.007
Pair 2 羞怯前测 - 羞怯后测	4.75000	5.41822	1.91563	0.22025	9.27975	7.700	7	0.000
Pair 3 抑郁前测 - 抑郁后测	9.87500	7.33753	2.59421	3.74067	6.00933	3.807	7	0.007
Pair 4 情感缺陷前测 - 情感缺陷后测	7.75000	18.49903	6.54040	2.28442	3.21558	5.772	7	0.001

从此例可以看出，SPSS 的 Paired-Samples T Test 过程，可以同时并列计算若干配对样本 T 检验，而 Excel 一次只能计算 1 对配对样本 T 检验。可见 SPSS 的统计功能比 Excel 要强大得多，效率要高得多。

第十章 方差分析

我们已经知道，两总体的独立样本均值检验可用 Z 检验和 T 检验，比如前例验证某校男女教师实际完成工作量是否有差异，就用独立样本 T 检验，但是如果需要验证某校不同职称教师实际完成工作量是否有差异，这样有四个（助教、讲师、副教授和教授）独立样本，怎么进行相互之间的均值检验呢？若用独立样本 T 检验也可以完成两两比较，但需要进行 6 次 T 检验，这会增加假设检验的第一类错误，做一次 T 检验，就犯第一类错误概率为 0.05（假定检验的显著性水平为 0.05），不犯第一类错误概率为 $1-0.05=0.95$，要做 6 次 T 检验，那么不犯第一类错误概率为 $(1-\alpha)^6 = (1-0.05)^6 = 0.7351$，犯第一类错误概率为 $1-0.7351=0.2649$，远远大于显著水平 0.05。因此超过两个总体的均值检验需要用方差分析（Analysis of Variance，简称 ANOVA）来解决。

方差分析又称"变异数分析"或"F 检验"，是 R. A. Fisher 发明的，方差分析常用来检验两个总体的方差是否相等（即方差同质性的检验）与检验多组（大于两组）总体平均值是否相等。（如果是两组则采用 T 检验或 z 检验）

在上一章中独立样本均值 T 检验首先判定方差是否齐性，并据此采用不同的计算方法。因此本章将方差分析的方差同质性的检验首先做一介绍。单因素方差分析就是用于检验多组（大于两组）总体平均值是否相等，这在社会科学领域使用很广泛，本章将做重点介绍。

第一节 两样本的方差分析——方差同质性检验

在用独立样本均值 T 检验时，需要先进行方差分析，根据方差相等或不相等，选择独立样本等方差 T 检验或独立样本异方差 T 检验，本节主要介绍两样本的方差分析，即 F 检验。

F 检验是以 F 分布为基础的，F 分布是以统计学家 R. A. Fisher 姓氏的第一个字母命名的。主要用于方差分析、协方差分析和回归分析等。

一、F 分布定义

设 X、Y 为两个独立的随机变量，X 服从自由度为 n_1-1 的卡方分布，Y 服从自由度为 n_2-1 的卡方分布，这两个独立的卡方分布被各自的自由度除以后的比率，这一统计量公式：

$$F = \frac{X/(n_1-1)}{Y/(n_1-1)} = \frac{MSA}{MSE} = \frac{处理的均方}{误差的均方} \tag{10.1}$$

服从第一自由度为 n_1-1，第二自由度为 n_2-1 的 F 分布。

二、F 分布的性质

(1) 它是一种非对称分布。

(2) 它有两个自由度,即 n_1-1 和 n_2-1,相应的分布记为 $F(n_1-1, n_2-1)$,n_1-1 通常称为分子自由度,n_2-1 通常称为分母自由度。

(3) F 分布是一个以自由度 n_1-1 和 n_2-1 为参数的分布,不同的自由度决定了 F 分布的形状。

(4) 双样本方差分析,即方差同性质的检验,其虚拟假设与对立假设分别为:

H_0:$\sigma_1^2 = \sigma_2^2$(两方差相等)

H_1:$\sigma_1^2 \neq \sigma_2^2$(两方差不等)

在双样本方差分析中,统计量 $F = \dfrac{S_1^2}{S_2^2}$(第一个样本数据方差除以第二个样本的方差)。

对于统计假设 H_0:$\sigma_1^2 = \sigma_2^2$,如果 H_0 正确,则比值 F 大约为 1,如果 F 远大于 1 或远小于 1,都说明 H_0 错误。对于给定的显著性水平 a,我们设定两个对应的临界值 $F_{\alpha/2}$ 和 $F_{1-\alpha/2}$。

$P\{F \geq F_{\alpha/2}\} = \dfrac{\alpha}{2}$,$P\{F < F_{1-\alpha/2}\} = \dfrac{\alpha}{2}$

这样计算出统计量 F 值后,根据 F 值在区间值($F_{\alpha/2}$, $F_{1-\alpha/2}$)之外或之内,决定拒绝或接受原假设 H_0,此谓双尾 F 检验。

如果我们总是把 S_1^2 和 S_2^2 中较大者作为分子,则可通过 $P\{F \geq F_\alpha\} = \alpha$ 来确定临界值 F_α,计算出统计量 F 值后,根据 F 值大于或小于 F_α,决定拒绝或接受原假设 H_0,此谓右尾 F 检验。

三、两样本方差分析方法

(一) Excel 传统方法求两样本方差分析

案例:现有某学校 157 名教师工作量数据,为了验证男女教师实际完成的工作量是否有差异,需要先验证男女教师实际完成的工作量的方差是否相等。

解决方案:利用 Excel 以传统方法求两样本的方差分析。

操作步骤:

1. 求分组均值和方差:在 J2:K14 单元格里输入如图的文本数据;在 K4 单元格里输入并回车确认公式:=DAVERAGE($A$1:$H$157,H1,K3:K4),拖曳复制公式 L4;在 K5 单元格里输入并回车确认公式:=DVAR($A$1:$H$157,H1,K3:K4),拖曳复制公式 L5(见图 10.1)。

2. 在 L9 单元格输入并回车确认公式:=K6/L6,求得 F 值;在 L10 单元格输入显著水平 0.05;在 L11 单元格输入并回车确认公式:=COUNTIF(B2:B157,1)-1,求得第一自由度;在 L12 单元格输入并回车确认公式:=COUNTIF(B2:B157,2)-1,求得第二自由度(见图 10.1)。

3. 在 L13 单元格输入并回车确认公式:=FDIST(L9,L11,L12),求得 p 值;在 L14 单元格输入并回车确认公式:=FINV(L10,L11,L12),求得显著水平为 0.05 相应的临界值(见图 10.1)。

社会科学数据处理软件应用

	I	J	K	L	M	N	O
2		方法1					
3			性别	性别			
4			1	2			
5		均值	219.592	158.7907	←	=DAVERAGE($A$1:$H$157,H1,L3:L4)	
6		方差	51859.3	33432.603	←	=DVAR($A$1:$H$157,H1,L3:L4)	
7							
8		方差检验					
9		统计量	F值	1.55116	←	=K6/L6	
10		显著水平	a	0.05	←	已知	
11		第一自由度	n_1-1	84	←	=COUNTIF(B2:B157,1)-1	
12		第二自由度	n_2-1	70	←	=COUNTIF(B2:B157,2)-1	
13		以F值求p值		0.0297139	←	=FDIST(L9,L11,L12)	
14		临界值	Fa	1.4660936	←	=FINV(L10,L11,L12)	
15							
16		方差检验结论: p=0.029<0.05,或F=1.552>Fa=1.466,方差不等,差异显著

图 10.1　传统方法作方差分析

4. 结果解释：有检验结果可知，p = 0.029 < 0.05，或 F = 1.552 > Fa = 1.466，落在拒绝阈，拒绝原假设，接受对立假设，也就是说方差不等，差异显著。

5. 调用函数说明：分组平均数函数和分组方差函数已在上一章做过介绍；求得第一二自由度公式也在前面学习过；FDIST（L9，L11，L12）是F分布函数。

（1）F分布 FDIST（）函数的语法为：FDIST（F，分子自由度，分母自由度）或FDIST（x, degrees_freedom1, degrees_freedom2）。

F为用来计算此函数的F值。由于F值是两个均方相除：

$$F = \frac{MSA}{MSE} = \frac{处理的均方}{误差的均方} \tag{10.2}$$

所以其自由度有两个，一个是分子自由度，另一个是分母自由度。且因分子分母均为正值（均方），所以其分布只在0的右侧。

本函数是求：在某两个自由度下的F分布中，求自右尾累计到F值的总面积（概率），即返回F分布的右尾累计概率值。

（2）FINV（L10，L11，L12）是F分布反函数。

F分布反函数 FINV（）的语法为：FINV（右尾概率，分子自由度，分母自由度），或FINV（probability, degrees_freedom1, degrees_freedom2）。

本函数用在已知自由度F分布中，求某累计概率所对应的F值。

由于F分布的图形及概率值，将随自由度不同而略有不同。有了此函数，即可省去查"F分布的临界值"F分布表的麻烦。

（二）FTEST（）作两样本的方差分析

案例：现有某学校157名教师工作量数据，为了验证男女教师实际完成的工作量是否有差异，需要先验证男女教师实际完成的工作量的方差是否相等。

解决方案：利用Excel的FTEST（）检验完成两样本的方差分析。

操作步骤：

1. 以上一章的方法把待计算的数据按"性别"升序排列（见图10.2）。

2. 在J21输入如图10.2文本数据；在L21单元格输入并回车确认公式：=FTEST（H2：H86，H87：H157）/2，求得F检验的p值。

3. 结果解释：由于p值为0.0297 < 0.05，落在拒绝阈，否定原假设，说明男女教师的

工作量的方差不齐，差异显著。

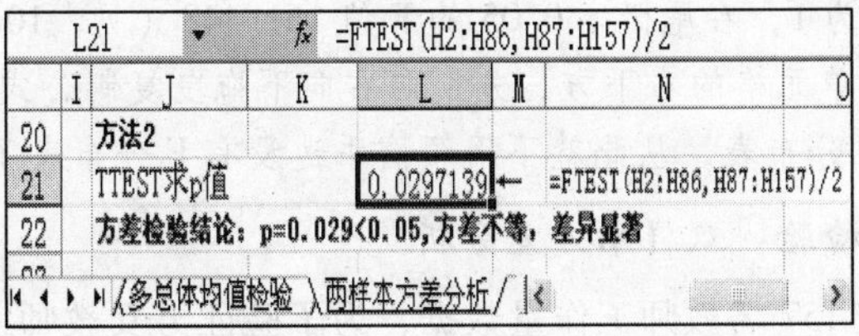

图 10.2 FTEST（）做两样本的方差分析

4. 调用函数说明：= FTEST（H2：H86，H87：H157）/2 表示的是 F 检验函数。本公式可用来测试双样本方差分析，即两组样本的方差是否相同，可返回两组数据（样本数允许不同），方差是否存有显著差异的 F 检验的右尾概率值（p 值）。

FTEST（）函数的语法：FTEST（区域 1，区域 2），或 FTEST（array1，array2）。

请注意 FTEST（区域 1，区域 2）和 FTEST（区域 2，区域 1）的返回值是一样的。假设区域 1 样本方差 S_1^2 大于区域 2 样本方差 S_2^2，即 $S_1^2 > S_2^2$，FTEST（区域 1，区域 2）的 F 值 >1，分布图实为右尾概率分布；FTEST（区域 2，区域 1）的 F 值 <1，分布图实为左尾概率分布。

因此 FTEST（）函数返回值是左尾概率面积和右尾概率面积之和，加之两个面积相等，由此 F 值的右尾概率：

$$p = \frac{\text{FTEST（）返回值}}{2} \tag{10.3}$$

这就是为什么本例要调用函数 = FTEST（H2：H86，H87：H157）/2。

如果输入的公式是 = FTEST（H2：H86，H87：H157），这时判断检验结果很简单，只需看此 p 值的二分之一是否小于所指定显著水平的 a 值。（通常是双尾检验，但常常会将数字大者当分子，所以只需看右尾的临界值即可）

延伸阅读

利用 Excel 制作 F 分布表

1. 在 A1 单元格输入表头：F 分布表，然后合并 A1：K1；在 A2 单元格输入 $d.f_1$ 和 $d.f_2$；在 B2：K2 输入第一自由度 1 - 10，在 A3：A32 输入第二自由度 1 - 30，自由度的大小范围由自己决定（见图 10.3）。

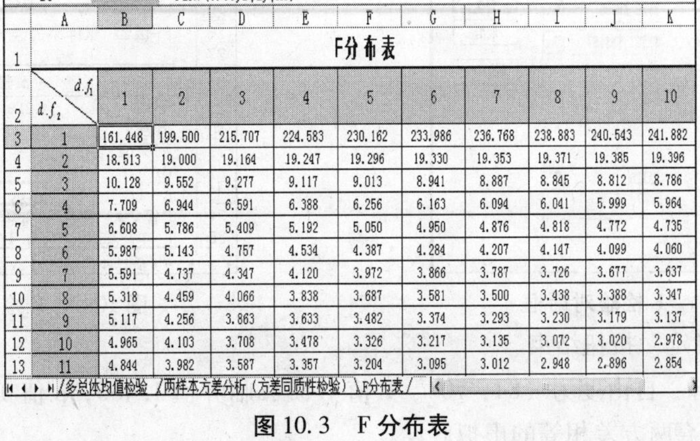
B3 =FINV(0.05,B$2,$A3)

F分布表

$d.f_2$ \ $d.f_1$	1	2	3	4	5	6	7	8	9	10
1	161.448	199.500	215.707	224.583	230.162	233.986	236.768	238.883	240.543	241.882
2	18.513	19.000	19.164	19.247	19.296	19.330	19.353	19.371	19.385	19.396
3	10.128	9.552	9.277	9.117	9.013	8.941	8.887	8.845	8.812	8.786
4	7.709	6.944	6.591	6.388	6.256	6.163	6.094	6.041	5.999	5.964
5	6.608	5.786	5.409	5.192	5.050	4.950	4.876	4.818	4.772	4.735
6	5.987	5.143	4.757	4.534	4.387	4.284	4.207	4.147	4.099	4.060
7	5.591	4.737	4.347	4.120	3.972	3.866	3.787	3.726	3.677	3.637
8	5.318	4.459	4.066	3.838	3.687	3.581	3.500	3.438	3.388	3.347
9	5.117	4.256	3.863	3.633	3.482	3.374	3.293	3.230	3.179	3.137
10	4.965	4.103	3.708	3.478	3.326	3.217	3.135	3.072	3.020	2.978
11	4.844	3.982	3.587	3.357	3.204	3.095	3.012	2.948	2.896	2.854

多总体均值检验 / 两样本方差分析（方差同质性检验） / F分布表

图 10.3 F 分布表

2. 在 B3 单元格，输入并回车确认公式：= FINV（0.05，B $ 2，$ A3），得到第一自由度为 1，第二自由度为 1，右尾概率 0.05 的 F 值 161.448（见．10.3）。

3. 把鼠标放在 B3 单元格的右下方，分别向右向下拖曳复制公式至 K32。

如此就制作好了 F 分布表，从此就不用烦恼手边没有 F 分布表了。

（三）宏工具——F－检验：双样本方差分析

案例：现有某学校 157 名教师工作量数据，为了验证男女教师实际完成的工作量是否有差异，需要先验证男女教师实际完成的工作量的方差是否相等。

解决方案：利用 Excel 的宏工具——F－检验：双样本方差分析，完成两样本的方差分析。

操作步骤：

1. 以上一章的方法把待计算的数据按"性别"升序排列。

2. 单击"工具（T）"菜单，选择"数据分析（D）..."，调出"数据分析"对话框（见图 10.4）。选中"F－检验：双样本方差分析"选项（见图 10.5）。

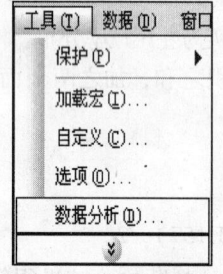

图 10.4 调出"数据分析"

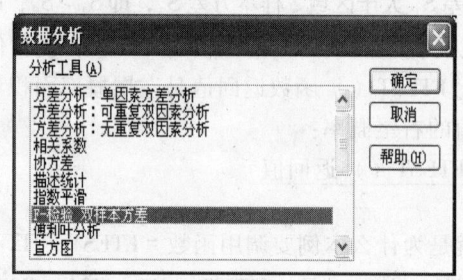

图 10.5 "数据分析"对话框

3. 单击"确定"按钮，弹出"F－检验：双样本方差分析"对话框。在"变量 1 的区域（1）"与"变量 2 的区域（2）"输入两组数据的区域 $ H $ ：$ H $ 86 与 $ H $ 87：$ H $ 157。见图 10.6。

4. B 不勾选"标志（L）"（因两组数据没有包含标题名称）。

5. a 维持 0.05。

6. 设定输出区域，本例安排在目前工作表的 J26 的位置。

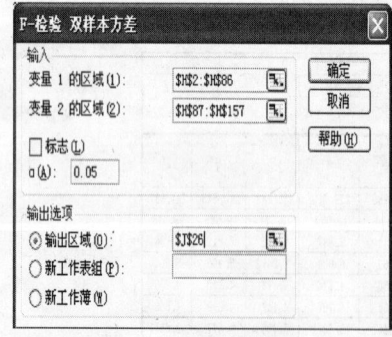

图 10.6 F 检验对话框

图 10.7 F 检验结果

7. 单击"确定"按钮结束。

8. 结果解释：自由度为（84，70），F 值 1.55 > 临界值 1.466，p 值 0.029 < α = 0.05，落在危险阈，放弃两方差相等的虚拟假设。

第二节　单因素方差分析概述

单因素方差分析是用来研究一个控制变量的不同水平（不同的职称水平）是否对观测变量（完成工作量）产生了显著影响。这里，由于仅研究单个因素（职称）对观测变量（完成工作量）的影响，因此称为单因素方差分析。

一、单因素方差分析基本原理

（一）明确观测变量和控制变量

例如，验证某校不同职称教师实际完成工作量是否有差异？观测变量是完成工作量，控制变量为职称，控制变量职称有4个水平：助教、讲师、副教授和教授。

（二）剖析观测变量的方差

方差分析认为：观测变量值的变动会受控制变量和随机变量两方面的影响。据此，单因素方差分析将观测变量总的离差平方和分解为组间离差平方和与组内离差平方和两部分，目的是推断 k 个样本所分别代表的 $\mu_1, \mu_2, \cdots, \mu_k$ 是否相等，以便比较多个处理的差别有无统计学意义。

统计学中用 SSA（sum of squares for factor A）代表各组平均值与总平均值的误差平方和，反映各总体的样本均值之间的差异程度，又称为组间平方和；SSE（Sum of Squares for Error）即误差项平方和，反映每个样本各观测值的离散状况，又称为组内平方和或残差平方和；SST（total sum of square）反映一模型的真实值与平均值的偏差程度。用数学形式表述为：SST = SSA + SSE。具体公式和关系见表 10.1。

表 10.1　　　　　　　　　　单因素方差分析总差异分解

变异来源	离均差平方和 SS	自由度 d.f.	均方 MS	F
总	SST = SSA + SSE 或 $SST = \sum_{i=1}^{k}\sum_{j=1}^{n_i}(y_{ij}-\bar{y})^2$	$N-1$		$\dfrac{MS_{组间}}{MS_{组内}}$
组间（处理组间）	$SSA = \sum_{i=1}^{k}\sum_{j=1}^{n_i}(\bar{y_i}-\bar{y})^2 = \sum_{i=1}^{k}n_i(\bar{y_i}-\bar{y})^2$	K^*-1	$\dfrac{SSA}{d.f._{组间}}$	
组内（误差）	$SSE = \sum_{i=1}^{k}\sum_{j=1}^{n_i}(y_{ij}-\bar{y_i})^2$	$N-k$	$\dfrac{SSE}{d.f._{组内}}$	

*k 为处理组数

（三）控制变量影响观测变量的显著检验

1. 在观测变量总离差平方和中，如果组间离差平方和所占比例较大，则说明观测变量的变动主要是由控制变量引起的，可以主要由控制变量来解释，控制变量给观测变量带来了显著影响。

2. 如果组间离差平方和所占比例小，则说明观测变量的变动不是主要由控制变量引起的，不可以主要由控制变量来解释，控制变量的不同水平没有给观测变量带来显著影响，观测变量值的变动是由随机变量因素引起的。

3. 方差分析检验判定的方法。

方差分析检验判定的方法与其他假设检验方法一样，只是检验统计量为 F，具体判定方法见表 10.2。

表 10.2　　　　　　　　F 值、p 值与统计结论

α	F 值	p 值	统计结论
0.05	$<F_{0.05(d.f组间, d.f组内)}$	>0.05	不拒绝 H_0，差别无统计学意义
0.05	$\geqslant F_{0.05(d.f组间, d.f组内)}$	0.05	拒绝 H_0，接受 H_1，差别有统计学意义
0.01	$\geqslant F_{0.01(d.f组间, d.f组内)}$	0.01	拒绝 H_0，接受 H_1，差别有高度统计学意义

二、单因素方差分析基本步骤

1. 提出原假设：H_0——无差异；H_1——有显著差异
2. 选择检验统计量：方差分析采用的检验统计量是 F 统计量，即 F 值检验。
3. 计算检验统计量的观测值和概率 p 值：该步骤的目的就是计算检验统计量的观测值和相应的概率 p 值。
4. 给定显著性水平，并做出决策。

三、单因素方差分析的进一步分析

在完成上述单因素方差分析的基本分析后，可得到关于控制变量是否对观测变量造成显著影响的结论，接下来还应做其他几个重要分析，主要包括方差齐性检验、多重比较检验。

（一）方差齐性检验

是对控制变量不同水平下各观测变量总体方差是否相等进行检验。

前面提到，控制变量不同各水平下观测变量总体方差无显著差异是方差分析的前提要求。如果没有满足这个前提要求，就不能认为各总体分布相同。因此，有必要对方差是否齐性进行检验，其原假设是：各水平下观测变量总体的方差无显著差异。

（二）多重比较检验

单因素方差分析的基本分析只能判断控制变量是否对观测变量产生了显著影响。如果控制变量确实对观测变量产生了显著影响，进一步还应确定控制变量的不同水平对观测变量的影响程度如何，其中哪个水平的作用明显区别于其他水平，哪个水平的作用是不显著的，等等。

例如，如果确定了不同职称对完成工作量有显著影响，那么还需要了解助教、讲师、副教授和教授对完成工作量的影响幅度是否有差异，多重比较检验利用了全部观测变量值，实现对各个水平下观测变量总体均值的逐对比较。由于多重比较检验问题也是假设检验问题，因此也遵循假设检验的基本步骤。下面，介绍几种常用检验统计量的构造方法：

1. LSD 方法称为最小显著性差异（least significant difference）法。是用 T 检验完成均值

间的两两配对比较，不同的是 LSD 用全部数据进行检验，T 检验仅用需要比较的两个样本的数据进行检验。因此，最小显著性差异法就体现了其检验敏感性高的特点，即水平间的均值只要存在一定程度的微小差异就可能被检验出来。

正是如此，它利用全部观测变量值，而非仅使用某两组的数据。LSD 方法适用于各总体方差相等的情况，但它并没有对犯一类错误的概率问题加以有效控制。

2. S-N-K（student newman keuls）方法，与 Tukey 方法类似，是一种有效划分相似性子集的方法。运用最为广泛的一种两两比较方法，采用 Student Range 分布进行所有各组均值间的配对比较，该方法保证在 H_0 真正成立时总的 α 水准等于实际设定值，即控制了一类错误。S-N-K 方法适合于各水平观测值个数相等的情况。

3. Bonferroni 邦弗伦尼方法。也称修正最小显著性差异法（Modified LSD Test, LSD-MOD）。该方法对 LSD 修正之处在于对犯第一类错误的概率进行了控制，在每次两两样本检验中，将显著性水平缩小到原来 α 的分之一，其中 N 是进行两两检验的总次数。

4. Tukey 图基法，也称"图基的最实在性显著查检验法"（Tukey's Honestly Significant Difference，HSD），采用了与 LSD 方法不同的统计量，在相同的显著性水平下，拒绝零假设的可能性比 t 检验低，从而从另一个角度使犯第一类错误的概率不增大。该方法不仅进行了成对均值的检验，而且还进行了相似子集的划分，但是它仅适用于各个样本的样本容量相等的情况。

5. 先验对比检验，在多重比较检验中，如果发现某些水平与另外一些水平的均值差距显著，如有五个水平，其中 x1、x2、x3 与 x4、x5 的均值有显著差异，就可以进一步分析比较这两组总的均值是否存在显著差异，即 1/3（x1+x2+x3）与 1/2（x4+x5）是否有显著差异。这种事先指定各均值的系数，再对其线性组合进行检验的分析方法称为先验对比检验。通过先验对比检验能够更精确地掌握各水平间或各相似性子集间均值的差异程度。

6. 趋势检验，当控制变量为定序变量时，趋势检验能够分析随着控制变量水平的变化，观测变量值变化的总体趋势是怎样的，是呈现线性变化趋势，还是呈二次、三次等多项式变化。通过趋势检验，能够帮助人们从另一个角度把握控制变量不同水平对观测变量总体作用的程度。

四、单因素方差分析的适用条件为：

1. 各样本是随机抽取的。
2. 各样本是相互独立的，否则可能出现无法解析的输出结果。
3. 各样本分别来自正态分布总体，否则使用非参数分析。
4. 各总体的方差相同，即方差齐性。

第三节　单因素方差分析——多总体的均值检验

方差分析的另一种用途，是用来检验多组（>2）总群平均值是否相等。即 Z 与 t 检验是用两组数据比较平均值差异时，而比较两组以上的平均值是否相等时，就需使用方差分析。

单因素方差分析用于两个及两个以上样本均数差别的显著性检验，与 T 检验相比较，单因素方差分析可同时检验两个及其以上正态总体均值差异的显著性，不必拆为多组进行两两比较。另外，T 检验是对两个样本的均值差异直接进行检验，单因素方差分析是将"均值间是否存在显著性差异"转化为"相对于各样本内部的差异（组内均方差）而言，各样本之间的差异（组间均方差）是否足够大？"，因此方差分析处理的是均方差，是通过均方差进行比较实现对多个均值是否有显著性差异检验。

一、Excel 单因素方差分析

（一）按照传统方法计算单因素方差分析

案例：现有某校教师完成教学工作量数据，试以 a = 0.01 的显著水平，检验不同职称的教师的教学工作量是否存在显著差异。

解决方案：利用 Excel 按照传统计算方法做单因素方差分析，以实现不同职称的教师的教学工作量差异显著性检验。

操作步骤：

1. 对工作量变量按职称排序。

（1）把活动单元格停在"教师职称"列，单击"数据"菜单，选择"排序"，调出"排序"对话框（见图 10.8）。

（2）在对话框下边的"我的数据区域"矩形框，点选"有标题行（R）"选项；在对话框上边的"主要关键字"矩形框里，选择"教师职称"，并在该矩形框的右边点选"升序（A）"排列，以便根据"教师职称"升序排序，使相同职称的数据能集中在一起（见图 10.9）。

（3）单击"确定"按钮，完成排序（见图 10.9）。

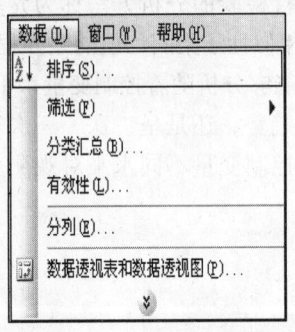

图 10.8　调出"排序"

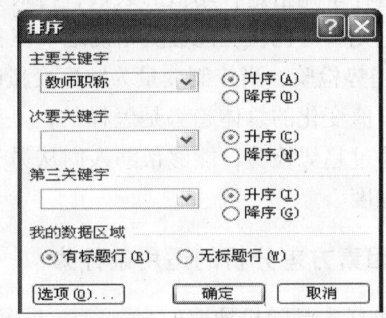

图 10.9　"排序"对话框

2. 设定虚拟假设 H_0 和对立假设 H_1。

H_0：$\mu_1 = \mu_2 = \cdots = \mu_k$（每组平均值相等）

H_1：至少有两个平均值不相等

3. 构建 SUMMARY 表。

（1）在 J2：Q9 单元格输入如图 10.10 的文本数据。

（2）在 K6 单元格输入并回车确认公式：= COUNTIF（$D$2：$D$157，K5），向右拖曳复制公式至 N6，求得不同职称的人数；在 O6 单元格输入并回车确认公式：= COUNT（D2：D157），求得总样本数 156（见图 10.10）。

（3）在 K7 输入并回车确认公式：= DAVERAGE（$A$1：$H$157，$H1，K4：K5），向右拖曳复制公式至 N7，求得不同职称教师的平均工作量；在 O7 单元格输入

	J	K	L	M	N	O
1	**方法1**					
2	SUMMARY					
3		助教	讲师	副教授	教授	
4		教师职称	教师职称	教师职称	教师职称	汇总
5		1	2	3	4	
6	样本数n	25	80	42	9	156
7	均值	60.9556	180.6035	266.529762	308.1155556	191.919615
8	求和	1523.89	14448.28	11194.25	2773.04	29939.46
9	方差	783.6218423	49297.86044	40432.6809	59256.67175	44125.6687

多总体均值检验（传统方法）/多总体均值检

图 10.10 SUMMARY 表

并回车确认公式：=AVERAGE（H2：H157），求得所有教师工作量的总平均数。

（4）在 K8 输入并回车确认公式：=SUMIF（$D$2：$D$157，K5，$H$2：$H$157），向右拖曳复制公式至 N8，求得不同职称教师的工作量合计；在 O8 单元格输入并回车确认公式：=SUM（H2：H157），求得所有教师工作量的合计（见图 10.10）。

（5）在 K9 单元格输入并回车确认公式：=DVAR（$A$1：$H$157，$H1，K4：K5），向右拖曳复制公式至 N9，求得不同职称教师的方差；在 O9 单元格输入并回车确认公式：=VAR（H2：H157），求得所有教师工作量的总方差（见图 10.10）。

4. 接下来建立方差分析表。

（1）在 J13：P16 格输入如图 10.11 的文本数据。

（2）求总离差平方和：在 K14 单元格输入数组公式：=SUM（（H2：H157－O7）^2），然后同时按"Ctrl＋Shift＋Enter"组合键确认数据公式，求得总离差平方和。

（3）求组间离差平方和：在 K15 单元格输入并回车确认公式：=SUM（K6＊（K7－O7）^2，L6＊（L7－O7）^2，M6＊（M7－O7）^2，N6＊（N7－O7）^2），求得组间离差平方和。

（4）求组内离差平方和：在 K16 单元格输入数组公式：=SUM（SUM（（H2：H26－K7）^2），SUM（（H27：H106－L7）^2），SUM（（H107：H148－M7）^2），SUM（（H149：H157－N7）^2）），然后同时按 Ctrl＋Shift＋Enter 确认数据公式，求得组内离差平方和（见图 10.11）。

K14　　fx {=SUM((H2:H157-O7)^2)}

	J	K	L	M	N	O	P
12	方差分析						
13	变异来源	离均差平方和SS	自由度 d.f.	均方MS	F	p	F crit（临界值）
14	总（SST）	6839478.655	155	44125.6687			
15	组间（处理组间）（SSA）	794347.4656	3	264782.489	6.658	.000297	2.66411
16	组内（误差）（SSE）	6045131.19	152	39770.5999			

多总体均值检验（传统方法）/多总体均值检验调

图 10.11 方差分析表

（5）在 L14 单元格输入并回车确认公式：=COUNT（H2：H157）－1，求得总自由度；在 L15 单元格输入并回车确认公式：=4－1，求得组间自由度；在 L16 单元格输入并回车确认公式：=COUNT（H2：H157）－4，求得组内自由度（见图 10.11）。

（6）在 M14 单元格输入并回车确认公式：=K14/L14，求得总方差，这与 O9 单元格用

VAR（）函数求得的总方差是一样的；在 M15 单元格输入并回车确认公式：＝K15/L15，求得组间均方；在 M16 单元格输入并回车确认公式：＝K16/L16，求得组内均方（见图 10.11）。

（7）在 N14 单元格输入并回车确认公式：＝M15/M16，求得 F 值；在 O14 单元格输入并回车确认公式：＝FDIST（N14，L15，L16），求得 p 值；在 P14 单元格输入并回车确认公式：＝FINV（0.05，L15，L16），求得显著水平为 0.05 的临界值 2.664（见图 10.11）。

5. 结果解释：由方差分析表可知，$F = 6.658 > F_{0.05} = 2.664$，或者 $p = 0.000 < 0.05$，落在危险阈，否定原假设，接受对立假设，也就是说不同职称教师完成工作量是有差异的。

6. 调用函数说明：在这里对以前没有出现的函数做一说明。

（1）在 K8 单元格的公式 ＝SUMIF（$D$2：$D$157，K5，$H$2：$H$157）是条件求和函数，$D$2：$D$157 表示判断区域，指按职称不同来求和，K5 指定条件，表示职称为 1（助教）在判断区域去判定哪些是 1；$H$2：$H$157 是定义参加计算的数据区域，这里是指 156 个工作量数据。总的说来，函数的意思是在 $D$2：$D$157 职称判断区域选择职称为 1 的行对应的工作量数据汇总求和。

（2）K14 单元格输入的数组公式：＝SUM（(H2：H157－O7)^2），表示 H2：H157 工作量数据区域的每一个值分别同 O7 单元格的总均值 191.9，求出离差，然后平方，再求和，以此求得总的离差平方和。

（3）其他指标的函数都是按照相应的公式来求得的，不再一一赘述。

（二）Excel 宏工具——方差分析：单因素方差分析

案例：现有某校教师完成教学工作量数据，试以 a＝0.01 的显著水平，检验不同职称的教师的教学工作量是否存在显著差异。

解决方案：利用 Excel 宏工具——方差分析：单因素方差分析，以实现不同职称的教师的教学工作量差异显著性检验。

操作步骤：

1. 调整职称和学期工作量数据的格式：把学期工作量按不同职称分成四列，A 列是助教的工作量数据，B 列是讲师的工作量数据，以此类推（见图 10.12）。

2. 单击"工具"菜单，选择"数据分析（D）…"，调出"数据分析"对话框（见图 10.13）。

图 10.12　调整数据格式　　　　图 10.13　调用"数据分析"

3. 在"数据分析"对话框,选择"方差分析:单因素方差分析"宏工具,单击"确定"按钮,弹出"方差分析:单因素方差分析"对话框(见图 10.14)。

4. 在对话框中,在"输入区域"位置,设定四组数据的区域,选取可包括所有数据的最小区域即可。本例在"输入区域(I)"位置输入 \$A\$2:\$D\$82,别管其中可能仍含有空白单元格(见图 10.15)。

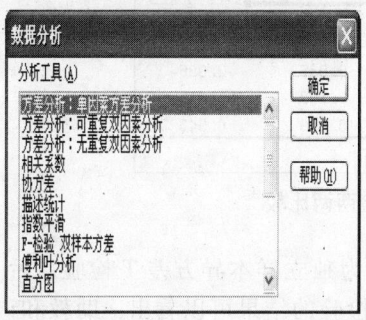
图 10.14 "数据分析"对话框

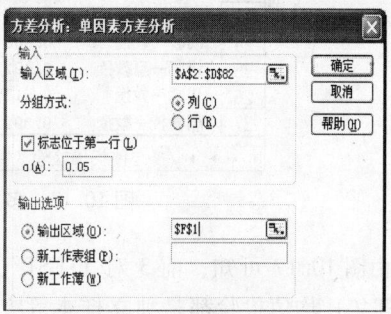
图 10.15 单因素方差分析对话框

5. 将"分组方式"安排为"列(C)";勾选"标志位于第一行(L)"(因各组数据均含标题的字符串标记),设定为 0.05。

6. 设定输出区域,本例安排在当前工作表的 F1 位置(见图 10.15)。

7. 单击"确定"按钮结束,即可获得 SUMMARY 表和单因子方差分析的 ANOVA 表(见图 10.16)。

	组	观测数	求和	平均	方差
SUMMARY					
	助教	25	1523.89	60.9556	783.62184
	讲师	80	14448.28	180.6035	49297.86
	副教授	42	11194.25	266.52976	40432.681
	教授	9	2773.04	308.11556	59256.672

方差分析

差异源	SS	df	MS	F	P-value	F crit
组间	794347.47	3	264782.49	6.6577444	0.0002969	2.6641067
组内	6045131.2	152	39770.6			
总计	6839478.7	155				

图 10.16 宏工具"单因素方差分析"的结果

8. 结果解释:自由度为(3,152),F 值 6.657 > 临界值 2.664,或者 p 值 0.000 < α = 0.05,所以可知不同职称教师的实际完成工作量存有显著差异(见图 10.17)。

由上可知,在四个组的平均数中至少有两个组的平均数有显著差异,但究竟哪两个组有显著差异呢?需进一步做"事后比较"(Post Hoc Comparison)。事后比较也称为多重比较,主要有:N-K(Newman-Keuls)比较法和谢费(Scheffe)比较法等,其共同点就是利用 SUMMARY 表和方差分析表已有的数据进行检验,以避免多余的工作量。

在 Excel 中,可用 TTEST() 函数对四组均值进行两两对照,比较差异,结果见图 10.17。

291

■ 社会科学数据处理软件应用

图 10.17 中显示的 Excel 表格内容：

	方差齐性检验		T检验	
	p值	F值	p值	T值
助教—讲师	0.000	11.621	0.000	4.653
助教—副教授	0.000	19.874	0.000	6.109
助教—教授	0.000	6819.133	0.016	2.542
讲师—副教授	0.491	1.014	0.038	2.096
讲师—教授	0.617	0.922	0.109	1.618
副教授—教授	0.399	1.240	0.590	0.543

图 10.17 多重比较——T 检验两两比较

由图 10.17 可知，前 3 对 TTEST（）均值检验皆为独立样本异方差 T 检验，后 3 对 TTEST（）均值检验都是独立样本等方差 T 检验，从检验的结果可以看出：助教和讲师、副教授和教授的工作量均有显著差异；讲师和副教授之间的工作量有显著差异；而讲师和教授、副教授和教授之间的工作量没有显著差异。

二、SPSS 单因素方差分析

案例：现有某校教师完成教学工作量数据，试以 a = 0.01 的显著水平，检验不同职称的教师的教学工作量是否存在显著差异。

解决方案：利用 SPSS 的单因素方差分析（ANOVA）过程，以实现不同职称的教师的教学工作量差异显著性检验。

操作步骤：

1. 单击 "Analyze" 菜单，选中 "Compare Means"，点击 "One－Way ANOVA" 过程，调出 "One－Way ANOVA" 对话框（见图 10.18）。

2. 在对话框左边的变量列表中，把 "学期工作量" 选进 "Dependent List" 矩形框中，把 "教师职称" 选进 "Factor" 框中（见图 10.19）。

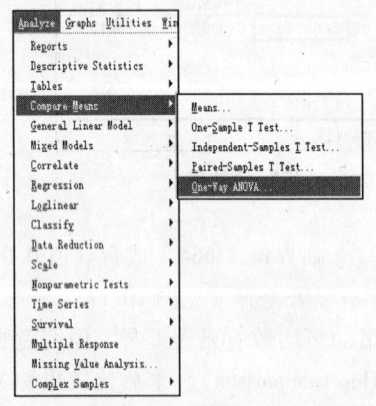

图 10.18 调出 "One－Way ANOVA"

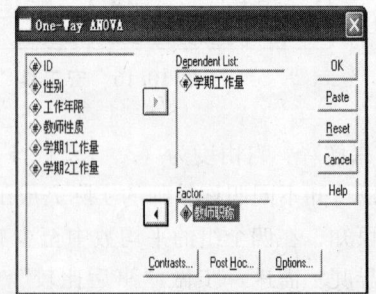

图 10.19 "One－Way ANOVA" 对话框

3. 单击 "OK" 按钮，得到方差分析表。

4. 结果解释：从表中可知，F 值为 6.658，p 值为 0.000，落在危险阈，不同职称教师的工作量有显著差异。

表 10.3　　　　　　　　　　　　单因素方差分析结果

	Sum of Squares	df	Mean Square	F	Sig.
Between Groups	794347.5	3	264782.409	6.658	0.000
Within Groups	6045131	152	39770.600		
Total	6839479	155			

5. 进一步检验数据的正态性和方差齐性。依据上一章第二节的知识，利用单样本 K‐S 检验，得到工作量的正态性检验结果，操作方法是：

（1）单击"Data"菜单，选中"Split File"，调出"Split File"对话框，然后点选"Copare groups"选项，把对话框左边的"教师职称"变量选入右边的空白框内（见图 10.20）。

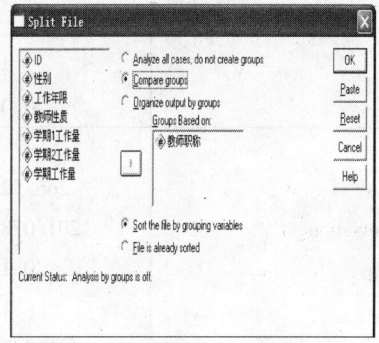

图 10.20　"Split File"对话框

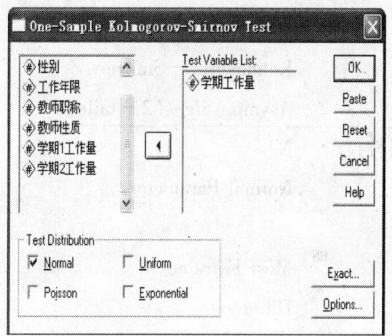

图 10.21　"One‐Sample Kolmogorv‐Smirnov Test"对话框

（2）单击"Analyze"菜单，选中"Nonparametric Tests"，点击"1‐Sample K‐S..."过程，调出"One‐Sample Kolmogorov‐Smirnov Test"对话框（见图 10.21）。

（3）把对话框左边变量列表中的"学期工作量"选入右边的"Test Variable List"空白框中，勾选对话框下边"Test Distitution"（检验分布类型）的"Normal"选项，然后单击"OK"按钮，得到"One‐Sample Kolmogorov‐Smirnov Test"（见图 10.21）。

（4）结果解释

利用 Explore 进行方差齐性和正态性检验，由于使用的统计量不同，其结果与 1‐K‐S 检验结果当然有细微的差异。

从表 10.4 的 K‐S 检验结果看，除讲师工作量的正态性检验的 p 值小于 0.05 外，其余三个职称类别的工作量正态性检验 p 值均大于 0.05，也就是说助教、副教授和教授工作量均呈正态分布。

表 10.4　　　　　　　　　　　　K‐S 检验结果

教师职称			学期工作量
助教	N		25
	Normal Parameters	a, b　Mean	60.9556
		Std. Deviation	27.99325
	Most Extreme	Absolute	155

续表10.4

教师职称				学期工作量
	Differences		Positive	155
			Negative	-0.077
	Kolmogorov – Smirnov Z			0.773
	Asymp. Sig. (2 – tailed)			589
讲师	N			80
	Normal Parameters	a, b	Mean	180.6035
			Std. Deviation	222.03122
	Most Extreme		Absolute	0.277
	Differences		Positive	0.277
			Negative	-0.221
	Kolmogorov – Smirnov Z			2.476
	Asymp. Sig. (2 – tailed)			0.000
副教授	N			42
	Normal Parameters	a, b	Mean	266.5298
			Std. Deviation	201.07879
	Most Extreme		Absolute	0.168
	Differences		Positive	168
			Negative	-0.109
	Kolmogorov – Smirnov Z			1.087
	Asymp. Sig. (2 – tailed)			188
教授	N			9
	Normal Parameters	a, b	Mean	308.1156
			Std. Deviation	243.42693
	Most Extreme		Absolute	0.200
	Differences		Positive	176
			Negative	-0.200
	Kolmogorov – Smirnov Z			600
	Asymp. Sig. (2 – tailed)			865

a. Test distribution is Normal.
b. Calculated from data.

从"Explore"过程求得的正态性检验结果来看，助教和教授工作量数据呈正态分布，讲师和副教授工作量数据不呈正态分布，通过描述统计量可知，讲师工作量数据的偏度1.55，标准误为0.269，偏度值1.55超过1，二者的比值为5.76，超过2.5，可以认为讲师工作量不呈正态性分布。副教授工作量数据的偏度0.45，标准误为0.365，偏度值没有超过1，甚至0.5，偏度值与标准误的比值为1.23，没超过2.5，说明。副教授工作量数据呈近似正态分布，不影响方差分析的结果。

表 10.5　　　　　　　　　　　　正态性检验

教师职称	Kolmogorov-Smirnov[a]			Shapiro-Wilk		
	Statistic	df	Sig.	Statistic	df	Sig.
学期工作量　助教	0.155	25	0.126	0.932	25	0.097
讲师	0.277	80	0.000	0.731	80	0.000
副教授	0.168	42	0.005	0.903	42	0.002
教授	0.200	9	0.200*	0.899	9	0.247

*. This is a lower bound of the true significance.
a. Lilliefors Significance Correction

从表 10.6 的方差齐性检验的结果看，基于各个指标的方差齐性检验的 p 值都小于 0.05，甚至 0.01，说明不同职称的工作量的方差是有显著差异的，方差不齐性。

表 10.6　　　　　　　　　　　　方差齐性检验

	Levene Statistic	df1	df2	Sig.
学期工作量　Based on Mean	14.464	3	152	0.000
Based on Median	5.617	3	152	0.001
Based on Median and with adjusted df	5.617	3	107.037	0.001
Based on trimmed mean	11.664	3	152	0.000

因此本例不适合做方差分析，最好的办法是进行非参数检验了。（但仅为了说明和学习单因素方差分析的方法，本例无奈地强行进行方差分析的后续分析了，读者在数据处理的实践中不要学我啦！要按照统计规则才行。）

6. 精细趋势检验和先验对比检验。

（1）重复 1~2 步，在"One-Way ANOVA"对话框中，单击"Contrast"按钮，弹出"One-Way ANOVA：Contrast"对话框。

（2）"One-Way ANONVA：Contrast"对话框，用于对精细趋势检验和精确两两比较的选项进行定义。本例选择"Polynomial"复选框，表示要在方差分析中进行趋势检验，并在"Degree"下拉菜单中选择线性"Linear"（下拉菜单中包含从线性趋势一直到最高五次方曲线等 3 项来进行检验（见图 10.22）。

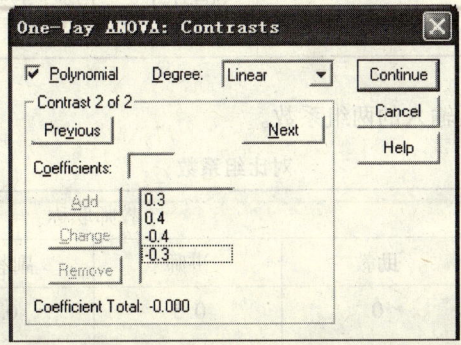

图 10.22　"One-Way ANONVA：Contrast"对话框

(3) "Coefficients"框是做先验对比检验,就是发现某些总体均值与其他总体均值有显著性差异时,检验我们对这些均值间存在某种数量关系的认识是否可取。这里按照分组变量升序给每组一个系数值,注意最终所有系数值相加应为0。本例的分类变量的升序分别赋予系数值0、0.5、0.5和-1,或者赋予系数值0.3、0.4、-0.3和-0.4。

具体操作是:在"Coefficients"框内输入0,单击"Add"按钮,把"Coefficients"框内的0添加到下边的空白框内,以此类推,把0.5、0.5和-1都添加到此空白框内;单击"Next"按钮,清空空白框里的内容,以同样的方法把系数值0.3、0.4、-0.3和-0.4添加到空白框内(见图10.22)。

(4) 单击"Continue"按钮,返回"One-Way ANOVA"对话框中,再次单击"OK"按钮,得到趋势检验和先验对比检验结果。

(5) 结果解释:

表10.7是趋势分析的结果,实际上是调整后的方差分析表。

由表10.7可知,组间平方[Between(Combined)]、组间平方和(Within Groups)和总平方和(Total)分别为79347.5、6045131和6839479,与前边的方差分析表中的相应的数值完全一致。

下边几组数据是对组间平方和的线性关系做一细化:不加权(Unweighted)情况下的组间平方和为49.293.1;加权(weighted)情况下的组间平方和为759214.5;不能用职称线性关系解释的组间离差平方和(Deviation)为35133.003。细心的读者可能会发现759214.5+35133.003=79347.5,即组间加权平方和与组间离差平方和的数值相加等于未细化的组间平方和,换句话说能用线性关系解释的部分为759214.5。

此处的F值为19.09,p值为0.000,小于0.05,拒绝零假设(线性方程的系数均为0),不同职称教师与工作量之间存在某种线性关系。

表10.7　　　　　　　　　　　　　调整后的方差分析表

		Sum of Squares	df	Dean Square	F	Sig.
Between Groups	(Combined)	794347.5	3	264782.489	6.658	
	Linear Term Unweighted	490293.1	1	490293.083	12.328	
	Weighted	759214.5	1	759214.463	19.090	0.000
	Deviation	85133.003	2	17566.502	0.442	0.644
Within Groups		6045131	152	399770.600		
Total		6839479	155			

表10.8为对比检验所输入的两组系数。

表10.8　　　　　　　　　　　　　对比组系数

Contrast	教师职称			
	助教	讲师	副教授	教授
1	0	0.5	0.5	-1
2	0.3	0.4	-0.4	-0.3

表10.9为对比检验的结果,对比假设的零假设为$\sum c_i \bar{x}_i = 0$,其中c_i为个类别变量水平被赋予的系数。

表10.9 对比检验结果
Contrast Tests

		Contras	Value of Contrast	Std. Error	t	df	Sig. (2-tailed)
学期工作量	Assume equal variances	1 2	84.5489 08.5185	9.13732 7.78360	-1.223 -3.906	152 152	0.223 0.000
	Does not assume e variances	1 2	84.5489 08.5185	3.53922 9.12066	-1.012 -3.727	8.985 16.126	0.338 0.002

第一组系数的对比检验 p 值为 0.223,大于 0.05,接受零假设,教授完成的工作量最大,存在显著差异,且有 $\bar{x}_{教授} = 0.5\bar{x}_{讲师} + 0.5\bar{x}_{副教授}$。

7. 方差齐性检验和均值相等的稳健检验

(1) 重复 1~2 步,在"One-Way ANOVA"对话框中,单击"Options..."按钮,弹出"One-Way ANOVA:Options"对话框(见图10.23)。

(2) 在"Options"矩形框中,勾选"Descriptive"、"Fixed and random effects"(很少用)、"Homogeneity of variance test"、"Brown-Forsythe"和"Welch"等五个选项。

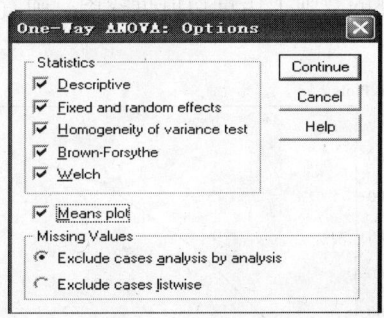

图 10.23 "Options"对话框

(3) 然后再勾选对话框中部的"Means plot"选项,以便输出各组的均值折线图,有利于我们观察各组均值的差异。

(4) 单击"Continue"按钮,返回"One-Way ANOVA"对话框中。

(5) 单击"OK"按钮,得到 Options 输出结果。

(6) 结果解释:
描述统计表比较熟悉了,在此不再赘述。
表 10.10 是方差齐性检验,从检验结果可知,检验值 F = 14.464,p = 0.000 < 0.05,落在拒绝阈,否定原假设,接受方差不齐性的假设。

表 10.10　　　　　　　　　　　方差齐性检验

Levene Statistic	df1	df2	Sig.
14.464	3	152	0.000

表 10.11 是 Welch 和 Brown－Forsythe 的均值相等的稳健检验。Brown－Forsythe 计算各样本均值相等的 Brown－Forsythe 统计量。当不能确定方差齐性时,此统计量比 F 统计量更优越。Welch 计算各样本均值相等的 Welch 统计量。与 Brown－Forsythe 统计量一样,当不能确定方差齐性时,此统计量比 F 统计量更优越。由表可知,"Welch"检验值为 22.61,p 值为 0.000;Brown－Forsythe 统计量值为 7.217,p 值为 0.001,均小于 0.05,说明不同职称教师的工作量差异明显。

表 10.11　　　　　　　　　　　均值相等的稳健检验

	Statistic[a]	df1	df2	Sig.
Welch	22.610	3	31.518	0.000
Brown－Forsythe	7.217	3	28.955	0.001

a. Asymptotically F distributed.

图 10.24 反映了不同职称的教师工作量均值折线图,随着职称的升高,教师完成的工作量也在升高。

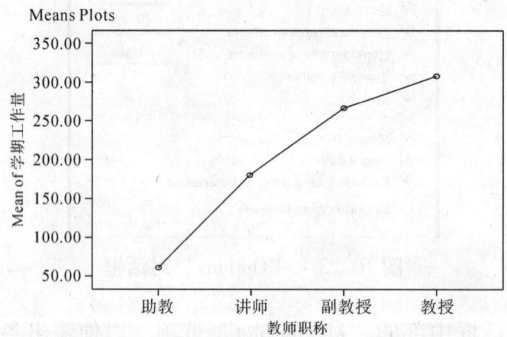

图 10.24　教师工作量均值折线图

8. 均值多重比较。方差分析表只能从整体上告诉我们,各样本所属的总体之间是否具有显著性差异。当差异显著时,并不说明各个总体之间都具有显著性差异,因此需要进一步考察到底是哪些总体之间具有显著性差异。多重比较检验（Multiple Comparisons Test）就是统计学家为解决这一问题提出的一类方法。

(1) 重复 1～2 步,在"One－Way ANOVA"对话框中,单击"Post Hoc"按钮,弹出"One－Way ANOVA:Post Hoc Multiple Comparisons"对话框。

(2) 在 Post Hoc 对话框中,共给出了 18 种多重比较检验的方法,其中有 14 种方法是针对方差齐性（Equal Variances Assumed）的情况,有 4 种方法是针对方差不等（Equal Variances Not Assumed）的情况。将这 18 种方法按功能进行划分,可分为三类:

第一类:进行均值多重比较:LSD、Bonferroni、Sidak、Dunnett 和针对方差不齐的 4 种方法：Tamhane'sT2、Dulmett'sT3、Games – Howell 及 Dunnett'sC。

第二类：划分相似子集：R – E – G – WF、R – E – G – WQ、S – N – K、Tukey's – b、Duncan 和 Walle – Duncan。

第三类：上述两个功能兼有 Scheffe、Tukey、Hochberg'sGT2 和 Gabriel。

本例由于方差不齐，勾选"Tamhane'sT2"、"Dulmett'sT3"（最常用）、"Games – Howell"及"Dunnett'sC"。

（3）在对话框下边定义显著性水平（Significance），比例采用系统默认值 0.05（见图 10.25）。

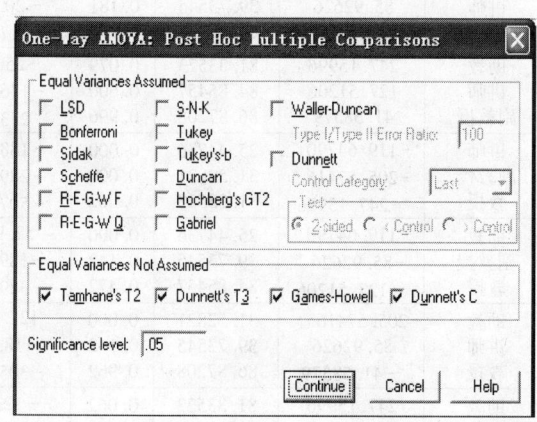

图 10.25　"Post Hoc Multiple Comparisons" 对话框

（4）单击"Continue"按钮，返回"One – Way ANOVA"对话框中，再次单击"OK"按钮，得到多重比较结果。

（5）结果解释：下表给出了多重比较的结果，四种方法的多重比较结果一样，助教与讲师、副教授的工作量均有显著差异，其余均无显著差异。

表 10.12　　　　　　　　　均值多重比较结果

	（I）教师职称	（J）教师职称	Mean Difference (I – J)	Std. Error	Sig.	95% Confidence Interval Lower Bound	95% Confidence Interval Upper Bound
Tamhane	助教	讲师 副教授 教授	– 119.64790 * – 205.57416 * – 247.15996	25.44736 31.52821 81.33523	0.000 0.000 0.092	– 188.1673 – 292.4570 – 528.1332	– 51.1285 – 118.6913 33.8133
	讲师	助教 副教授 教授	– 119.64790 * – 85.92626 * – 127.51206	25.44736 39.73545 84.85457	0.000 0.183 0.662	51.1285 – 192.7957 – 407.5105	188.1673 20.9432 152.4864
	副教授	助教 讲师 教授	205.57416 * 85.92626 – 41.58579	31.52821 39.73545 86.87208	0.000 0.183 0.998	118.6913 – 20.9432 – 322.2316	292.4570 192.7957 229.0600
	教授	助教 讲师 副教授	247.15996 127.51206 41.58579	81.33523 84.85457 86.87208	0.092 0.662 0.998	– 33.8133 – 152.4864 – 239.0600	528.1332 407.5105 322.2316

表10.12（续）

	(I) 教师职称	(J) 教师职称	Mean Difference (I-J)	Std. Error	Sig.	95% Confidence Interval	
						Lower Bound	Upper Bound
Dunnett T3	助教	讲师 副教授 教授	-119.64790* -205.57416* -247.15996	25.44736 31.52821 81.33523	0.000 0.000 0.079	-188.0921 -292.2434 -520.1788	-51.2037 -118.9049 25.8588
	讲师	助教 副教授 教授	-119.64790* -85.92626* -127.51206	25.44736 39.73545 84.85457	0.000 0.181 0.600	51.2037 -192.8848 -401.5115	188.0921 20.8323 146.4874
	副教授	助教 讲师 教授	205.57416* 85.92626 -41.58579	31.52821 39.73545 86.87208	0.000 0.181 0.996	118.9049 -20.8323 -317.0415	292.2434 192.6848 233.8699
	教授	助教 讲师 副教授	247.15996 127.51206 41.58579	81.33523 84.85457 86.87208	0.079 0.600 0.996	-25.8588 -146.4874 -233.8699	520.1788 401.5115 317.0415
Games- Howell	助教	讲师 副教授 教授	-119.64790* -205.57416* -247.15996	25.44736 31.52821 81.33523	0.000 0.000 0.062	-188.3119 -289.7821 -507.0580	-52.9839 -121.3662 12.7381
	讲师	助教 副教授 教授	-119.64790* -85.92626* -127.51206	25.44736 39.73545 84.85457	0.000 0.142 0.472	52.9839 -189.9208 -389.2940	186.3119 18.0683 134.2698
	副教授	助教 讲师 教授	205.57416* 85.92626 -41.58579	31.52821 39.73545 86.87208	0.000 0.142 0.962	121.3662 -18.0683 -305.2234	289.7821 189.9208 222.0518
	教授	助教 讲师 副教授	247.15996 127.51206 41.58579	81.33523 84.85457 86.87208	0.062 0.472 0.962	-12.7381 -134.2698 -222.0518	507.0580 389.2940 305.2234
Dunnett C	助教	讲师 副教授 教授	-119.64790* -205.57416* -247.15996	25.44736 31.52821 81.33523		-186.6013 -290.0752 -507.4530	-52.6945 -121.0731 13.1331
	讲师	助教 副教授 教授	-119.64790* -85.92626* -127.51206	25.44736 39.73545 84.85457		52.6945 -191.5000 -395.0503	186.6013 19.6474 140.0262
	副教授	助教 讲师 教授	205.57416* 85.92626 -41.58579	31.52821 39.73545 86.87208		121.0731 -19.6474 -313.9659	290.0752 191.5000 230.7943
	教授	助教 讲师 副教授	247.15996 127.51206 41.58579	81.33523 84.85457 86.87208		-13.1331 -140.0262 -230.7943	507.4530 395.0503 313.9659

*. The mean difference is significant at the .05 level.

参考文献

[1] 杨世莹. Excel 数据统计与分析范例应用. 北京：中国青年出版社，2005（1）.

[2] 蔡建平，刘爱平等. 数据统计与分析——SPSS 应用教程. 北京：北京大学出版社，2005（7）.

[3] 丁国盛，李涛. SPSS 统计教程——从研究设计到数据分析. 北京：机械工业出版社，2006（1）.

[4] 林杰斌，陈湘，刘明德. SPSS 11 统计分析实务设计宝典. 北京：中国铁道出版社，2002（7）.

[5] 沈钢. 教育统计与 Excel. 杭州：浙江大学出版社，2004（12）.

[6] 李沛良. 社会研究的统计应用. 北京：社会科学文献出版社，2001（2）.

[7] 杜智敏. 抽样调查与 SPSS 应用. 北京：电子工业出版社，2010（5）.

[8] 张文彤. SPSS 统计分析教程(基础篇). 北京：北京希望电子出版社，2002（6）.

[9] 张文彤. SPSS 统计分析教程(高级篇). 北京：北京希望电子出版社，2002（6）.

[10] 郭志刚. 社会统计分析方法——SPSS 软件应用. 北京：中国人民大学出版社，2007（12）.

[11] 陈平雁. SPSS 统计软件应用教程. 北京：人民卫生出版社，2008（4）.

[12] 风笑天. 社会学研究方法. 北京：中国人民大学出版社，2008（1）.

[13] 周源泉，翁朝曦. 2*2 列联表的统计分析. 系统工程与电子技术，1995（10）.

[14] 胡静. EpiData 软件与 SPSS 软件数据文件的转接. 疾病监测，2006（6）.

[15] 郭郡浩，刘玉秀，蔡辉. EpiData 用于数据管理逻辑核查功能的实现. 中国临床药理学与治疗学，2008，13（5）.

[16] 陈卫中，张丽蓉. SPSS 13.0 中随机抽样的实现. 现代预防医学，2007（23）.

[17] 夏结来. SPSS 计算四格表确切概率的一个错误. 中国卫生统计，2004（6）.

[18] 覃承仁. SPSS 软件的一些应用技巧. 广西师范学院学报（哲学社会科学版），2008（23）.

[19] 王雪，邓振伟，陈玲，田七. 软件在试卷质量分析中的应用. 读与写杂志，2009（3）.

[20] 李灿，辛玲. SPSS 软件中多项选择题的处理方法研究. 电子商务，江苏商论，2007（10）.

[21] 刘莹. SPSS 在问卷数据校验中的应用研究. 科技资讯，2008（8）.

[22] 肖玮，苗丹民. SPSS 在心理数据检查与筛选中的应用. 第四军医大学学报，2002（1）.

[23] 项泾渭. SPSS 中多项选择题的处理. 市场研究，2007（4）.

[24] 颜杰，谢薇，方积乾. SPSS 中随机抽样的精确实现. 中国卫生统计，2005（4）.

[25] 林汉生，杨丽等. 多选题答案的编码与 SPSS 中 SUBSTR 函数的使用. 中国卫生统计，2001（6）.

[26] 陈冶. 多选题数据的 SPSS 多重对应分析操作方法. 市场研究, 2008 (3).

[27] 王春枝, 王娟. 多选题数据深度分析及其在 SPSS 中的实现. 内蒙古财经学院学报（综合版）, 2010 (2).

[28] 张朝雄. 多重应答数据深度分析方法及其 SPSS 操作. 市场研究, 2007 (2).

[29] 余益兵. 复选题的 SPSS 数据编码技巧分析. 统计新论, 总第 70 期.

[30] 张学东. 关于排序题在 SPSS 中的应用. 清远职业技术学院学报, 2008 (2).

[31] 刘德寰. 关于顺序问题的设计、分析及 SPSS 处理. 市场研究, 2006 (11).

[32] 朱红兵, 何丽娟. 关于用 SPSS 中单样本 K 2S 检验法进行正态分布等的一致性检验时适用. 首都体育学院学报, 2009 (4).

[33] 杨代庆, 李晟, 梁典. 几种利用 SPSS 对试卷进行分析的方法. 贵州教育学院学报（自然科学）, 2005 (4).

[34] 金英良, 黄水平等. 利用 SPSS 产生随机数字的常用方法. 中国卫生统计, 2009 (6).

[35] 黄强, 鞠敬等. 利用 SPSS 分析调查表中的多项选择题. 现代预防医学, 2005 (11).

[36] 林汉生, 夏苏建. 利用 SPSS 进行随机化实验设计分组. 中国卫生统计, 2005 (6).

[37] 尹海洁, 刘耳. 利用 SPSS 消除统计数据录入误差的一种方法. 西安交通大学学报（社会科学版）, 2003 (3).

[38] 程莹, 陈希镇. 巧用 SPSS 进行均值的假设检验. 统计与决策, 2008 (18).

[39] 曾祥明, 任佳慧. 使用 SPSS 软件对多项选择题作卡方检验的方法. 市场研究, 2005 (10).

[40] 李小蕊, 史鹏飞等. 随机回答模型中无回答偏差的调整. 科学技术与工程, 2008 (23).

[41] 金敏. 问卷调查中的嵌套多选题数据如何录入 SPSS. 统计与决策, 2005 (6).

[42] 卢小广. 回答的抽样后纠偏. 江苏统计, 2002 (10).

[43] 宋廷山. 相关系数统计量的功能及其应用探讨——以 SPSS 为分析工具. 统计教育, 2008 (11).

[44] 朱红兵, 何丽娟. 在 SPSS 10.0 中进行数据资料正态性检验的方法. 首都体育学院学报, 2004 (3).

[45] 陶维东, 陶晓丽等. 在 SPSS 中实现多选题数据录入、转换的新方法. 统计教育, 2008 (1).

[46] 孙文清. 正态分布下区间估计与假设检验内在联系的 SPSS 分析. 河南工程学院学报（自然科学版）, 2009 (1).

图书在版编目(CIP)数据

社会科学数据处理软件应用/吴永波,张彩虹编著. —成都:西南财经大学出版社,2011.11
ISBN 978-7-5504-0474-8

Ⅰ.①社… Ⅱ.①吴…②张… Ⅲ.①社会科学—数据处理软件 Ⅳ.①C37

中国版本图书馆 CIP 数据核字(2011)第 227590 号

社会科学数据处理软件应用

吴永波　张彩虹　编著

责任编辑:李　雪
助理编辑:叶　芬
封面设计:杨红鹰
责任印制:封俊川

出版发行	西南财经大学出版社(四川省成都市光华村街55号)
网　　址	http://www.bookcj.com
电子邮件	bookcj@foxmail.com
邮政编码	610074
电　　话	028-87353785　87352368
印　　刷	四川森林印务有限责任公司
成品尺寸	185mm×260mm
印　　张	19.75
字　　数	495 千字
版　　次	2011 年 11 月第 1 版
印　　次	2011 年 11 月第 1 次印刷
印　　数	1—2000 册
书　　号	ISBN 978-7-5504-0474-8
定　　价	38.00 元

1. 版权所有,翻印必究。
2. 如有印刷、装订等差错,可向本社营销部调换。
3. 本书封底无本社数码防伪标志,不得销售。